find my heart again

Roman

Jessica Wiedom

Bibliografische Information der Deutschen Nationalbibliothek:
Die Deutsche Nationalbibliothek verzeichnet diese Publikation in der Deutschen Nationalbibliografie; detaillierte bibliografische Daten sind im Internet über http://dnb.d-nb.de abrufbar.

1. Edition, 2024

Umschlaggestaltung: Susanne Döhrel, unter Verwendung von Motiven von ©Canva Grafikerin Lana Veter mit *Blue Violet Abstract Watercolor* via CanvaPro.
Lektorat: Susanne Döhrel
Satz: Jessica Wiedom
Schriften: *EB Garamond* ©Georg Duffner und ©Octavio Pardo; ©*Great Vibe*s Font by Freebies; ©to *Infinity Keychain* by dizlarka via https://www.creativefabrica.com/; *Copperplate Gothic 3* via Canva Pro

ISBN: 9798866757688
Imprint: Independently published

Impressum:
Jessica Wiedom
c/o COCENTER
Koppoldstr. 1
86551 Aichach

Heilung passiert,
wenn du sie zulässt.

Kapitel 1

June zog die Haustür hinter sich zu und schaute über das Treppengeländer zu ihrem Fahrrad. Auf dessen Sattel hatten sich die Regentropfen der vergangenen Nacht gesammelt und funkelten wie kleine Diamanten im morgendlichen Sonnenstrahl. Verschlafen stieg sie die Treppe hinab und kramte in ihrer Umhängetasche nach einem Taschentuch. Dabei dachte sie an das Einladungsschreiben von der Grafik Design Challenge, welches sie unerwartet in ihrem Briefkasten vorgefunden hatte.

Phil, flüsterte ihr Herz und zog sich bei dem Gedanken an ihn schmerzlich zusammen. Sein Verlust war der Grund, weshalb sie überhaupt teilnahm. Um zehn Uhr würde sie mit einem aufgesetzten Lächeln die Juroren der Challenge begrüßen. Am besten, sie übte es gleich nochmal, nur um sicherzugehen, dass sie *Spaß* tatsächlich vortäuschen konnte. Sie zog ihre Mundwinkel nach oben und wischte mit dem Taschentuch den Sitz trocken, dann hockte sie sich zum Schloss hinunter. Doch nichts bewegte sich. Energisch rüttelte June an der Kette. Ihr Lächeln verflog dabei so schnell, wie sie es aufgesetzt hatte. Ihr kam der Gedanke, ob das klemmende Schloss ein Zeichen des Schicksals war, nicht an der Challenge teilzunehmen? Bestimmt gab es genügend motivierte Bewerber, die an ihrer Stelle aufrücken würden, niemand würde June Summer vermissen. Sie hatte sich schon lange selbst verloren. Andererseits war sie von ihrem aktuellen Job in einer kleinen Werbeagentur wegen einer dreiwöchigen Kulturreise für zeitgenössische Kunst beurlaubt worden. Sie hatte diese Reise erfunden, um drei Wochen am Stück Urlaub genehmigt zu bekommen, wenn sie bei der Challenge überhaupt einen Tag überleben würde.

Nach mehreren Versuchen sprang die Kette endlich auf. Also war es doch kein Zeichen. Außerdem würde ihre beste Freundin Ruby ihr ewig in den Ohren liegen, wenn sie jetzt kneifen würde. Zudem bat sie June, vor der Challenge das *Mirabella* zu besuchen. Sie hätte dort eine kleine Überraschung für sie vorbereitet. Genug Zeit hatte sie Ruby zuliebe eingeplant und einen Caramel Macchiato könnte sie gut vertragen.

Sie schwang sich auf ihr Fahrrad und fuhr an den bunten Hauswänden des *Camden Market* vorbei. Ein paar Querstraßen und hupende Autos später, erreichte sie das kleine italienische Café. Neben dem Eingang wogten sanft die getrockneten Pampasgräser in einer steinernen Vase. Das Café lag in einer ruhigen Seitenstraße mit weiteren Geschäften, die von der Hektik der Großstadt unberührt blieben. Hier schien die Welt noch in Ordnung. Für June jedoch hatte sich in den letzten sechs Monaten ihre ganze Welt verändert, als sie ihren besten Freund Phil bei einem Autounfall verloren hatte. Sie wusste schon, warum sie so lange nicht hier gewesen war und sie ärgerte sich in dem Moment, wieso sie wegen irgendeiner Überraschung herfahren sollte. Immerhin hatte Ruby gewusst, wie oft sie mit Phil hier ihre morgendlichen Treffen gehabt hatte. Sie stieg ab und wollte ihr Fahrrad abstellen, als sie zum gegenüberliegenden Parkeingang sah und die Vergangenheit sie unmittelbar einholte. Es gab zwar Ende September keine rosafarbenen Kirschblütenblätter, die das Gras im Park wie eine Schneeschicht bedeckten, doch genauso erschien es vor ihrem inneren Auge:

Sie saß mit Phil an einem frühlingshaften Sonntagnachmittag unter einem Kirschblütenbaum. Auf einer Picknickdecke schlürften sie eine Johannisbeerenschorle und genossen den strahlend blauen Himmel. Einzelne Kirschblütenblätter wehten durch die Luft, während von irgendwoher Musik ertönte. Phil sagte zu ihr, als sie Kopf an Kopf nebeneinanderlagen und den Blütenblättern beim Fliegen zusahen, dass es Wunschflocken seien. Schaffte es June, eine aufzufangen, bevor sie zu Boden fiel, würde ihr Wunsch in Erfüllung gehen. Da June zu dem Zeitpunkt viele Träume hatte, sprang sie sofort auf und schob ihr T-Shirt am unteren Saum vor, so dass es als Auffangnetz für Wunschflocken diente. Phil lehnte sich währenddessen an einen Baum, holte seinen Zeichenblock hervor und zeichnete ein Portrait von ihr. Er fing diesen erfüllten Moment so perfekt ein, dass sie die Zeichnung nach seinem Tod nicht mehr ertragen konnte. Es war eine vergangene Zeit, die nur noch in diesem Bild existierte und Phil war nun ein Teil davon.

June seufzte auf und holte ihren Schlüsselbund aus der Jackentasche, an dem eine blassrosa Kirschblüte in einem gläsernen Herz baumelte. Er hatte ihr den Anhänger eine Woche nach ihrem Parkausflug geschenkt, weil es sie an die Kirschblüten erinnern sollte, die einen Wunsch erfüllten, wenn man nur groß genug träumte.

Die Tür vom *Mirabella* sprang auf und holte sie zurück in die Gegenwart. Zwei Frauen kamen heraus und lachten so unbeschwert, dass es ihr einen Stich versetzte. Sie sah ein letztes Mal zu dem Gehweg, der in den Park mündete und hörte von weitem ihr glückliches Lachen von damals. Doch nicht mal eine Tonne Kirschblütenblätter konnte ihren Wunsch erfüllen, diesen Moment noch einmal mit ihm zu erleben.

Sie kettete das Fahrrad am Ständer an und atmete tief durch. Nach wenigen Schritten erreichte sie den Eingang. Zögerlich öffnete sie die Tür, während ihr ein warmer Duft nach Zimt und frisch gemahlenen Kaffeebohnen entgegenströmte. Alles befand sich am selben Platz wie damals. Sogar an der mintfarbenen Wandseite sah man noch einen verblassten Kaffeefleck. Ein Gast neben ihr stand auf und blieb mit seiner Jacke an der Rückenlehne vom Stuhl hängen. June sah ihm nach und schmunzelte. Zugleich füllten sich ihre Augen mit Tränen, weil Phil mit seiner Jacke auch ständig an der Lehne hängen geblieben war. Ihren Blick richtete sie wieder nach vorne zu Franio, der hinter dem Tresen stand und Schokoladenpulver auf eine Milchhaube streute.

Auf zwei Etageren neben der Kasse stapelten sich seine hausgemachten Muffins. Von Sahnehäubchen mit Pistazienstücken bis hin zu bunten Schokostreuseln waren alle Geschmacksrichtungen vertreten. Während sie überlegte, welche Sorte sie nehmen würde, bellte aus dem Nichts ein Hund. Erschrocken fuhr sie herum, als sie die beiden leeren Stühle an dem Fensterplatz entdeckte. Ihrem gemeinsamen Platz mit Phil. In ihren Ohren rauschte eine Welle, die sie von innen überflutete. Ihre Füße setzten sich bei dem Anblick fluchtartig in Bewegung und sie stolperte rückwärts in einen Schirmständer, der laut gegen die Scheibe schepperte. Binnen Sekunden wurde es so still im Café, dass sie zum ersten Mal eine Hintergrundmusik wahrnahm. June senkte rasch ihren Kopf und versteckte ihre erröteten Wangen hinter einer vorgeschobenen Haarsträhne. Sie spürte förmlich die Blicke der Gäste auf sich, die ihren nächsten Schritt abwarteten. Schnell sammelte sie die verstreuten Schirme ein und hob den Ständer wieder auf. Sie wollte nichts wie weg hier, als sich jemand hinter ihr räusperte.

»Ciao Bella, meine Liebe! Willst du schon gehen, ohne kurz *Hallo* zu sagen?«, begrüßte der junge Italiener sie.

Sie hatte nicht damit gerechnet, dass Franio so schnell vom Tresen zu ihr eilte. Kaum drehte sie sich zu ihm um, drückte er ihr in seinem Temperament einen Kuss rechts und links auf die Wange. Dabei löste sich eine Strähne aus seinen nach hinten gekämmten dunklen Haaren, die er mit einer schnellen Handbewegung wieder an ihre Stelle schob.

»Ich war mir nicht mehr sicher, ob ich mein Fahrrad angeschlossen habe«, schwindelte sie und ihr geübtes Lächeln kam jetzt zum Einsatz.

Franio sah über ihren Kopf hinweg zu dem Fahrradständer. »Bella nichts für ungut, aber dein altes Fahrrad ist überall sicher.«

»Es hat eben einen unverwechselbaren Charme und außerdem ist es ein Erbstück meiner Oma. Also sei schön nett zu meinem Fahrrad.«

Er hob unschuldig seine Hände. »Ich wollte damit nur sagen, dass es so schnell niemand klauen wird. Das war natürlich ein Kompliment.«

June grinste etwas authentischer. »Wie habe ich deinen Humor vermisst!«

Mit dem Finger stupste er auf ihre Nase. »Ich hoffe, nicht nur meinen Humor, weil ich noch etwas für dich habe!« Er holte einen Teller mit ihrem Lieblingsmuffin hinter seinem Rücken hervor.

Verwundert sah sie in Franios espressofarbene Augen. »Das meinte Ruby also mit der Überraschung. Ihr seid ja süß!«

»Ich war am Samstag im *Hyperdrive* und Ruby hatte Schicht. Wir haben uns unterhalten und sie bat mich, deine Lieblingssorte zu backen. Es wäre wohl essenziell, dass du ihn vor der Challenge bekommst.«

»Das hat sie gesagt?«

»So ungefähr. Es war sehr laut in der Bar und ich kann nicht wortwörtlich alles wiedergeben, außer dass sie darauf bestand, dass ich deinen Käsekuchen-Streusel-Muffin backe. Sie drohte sogar mit einem Freigetränke-Verbot im *Hyperdrive*, wenn ich es vergesse. Ist das zu fassen?«

June nahm ihm den Teller ab und zuckte mit den Schultern. »Sie fährt eben schwere Geschütze auf, trotzdem hättest du dir den Stress nicht machen müssen.«

»Glaube mir, ich musste es tun. Wir reden hier von Ruby!«

Einen Moment standen sie schweigend voreinander, während ihr klar wurde, dass sie das *Mirabella* nie wieder mit Phil besuchen würde. Als Franio die aufkommenden Tränen in ihren Augen mitbekam, räusperte er sich. »Nun denn, ich war so frei und habe euren Lieblingsplatz reserviert. Bitte entschuldige, deinen Fensterplatz meinte ich natürlich«, fügte er rasch hinzu.

Bevor sie seinen Versprecher bemerkte, wurde sie von ihm regelrecht zum Tisch geschoben, so dass sie ihren Muffin auf dem Teller mit einer Hand festhalten musste. Er nahm das Reserviert-Schild vom Tisch und zog den Stuhl zurück.

»Danke«, hauchte sie verlegen, schob den Gurt ihrer Tasche über den Kopf und stellte sie auf den Stuhl daneben.

Kaum machte sie den Reißverschluss ihrer dünnen Jacke auf, half er ihr auch schon aus den Ärmeln und legte die Jacke über die Stuhllehne. Dort, wo früher Phil gesessen hatte. Sein Platz wurde von ihren Sachen so kaschiert, als wäre nie etwas passiert. Als hätte er nie existiert.

»Ich bin in zwei Minuten wieder bei dir und bringe dir deinen Caramel Macchiato mit extra Milchschaum, ok?«

June nickte ihm zu.

Kaum war er verschwunden, überschlugen sich ihre Gedanken. Fast körperlich spürte sie Phils Präsenz. Ebenso die Geräusche, der Duft nach frischgebackenen Muffins, die gesamte Atmosphäre. Alles erinnerte sie an die unbeschwerten Tage, die vor sechs Monaten so abrupt geendet hatten.

Hätte sie ihn nicht an jenem Abend angerufen und ihm eine Szene am Telefon gemacht, wäre er nicht überstürzt aus der Bar gestürmt, um zu ihr zu fahren. Er hätte sich niemals betrunken hinter das Lenkrad gesetzt, auf ihren Anrufbeantworter gesprochen und die rote Ampel missachtet, die ihm zum Verhängnis geworden war.

Ihre Sicht verschwamm vor Tränen.

Eine Hand senkte sich vertraut auf Junes Schulter, als wäre sie von Phil. Franio zog seine Hand wieder zurück und stellte ein Tablett mit ihrem Getränk vor ihr ab. Dann lächelte er ihr sanft zu. »Das wird alles wieder, Bella.«

»Ich hoffe …«, flüsterte June.

»Das geht heute aufs Haus. Ich würde mich freuen, wenn du mich wieder öfter besuchen kommst.«

Dankbar nickte June ihm zu und sah Franio nach, als er von Tisch zu Tisch wuselte, um die Tassen abzuräumen. Gedankenversunken schaute sie aus dem Fenster und beobachtete die Passanten, die mal hektisch, mal schlendernd, auf dem Gehweg vorbeizogen.

In dem Moment, als sie glaubte, die Anspannung in ihrem Körper würde langsam nachlassen, ließ ein Geräusch sie erstarren. Es war das dreifache Anstoßen eines Teelöffels am Tassenrand. Nichts Ungewöhnliches für ein Café, aber unüberhörbar für June. Es läutete in ihren Ohren wie der Glockenschlag des Big Ben. Gänsehaut fuhr über ihre Arme bis zum Nacken hoch. Phil hatte dieselbe Angewohnheit gehabt. Vor einem Jahr hätte sie sich lachend umgedreht und zu Phil gesagt, dass er einen Gleichgesinnten gefunden hätte. June konnte es kaum glauben und drehte sich suchend nach demjenigen um, der ihren kurzen Frieden störte. Zwei Tische weiter saß ein junger Mann, der seinen Teelöffel ablegte. Sie schätzte ihn auf Mitte zwanzig, wobei ihn seine angespannte Mimik etwas älter wirken ließ. Während sie von seinem Gesicht zu seiner schwarzen offenen Lederjacke wanderte und zurück zu seinen dunklen kurzen Haaren kehrte, trafen sich ihre Blicke.

»Kann ich dir helfen oder guckst du mich nur gerne an?«, fragte er und seine Mundwinkel zuckten amüsiert.

Was sollte sie antworten? Dass seine Macke mit dem Teelöffel sich anfühlte, als würde er damit ihre Vergangenheit ausgraben?

Er hob seine Teetasse und schlürfte extra laut.

»Entschuldige, ich habe dich bloß verwechselt«, antwortete sie und drehte sich rasch um. Ihre dünne Jacke rutschte dabei von der Lehne. Sie angelte nach einem Ärmel, während ihre Wangen immer mehr glühten.

»Hey Bella, meine Liebe, geht es dir nicht gut? Du bist ja ganz rot im Gesicht!«, rief Franio ausgerechnet vom Nebentisch aus, den er eben abräumte.

June fasste an ihre Wangen und versuchte, sich nichts anmerken zu lassen. »Das ist bestimmt die Aufregung wegen der heutigen Challenge.«

Während er zu ihr rüberkam, umklammerte sie ihr Glas und nahm einen kräftigen Schluck.

»Ach, du packst das mit links, davon bin ich überzeugt.«

»Wenn ich wüsste, was mich dort erwartet, wäre ich auch optimistischer.«

»Hätte mir einer gesagt, was alles auf mich zukommt, wenn ich ein Café eröffne, dann würde ich hier nicht stehen. Zum Beispiel rief mich heute früh Zoe an, um mir zu sagen, dass sie ausfällt und ich auf die Schnelle natürlich keinen Ersatz gefunden habe. Was bedeutet, dass ich mal wieder für zwei Personen arbeiten darf. Aber nun gut, ich will mich nicht beklagen. Ich bin froh, dass das Café so gut angenommen wurde. Es war immer mein Traum. So wie bei dir, du wurdest bei der Challenge aufgenommen, wovon du doch immer geträumt hast, oder?«

War das so? Sie wusste es nicht. June hatte sich ja nicht mal selbst dort beworben. Phil war es. Unentschlossen zuckte sie mit den Schultern. »Ich habe einfach nur schiss vor den Aufgaben. Vielleicht bin ich deswegen so pessimistisch.«

Franio neigte amüsiert den Kopf zur Seite. »Bella, das ganze Leben ist eine einzige Prüfung und es ist sicherlich nicht deine Letzte.«

»Ja, da sagst du was.« Ihr fiel in dem Moment der Grund für ihr Erröten wieder ein. Mit Hilfe der Scheibe sah sie zu dem Kerl, der zurückgelehnt in seinem Stuhl saß und lässig die Arme verschränkte.

Scheinbar bemerkte Franio ihre Anspannung und folgte ihrem Blick. »Ach, mach dir deswegen keinen Kopf. Der Hund ist harmlos, auch wenn er etwas grimmig guckt.«

»Der Hund?«, fragte June überrascht und sah zu Franio auf.

»Mein Kumpel hat auch so einen, die sabbern und schnaufen zwar den ganzen Tag, aber ansonsten sind sie friedlich.«

Erst jetzt entdeckte sie den braunweißen Boxer, der unter dem Tisch nach Krümeln suchte.

June wollte schnell das Thema wechseln und legte ihre Hand auf Franios Arm. »Danke für den leckeren Caramel Macchiato, der wird meine Nerven für heute stärken.«

»Warte ab, bis du den Muffin probiert hast, danach kann dich nichts mehr aufhalten. Und wenn dich nochmal die Panik wegen der Challenge packt, rufst du mich, okay?«

»Gibt es dann einen extra Muffin?«, fragte sie.

»Nein, aber ein feuchter Lappen kommt angeflogen. Der lenkt dich definitiv von deiner Panik ab.«

Sie lachte auf. »Ich glaube, du wirst am Tresen erwartet. Nicht, dass die Kunden noch einen Lappen nach dir werfen.«

June rührte den Caramelsirup um, der am Innenrand ihres langen Glases hinunterlief. Nach einem großzügigen Schluck fühlte sie sich dennoch nicht befreit. Ganz im Gegenteil. Sie kam sich beobachtet vor, was sie nur noch mehr beunruhigte. Sie entschied sich, es für heute gut sein zu lassen. Immerhin hatte sie es geschafft, sich an ihren Platz zu setzen, auch wenn der unterdrückte Fluchtgedanke von Minute zu Minute unerträglicher wurde. Sie schob ihren Stuhl zurück, schnappte ihre Übergangsjacke und huschte kurzerhand aus dem Café.

Kapitel 2

Feine Steinchen knirschten unter ihren Turnschuhen, als sie die Straße überquerte. Am Fahrrad angekommen, stellte sie die Tasche auf dem Sattel ab und suchte nach ihrem Schlüssel. Dann fiel ihr ein, dass sie ihn in ihre Jackentasche gesteckt hatte. Sie schüttelte die Jacke aus und griff in deren Taschen. Nichts. June schob den Gurt der Tasche über ihren Kopf und lief ein paar Schritte zurück. Vielleicht hatte sie ihn beim Überqueren der Straße verloren? Wie ein enges Gummiband schnürte sich ihr Magen immer weiter zu. Ihr Kirschblütenanhänger war weg. Er war ihr Phil in kleinster Form, verschlossen in einem gläsernen Herzen.

Gegenüber sprang die Tür vom *Mirabella* auf. Ausgerechnet der Hund von eben rannte hinaus, gefolgt von dem Kerl, der mit seinem Teelöffelritual der Grund gewesen war, warum sie das Café vorschnell verlassen hatte. Er schien jemanden zu suchen, weil er rechts und links den Gehweg hinunter sah, bis er June auf der anderen Seite entdeckte und ihr zuwinkte. Rasch drehte sie sich zu ihrem Fahrrad um und tat so, als hätte sie es nicht bemerkt.

»Hey, warte mal!«, rief er mit kräftiger Stimme, doch sie reagierte nicht.

Aus dem Augenwinkel sah sie, dass er die Straße überquerte. Sie griff nach dem Fahrradschloss und täuschte ein Aufschließen vor, während er direkt auf sie zukam. Ihr Herz schlug schneller. Erst als er vor ihr stehenblieb und sie keine Chance mehr hatte, ihn weiterhin zu ignorieren, richtete June sich auf und wischte ihre Hände an der Hose ab.

»Kann ich dir helfen oder verfolgst du mich lieber?«, fragte sie ihn.

Er setzte ein schelmisches Lächeln auf. »Nicht schlecht, scheinbar habe ich mit meinem Spruch einen bleibenden Eindruck bei dir hinterlassen.« June verdrehte ihre Augen, ehe er weitersprach. »Und ob du es glaubst oder nicht, ich verfolge sonst niemanden, du bist heute meine Ausnahme.«

»Na dann, Ziel erreicht. Wenn ich jetzt mein Fahrrad aufschließen darf, ohne dabei beobachtet zu werden?«

»Nur zu!«

June hockte sich wieder zu ihrem Vorderrad und kramte in ihrer Jackentasche nach dem imaginären Schlüssel. Doch statt weiterzugehen, trat er bloß einen Schritt zurück und verschränkte seine Arme.

June kräuselte ungläubig ihre Stirn. »Du stehst immer noch hier.«

»So wie du«, entgegnete er frech.

»Sorry, aber grenzt das nicht leicht an Stalking?«, fragte sie und kam lieber hoch, weil der Hund sie sabbernd anstarrte, als hole sie gleich ein Leckerli aus ihrer Tasche.

»Ich will ja nicht überheblich klingen, aber was ist, wenn ich deine Lösung bin?«

»Nichts für ungut, aber dazu müsste ich erstmal ein Problem haben.«

Er legte den Kopf in den Nacken und fing an zu lachen, was June einen Moment irritierte. »Du bist echt süß, dass du immer noch so tust, als würdest du deinen Schlüssel suchen. Doch bevor du denkst, ich stalke dich tatsächlich, löse ich das Rätsel auf.« In seiner Hand baumelte ihr Schlüsselbund mit dem Kirschblütenblatt.

»Ach, da ist er ja!«, sagte sie gespielt überrascht.

»Ich dachte immer, Frauen stehen auf rosa Puschel statt auf diese 60er Jahre getrockneten Blätter.«

»Und ich dachte immer, dass Männer die so von sich überzeugt sind, nicht hilfsbereit sein können!«

Sein Lachen klang rau und zugleich so unbeschwert leicht, dass es ansteckend war.

»Heißt es nicht, eine gute Tat am Tag vollbringen, oder so?«

»Es kommt immer darauf an, wie die anderen Taten aussehen«, ergänzte June.

Einen Augenblick schaute er sie bloß an. Und als würde er die Antwort darin finden, trat er einen Schritt zurück.

»Tja, so fiel der Held des Tages tief in die Gunst der Prinzessin, als er den verlorenen Schlüssel fand und es mit einem Spruch vermasselte. Ich hoffe, du kannst mir verzeihen.« Sein freches Grinsen wirkte alles andere als unschuldig. Wie er jetzt durch seine dunklen Haare fuhr, entdeckte sie an der linken Schläfe eine Narbe, die in seinen Haaransatz hineinragte.

»Um ehrlich zu sein, habe ich mit fünf Jahren aufgehört, an Märchen zu glauben. Für mich gibt es weder Helden noch den Weihnachtsmann, also: Entschuldigung angenommen.«

»Hat der Weihnachtsmann dir einmal keine Geschenke gebracht oder was kann er jetzt dafür?«

»Der Weihnachtsmann entpuppte sich als mein Onkel, dem beim lauten Hohoho der weiße Bart heruntergerutscht ist.«

»Ich wette, dein Onkel hatte seinen Spaß. Sagen wir, ich vergleiche den zurückgebrachten Schlüssel mit einem Märchen, dann wäre es die moderne Geschichte von Cinderella, nicht wahr? Du weißt schon, statt des gläsernen Schuhs bringe ich deinen Schlüssel zurück, und alle sind glücklich bis ans Ende ihrer Tage.«

»Wohl kaum«, sagte June und lächelte dennoch.

»Ich bin Nolan. Der Schlüsselbringer.« Er hielt seine Hand hin, die sie aus Höflichkeit annahm. »Und das ist Scotch.« Dabei deutete er mit einer Kopfbewegung zu dem schnaufenden Kraftpaket, das seine kurzen Beine von sich streckte und hechelte.

»Wie der schottische Whiskey?«

»Ich muss gestehen, als ich ihn geholt habe, trank ich gerne Whiskey. Sehr originell, ich weiß.«

»Ich heiße June.«

»June, wie der Monat Juni?«

»Wenn du so pfiffig bist, dann rate mal, wie mein Nachname ist.« Sie nahm den Spott gleich vorweg, ehe er davon ausging, er wäre der Erste, der sich darüber amüsierte.

»Summer? Nee, oder?«

»Leider wahr.«

»Oh man, mein Beileid. Ich kannte mal einen, der hieß Nikolaus Winter.«

»Also gibt es noch andere Kinder, die nach Jahreszeiten benannt wurden?«

»Tausende! Es gibt sogar welche, die werden nach Farben oder Whiskeysorten benannt.«

»Dann habe ich ja Glück, dass ich nicht Blue Sky Summer heiße.«

»Stell dir mal vor, deine Eltern bevorzugen eher den Winter und hätten dich Hate Summer genannt.«

»Grauenhaft.«

Sie mussten beide darüber lachen.

»Und wie ist dein Nachname?«

»Corbyn, ganz unspektakulär. Aber mal im Ernst, ich mag deinen Namen, er klingt so nach Freiheit.« Er hob seine Hände, als würde er ihren Namen in die Wolken zeichnen, die sich am Himmel auftaten. »June Summer, wie ein Tag am Meer.«

»So ein Name kann ein Fluch oder Segen sein, kommt immer auf die Perspektive an.«

»Wenn ich dich jetzt aus meiner Sicht beschreibe, hast du Glück.« In seinen Augen entdeckte sie kleine, honigbraune Sprenkel, die seinen Blick wärmer wirken ließen. »Ich sehe eine wunderschöne Frau vor mir, mit feinen Sommersprossen um die Nase, welligem Haar wie das unbändige Meer und den kleeblattgrünsten Augen, die ich je gesehen habe. Korrigiere mich bitte, wenn an deinem Gesicht etwas nicht nach einem unbeschwerten Sommertag aussieht?«

»Kleeblattgrüne Augen?«

»Ja. So wie das vollkommene Glück.«

Weiter entfernt könnte seine Einschätzung über sie gar nicht liegen. Dennoch fühlte sie sich geschmeichelt von seinen Worten.

»Und was ist mit dem dunkelbraunen Haaransatz oder den spröden Lippen?«

Er wiegte den Kopf zur Seite. Sein Blick haftete weiterhin auf ihr. »Oh, die spröden Lippen kommen vom Meersalz und die helleren Haarspitzen sind von der Mittagssonne ausgeblichen.«

»Du bist echt um kein Argument verlegen.«

»Niemals.«

June drehte den Schlüsselbund in ihrer Hand. Der Kirschblütenanhänger rollte über ihre Handfläche, ehe sie nach dem kleinen Schlüssel vom Fahrradschloss griff.

»Und dennoch gibt es da etwas, das selbst den schönsten Sommertag betrübt.« Sein Finger zeigte erst auf seine Augen und dann auf ihre. »Ich sehe es in deinem Blick.«

»Hast du nicht eben behauptet, dass du sowas wie Glück darin siehst?«

Seine Mimik veränderte sich und die honigbraunen Sprenkel waren kaum noch zu erkennen. »Wenn ich deine grünen Augen beschreiben sollte, ist es wie das Kleeblatt, welches einem Glück bringt. Nur bis wir das wahre Glück finden, liegen oft auch schwere Tage dazwischen, stimmt's?«

Ehe er sich weiter fragte, was es war, dass sie hinter dem kurzen Lächeln verbarg, kam sie ihm zuvor. »Okay, bevor das hier poetisch wird, muss ich jetzt leider los.« Sie bückte sich zu ihrem Fahrradschloss, das diesmal sofort aufsprang. Ruckartig schob sie das Vorderrad aus dem Ständer. Schwungvoll stieg sie auf und radelte los.

»Hey, habe ich etwas Falsches gesagt?«, rief er ihr hinterher und versuchte, sie einzuholen.

»Wird denn so eine gute Tat belohnt?«, fragte er und verlor immer mehr an Tempo.

Kurz überlegte sie, die Chance zu nutzen und weiterzufahren, doch er hatte recht. Alleine der Gedanke, dass sie Phils Kirschblütenanhänger verloren hätte, war ein gerechtfertigter Grund, abzubremsen.

Scotch schmiss sich sofort auf den Boden, sobald die Gelegenheit da war. Nolan kam außer Atem auf sie zu, was sie etwas wunderte, da er körperlich sehr athletisch gebaut war.

»Falls du den Eindruck hattest, dass es eine Anmache war, tut es mir leid. So habe ich es nicht gemeint.«

»Ach nein?«

»Ein bisschen vielleicht, aber nicht, um nach deiner Nummer zu fragen, sondern weil ich das Gefühl habe, dass wir uns von irgendwoher kennen.« Er lachte verschmitzt. »Okay, das klingt genauso wie eine billige Anmache.«

»Hör mal Nolan, ich bin dir unendlich dankbar, dass du meinen Schlüssel gefunden hast, aber es ist besser …«

Plötzlich hielt er seine linke Hand auf die Brust und stöhnte schmerzhaft auf.

»Ist alles ok mit dir?«, fragte June verwundert und blieb bei ihm stehen.

»Alles bestens, geht gleich wieder weg«, presste er hervor. Eine weitere Schmerzwelle schien ihn zu durchströmen, da er seine Augen fest zusammenkniff. Seine freie Hand suchte nach einem Halt. Instinktiv lehnte sie ihr Fahrrad an ein Geländer und griff nach seiner Hand.

»Willst du dich kurz setzen?« Dabei deutete sie auf eine Treppe vor ihnen, die zu einem Hauseingang führte.

Er nickte, während er fester ihre Hand hielt. Beide setzten sich auf die Stufe. Ein langer Moment verstrich, bis sich seine schmerzverzerrte Mimik wieder löste.

»Hast du das öfters?«, fragte June vorsichtig nach.

»Seit sechs Monaten geht das schon so. Mal ist es ganz schlimm und dann ist wochenlang wieder Ruhe. Es ist eine alte Verletzung, die nicht heilen will.«

Das kam June bekannt vor, denn seit sechs Monaten hatte sie genauso ein Leiden, nur kam es direkt von ihrem gebrochenen Herzen. Bevor sie fragen konnte, was ihm damals passiert war, fing er an zu lächeln und sah ihr in die Augen.

»Weißt du, was das Witzige an der Sache ist?«

»Du meinst, neben dem Schrecken, den du mir eben eingejagt hast?«

»Sag bloß, du hast dir Sorgen gemacht!« Sein Grinsen wurde immer breiter.

»Ich sorge mich generell um die Mitmenschen«, wich sie seiner Anspielung aus und schob unauffällig ihre Hand zurück, die eben noch seine gehalten hatte. Danach holte sie ihr Handy heraus und sah auf die Uhr. »Apropos Mitmenschen, ich muss dann mal los!«

Sie wollte gerade aufstehen, als er sanft nach ihrem Arm griff. »Ich meinte eigentlich, dass wir uns eben gegenseitig geholfen haben. Ich habe dir den Schlüssel zurückgebracht und du hast meine Hand gehalten. Und um diesen Moment nicht gleich zu vergessen, würde es dir etwas ausmachen, noch zwei Minuten mit mir hierzubleiben?« Er legte seinen Kopf schief und sah sie hoffnungsvoll an.

»Okay, aber wirklich nur zwei Minuten«, antwortete sie und setzte sich wieder neben ihn. Scotch schnüffelte währenddessen den Fußgängerweg ab.

»Ist es bei dem Verkehr nicht etwas gefährlich, mit dem Rad zu fahren?« Ihr entging nicht, dass er ihr Fahrrad eingehend prüfte.

»Das ist es, deswegen fahre ich nur das kurze Stück bis zur *Camden Town Station* und von da aus geht es mit der Bahn weiter bis *Portobello Road*.«

»Oh schöne Gegend, was führt dich nach *Notting Hill*? Arbeitest du dort?«

»Nein, aber da ist ein Verlag, bei dem ich an einer Grafik Design Challenge teilnehmen werde und heute ist der erste Tag.«

»Cool! Und worum geht es da?«

June zuckte mit den Schultern. »Wenn ich das wüsste. Ich gehe mal davon aus, dass wir Buchcover gestalten werden oder Werbeanzeigen für ihre Bücher. Ehrlich gesagt macht mich der Gedanke, nicht genau zu wissen, was rankommt, ganz schön nervös.«

»Das wird schon! Ich habe jahrelang Muay Thai Boxen praktiziert und wusste vorher auch nie, wie ein Kampf ausgeht. Sagt dir das was?«

»Nein. Klingt für mich eher wie ein übler Cocktail.«

Er lachte rau auf. »Kommt dem sogar nahe. Es ist eine der härtesten Kampfsportarten der Welt, in der die Regeln etwas anders sind.«

»Hast du davon deine Verletzung?«, fragte sie und sah unauffällig zu seiner Brustmitte, die ihn eben geschmerzt hatte.

»Ja, und sie wird mich jetzt ein Leben lang daran erinnern, dass ich gescheitert bin.« Seine Wangenknochen spannten sich an. Scheinbar trug er den Schmerz fortwährend mit sich, auch wenn er in diesem Moment June entgegenlächelte.

»Ich kenne zwar kein Muay Thai, aber dafür das klassische Tänzeln im Ring, bis einer von beiden endlich mal anfängt. Und bevor ich in die Erdnussschüssel gegriffen habe, fällt einer k.o. zu Boden und das war's. Ich frage mich, was die Menschen in der ersten Reihe dazu bewegt, so viel Geld für ein paar Minuten auszugeben. Ist das bei deinen Wettkämpfen auch so?«

»Sagen wir mal, beim klassischen Muay Thai, was ich gelernt habe, gibt es gewisse Regeln, aber bei den inoffiziellen Wettkämpfen, an denen ich zuletzt teilgenommen hatte, gab es so gut wie keine mehr.«

»Du meinst illegal?« June schaute ihn von der Seite an, um seine Reaktion abzuwarten. Sie hatte von solchen Kämpfen in der Times gelesen.

»Ich bevorzuge eher das Wort verboten, weil darin ein gewisser Reiz liegt.«

Kurz dachte June, er hätte etwas ins Auge bekommen, bis sie verstand, dass er ihr zuzwinkerte. »Ah ja. Und wie oft nimmst du an solchen *verbotenen* Wettkämpfen teil?«

»Gar nicht mehr, das ist Geschichte.« Seine Stimme klang mit einem Mal bedrückt. Er fuhr durch seine Haare und schaute zu Scotch.

»Ist es wegen deiner Verletzung oder hast du gemerkt, dass es nicht mehr das Richtige für dich ist?«

»Der Kampfsport war alles für mich und ihn aufgeben zu müssen …« Er hielt inne und sah zu seiner Hand, die er zu einer Faust ballte. »Ist verdammt schwer. Also mein Rat an dich, wenn du die Challenge gewinnen willst, gebe alles, bevor du deine Chance verpasst.«

June wusste nicht mal, ob sie überhaupt bereit für diese Challenge war, dennoch ließ sie seinen Satz so stehen. Er hob den Kopf und sah nach oben in die Wolken, die sich immer weiter verdichteten. Irgendetwas hatte er an sich, über das June unbedingt mehr erfahren wollte.

»Und was machst du jetzt?«, fragte sie.

»Ich sitze mit dir hier und genieße den Moment.«

Sie schmunzelte. »Nein, ich meinte eigentlich, was du beruflich machst?«

»Ich suche noch nach einer Aufgabe und lebe von meinem hart verdienten Geld.« Dann sah er auf seine Armbanduhr und fing an zu schnalzen. »Ich lasse dich nur ungern gehen, aber bevor du zu spät kommst, solltest du langsam los. Immerhin habe ich dich länger festgehalten, als vereinbart.« Nolan deutete auf die Zeit, die sie unmittelbar aufspringen ließ.

»Ach du meine Güte! Bei meinem Glück sind die U-Bahnen voll und ich muss mich durchdrängeln.«

»Dann auf in den Kampf!«, sagte er und kam ebenfalls hoch.

Bevor sie mit ihrem Fahrrad losfuhr, kribbelte noch eine Frage auf ihrer Zunge. »Sag mal, woher wusstest du, dass ich ein paar schwere Tage hinter mir habe?«

»Also hatte ich mit dem überschatteten Glück in deinen Augen recht?«

»Recht haben zu wollen, ist übrigens keine gute Tat.«

Er zuckte mit den Schultern. »Ich habe ehrlich gesagt, nur geraten.«

»Geraten?«, wiederholte sie ungläubig.

»Ich habe dich im *Mirabella* beobachtet, bevor der kleine Italiener zu dir eilte. Du hast zu dem leeren Fensterplatz geschaut und wolltest sofort wieder abhauen. Also fiel meine Theorie einer Panikattacke weg und übrig blieb das ungeschriebene Gesetz alter Schauplätze von früheren Beziehungen, die man unbedingt meiden sollte.«

»Interessante Theorie mit den Schauplätzen, nur weil ich über den Schirmständer gestolpert bin. Und zu deiner Info, ich habe mich ja dann auf diesen Platz gesetzt.«

Kaum zu fassen, dass ihr Verhalten so leicht zu durchschauen war. Wie sollte es dann erst bei der Challenge werden?

»Das Stolpern im Leben kennen wir von Zeit zu Zeit doch alle, nicht wahr?«, fragte er und bohrte unwissentlich immer tiefer in ihre Wunde. Die Wahrheit über die Unfallnacht ertrug sie ja selbst nicht, wie konnte Nolan es dann verstehen, den sie erst seit ein paar Minuten kannte? Das war völlig verrückt, und dass er ihr Verhalten im *Mirabella* als Trennungsschmerz deutete, war noch verrückter.

»Okay, ich verrate dir ein Geheimnis«, meinte Nolan, da sie weiterhin schwieg. »Du bist nicht alleine damit. Vielleicht vermisse ich keinen Menschen, aber den Kampfsport aufgeben zu müssen, fühlt sich genauso schmerzhaft an. Ich kann nicht mal meinen Trainingsraum zu Hause betreten, glaubst du mir das? Also was ist, wenn das Schicksal uns heute zusammengeführt hat, damit wir das gemeinsam meistern? So als Stütze für den anderen. Du weißt schon.«

»Weiß ich das?«

»Ich denke schon, sonst würdest du hier nicht mehr stehen, June Summer. Also, was hältst du davon, wenn wir uns morgen im *Mirabella* treffen? Sagen wir, dieselbe Zeit wie heute, nur dass du nicht über die Tische zu mir starren brauchst?«, fragte er.

Heute früh glaubte sie noch, dass das klemmende Schloss ihr Schicksal sein sollte, und nun stand Nolan vor ihr. Sie wollte gerade ablehnen, als sich ihre Stimme verselbstständigte. »Klar, wieso nicht. Dann bis morgen.«

Mit hitzigen Wangen schaffte sie es endlich, sich von seinem Blick zu lösen und in die Pedale zu treten. Bevor sie an der Ecke abbog, sah sie über die Schulter zurück. Er stand immer noch da, die Hände schob er lässig in seine vorderen Hosentaschen. Ein schelmisches Lächeln umspielte seine Lippen.

Erst als June die *Camden Town Station* erreichte, realisierte sie, dass sie eben einem Treffen zugestimmt hatte.

Kapitel 3

June ging die *Portobello Road* entlang. Ein Haus in einem tiefen Ozeanblau, das neben einem senfgelben Haus stand, fiel ihr besonders auf. Phil hatte dieses ausdrucksstarke Blau geliebt, weil er den Ozean so unergründlich fand, wie die Gefühle, die in einem Bild zum Ausdruck kommen konnten. Genauso liebte er den *Portobello Road Market*, der an diesem Montagmorgen deutlich weniger Besucher hatte, als am Wochenende. Unter den schlendernden Menschen auf einem Markt hatte Phil immer seine Inspiration für seine Werke gefunden, während June sich meistens vor einem Stand von Süßigkeiten aufgehalten hatte und sich nicht entscheiden konnte. Das der Verlag genau hier im Herzen seiner Inspirationsquelle lag, konnte kein Zufall sein.

Der Schriftzug *Bookmark for Life*, der in goldenen Buchstaben den Eingang des Verlags zierte, ließ June innehalten. Wenn es eine Zeit gab, in die sie kein Lesezeichen in ihrem bisherigen Leben hereinlegen würde, dann waren es die letzten sechs Monate. Dieses Kapitel wollte sie am liebsten herausreißen und in eine Geschichte umschreiben, in der sie jetzt mit Phil hier stand und er sie ermutigen würde. Stattdessen öffnete sie mit schwerem Herzen alleine die Tür. Für immer, ohne Phil.

Hinter dem Empfangstresen saß niemand, daher ging sie direkt auf die Fahrstuhltüren zu. Aus ihrer Umhängetasche holte sie das Einladungsschreiben hervor und schaute nach der Nummer des Meetingraumes. Ausgerechnet die einhundertdreizehn. Wenn sie die erste Zahl abzog, konnte sie gleich wieder umdrehen. Für June war zumindest Freitag, der Dreizehnte, immer ein Tag, an dem irgendetwas schiefging. Von einer schwarzen Katze, die fauchend von rechts die Straße überquerte, einem über ihre Tastatur verschütteten Kaffeebecher, bis hin zu einem Date, das in einem Reinfall geendet hatte.

Die Fahrstuhltüren sprangen auf, sie stieg ein und drückte auf den Knopf für die zweite Etage. Wie in Zeitlupe glitten die Türen aufeinander zu. Einen winzigen Moment überlegte sie, doch noch zu kneifen, als eine Hand mit knallrot lackierten Nägeln durch den Schlitz griff. June drückte auf den Knopf, damit die Türen wieder aufsprangen. Eine Frau blickte sie aufmerksam an. Sie trug ein olivfarbenes Businesskostüm und war äußerst elegant geschminkt.

»Danke, dass Sie gewartet haben«, sagte sie und trat ein.

»Gerne«, antwortete June und wich einen Schritt zur Seite.

Die Frau warf ihre glänzend schwarzen Haare, die sie als strengen Zopf trug, mit Schwung über die Schulter. »Ich sehe Sie hier zum ersten Mal, sind Sie neu?«, wollte sie wissen.

June fragte sich, ob man aus ihrem Gesicht alles ablesen konnte oder ob sich hier sämtliche Mitarbeiter kannten.

»Ja. Ich nehme an der Grafik Design Challenge teil, die heute anfängt.«

Aus dem Augenwinkel bemerkte June, dass sie von oben bis unten von der Frau gemustert wurde. Zudem ruhte ihr Blick außergewöhnlich lange auf ihren Turnschuhen. Erst jetzt sah June, dass die Innenseiten völlig verdreckt waren.

»Ach, die Challenge. Eine sehr herausfordernde Zeit für die Teilnehmer. Ich bin gespannt, wen wir am Ende bei uns im Verlag begrüßen dürfen.«

»Dann sind Sie eine der Jurorinnen?« June stellte sich so hin, dass die Frau nicht länger die verschmutzen Schuhinnenseiten sehen konnte.

»Oh, nein, diesen Spaß habe ich hinter mir. Ich leite dieses Jahr mein eigenes Projekt.«

Irgendetwas an ihrem Tonfall ließ June stutzig werden. Bevor sie jedoch zu viel hineininterpretierte, stellte sie rasch eine andere Frage. »Und was für ein Projekt führen Sie jetzt?«

Die Frau überstreckte ihr Kinn, was ihr einen gewissen Stolz verlieh. »Ich erarbeite ein Konzept, das uns durch Influencer endlich die Reichweite einbringen soll, die der Verlag meiner Meinung nach dringend benötigt. Sie wissen schon, mehr Aufrufe, mehr Klicks, mehr Käufe. So läuft das heutzutage. Nur ist die Buchbranche, was das digitale Zeitalter angeht, immer noch ein wenig eingestaubt. Finden Sie nicht?«

June räusperte sich. Sie hatte bisher nur ein Bild vom Sonnenuntergang bei Instagram gepostet, was gleichzeitig ihr Profilbild darstellte. »Ja, der digitale Wandel betrifft uns alle, da haben Sie recht. Obwohl ich mir auch gerne in einer Bibliothek Bücher ausleihe. Das hat so etwas Nostalgisches, alleine dieser Duft der Buchseiten.«

»Bibliothek? Sie sind ja goldig. Ich bin mir sicher, dass Sie beim Senior Juror der Challenge gut aufgehoben sind.«

»Echt? Das klingt ja schon mal gut. Ich hatte im Internet nämlich gelesen, dass die Juroren im letzten Jahr sehr streng gewesen waren.«

»Na wie gut, dass ich dieses Jahr nicht dabei bin. Die Challenge wird von einem Kollegen geführt, der den altmodischen Stil der Buchbranche wahrlich verkörpert. Mal abgesehen von seinem Kleidungsstil.« Die Frau lachte auf.

Nach einem kurzen Ruckeln kam der Fahrstuhl zum Stehen und dic Türcn gabcn dcn Wcg in die zweite Etage frei.

»Viel Glück bei der Challenge und denken Sie immer daran, den Fokus auf das Ziel zu richten«, gab sie June mit auf den Weg und stieg aus.

Sie folgte der Frau und sah den schmalen langen Flur mit seinen unzähligen Türen hinunter. Sie hatte keine Ahnung, in welche Richtung sie gehen sollte. »Entschuldigung, wo befindet sich der Raum einhundertdreizehn?«

»Sie finden den Meetingraum den Flur entlang auf der rechten Seite. Es ist die letzte Tür.« Ihre Absätze mit der roten Sohle klackerten in die andere Richtung. Allmählich verstummten die Geräusche der anliegenden Büros und June stand alleine im Gang. Die Stille um sie herum fütterte immer mehr den Gedanken, dass sie es nicht verdient hatte, hier zu sein.

Phil hatte die Bewerbungsmappe ohne ihr Wissen abgeschickt, da ihr der Mut gefehlt hatte. Jetzt fragte sie sich, ob sie ohne ihn überhaupt in der Lage war, mutig zu sein. Neben dem Fahrstuhl entdeckte sie eine Tür, die zu einem Treppenhaus führte. Ihr Herz klopfte schneller. Sie griff schon zum kühlen Metallknauf, als die Tür von der anderen Seite so stürmisch geöffnet wurde, dass June nach vorne fiel. Bevor sie über die Türschwelle stolperte, fand sie in letzter Sekunde am Türrahmen Halt.

»Oh, entschuldige! Ich bin völlig durch den Wind. Ich habe mich jetzt schon das zweite Mal verlaufen«, plapperte die junge Frau drauf los und wedelte mit einem Schreiben vor ihrem Gesicht, das June sofort erkannte. »Erst war niemand am Empfang, dann bin ich zum hinteren Gebäude, wo man mir gesagt hat, ich soll zurück in den ersten Stock und da wurde mir mitgeteilt, dass die Challenge in dieser Etage stattfindet. Bitte sage mir, dass ich diesmal richtig bin.«

»Die Challenge ist den Flur hinunter auf der rechten Seite«, wiederholte June die Worte der Frau aus dem Fahrstuhl.

»Ach, wie cool! Du nimmst auch daran teil?« Sie deutete auf Junes Schreiben, welches sie immer noch in der Hand hielt. Rasch stopfte sie es in die Jackentasche, schüttelte energisch den Kopf und huschte geradewegs an der Mitbewerberin vorbei, als ihre Umhängetasche an deren Tasche hängenblieb. Wie ein Frisbee wurde June zurückgeschleudert. Im hohen Bogen flogen nicht nur ihre Notizhefte, sondern auch ihre Stifte aus der Federmappe.

»Das darf doch nicht wahr sein«, fluchte June und sammelte rasch ihre Sachen ein. Bis eben hatte ihr Abgang noch etwas Stilvolles, einfach nickend vorbeiziehen und so tun, als wäre sie schwer beschäftigt. Nur hatte June nicht damit gerechnet, dass sie ihr so auf die Pelle rückte, dass sich ihre Taschen verhakten.

»Warte. Ich helfe dir.« Sie reichte ihr den Schlüsselbund mit dem Kirschblütenanhänger von Phil. »Dieser Moment, bevor es losgeht, bringt einen ganz schön an die Grenzen, was? Wenn es dich beruhigt, ich habe die Nacht kein Auge zubekommen.«

June nahm ihr den Anhänger ab und strich über das gläserne Herz, welches sie heute zum zweiten Mal verloren hatte.

»Ich bin Shiyan.« Sie streckte ihre blasse Hand entgegen.

»June«, antwortete sie knapp und schüttelte ihre Hand. »Und geht der Fluchtgedanke irgendwann vorbei?«

»Frühestens übermorgen. Danach wird es von Tag zu Tag besser.«

»Dann hast du schon mal an der Challenge teilgenommen?«

»Nein, aber es ist mein fünfter Wettbewerb.« Shiyan legte den Kopf schräg, so dass ihre Ponyfransen zur Seite fielen und June in ihre schmalen Augen schauen konnte. »Ich glaube fest daran, dass ich irgendwann mal gewinne, und bis dahin ist die Hoffnung mein Antrieb. Wie ist es bei dir?«

»Ich frage mich eher, was ich hier überhaupt mache«, antwortete June wahrheitsgemäß.

»Bei meinem ersten Wettbewerb bin ich gleich am zweiten Tag rausgeflogen. Wir sollten einen Vortrag zu unserer Zeichnung halten und ich habe keinen Pieps herausgebracht. Das war so peinlich! Aber der ging auch nur eine Woche und nicht drei Wochen wie hier, was einem Praktikum gleichkommt. Das war einer der Gründe, warum ich mich beworben habe. Ich wollte schon immer mal in den Verlagsalltag hineinschnuppern, weil ich Bücher über alles liebe!«

»Jetzt fühle ich mich gleich viel sicherer«, entgegnete June lächelnd.

»Oh je, ich wollte dir keine Angst machen. Ich meinte damit, dass wir echt Glück haben, dass wir dabei sein dürfen. Also, wollen wir?«

June sah zu den Stufen vor ihr, die sie zur Not zu einem späteren Zeitpunkt noch nutzen konnte. Der lange Flur kam ihr mit einem Mal viel schmaler vor, während sie sich dem Meetingraum näherten.

»Und wie waren die anderen Wettbewerbe so? Gibt es etwas, das sich wiederholt?«, fragte June beunruhigt.

»Definitiv die Vorstellungsrunden!«, schoss es aus Shiyan heraus, die es eiliger als June hatte, zum Meetingraum zu gelangen. »Bei der Letzten habe ich totalen Mist gebaut. Ich habe einen Kurs bei einer bekannten Schule in Frankreich erfunden, weil die vor mir so dick aufgetragen hatte. Nur blöd, dass der Juror selbst aus Frankreich kam. Und nicht nur das, er hat vor vielen Jahren ausgerechnet an der Schule unterrichtet und hat mich vor allen gefragt, bei welchem Lehrer ich war.«

»Oh Gott. Ich wäre im Boden versunken! Und was ist dann passiert?« June versuchte, sich ihrem Tempo anzupassen.

»Dreimal darfst du raten. Ich habe mir einen Namen von einem Lehrer ausgedacht, den der Juror natürlich nicht kannte. Am nächsten Tag nahm er mich zur Seite und gab mir den Rat, besser zu recherchieren, wenn ich schon flunkere. Tja, was soll ich sagen, das war mir eine Lehre. Seitdem erwähne ich sogar meine drei Vornamen Shiyan Chen Lu.«

»Kannst du das wiederholen?«

Sie kicherte hinter vorgehaltener Hand. »Es reicht, wenn du dir Shiyan merkst. Was hast du so für Referenzen, warst du schon mal im Ausland?«

June kräuselte die Stirn. Ihre letzte Auslandserfahrung war ihr Urlaub vor drei Jahren in der Toskana. Er endete darin, dass sie am zweiten Tag vom Fahrrad gestürzt war, sich ihren Knöchel verstaucht hatte, und die restlichen fünf Tage mit Eiscreme im Hotelzimmer verbrachte.

»Ehrlich gesagt, habe ich nicht mal ein Langzeitstudium absolviert, sondern nur einen achtmonatigen Kurs für Grafik Design. Und meine einzige Praktikumserfahrung ist heute mein Arbeitgeber. Sollte ich mir lieber etwas anderes ausdenken?«

Shiyan schüttelte entschlossen den Kopf. »Auf keinen Fall! Wenn du es so in deiner Bewerbung angegeben hast und angenommen wurdest, ist doch alles super.«

Der Witz an der ganzen Sache war jedoch, dass sie ihre eigene Bewerbung nicht mal kannte, aber das würde Shiyan nur verwirren.

Sie erreichten Zimmer einhundertdreizehn. Shiyan verschwand schon im Meetingraum, während June über die Schulter zurückschaute. Zuerst fiel ihr ein Mann auf, dessen Glatze unter dem grellen Licht des Flurs schimmerte, als wäre er gerade aus der Dusche gesprungen. Doch was June noch mehr verwunderte, war die Frau, die hinter ihm auftauchte. Es war dieselbe, mit der sie im Fahrstuhl geplaudert hatte, und sie sah alles andere als begeistert aus.

Kapitel 4

Mit der Fingerspitze fuhr June an der aufgeplatzten Naht ihrer Stuhllehne entlang. Unweigerlich fragte sie sich, wie viele Teilnehmer hier schon gesessen hatten und vor ihr gescheitert waren. An dem langen Holztisch zählte sie achtzehn Personen, die zwischen Anfang zwanzig bis Mitte dreißig waren. Shiyan saß ihr gegenüber und spielte mit ihren Ponyfransen herum, während sich der Juror mit der Glatze an den separaten Tisch setzte, der quer zum Gruppentisch stand. So wie in der Schule, wenn Prüfungen geschrieben wurden und der Lehrer seiner Aufsichtspflicht nachging. June fühlte sich in dem Moment wie eine Schülerin, die schummelte, da sie nur hier saß, weil Phil ihre Bewerbungsmappe heimlich abgeschickt hatte.

Die Frau vom Fahrstuhl schob ihren Stuhl lautstark zurück und setzte sich ebenfalls an den Jurorentisch.

»Hey, was geht?«, begrüßte ein jüngerer Mann die Runde und hob dabei lässig seine Hand. Er nahm den letzten freien Platz am Jurorentisch ein. »Ich spüre schon die kreativen Vibes in der Luft.« Lautstark atmete er durch seinen Mund aus. »Oh yes, das wird gigantisch!«

Der Juror neben ihm zupfte an seiner Fliege und stand auf. »Willkommen bei *Bookmark for Life*. Mein Name ist Louis Dupont.« Seine Augen wirkten durch die dicken Brillengläser wie die einer Eule auf Mäusejagd. »Ich bin seit nunmehr achtzehn Jahren bei diesem einzigartigen Verlag und seit vier Jahren Projektleiter unserer wundervollen Challenge. Wie Sie wissen, legen wir den Fokus dieses Jahr auf die jüngere und digitale Generation, um den Verlag besser zu positionieren. Zwar mangelt es uns nicht an jungen Lesern, aber was die Präsenz und die Interaktion online betrifft, können wir ein wenig aufholen.«

Die Frau neben ihm schob ihre Augenbraue nach oben und wirkte nicht gerade begeistert. June fragte sich, warum sie überhaupt hier saß.

»Und wie es bei jedem Wettbewerb so ist, kann am Ende nur einer den Job in unserem young-creative-Team bekommen. Also liebe Challenger, sind Sie bereit?«

Challenger klang wie eine Gruppe, die in eine Wildnis ausgesetzt wurde, während die Zuschauer jeden Schritt im Fernsehen verfolgten und ihren Favoriten auswählten. Die Teilnehmer klatschten nach seiner Ansprache. Selbst Shiyan freute sich, obwohl sie schon vier Wettbewerbe verloren hatte. June stieg ebenfalls mit ein, wenn auch deutlich verhaltener. Louis Dupont strich zufrieden über seine schimmernde Glatze und setzte sich.

»Gut, dann stell ich mich mal vor. Ich bin Paul Wick und was soll ich sagen? Auf eine unvergessliche Zeit bis die Köpfe qualmen! Wie Sie wissen, ist die Freude der Motor Ihrer genialen Kreativität und die heizen wir in den kommenden Wochen so richtig an.« Dabei tippte er mit dem Finger gegen seine Schläfe. »Ach und noch ein Fun Fakt über mich: Dies ist meine erste Challenge auf der anderen Seite des Tisches. Von daher weiß ich ganz genau, wie Ihnen der Schweiß unter den Achseln läuft, weil ich vor zwei Jahren auch ein Challenger war, und wie Sie an meinem Beispiel sehen können, ist alles möglich.« Stolz lehnte er sich in seinem Stuhl zurück, als hätte er sich eben selbst nochmal zum Sieger erklärt.

»Danke Paul«, übernahm Louis Dupont wieder das Wort. »Abgesehen von den täglichen Aufgaben, wird es auch Gruppenarbeiten zu zweit geben, die in Ihre Bewertungen mit einfließen. Aber nun möchte ich Ihnen unsere Juniorexpertin Olivia Garcia vorstellen. Sie springt für eine andere Jurorin ein, die krank geworden ist. Es ist mir eine Ehre, sie dieses Jahr erneut an Bord zu haben. Wenn eine Person hier im Verlag von der modernen Welt die Nase ganz weit vorne hat, dann ist sie es!«

»Danke, Louis Dupont. Es ist wahrlich eine Überraschung, dass ich heute hier stehe und kann es selbst nicht glauben.« Sie lachte schrill auf, fing sich jedoch rasch wieder. »Wie dem auch sei, möchte ich die Challenge genauso voranbringen wie mein derzeitiges Projekt, in dem es genau darum geht: Wie schaffen wir es, den Staub der bisherigen Buchwelt abzuklopfen und im neuen Format in der digitalen Welt aufzutreten? Um ganz oben mitzuschwimmen, braucht es Entschlossenheit!« Sie schob ihren Stuhl zurück und stolzierte an der Fensterfront entlang, bis sie am Ende des langen Tisches bei June ankam. »Genauso erwarte ich absolute Konzentration. Keine Ablenkungen durch das Handy oder private Gespräche, das können Sie alles in der Pause machen. Wenn Sie also das Ziel haben, zu gewinnen und in unserem Verlagshaus Fuß fassen wollen, dann geben Sie von Anfang an Vollgas.« Sie sah zu June hinab, während sie an ihr vorbeischlenderte.

Rasch setzte sie ihr geübtes Lächeln auf, wobei ihre Wangen vor Anspannung zitterten. Olivia Garcia blickte sie skeptisch an, als würde sie den Wurm im Apfel entdecken.

»Wenn das soweit klar ist und es keine weiteren Fragen gibt«, sie hob endlich den Kopf, so dass June aufhören konnte, zu lächeln, »dann würde ich sagen, wir verlieren keine Zeit und fangen gleich an.«

Sie stolzierte hinter June entlang. Mit jedem Auftreten ihres Absatzes stiegen Junes Zweifel. Kurz entschlossen schnappte June ihre Federmappe und packte sie in ihre Umhängetasche zurück.

»Was machst du denn da, willst du jetzt schon aufgeben?«, flüsterte Shiyan ihr zu.

»Ich gebe nicht auf, ich fange erst gar nicht damit an. Ich weiß nicht mal …« June brach den Satz ab, weil es beschämend genug war, dass sie nicht mal selbst ihre Bewerbungsmappe kannte. Allein wie

Olivia Garcia das Wort *Entschlossenheit* betonte, duldete keinen Spielraum für June, die ein ganzes Sonnensystem davon entfernt war.

»Hast du dir mal einen Drogenmafiafilm angeschaut?«, fragte Shiyan, während June nach ihrem Notizbuch griff.

»Sicher, aber was hat das mit der Challenge zu tun?«

»Überleg doch mal, jeder kennt so eine Szene, in der ein Batzen Geld plötzlich fehlt und es nur einer aus dem Kartell gewesen sein kann, oder? Und der Boss versucht mit Druck, den Schwächsten ausfindig zu machen. Du bist nicht schwach, sondern nur nervös! Das ist kein Grund einzupacken. Weißt du, was mit denen geschieht, die gleich aufstehen und versuchen zu fliehen?«

»Sie retten sich?«, scherzte June, weil jeder wusste, wie so eine Szene im Film endete.

»Na, wohl kaum.«

»Wenn Al Pacino die Hauptrolle hat, dann schon. Jeder andere wird wahrscheinlich erschossen.«

»Aha!« Shiyan grinste breit, weil June auf der richtigen Spur war. »Und was passiert mit dir, wenn du abbrichst, statt es zu versuchen?«

»Sie wirft mir ihren Pumps an den Kopf?« June sah Olivia Garcia nach, ehe die den Tisch der Juroren erreichte.

»Das traue ich ihr sogar zu!« Shiyan kicherte hinter vorgehaltener Hand. »Aber Fakt ist, niemand macht hier einen Rückzieher.«

»Und wenn ich mir nicht sicher bin, ob ich das alles schaffe?«

»Okay, dann formuliere ich es anders: Was wäre, wenn du jetzt durch die Tür gehst und morgen wieder in deinem Büro sitzt?«

June überlegte einen Augenblick, weil sie es aus der Perspektive bisher nicht betrachtet hatte. »Es würde sich nichts ändern.«

Schlimmer noch, ihre Schuldgefühle würden sie ans Bett fesseln und nie wieder aufstehen lassen. Dann wäre Phils Mühe umsonst gewesen.

»Meine Alternative ist ein Spülerjob im Restaurant meines Vaters und ich habe es so satt den ganzen Tag nach gebratenen Nudeln zu stinken.« Shiyan schüttelte den Kopf, was June verstehen konnte.

»Bevor wir mit der ersten Aufgabe anfangen, würden wir mit einer knackigen Vorstellungsrunde starten«, sagte Paul Wick, der aus dem Stapel vor sich die oberste Mappe nahm und die erste Seite aufschlug. »Und wir beginnen die Runde mit June Summer.«

Ein Moment verstrich. Es wurde so still im Raum, dass June ihren Puls im Ohr schlagen hörte.

Suchend schaute Paul Wick auf, während ihre Finger sich in die abgewetzte Lehne des Stuhls bohrten. »Wer von Ihnen ist June Summer?«

»Das bin ich«, hauchte sie. Sie sank etwas tiefer in ihren Sitz, weil jeder der Anwesenden sich zu ihr umdrehte. Manche hatten eine regelrechte Erleichterung im Gesicht, dass sie nicht die Ersten waren, die sich vorstellen sollten. Shiyan streckte ihr dafür beide Daumen entgegen. Immerhin ein aufmunterndes Gesicht im Raum.

»Okay, dann fange ich mal an«, sagte sie und stand auf.

»Bitte etwas lauter«, unterbrach sie ein Teilnehmer, bevor sie überhaupt loslegte.

Sie räusperte sich. »Ich heiße June Summer, bin 23 Jahre alt und arbeite zurzeit bei einer Werbeagentur, die mit ihrer jahrelangen Erfahrung und permanenten Weiterentwicklung nicht nur erfolgreich die Stammkunden betreut, sondern auch immer mehr jüngere Kunden dazugewinnt.«

Phil hatte ihr Mal einen Trick verraten: Wenn er die Antwort auf eine Frage nicht parat hatte, wiederholte er einfach das, was sein Gegenüber vorher als wichtig empfand. Und so kombinierte sie ihre bisherige Tätigkeit mit den Anforderungen bei der Challenge. Nach wenigen Minuten kehrte eine unangenehme Stille ein. Keiner der drei Juroren hatte anscheinend gemerkt, dass sie fertig war. Sie setzte sich wieder und wischte ihre schweißnassen Hände an der Hose ab.

Paul Wick schaute wie gebannt in die schwarze Ledermappe und blätterte darin. »Also das hier ist ein echtes Meisterwerk von Ihnen«, sagte er und schob die Zeichnung aus der Mappe, um sie zu zeigen.

»Diese ineinanderlaufenden Farben und der Kontrast, der alles wieder bricht, ist genial!«

June überlegte kurz, ob sie schon bei dem nächsten Teilnehmer waren, weil es keine von ihren Zeichnungen war. Doch dann erkannte sie diesen unverwechselbaren Stil. Es war eine Zeichnung von Phil!

»Hey, ist alles in Ordnung?«, flüsterte Shiyan ihr zu, aber June nahm ihre Worte wie durch Watte wahr. Sie sah, dass die Juroren sich über die Zeichnung unterhielten und aufgeregt in ihrer Mappe blätterten. Der Moment war so surreal, als würde sie neben sich stehen und das Ganze nur träumen. Warum hatte er das getan?

»June Summer, möchten Sie noch etwas ergänzen oder waren Sie fertig?«

Sie brachte kein Wort heraus, stattdessen schüttelte sie den Kopf.

»Vielen Dank. Dann schauen wir mal, wer unser nächster Kandidat ist.«

June wartete ab, bis niemand mehr zu ihr schaute. Sie beugte sich vor, drehte rasch den Deckel der Wasserflasche auf und goss sich ein Glas voll. In einem Zug trank sie es aus, doch die brennenden Fragen in ihrem Kopf konnte sie nicht löschen. Gab es nur dieses Werk von ihm oder befanden sich noch mehr davon in ihrer Bewerbungsmappe? Was sie zu der nächsten Frage führte, ob ihre Bilder sonst nicht gut genug gewesen wären. Oder war ihm das gar nicht aufgefallen, dass ein Werk von ihm dazwischen gerutscht war, als er ihre Mappe zusammenstellte? Die Kohlensäure gluckerte in ihrem Magen. Sie schaffte es nicht mal mehr, den anderen Teilnehmern zu folgen. June hatte jegliches Zeitgefühl verloren, seit seine Zeichnung vorgestellt worden war und alle glaubten, es wäre ihre.

****

Die Bleistifte wurden nochmal durch den Anspitzer gedreht, nachdem die erste Aufgabe bekanntgegeben wurde. Sie sollten den Himmel zeichnerisch darstellen, während ein Gewitter aufzog. Eine ähnliche Übung gab es damals in ihrem Grafik Design Kurs. Keine große Sache, wenn sie jetzt nicht permanent an die Bewerbungsmappe denken würde, die immer noch auf dem Tisch der Juroren ruhte wie ein schlechtes Omen. June hob den Kopf und schaute zu Shiyan. Deren Bleistift schwebte leicht wie eine Feder über das Blatt. Die Minuten vergingen, in denen sie nichts zu Papier brachte. Sie drehte den Stift zwischen Daumen und Zeigefinger und grübelte, bis June endlich anfing, weiche Bögen am Himmel zu ziehen, die eher aussahen wie ausgestochene Halbmonde einer Backform. Sie zupfte das Zeichenblatt leise vom Block ab, faltete es und stand erneut vor einem unberührten Blatt.

»Skizziere zuerst die Landschaft als Rahmen und denk an die Perspektive«, flüsterte Shiyan und deutete auf ihre Zeichnung.

»Eine zentrale Perspektive«, wiederholte June und da fiel es ihr wieder ein. Diese Grundkenntnisse sollte jeder hier im Schlaf beherrschen. Erste Striche folgten am unteren Teil des Blattes, die eine hügelige Landschaft darstellten. Sie setzte einen schwarzen Punkt für ihre Mitte. Oben entstanden große Wolken. Für die optische Entfernung skizzierte sie dahinter kleinere Wölkchen. Mit kräftigerem Druck der Bleistiftmine vertiefte sie die Landschaft und die Gewitterfront. Anschließend wischte sie für einen weicheren Übergang mit ihrem Zeigefinger darüber, dabei wurde sie immer energischer.

»Noch fünf Minuten«, erinnerte Louis Dupont die Teilnehmer an die ablaufende Zeit.

Paul Wick und Olivia Garcia schlenderten derweil an den beiden Seiten der Tische entlang. Olivia blieb neben Shiyan stehen und betrachtete deren fertiges Bild. June streckte sich etwas vor, um ihre Zeichnung über Kopf zu begutachten. Dabei fiel ihr ein Detail auf, das sie bei ihrem eigenen Bild völlig vergessen hatte. Sofort griff sie nach dem Bleistift und drückte auf, um die Striche zu ergänzen, die für eine Abgrenzung zwischen dem aufziehenden Gewitter und der Landschaft sorgten. Mit jedem Strich fragte sie sich, warum sie irgendwann mehr für Phil empfunden und damit die Grenze ihrer

Freundschaft überschritten hatte. Denn ihre Schmetterlinge im Bauch hatten dazu geführt, dass sie ihre Gefühle ausgerechnet in einem Streit am Telefon offenbart hatte.

»Die Zeit ist um, bitte reichen Sie die Zeichnungen nach vorne durch. Vergessen Sie nicht, Ihren Namen auf die Vorderseite zu setzen. Wenn alle Blätter eingesammelt sind, gehen wir gemeinsam in die Mittagspause.«

Olivia stand plötzlich neben ihr. Rasch kritzelte June ihren Namen darauf und reichte ihr die Zeichnung. Sie schaute länger als nötig auf ihre Gewitterfront. Ob die Jurorin nach der Übung schon bemerkt hatte, dass der Stil ein ganz anderer war als bei der Zeichnung in ihrer Bewerbungsmappe?

Kapitel 5

June schwenkte ihr Weinglas und konnte es kaum glauben, dass sie den ersten Tag der Challenge überstanden hatte. Der Nachmittag hatte zwar, was die Aufgaben betraf, noch seine Tücken gehabt, aber es war geschafft. Ruby saß neben ihr auf der Couch und knuffte sich ihr Kissen zurecht, während June am liebsten in einem davon versinken wollte. Sie war total erschöpft, doch das hielt Ruby nicht ab, wie ein Wasserfall zu reden.

»Jetzt bin ich etwas abgeschweift. Worauf wollte ich denn eben hinaus?«, fragte Ruby, die dabei war, ihre eigenen Erlebnisse zu verarbeiten.

»Das dein Date dich seit gestern ghostet?«

»Richtig! So ein Mistkerl. Bevor ich weitererzähle, muss ich einen gewaltigen Schluck nehmen.« Sie kippte den Bordeaux in einem Zug hinunter.

»So schlimm?«, hakte June vorsichtig nach.

»Ich habe meine Kette bei ihm im Auto verloren und er hat nichts Besseres zu tun, als mich wegzudrücken und mir dann zu schreiben, dass ich ihn nicht stressen soll! Der denkt doch nicht allen Ernstes, dass ich seinetwegen so oft anrufe, oder?«

»Tut mir leid wegen deiner Kette. Wie oft hast du ihn denn angerufen?«

Sie schaute in ihre Anrufliste und fing an zu zählen. »Mit gestern Nacht oder nur heute?«

June stöhnte auf. »Oh man, so langsam kann ich ihn verstehen.«

»Das ist eben meine Lieblingskette!«

»Hast du ihm denn wenigstens geschrieben, warum du so einen Terror machst?«

»Natürlich, aber er reagiert nicht mal darauf.« Ruby schaute sie entsetzt an. »Das ist doch Diebstahl! Sollte ich die Polizei anrufen?«

Ihre wilden Theorien fehlten June jetzt noch. »Ich würde es erstmal ohne Polizei versuchen. Weißt du denn, wo er wohnt oder wie er mit vollem Namen heißt?«

Rubys hellblonde Korkenzieherlocken standen so ab, als würden sie unter Strom stehen. »Ich weiß nicht mal, ob sein Name wirklich Max ist.«

»Warte mal, reden wir von dem Max, den du über diese Datingapp kennengelernt hast?«

»Genau der, nur hat er in seinem Profil nicht erwähnt, dass er eigentlich Max, der Gauner ist, statt Max the King.«

Kaum hatte sie zu Ende gesprochen, fing June an zu prusten. »Sorry, aber wer nennt sich denn bitte so und wie kannst du darauf reinfallen?«

Anscheinend war Ruby nicht nach Lachen zumute und sie neigte den Kopf ungläubig zur Seite. »So läuft das heutzutage nun mal! Denkst du, ich nenne meinen richtigen Namen? Meine Güte June, wir sind hier nicht mehr in der Schülerzeitung mit einem Passfoto daneben, um Schreibfreunde zu finden.«

»Und wenn es zu einem Date kommt, was machst du dann?«

»Sollte er mir gefallen, verrate ich ihm meinen echten Namen. Ansonsten bin ich Kittythecat und der kommt hervorragend an.«

»Sorry, aber ich weiß gerade nicht, was lustiger ist: Dass du dich so nennst oder das Max the King dich ignoriert. Vielleicht hat er ja Angst, dass du in Wahrheit Catwoman bist und ihn nachts angreifst.«

»Ja, lach nur. Früher oder später wirst du bei den Datingapps auch noch dahinterkommen, warum ein Pseudonym besser ist.«

»Aber mal im Ernst, meinst du, das ist der richtige Weg, um jemanden kennenzulernen? Die Wahrscheinlichkeit, auf so einer

Plattform einen vernünftigen Mann zu finden, ist doch so gering, wie mit einem einzigen Rubbellos die Millionen zu gewinnen. Am meisten wird eben an den Verlierern verdient, die hoffen, irgendwann das richtige Los zu ziehen.«

»Glaube mir, die Männer, die noch die Türen aufhalten, sind mit der Erfindung der online Datingwelt ausgestorben. Oder die Ehefrauen fesseln sie ans Bett, weil sie deren Seltenheit erkannt haben«, scherzte Ruby.

»Da kann was dran sein«, stimmte June zu, während sie an ihr Date aus dem *Harrys* dachte, mit dem sie immer noch eine Rechnung offen hatte. Um genau zu sein, 84,45 £.

»Und natürlich halte ich meine Augen auch außerhalb der App offen. Wie heute, stell dir vor, ein echt gutaussehender Kerl setzt sich in der Bahn neben mich und lächelte mich an.«

»Na, das klingt doch super!«, ermutigte June sie.

»Ja, aber es roch nicht so. Denn zwischen uns bahnten sich keine Funken an, sondern so ein übelriechender Geruch. Einer von dieser abgestandenen Senfeier-Sorte. Und weißt du, was er macht? Er tut so, als wäre mir ein Pups entwichen, setzt sich eine Reihe weiter wieder hin und lässt mich in dieser stinkenden Wolke eiskalt zurück. Ist das zu fassen? Aber egal, erzähl endlich von deinem ersten Tag!«

»Kurzfassung? Furchtbarer als deine Dates!«

»Das kann nicht sein!«

»Heute habe ich zum ersten Mal die Bewerbungsmappe gesehen, die Phil für mich eingeschickt hatte, und das in dem Moment, als ich mich vorstellen musste.«

»Scheiße Süße, das ist ja sowas von mies!« Ruby nahm die halbvolle Weinflasche und goss June nach.

»Wusstest du, dass er eines seiner Bilder mit hineingelegt hatte?«

»Nein, er hat mir gegenüber nichts erwähnt. Warum hat er das getan?«

June senkte ihren Kopf und nippte an ihrem Wein. »Ich habe da so eine Vermutung.«

»Und die wäre?«

»Weil meine Bilder nicht ausgereicht hätten, um an der Challenge teilzunehmen.«

»So ein Quatsch! Du hast die erste Aufgabe heute doch auch geschafft.«

»Das war unser Warm-up, und selbst da habe ich schon eine Blockade gehabt.«

Ruby sah sie an, als verstünde sie das Problem nicht. »Du bist brillant, June, und hätte er nicht an dich geglaubt, dann hätte er sich nicht die Mühe gemacht, eine Bewerbungsmappe in deinem Namen abzuschicken! Du wurdest genommen, und ob nun ein Bild von ihm drin ist oder nicht, ist doch jetzt irrelevant.«

»Mag sein, dass du recht hast. Trotzdem fühlt es sich für mich so an, als wenn ich es nur deswegen geschafft habe. Und ich mir jetzt noch mehr Druck mache, als eh schon.«

»Klar verstehe ich deine Aufregung, aber so ist das immer bei einem Wettbewerb. Sieh es doch mal so: Du hast diese Chance bekommen und jetzt gib alles, damit du weiterkommst. Einen Fuß hast du eh schon drinnen.«

»Witzig, dass du es erwähnst. So etwas Ähnliches hat Nolan heute auch zu mir gesagt.« Sie dachte an den Moment zurück, als sie auf den Stufen saßen und er um zwei weitere Minuten ihrer Zeit gebeten hatte. Und an sein unverschämtes Lächeln.

»Entschuldige, wer?«

»Ach, nicht weiter wichtig. Ich habe ihn heute Morgen kennengelernt.«

»Warte mal eine Sekunde, ich komme nicht ganz mit. Wer bitte ist Nolan und wo hast du ihn getroffen?«

»Ich habe meinen Schlüssel im *Mirabella* verloren und er ist mir nach draußen gefolgt und hat ihn mir zurückgebracht.«

»Und das sagst du mir jetzt erst? Wir müssen eindeutig an unserer Kommunikation arbeiten. Ich will jedes Detail wissen!«

»Eigentlich war es das schon«, meinte June, fing jedoch breit an zu grinsen.

»Also willst du mir erzählen, dass er dir deinen Schlüssel gegeben hat, seinen Namen nebenbei erwähnte und dann weitergelaufen ist?«

»Ein bisschen geht die Geschichte vielleicht doch weiter.« June atmete tief durch und erzählte von ihrer Begegnung. Allerdings ließ sie ein bedeutendes Detail aus: Das Klimpern des Teelöffels, welches sie für einen Augenblick hatte glauben lassen, Phil wäre noch anwesend gewesen.

»Wow.«

»Das war's? Entschuldigung, aber könnte ich kurz mit meiner besten Freundin Ruby sprechen?« June sah sich um, als würden in ihrem Wohnzimmer noch mehr Menschen sitzen.

»Das Wort sollte erstmal für sich stehen. Weil der Typ ja mal eine echte Wucht ist. Ein Kämpfer mit Herz, der absolute Jackpot, man, wieso passieren mir solche Dinge nicht?«

»Vielleicht genau deswegen, weil du Männer als Ding bezeichnest?« June setzte das Wort mit ihren Fingern in Anführungszeichen.

»Ach komm, das sagst du nur, weil ich in der App unterwegs bin und dadurch viele Dates habe.«

»Es gibt allerdings eine Sache, bei der ich nicht weiß, was ich machen soll«, meinte June.

»Er hat eine Freundin?«

»Was? Keine Ahnung, ich denke nicht.«

»Dann ist er schwul?«

June vergrub ihr Gesicht in den Händen. »Wie kommst du denn auf sowas?«

»Was ist es dann?«

»Ich habe irgendwie einem Date zugestimmt, und zwar morgen früh im *Mirabella,* und ich weiß nicht, wie ich aus der Sache wieder rauskomme.«

»Wie geht denn bitte *irgendwie* June? Entweder du hast eins oder nicht.«

»So einfach ist das nicht. Ich hatte es eilig und wollte mit dem Fahrrad losfahren, als er mich das plötzlich fragte.«

June nahm noch einen kräftigen Schluck vom Bordeaux, ehe sie weitersprach. »Und bevor ich mich versah, meinte ich: Klar, wieso nicht.«

»Also hast du ja gesagt.«

June verdrehte die Augen. »Für ihn klang es wie ein Ja, obwohl ich nein meinte.«

»Wenn du nicht willst, geh ich für dich hin. Ach Mist, das klappt nicht. Heute Abend ist wieder eine Live-Band im *Hyperdrive* und vor drei Uhr komme ich nicht raus, demnach schlafe ich bis ungefähr elf Uhr. Es sei denn, er frühstückt gerne spät. Ich wiederhole mich ungern, aber ich werde vom Pech verfolgt, was Männer anbelangt.«

»Jetzt mal im Ernst. Was soll ich machen?«

»Das ist mein voller Ernst!« Ruby zuckte mit den Schultern, als würde sie sonst nie spaßen.

»Ich kann da morgen nicht hingehen.«

»Und ob du das kannst, weil Franio mir nach deinem Verschwinden geschrieben hat und er wissen wollte, ob bei dir alles ok ist.«

»Ach verdammt, Franio habe ich völlig vergessen«, murmelte June.

»Ich sage ja, die braven Jungs gehen immer leer aus, dabei hat er extra deinen Käsekuchen-Streusel-Muffin gebacken.« Ruby stupste sie von der Seite an.

»Oh man, jetzt fühle ich mich gleich noch mieser.«

»Also ist das ein Ja?«, hakte Ruby nach und legte ihren Arm um ihre Freundin.

»Du bist unmöglich, weißt du das?« June grinste sie an.

»Besser, als zu lieb zu sein.«

Kapitel 6

Auf dem Weg zum *Mirabella* führte sie in ihrem Kopf schon verschiedene Dialoge mit Nolan. Sie erklärte ihm, dass sie für die Einladung auf einen Kaffee dankbar wäre, an tieferen Gesprächen über Schauplätze alter Beziehungen oder gebrochene Herzen jedoch kein Interesse hätte. In einer anderen Variante lief sie selbstbewusst auf ihn zu und stellte klar, dass sie einen Coffee to go bevorzugte und gleich wieder losmusste. Oder sie raste mit ihrem Fahrrad einfach an der Schaufensterscheibe vorbei, während Nolan drinnen auf sie wartete. Bei ihrem Glück stünde Franio in dem Moment an einem der vorderen Tische und würde tatsächlich denken, dass sie seine Muffins nicht mehr mochte. Sie bremste vor dem Fahrradständer ab und erhaschte einen Blick auf ihren Fensterplatz. Nolan war nicht zu sehen, obwohl sie zehn Minuten später als gestern hier war.

June schloss ihr Fahrrad an und eilte über die Straße. Im *Mirabella* strömte ihr ein Duft von frischen Croissants entgegen. Sie schlenderte zum Tresen und sah dabei so unauffällig wie möglich zu dem hinteren Tisch, an dem sie Nolan gestern entdeckt hatte. Nur für den Fall, dass er seine Frage nach einem gemeinsamen Treffen vergessen hatte. Doch statt Nolan saß dort eine Mutter mit ihrem Jungen, der seinen Muffin auf dem Teller mit einer Gabel zerquetschte.

Franio gab der Kundin vor ihr das Wechselgeld, dann war June an der Reihe.

»Bitte entschuldige meinen schnellen Abgang gestern früh. Ich wollte mich bei dir verabschieden, aber es war dann so voll und …«

»Hmm«, murmelte Franio wenig überzeugt.

June legte eins drauf und fasste nach seiner Hand. »Ich war gestern noch nicht so weit. Dafür bin ich aber heute hier, um es nochmal zu versuchen.«

»Ich wusste nicht, was los ist, deswegen habe ich Ruby geschrieben. Schwamm drüber, wir stehen das zusammen durch, Bella.«

Sie nickte erleichtert. »Ich danke dir. Ich muss mich erst noch daran gewöhnen, alleine am Tisch zu sitzen.«

»Das verstehe ich total und sobald es mir möglich ist, komme ich zu dir.« In dem Moment, als June auf der Etagere nach etwas Süßem Ausschau halten wollte, räusperte sich Franio. »Da fällt mir gerade ein, wo ich den Kerl reinkommen sehe, was war das gestern vor deinem Fahrrad? Hat er dich belästigt?«

Sie wusste sofort, wen er meinte. »Nein, alles gut. Ich hatte meinen Schlüssel verloren und er hat ihn mir zurückgebracht.«

»Das gibt's doch nicht!«, fluchte Franio mit einem Mal.

»Was ist passiert?«

»So ein Svitato!«

June sprach zwar kein Italienisch, aber er klang nicht gerade erfreut. »Dieser Kerl von gestern hat sich auf deinen Platz gesetzt! Ist das zu fassen? Kann heute niemand mehr Schilder lesen?«

June sah über die Schulter zu ihm. Nolan schnippte in dem Augenblick das Reserviert-Schild beiseite. Dann lehnte er sich lässig zurück und verschränkte die Arme vor seiner Brust. Scotch schnüffelte währenddessen unter dem Tisch und nieste laut.

»Ich mache das schon, kümmere du dich um deine Gäste«, beschwichtigte June, doch Franio war wie fixiert auf Nolan.

»Erst hat er dich gestern angemacht und heute besitzt er die Frechheit, sich auf deinen Platz zu setzen? Geht's noch?«

»So habe ich das doch gar nicht gesagt! Außerdem hat er sich dort hingesetzt, weil ...«

»June, lass mich das regeln. Wird Zeit, dass ich mal Klartext spreche. Reserviert heißt reserviert und basta!«

Sie konnte gar nicht so schnell reagieren, da eilte er an ihr vorbei und fluchte weiter auf Italienisch. Er stapfte wie ein Stier in einer Arena auf Nolan zu.

»Franio!«, rief sie ihm hinterher, doch er war nicht mehr zu bremsen. Sie eilte an den Gästen vorbei, die ihn verwundert nachsahen.

Nolan ließ sich wenig von seinem Auftreten beeindrucken und blieb in genau derselben Pose wie zuvor.

»Ich bitte Sie, den Tisch zu verlassen, der ist nämlich reserviert!«, hörte sie ihn sagen, als sie ihn erreichte und er das Reserviert-Schild wieder aufrecht hinstellte.

»Ich bin genau da, wo ich sein sollte, weil meine Verabredung hinter dir steht und der Platz für sie reserviert ist.« Nolan lächelte selbstsicher an Franio vorbei, als könnte ihn nichts auf der Welt etwas anhaben.

»June ist ganz sicher nicht Ihre Verabredung«, entgegnete er schroff. Dann räusperte er sich und deutete mit seiner Hand zum Ausgang. »Sie haben die Möglichkeit, sich an einen anderen Tisch zu setzen oder Sie gehen. Es liegt ganz bei Ihnen.«

June hatte ihn noch nie so aufgebracht erlebt. Sie wollte die Situation gerade aufklären, als Nolan so ruckartig aufstand, dass Franio einen Schritt zurückwich und ihr auf den Fuß trat.

»Bella, es tut mir so leid, das ist alles seine Schuld!«

»Pass lieber auf, wie du mit mir redest! Ich bin nicht irgendein Hund, dem du Befehle gibst, haben wir uns da verstanden? Und deine Förmlichkeiten kannst du dir sonst wo hinstecken!« Nolans Gesicht war so nah an Franios dran, dass June jeden Moment glaubte, er bekäme entweder eine Kopfnuss oder Nolan packe ihn an der Schürze und schleudere ihn über die Tische hinweg.

»Hey, beruhigt euch wieder. Das Ganze ist ein völliges Missverständnis!« June kam endlich zu Wort und zog ihn zurück, damit er zu Nolan eine Armlänge Abstand bekam.

»Das sehe ich genauso«, erwiderte Franio, der seine Arme verschränkte.

»Ich auch!«, antwortete Nolan und fing breit an zu grinsen.

Das wäre Junes Moment gewesen, um klarzustellen, dass sie keine Zeit für einen gemeinsamen Kaffee hatte, doch als Nolan seine Hand auf sein Herz legte und seine Mimik sich wie am Vortag anspannte, änderte sie ihre Meinung.

»June, was ist hier los?«, fragte Franio und wirkte leicht verunsichert.

Ihr Herz schlug schneller. Beide warteten auf eine Antwort und es war keine, die sie sich auf dem Weg hierher zurechtgelegt hatte, geschweige denn, erklären konnte.

»Es stimmt, dass Nolan auf mich gewartet hat.«

»Dann wart ihr also verabredet?« Er drehte sich verblüfft zu ihr um.

»Irgendwie schon.«

»Was soll das heißen *irgendwie*?«, fragte er genau wie Ruby am Vortag.

»Na, dass wir uns etwas missverstanden haben, was das Treffen angeht. Ich wollte es ihm gleich erklären, nur …«

»Ihr wäre es lieber, wenn Sie sich woanders hinsetzen«, behauptete er und drehte sich entschlossen zu Nolan um.

»Sollte das ihr Wunsch sein, werde ich nicht weiter stören.« Nolan hob die Leine von Scotch auf und war bereit, den Platz zu verlassen.

»Wartet kurz«, unterbrach June die provokanten Blicke der beiden und drängelte sich an Franio vorbei. »So habe ich es nicht gemeint. Bitte bleib doch.« Ihre Hand lud ihn ein, sich wieder zu setzen.

Ein breites Grinsen von Nolan verriet ihr, dass er darauf gehofft hatte. »Wenn du mich schon so bittest, wie könnte ich da Nein sagen.«

Franio stöhnte laut auf, dann nahm er June beiseite. »Bist du sicher, dass es eine gute Idee ist?«

Nein, war sie nicht, aber Nolan konnte nichts dafür, dass sie seiner Einladung gefolgt war und er mit ihr an diesem Tisch sitzen sollte.

»Er hat mir gestern meinen Schlüssel zurückgebracht, ist es da nicht das Mindeste, dass ich ihm einen Platz anbiete, wenn wir eh zum Frühstücken verabredet sind?«

»Dann habt ihr also doch ein Date!«

»Was? Hörst du mir überhaupt zu?« June kräuselte ihre Stirn und trat einen Schritt beiseite.

Er hielt sie dabei sanft am Arm zurück. »Bella, meine Liebe, ich kann verstehen, dass du ihn jetzt nicht vor den Kopf stoßen willst, nur mache ich mir Sorgen, ob es nicht etwas zu viel für dich ist. Du meintest doch eben selbst, dass du gestern nur schwer diesen Platz verkraften konntest.«

June sah aus dem Augenwinkel zu Nolan, der auf sie wartete.

»Ich weiß deine Sorge zu schätzen, aber es sind alle anderen Tische belegt und ihn rauszuschicken, fühlt sich falsch an.«

»Mag sein, aber bist du dir sicher, dass er ...« Da war er wieder, dieser mitleidige Blick, der ihr in den letzten Monaten des Öfteren begegnet war.

»Das er was?«

Bevor er ihr antwortete, räusperte er sich. »Na ja, dass er auf dem Stuhl sitzen soll, wo Phil früher saß. Nicht, dass es dich noch mehr mitnimmt.« June war wie erstarrt und er fuhr schnell fort. »Ach, ich weiß auch nicht, was ich damit eigentlich sagen will.«

Sie lachte kurz auf, nicht weil sie es witzig fand, sondern um dem Heulkrampf entgegenzuwirken, der sich anbahnte.

»Ich denke, das ist immer noch meine Entscheidung, aber danke für die Erinnerung!« Sie wich zurück, so dass seine Finger, die wie Seidenfäden an ihr festhalten wollten, sich langsam lösten. »Wenn du mich entschuldigst. Ich würde gerne noch einen Caramel Macchiato trinken, bevor ich losmuss.«

»Bella, meine Liebe, das sollte doch kein Vorwurf sein. Ich habe es nur gut gemeint und mache mir Sorgen um dich.«

»Weißt du was, ich kann ganz gut für mich selbst sorgen.«

Er wollte noch etwas erwidern, aber June schüttelte den Kopf und ging zu Nolan, der sie aufmerksam beobachtete.

»Gibt es ein Problem?«, fragte er und lehnte sich vor.

»Nein, alles bestens!« Sie setzte sich zu ihm, während Nolan mit dem Finger schnipste und über ihren Kopf zu Franio sah.

»Und ich nehme einen grünen Tee mit einer Zitronenscheibe und einen Zitronenmuffin dazu. Sauer macht schließlich lustig, nicht wahr?«

****

Die Minuten vergingen, in denen sie beide schweigend nebeneinandersaßen. June sammelte sich langsam wieder und sah zu Nolan, der unter den Tisch zu Scotch sah.

»Ich glaube, Scotch erreicht gerade seine Tiefschlafphase«, flüsterte Nolan.

»Die morgendliche Gassirunde scheint ihn erschöpft zu haben. Wie lange braucht ihr bis hierher?«

»Oh, zu Fuß wären es locker eineinhalb Stunden. Ich suche mir immer ein Café in der Nähe vom Park aus, damit ich nach der Runde frühstücken kann.«

»Und da, wo du wohnst, gibt es keine Grünanlage, oder warum der weite Weg?«

»Du wärst erstaunt, ich habe sogar die Themse vor der Tür, aber es hat mich irgendwie in die Gegend gezogen. Die Gastfreundschaft hier in *Camden Town* ist ganz nach meinem Geschmack.« Kaum sprach er es aus, schlängelte sich Franio mit den beiden Tellern an den Tischen vorbei und kam auf sie zu. Ein etwas zu aufgesetztes Grinsen ließ June stutzig werden.

»Du musst mir unbedingt sagen, wie du den Kirsch-Schoko-Muffin findest. Ich habe eine neue Rezeptur angewendet und hoffe, er schmeckt noch schokoladiger.«

Franio überspielte ihre kleine Auseinandersetzung von eben und blieb professionell. June nahm ihren lauwarmen Kirsch-Schoko-Muffin in die Hand und biss hinein. Sie schloss ihre Augen, als das von flüssiger Schokolade umhüllte Kirschstück auf der Zunge zerging.

»Du hast dich wie immer selbst übertroffen«, gestand June und fuhr mit ihrer Zunge an den Mundwinkeln entlang. Bei dem schokoladigen Geschmack schaffte sie es nicht, weiterhin auf ihn sauer zu sein. Vergessen würde sie seinen Satz wegen Phils Platz allerdings nicht.

»Danke, Bella, deine Meinung bedeutet mir alles. Eure Getränke bringe ich gleich. Ich wollte, dass du ihn zuerst probierst, bevor du ihn mit einem Kaffeegeschmack vermischst.« Er legte seine Hand auf sein Herz und verbeugte sich dankend.

Ihr entging nicht, dass Nolan seine Augen verdrehte. Er biss ebenfalls von seinem Muffin ab, allerdings fing er sofort an zu husten.

»Boah, was ist das denn? Ist da etwa Salz auf der Glasur?«

»Was? Das ist ja eigenartig, da muss ich den Streuer eben verwechselt haben.«

Nolan schnappte sich die Serviette und spuckte den Bissen hinein. Jetzt wurde ihr klar, warum Franio so verräterisch gegrinst hatte. Zufrieden machte er sich auf den Weg zum Tresen, während June schnell eine kleine Wasserflasche aus ihrer Umhängetasche hervorholte.

»Hier, trink einen Schluck.«

Nolan nickte dankend. Er schraubte den Deckel auf und nahm einen Zug. Wobei er sich reflexartig an die Brust fasste.

»Ist es wieder so ein Ziehen wie gestern?«, fragte sie, als würde sie seine Bewegungen kennen.

»Das wird mir vor dir ja langsam unangenehm. Nicht, dass ich erneut nach deiner Hand greifen muss.«

»Solange du dich nicht verschluckst und ich bei dir erste Hilfe leisten soll.«

»Und was hättest du gemacht, wenn ich an dem Zitronenmuffin erstickt wäre?«

»Oh, Franio hat bestimmt ein paar Tricks auf Lager.«

»Autsch! Und ich dachte, wir hätten so ein gemeinsames Ding und gehen durch dick und dünn.«

»Ich glaube, dieses Ding zwischen uns nennt man Hunger.«

Nolan lachte so herzlich auf, dass er seinen Kopf in den Nacken warf. »June, du gefällst mir immer mehr, aber wenn du deinen Freund für meine Rettung vorschiebst, bin ich verloren.«

»Normalerweise ist Franio nicht so. Nur ist er momentan etwas überfordert, weil seine Aushilfe kurzfristig gekündigt hat und die andere krank ist.«

»Oder es liegt daran, dass es ihm nicht gefällt, wenn du dich auf so einen Typen wie mich einlässt«, entgegnete er.

»Wie kommst du bloß auf sowas?«, fragte June und fing an zu grinsen.

»Ist so ein Bauchgefühl. Er wirkte eben ziemlich nervös, worüber habt ihr euch unterhalten?«

»Franio war nervös?«, lenkte sie ab.

»Ja, er hat sich ständig geräuspert, als er mit dir geredet hat. Ist dir das nicht aufgefallen?«

»Nein, ehrlich gesagt, nicht.« Das Einzige, was ihr aufgefallen war, waren seine Worte über Phil, die seinen Mund unnötigerweise verlassen hatten. »Er macht sich nur Sorgen, dass ich mich ablenken lasse und nicht voll auf die Challenge konzentriere.« Der Satz war so an den Haaren herbeigezogen, dass er trotzdem wieder Sinn ergab.

»Da muss ich ihm ausnahmsweise recht geben.«

»Kannst du das nochmal wiederholen?« Ihre Hand hielt sie hinter ihr Ohr, um es erneut von ihm zu hören.

»Er erinnert mich an meinen Vater, der damals mein Manager war. Er gab vor, wann die Wettkämpfe stattfanden, wann ich trainieren musste, und dass ich vor einem Wettkampf lieber kein Mädchen besuchen sollte, um Kraft zu sparen.« Er zwinkerte ihr vielsagend zu.

June spürte, wie die Hitze in ihre Wangen schoss und sie betete, dass er nicht weiter ins Detail ging. »Ich verstehe nicht ganz, worauf du hinaus willst. Das Franio sich wie ein Vater verhält?«

»Okay, das Beispiel ist mir nicht so gelungen. Dann formuliere ich es anders: Es gibt da einen Mann, der ein Auge auf dich geworfen hat und der es nur schwer ertragen kann, wenn sein Mädchen mit einem anderen einen Kaffee trinkt. Ist das besser?«

»Also willst du mir sagen, dass er eifersüchtig ist?« June fing an zu lachen.

»Vielleicht? Oder er will nicht, dass ich dich vom rechten Weg abbringe und du plötzlich Muay Thai Kämpferin wirst.«

»Wenn ich bloß wüsste, was mein Weg ist. Du kannst mir ja ein paar Übungen zeigen, wer weiß, möglicherweise schlummert darin mein Talent?«

»Und was wird aus der Challenge?«

Sie zuckte mit den Schultern. »Woher weiß ich, dass das mein Weg ist und nicht der Weg, den sich ein anderer für mich gewünscht hat?« Die Frage stellte sie sich tatsächlich, nur hatte sie bisher keine Antwort darauf gefunden.

»Irgendwann kommst du an einen Punkt, an dem sich die Wege trennen und du deine eigene Entscheidung treffen musst. Mir wurde nach dem Unfall erst bewusst, dass mein Vater mein ganzes Leben bestimmt hat. Seit ich aus dem Krankenhaus entlassen wurde, habe ich mich von allem Alten gelöst und wie du siehst, bin ich jetzt frei.«

Etwas in seinem Gesichtsausdruck verriet ihr, dass es nicht stimmte, weil seine Freiheit daran gekoppelt war, dass er seinen Traum vom Muay Thai Boxen aufgeben musste, was ein viel zu hoher Preis für ihn war.

In der Spiegelung der Scheibe sah sie Franio, der mit den Getränken zu ihrem Tisch eilte. »Wie immer mit extra Milchschaum für dich, Bella.« Er stellte das Glas ab und räusperte sich. »Und der frische Zitronentee mit einem Zuckerstück daneben. Und keine Sorge, das ist diesmal kein Salz.«

»Das würde ich dir auch raten«, mahnte Nolan.

In der Sekunde, als Franio seine Hände in die Hüfte stemmte und etwas erwidern wollte, funkte June dazwischen. »Kannst du mir einen Kirsch-Schoko-Muffin beiseitelegen? Ich würde gerne so einen mitnehmen.«

»Aber natürlich, Bella. Ich packe dir gleich einen ein, ehe sie ausverkauft sind«, antwortete er. Bevor er sich jedoch umdrehte, sah er kurz zu Nolan und murmelte vor sich hin. »Svitato.«

»Was hat er eben gesagt?«, fragte Nolan und sah ihm hinterher.

»Ich glaube, das heißt Prost auf Italienisch.«

»Und ich glaube, du deckst ihn gerade.« Nolan zwinkerte ihr zu.

»Vielleicht ist er ein wenig nachtragend, weil sich jemand seinen Anweisungen widersetzt hat.« Ihr Finger tippte auf das Kärtchen, auf dem *reserviert* stand.

»Ich halte nicht viel von solchen Regeln und gehe lieber meinen eigenen Weg.«

»Und was ist das für ein Weg?«

»Finden wir es doch heraus.«

Es klang verlockend und verboten zugleich. Er war definitiv der Typ, den man seinem Vater nicht vorstellen sollte.

»Meinst du nicht, dass gewisse Regeln wichtig sind?«

»Wie die Regel, dass ich zwar gerne mehr über dich erfahren möchte, mich aber zurückhalte, weil wir uns kaum kennen?«

»Ganz recht und die Tatsache, dass meine Eltern immer gesagt haben, dass ich nicht mit Fremden reden darf.«

»Bin ich denn ein Fremder für dich, June?«

Sie zögerte. Objektiv betrachtet stimmte es und dennoch lag etwas zwischen ihnen, als würden sie sich schon ewig kennen.

»Sagen wir: Ein Halbfremder.«

»Damit komme ich klar. Für mich bist du auch eine Halbwilde, die meinen langweiligen Alltag aufmischt.«

»Wohl eher ein Tollpatsch, der bei jedem Schritt stolpert und deswegen den Staub aufwirbelt.«

June nippte an ihrem Caramel Macchiato, während er sich zu ihr vorbeugte. Er kam so nah, dass sie an ihrem Handrücken seinen Atem spürte. »Und was ist, wenn ich dir dabei helfen kann, nicht mehr zu stolpern?«

»Ich bin mir nicht sicher, ob dir das gelingt. Ich habe ziemlich schweres Gepäck bei mir.«

»Ah, die alte Beziehung, von der du nicht sprechen willst, weil sie noch hier in diesem Raum schwebt?«

»Welche Beziehung?«, fragte sie verwundert.

Nolan schmunzelte. »Kannst du dich an unsere Unterhaltung mit dem ungeschriebenen Gesetz alter Schauplätze erinnern? Wenn ich mich nicht irre, befinden wir uns genau hier an so einem Platz.« Er tippte mit seinem Finger auf den Tisch, so als wüsste er, dass Phil früher hier gesessen hatte.

»Ach, der Schauplatz, ja richtig.« Sie versuchte, sich nichts anmerken zu lassen. Es war mehr als nur ein Schauplatz, es war ein Minenfeld, welches jeden Moment hochgehen konnte.

Nolan strich über ihre Hand, als könnte er ihren inneren Druck spüren. »Was hältst du davon, wenn wir das Beste daraus machen und alles von damals hinter uns lassen. Sowas wie ein Neuanfang. Was meinst du?«

Sie wollte ihr einstudiertes Lächeln hervorbringen, doch es gelang ihr nicht. Stattdessen stieß sie einen Seufzer hervor und fing an zu weinen. Rasch senkte sie ihren Kopf, damit er ihre hinunterlaufenden Tränen nicht sah.

Er nahm seine zerknüllte Serviette und reichte sie ihr. June tupfte ihre Tränen ab, als ein Stück von seinem versalzenen Zitronenmuffin aus dem Tuch herausfiel.

»Sag mal, ist das nicht die Serviette, in die du eben reingespuckt hast?«

»Oh«, antwortete er und wirkte selbst überrascht. »Hier nimm die.« Er griff nach ihrer Serviette und hielt sie ihr hin.

»Ich habe mich schon gewundert, warum die so feucht ist.« Aus Junes Schluchzen wurde plötzlich ein Lachen. Und durch das losgelöste Lachen verschwand ihre Traurigkeit wieder. »Was schlägst du vor, um neu zu beginnen?«

»Wir gehen heute Abend zusammen essen.«

»Das ist dein Plan, um alles andere hinter uns zu lassen?«

»Siehst du, du lächelst schon wieder, wenn das kein gelungener Plan ist, dann weiß ich auch nicht.«

»Das ist wirklich lieb von dir, aber ich habe im Moment echt eine Menge um die Ohren.«

»Mag sein, nur hat jeder Mensch irgendwann Hunger. Und soweit ich mich erinnere, hast du vorhin gesagt, dass unsere Verbindung der Hunger ist.«

»Natürlich hast du dir das gemerkt.« Sie schmunzelte. »Nur muss ich leider früh ins Bett, damit ich fit bin für die Challenge.«

»Dann treffen wir uns nicht zu spät.«

»Und ich muss meine Katze füttern.«

»Das kann ich für dich machen.« Er grinste breit.

»Du gibst nicht auf, oder?«

»Niemals.«

June stöhnte auf. »Gut, wie du meinst, aber beschwere dich nicht, wenn ich von der Challenge erledigt bin.«

»Perfekt. Ich hole dich nachher vor dem *Mirabella* ab. Sagen wir um neunzehn Uhr?«

»Verrätst du mir auch, wohin es geht?«

»Dann wäre es keine Überraschung mehr.«

»Gibt es so was wie einen Plan B für den Fall, dass du mich in ein Fischrestaurant ausführst?«

»Nein, weil ein guter Plan nur aus Plan A besteht.«

Er lehnte sich selbstsicher zurück. »Vertrau mir, die Atmosphäre dort ist magisch und von der Küche wirst du begeistert sein.«

»Okay, aber nur, weil ich um die Uhrzeit sowieso meistens esse.«

»Was anderes ist mir auch nicht in den Sinn gekommen.«

Nolan nahm das Zuckerstück und rührte mit dem Löffel seinen Tee um. Danach sah sie wie in Zeitlupe zu, wie er den Löffel dreimal gegen die Teetasse abklopfte, bevor er ihn wieder ablegte.

»Du schaust ja wie ein Geist, was ist los?«, fragte er amüsiert.

June löste sich aus ihrer Starre, schnappte ihre Tasche und klemmte ihre Jacke unter den Arm. Dann sprang sie auf.

»Mir ist gerade eingefallen, dass ich mit einer Teilnehmerin vor dem Verlag verabredet bin, weil sie mir noch ein paar Tipps geben wollte.«

»Okay gut. Ich kann dich schnell fahren.«

»Bei dem Verkehr?«, fragte sie mit einer gewissen Erleichterung, weil es um die Zeit der Horror war.

»Stimmt auch wieder.«

»Mit dem Fahrrad bin ich gleich am Bahnhof und von dort aus ist die Verbindung bis *Notting Hill* ganz gut.«

»Also dann bis heute Abend«, rief er ihr hinterher, während sie zum Ausgang hastete.

June wollte so schnell wie möglich das Klimpern von dem Teelöffel vergessen. Rasch überquerte sie die Straße und eilte zu ihrem Fahrrad. Sie löste die störrische Kette und trat so heftig in die Pedale, bis sie nur noch das Rauschen des Windes hörte.

Kapitel 7

Zwischen ihren Fingern drehte June den Bleistift, während sich der Meetingraum langsam füllte. Shiyan winkte ihr fröhlich zu und setzte sich an ihren Platz. Olivia Garcia trat kurz danach durch die Tür, gefolgt von Paul Wick, der ein zerknittertes Hemd trug.

»Guten Morgen, liebe Challenger«, begrüßte Louis Dupont, der zuletzt eintrat und die Tür hinter sich schloss. »Ich hoffe, Sie hatten einen entspannten Abend und blühen heute voller kreativer Energie. Bevor Sie mit der Aufgabe beginnen, haben Sie noch irgendwelche Fragen?« Er schlenderte zum Beistelltisch, auf dem unterschiedliche Getränke standen.

»Ich hätte da eine Frage«, sagte jemand aus der Runde. Die Blicke richteten sich auf Frederick, einen Teilnehmer, der am Vortag die Zeit der Vorstellungsrunde mit seinen Auslandserfahrungen überspannt hatte. Er fuhr durch seine rötlichen Haare, die wie ein Igel abstanden.

»Dann schießen Sie mal los«, ergriff Paul Wick das Wort und strich sein knittriges Hemd glatt. June war froh, dass er den spießigen Kleidungsstil von Louis Dupont und Olivia Garcia durchbrach.

»Werden die Aufgaben der Gruppenarbeit genauso bewertet wie die Einzelaufgaben?«

»Eine berechtigte Frage und ja, so ist es«, antwortete Paul Wick.

»Und was ist, wenn ich während der Zusammenarbeit merke, dass es mit dem anderen Teilnehmer nicht harmoniert und sich das auf meine Kreativität auswirkt?« Tatsächlich gab es in der Runde ein paar Köpfe, die ihm zunickten. June sah erleichtert zu Shiyan, die in der ersten Woche ihre Partnerin für die Gruppenarbeit war.

»Dann geben Sie sich untereinander ein konstruktives Feedback und teilen die Arbeit in Ihren jeweiligen Stärken auf. Sie wissen ja, Kollegen kann man sich genauso wenig aussuchen wie die Familie und trotzdem machen wir das Beste daraus, oder?«

In der Runde lachten einige auf, nur Frederick und seine Anhängerschaft schienen darüber wenig amüsiert zu sein.

»Wenn es keine weiteren Fragen gibt, fangen wir mit der ersten Aufgabe an«, entschied Louis Dupont, der kaffeeschlürfend zu seinem Platz ging. Von einem Stapel nahm Paul Wick einige Blätter und reichte sie durch.

»Sie erhalten jetzt eine meiner persönlichen Lieblingsaufgaben. Es ist ein Textausschnitt von unserer bezaubernden Newcomerin Rosa Marie Moore. Es handelt sich um einen historischen Liebesroman und wir benötigen hierzu ihre kreativen Köpfe für ein Cover.«

June sah zu Frederick, der leise aufstöhnte.

»Ach und keine Sorge, für die Herren wird in den nächsten Tagen auch etwas dabei sein.«

June nahm ihr Blatt entgegen. Ihr wäre heute eher nach einem nervenaufreibenderen Genre, wenn sie an den Teelöffel dachte, den Nolan schwungvoll gegen die Teetasse geklimpert hatte.

»Wir wünschen Ihnen maximalen Erfolg und wenn Fragen auftauchen, bitte kurz melden, damit die anderen Teilnehmer nicht abgelenkt werden«, erwähnte Olivia Garcia.

June wusste nicht, was ihr mehr Bauchschmerzen bereitete, das bevorstehende Cover eines schmachtenden Liebesromans oder der wachsame Blick von Olivia Garcia, die unter keinen Umständen Teilnehmer duldete, die ihre Zeit verschwendeten.

Der Textausschnitt fing schon mal grauenhaft an. Wunderschöne Blumen, prächtige Pferde und auf den Stufen einer Veranda saßen zwei kleine Mädchen, die sich gegenseitig weiße Blümchen in die geflochtenen Haare steckten. Doch dann las sie einen Satz, der alles andere in den Hintergrund rücken ließ und ihr der Atem stockte: *Es konnte ein Abschied für immer sein, doch als sie ihre Hand auf sein*

Herz legte und es kraftvoll gegen seine Brust schlug, wusste sie, dass sie sich wiedersehen würden.

June schob ihren Stuhl zurück und war den Tränen nah. Bei ihrem letzten Telefonat mit Phil, kurz bevor er tödlich verunglückte, hatte sie wütend aufgelegt. Kein Abschied, keine netten Worte zum Schluss. Sie hatte nicht mal die Chance gehabt, es wieder gutzumachen. Er starb mit der Erinnerung an die letzten Momente, in denen sie Phil Vorwürfe gemacht hatte. Leise stand sie auf und huschte aus dem Meetingraum. Sie rannte den Flur hinunter zu den Toiletten. Dort angekommen, riss sie die Tür auf und eilte zum Waschbecken. Ihr Spiegelbild zeigte eine Wahrheit, die sie für gewöhnlich hinter einem aufgesetzten Lächeln verbarg. Sie war der Grund, warum er nicht mehr am Leben war. Nicht der Alkohol, nicht dass er ohne Gurt fuhr, nicht die rote Ampel, sondern die Tatsache, dass sie ihre Gefühle nicht anders ausdrücken konnte, als einen Streit anzuzetteln, der alles geändert hatte. Ihre Wimperntusche vermischte sich mit den Tränen und hinterließ eine Spur von tiefster Traurigkeit auf ihren Wangen. Mit dem Ärmel wischte June sie rasch trocken. Nichts, was sie hier tat, brachte ihn jemals zurück und gleichzeitig war sie es ihm schuldig, an der Challenge teilzunehmen.

Ein Moment verstrich, als sie im Flur zwei Personen hörte, die sich unterhielten. Es war an der Zeit zurückzukehren, bevor ihre Abwesenheit auffiel. In Gedanken versunken öffnete sie die Tür und hielt mitten in der Bewegung inne. Im Flur standen Louis Dupont und Olivia Garcia. June lehnte die Tür leise wieder an und beobachtete die beiden durch einen Spalt.

»Ich bin mitten in meinem Projekt und Sie wissen, wie viel es mir bedeutet. Die Vertretung für die Challenge zu übernehmen war für einen Tag geplant und nicht für die gesamte Zeit!«

»Das Projekt wird auch ein paar Tage ohne Sie auskommen, zumal Sie das mit Frau Baker gemeinsam leiten.«

»Sie glauben doch nicht ernsthaft, dass Frau Baker das alleine hinbekommt, oder? Entschuldigen Sie, aber ich bin es ja wohl, die die

Influencer bei Laune hält. Ist Ihnen eigentlich klar, was passiert, wenn wir nicht dranbleiben? Dann wird ein anderer Verlag die Gelegenheit nutzen und wir sind raus!«

»Wissen Sie, wenn ein echtes Interesse an einer Kooperation mit uns besteht, dann warten sie auch! Außerdem habe ich mit Frau Baker schon gesprochen. Sie ist damit einverstanden.« Olivia Garcia holte gerade Luft, als Louis Dupont sie mit erhobener Hand unterbrach. »Ich habe es so entschieden und bitte Sie, dies zu akzeptieren. Ich schätze Ihre Professionalität und Ihre Zuverlässigkeit sehr. Auf Sie kann ich mich doch verlassen, oder? Schließlich habe ich ein gutes Wort für Sie eingelegt, als die Stelle für das Projekt ausgeschrieben wurde.«

Ein Schnalzen entwich ihr, bevor sie ihre Schultern raffte und ihr Kinn vorstreckte. »Sicher können Sie sich auf mich verlassen. Wenn Sie mich bitte entschuldigen.«

Als June realisierte, dass Olivia Garcia auf sie zukam, griff sie schon nach der Klinke und riss die Tür auf. »Was machen Sie hier?«

»Nichts, ich habe zu viel Kaffee getrunken, der musste raus.«

»Dafür haben Sie jetzt fünfzehn Minuten gebraucht?«

June wich ihrem bohrenden Blick aus. »Echt? Das kam mir gar nicht so lange vor.«

»Sie sind die Einzige, die bisher nichts zustande gebracht hat. Ich habe echt keine Lust, noch mehr Nerven an diese Challenge zu verschwenden oder an Menschen, die ihre Sache nicht ernst nehmen!«

Sie streifte beim Vorbeigehen Junes Arm. Kurz darauf knallte sie die erste Toilettentür hinter sich zu. June stand im Flur und fragte sich, ob Olivia Garcia nicht recht hatte, mit dem, was sie sagte. Bisher hatte sie nichts zustande gebracht. Doch dann dachte sie wieder an Phil. Was er wohl an ihrer Stelle gemacht hätte? Er hätte niemals aufgegeben und schon gar nicht so mit sich reden lassen. Mit entschlossenen Schritten kehrte sie zum Meetingraum zurück und entschied sich, die Challenge so gut es ging durchzuziehen.

Kapitel 8

Nolan

Nolan neigte den Kopf zur Seite und betrachtete den weinroten Teppich. Er seufzte und ließ sich in seinen Stuhl fallen. Heute bestand sein Leben aus Terminen wie diesen, in denen er sich in einem Wartezimmer die Zeit vertrieb und einen altmodischen Teppich nach Flecken absuchte, statt wie vor sechs Monaten von Sonnenauf- bis Sonnenuntergang zu trainieren. Das Leben, welches er jetzt führte, war die reinste Zeitverschwendung. Zumindest bis er June Summer begegnet war. Sie war nicht nur sein Tag am Meer, sie war die Sonne, die das Meer an der Oberfläche schimmern ließ.

Seit seinem letzten Kampf, in dem er nicht nur seine Karriere, sondern auch sein altes Leben verloren hatte, musste er täglich Tabletten einnehmen. Immer wieder predigten die Ärzte, wie essenziell die Einnahmen seiner Medikamente war. Doch was für eine Bedeutung hatte sein Leben jetzt noch, wenn er das Lebenswichtigste, seine Leidenschaft für den Wettkampf, nicht mehr nachgehen konnte? Es fühlte sich für ihn an wie Atmen, nur ohne Sauerstoff.

Ihm wurde flau im Magen, was nur eine der vielen Nebenwirkungen von den Tabletten war. Nolan ballte seine Hand zur Faust. Damals hatte er sich unbesiegbar gefühlt und die Schwäche seines Körpers verdrängt. Er lockerte seine Hand wieder und strich über die blasse Narbe zwischen dem rechten Daumen und dem Zeigefinger. Er hatte lange nicht mehr an diesen Moment gedacht, doch jetzt, während er hier wartete, ging ihm so einiges durch den Kopf.

Nolan war ungefähr sechs Jahre alt gewesen, als er seiner Mutter beim Kartoffelschälen geholfen hatte. Im Radio hatten sie ihren Lieblingssong von ABBA gespielt und sie hatte angefangen zu tanzen. In diesen Momenten, wenn ihre Musik erklang, hatte sie sich frei gefühlt. Genauso war es ihm ergangen, wenn er trainiert hatte.

Im Flur hörte er die alten Dielen knarren, gefolgt von schnellen Schritten. Nolan setzte sich aufrecht hin und schob die linke Schulter zurück. Ein unangenehmes Ziehen durchströmte dabei sein Herz.

Wenige Sekunden später stand seine Therapeutin Erin in einem langen marineblauen Kleid im Türrahmen des Wartezimmers.

»Na, was macht das Leben?«, fragte sie und sah seiner Bewegung zu.

»Bis auf die Tatsache, dass ich nach einem kurzen Sprint so schnaufe wie Scotch, würde ich sagen, es ging mir nie besser!«

»Das freut mich zu hören, und wie geht es dir mein Kleiner?«

Der Boden knarrte unter ihren Füßen, während sie zu Scotch hinging und ihn streichelte. Ihre schneeweißen Haare erinnerten Nolan immer wieder an seine Grundschullehrerin, nur dass Erin ein weitaus freundlicheres Gesicht hinter ihren hauchdünnen Brillengläsern aufsetzte.

»Und zum Sprint: Ein Läufer kann nach einem Sturz auch nicht an einem Marathon teilnehmen, das braucht eben seine Zeit.«

Nolan nervten diese Vergleiche, weil er glaubte, dass Erin sie nur sagte, damit er nicht die Hoffnung verlor.

»Zeit!« Er schnaubte auf. »Um wieder trainieren zu können, geschweige denn an einem Wettkampf teilzunehmen, reicht nicht mal die Zeit aus, die mir das Leben nach der Niederlage geschenkt hat.«

Ihr Lächeln verschwand. Sie richtete sich auf und strich über ihr Kleid. »Ich war von Ihrem Anruf überrascht. Immerhin ist Ihr letzter Besuch eine Weile her und endete mit einem durchbrochenen Bücherregal und den Worten, dass wir miteinander fertig sind.«

»Haben Sie meine Blumen nicht bekommen?«, fragte er und lächelte ihr entschuldigend zu.

»Sie meinen die Karte, in der statt ein paar netter Worte ein Geldschein lag?«

»Und ich dachte, Sie mögen weiße Lilien.«

»Das tue ich, ich bin allerdings davon ausgegangen, dass die Therapie damit beendet war.«

Nolan lehnte sich zurück und kreuzte seine Arme. »Haben Sie nicht gesagt, dass zweite Chancen im Leben wichtig sind? Und da es so spontan mit einem Termin geklappt hat, dachte ich, es wäre unsere zweite Chance.«

»Selbstsicher wie immer und der Termin hat deswegen so kurzfristig geklappt, weil gestern ein Patient abgesagt hat.« Erin wies mit der Hand zur Tür des Therapiezimmers. »Sie wissen ja, wo es langgeht. Ich mache mir schnell noch einen Tee.«

Nolan folgte ihr in den Flur, während Scotch langsam hinterher trottete. »Bekomme ich auch einen?«

»Einen Tee?«, fragte sie verwundert.

»Ja. Warum nicht?«, antwortete er schulterzuckend. »Ein grüner Tee mit einer Zitronenscheibe dazu wäre optimal.«

»Ich schaue mal, ob ich eine Zitrone im Kühlschrank habe.« Erin verschwand in der Küchenzeile und lehnte die Tür an.

Nolan betrat das gegenüberliegende Zimmer, in dem es nach Salbei roch und ein abgestandener Hagebuttentee eine süßliche Note im Raum verströmte. Auf dem kleinen Holztisch stand eine Tasse, indem ein zerdrückter Teebeutel klebte. Scotch legte sich auf den kurzen Läufer, der die beiden gegenüberstehenden Sessel verband. Nolan setzte sich in seinen Sessel, in dem er schon unzählige Stunden verbracht hatte. Die Flammen der Kerzenstumpen auf dem Fensterbrett flackerten wild umher, als Erin den Raum betrat und die Tassen auf dem Holztisch abstellte.

»Ein schickes Bücherregal haben Sie sich da ausgesucht. Ich finde, dass der helle Holzton gleich viel freundlicher wirkt.«

Hinter der Brille sah sie ihn prüfend an. »Ich hoffe, es hält diesmal etwas länger.« Sie setzte sich, lehnte sich zurück und schlug ein Bein über das andere. »Was verschafft mir die Ehre, dass unsere Therapiestunden fortgesetzt werden?«

Er lehnte sich ebenfalls nach hinten und fuhr durch seine Haare. »Eigentlich war ich zufällig in der Gegend und wollte mal nachsehen, wie es Ihnen geht. Wie Sie schon sagten, es ist eine Weile her und ich wollte nicht, dass Sie sich Sorgen machen.«

»Das ist sehr rücksichtsvoll von Ihnen, nachdem Sie meine Anrufe für Folgetermine ignoriert haben.« Sie griff nach ihrer Tasse und tunkte den Teebeutel auf und ab.

»Was soll ich sagen, es war alles etwas viel für mich.«

»Das verstehe ich und es werden immer wieder solche Momente kommen. Die Frage ist vielmehr, wie Sie in Zukunft besser damit umgehen können.« Sie nippte kurz an ihrer Tasse und stellte sie dann ab. »Also, da wir jetzt hier sitzen und die Zeit nutzen wollen, wie kann ich Sie unterstützen?«

Er rührte mit dem Löffel die Zitronenscheibe umher und klopfte ihn dreimal an der Außenseite der Teetasse ab. »Ich habe eine Frau kennengelernt und heute Abend ein Date mit ihr. Und dafür brauche ich Ihre Hilfe.«

Erin verschluckte sich in dem Moment. »Bitte entschuldigen Sie. Mir ist nicht ganz klar, wie ich Sie dabei unterstützen kann.«

Nolan lachte verschmitzt. »Das mag jetzt etwas merkwürdig klingen, aber sie ist irgendwie anders, als die Frauen, die ich bisher kennengelernt habe.«

»Inwiefern anders? Können Sie mir dazu ein Beispiel geben, woran Sie es festmachen?«

»Ich kann es nicht genau erklären, aber wenn ich in ihre Augen sehe, verspüre ich diese Ruhe in mir. So, als würden zwei Teile ein Ganzes ergeben und June ist mein fehlendes Puzzlestück. Kann das eine Art Nebenwirkung von meiner Verletzung sein?«

»Sie meinen, weil Sie mehr fühlen?«

»Ich weiß nicht, ob es das ist. Es ist so eine Verbindung, die ich zu ihr spüre, die ich mir nicht erklären kann.« Er fuhr mit der Hand durch seine Haare, die vom Wind etwas zerzaust waren. »Keine Ahnung, ich wollte wissen, ob das normal ist und wie ich damit umgehen soll. Denn seit ich ihr begegnet bin, habe ich so ein Ziehen im Herzen.«

»Ich benutze ungern das Wort *normal*«, sagte sie und schlug ihr Notizbuch auf. Ein rotes Lesebändchen lag zwischen den Seiten, auf die sie etwas kritzelte. Neugierig beobachtete er sie dabei, doch sie hielt das Notizbuch so, dass ihm ein Blick hinein unmöglich war. »Haben Sie die Beschwerden mal abklären lassen?«

»Mache ich noch.«

»Gut«, sagte sie und sah auf. »Und zu ihrem Gefühl: Es ist wissenschaftlich nicht bewiesen, dass Sie nach so einem Eingriff am Herzen anders empfinden, doch ich persönlich würde es nicht ausschließen. Zwar entstehen die Gefühle im limbischen System, welches ein Teil des Gehirns ist, allerdings hat die Seele ihren ganz eigenen Ausdruck. Und so, wie Sie es beschreiben, ist es doch eine wunderbare Sache. Sie begegnen einer Frau, mit der Sie sich auf einer tieferen Ebene verbunden fühlen.«

»Das klingt in der Theorie ja ganz toll, aber in der Praxis ist es um einiges komplizierter«, erklärte Nolan.

»Sie meinen, Ihre Gefühle zuzulassen und sich damit verletzlich zu zeigen?« Ihm entging nicht, wie sie dabei zu seiner Brust sah, auf der sich eine lange Narbe befand, die sein Leben von nun an prägte.

Nolan gefiel es nicht, in welche Richtung dieses Gespräch ging. Automatisch ballte er seine Hand fest zu einer Faust, in der sich seine plötzliche Wut sammelte.

»Wissen Sie, was mich nervt? Diese ganzen Psychofragen, als ob ich bescheuert wäre oder so. Mir reicht es! Es war ein Fehler, Sie um Hilfe zu bitten!« Nolan sprang auf und stapfte zur Tür.

»Ich denke, dass die Begegnung mit June etwas in Ihnen ausgelöst hat und Sie nicht wissen, wie Sie damit umgehen sollen.«

Statt die Tür zu öffnen, schlug er mit der flachen Hand dagegen, weil sie seinen wunden Punkt traf. »Was soll sie denn in mir noch auslösen?« Er drehte sich zu Erin um und zeigte auf seinen Brustkorb. »Haben Sie schon mal daran gedacht, dass dieses Herz hier drinnen für niemanden mehr schlägt? Es ist nutzlos, ausgebrannt, eine Willkür der Natur, nennen Sie es wie Sie wollen. Mein Leben, was ich hatte, ist für immer vorbei! Das hier drinnen bin nicht mehr ich, kapieren Sie das endlich!«

»Ich weiß, wie schwer das alles für Sie ist, aber wenn Sie jetzt durch diese Tür gehen, werden Sie nie eine Antwort darauf bekommen.«

»Dann sagen Sie mir, wer ich ohne meine Wettkämpfe bin! Können Sie mir das beantworten?«

»Wir können es zusammen herausfinden, wenn Sie bleiben.«

»Also haben Sie darauf auch keine Antwort? Na super.«

»So habe ich das nicht gemeint. Ich biete Ihnen gerne meine Unterstützung an, dass wissen Sie.«

»Und wenn ich noch ein Bücherregal zerschlage?«

»Dann schicken Sie mir eben nochmal Lilien mit einem Umschlag. Bitte setzen Sie sich wieder.«

Ein Augenblick verstrich, ehe er reagierte und zu seinem Sessel zurückkehrte. »Okay, ich bleibe und was jetzt?«

»Wir probieren mal etwas anderes aus. Schließen Sie bitte Ihre Augen und atmen Sie tief durch.«

»Echt jetzt?«

Statt darauf einzugehen, schlug sie ihr Notizbuch zu und nahm ein Räucherstäbchen in die Hand. »Wenn wir die Augen schließen, haben wir einen besseren Zugang zu uns selbst.«

Er schnaubte auf. Sie war wie ein Terrier, der sich festbiss, so lange sie nicht die Antwort bekam, die sie suchte. Dennoch folgte er ihrer Anweisung, weil er nichts mehr zu verlieren hatte.

»Gut. Und jetzt spüren Sie Ihren Atem, wie er durch die Nase hereinströmt und wieder heraus. Nehmen Sie Ihren Körper wahr, angefangen von den Füßen, bis hoch zu Ihrem Scheitel.«

Nolan wollte es ja versuchen, aber das Schnarchen von Scotch lenkte ihn ab. Seine Gedanken schweiften von Scotch zu dem Salbei, den er roch, bis er wieder ihrer Stimme lauschte.

»Was empfinden Sie jetzt, wenn Sie vor June stehen?«

»Dass ich nicht alleine bin?«

»Okay, und wenn Sie es körperlich beschreiben würden? Ist da ein Kribbeln im Bauch oder ein warmes Gefühl in Ihrem Herzen?«

Nolan riss die Augen auf und schlug auf die Stuhllehne. »Was wir hier machen, ist völliger Blödsinn!«

»Es ist wichtig, dass Sie jetzt dranbleiben. Vertrauen Sie mir, Sie sind schon so nah. Bitte versuchen Sie es noch ein letztes Mal.«

Ihre Augen hypnotisierten ihn regelrecht, so dass er schließlich nachgab. Sie stand auf, schaltete eine beruhigende Musik ein, die im Hintergrund lief und fing mit gesenkter Stimme an zu reden. Erin erschuf für ihn eine gedankliche Brücke, die golden leuchtete. Ihm blieb nichts anderes übrig, als diese Fantasiereise mitzumachen. Also folgte er ihren Worten und ging über diese Brücke. Am anderen Ende sah er einen Schatten. Er ging langsam auf ihn zu.

»Ich spüre ein Pulsieren unter meinen Füßen, als wäre es die Brücke, die eine Verbindung zu mir und dem Schatten herstellt.«

»Wie das eines Herzens?«

»Ja«, hauchte er.

»Können Sie beschreiben, was dieser Schatten mit Ihnen macht? Wie wirkt er auf Sie?«

»Ich weiß es nicht genau. Es ist so, als wollte er mir etwas sagen. Doch er ist zu weit weg.« Nolan blinzelte mit den Augen und öffnete sie schließlich. »Ich habe den Kontakt verloren.«

»Es ist am Anfang völlig normal, dass Sie die Verbindung nicht lange halten können. Das ist reine Übungssache. Dennoch haben wir heute einen Fortschritt gemacht. Dieses Pulsieren war in Ihnen und das bedeutet, dass ihr Körper mit Ihnen kommunizieren will.«

»Tatsächlich?«

»Es war Ihre Intuition, die Sie leitet und Dinge sehen oder fühlen lässt, die der Verstand nicht nachvollziehen kann. Wir empfinden das dann oft als merkwürdig.«

»Oh, mein Verstand ist darin ein Meister!«

»Und deswegen will er ihnen auch erzählen, dass an June etwas komisch ist oder *anders*.«

»Und was denken Sie?«, fragte Nolan neugierig.

»Ich denke, sie hält diese Brücke aufrecht, die sie gesehen haben, damit Sie wieder eine Verbindung zu sich selbst herstellen können.« Erin kritzelte den eben gewonnenen Durchbruch in ihr Notizbuch.

»Das heißt, wenn ich mehr Zeit mit ihr verbringe, könnte sie zu meiner Genesung beitragen?«

»Sie meinen, ob Sie June deswegen treffen sollten?«

»Vielleicht?«

»Um ehrlich zu sein ...« Sie legte eine bedeutende Pause ein und nahm einen Schluck von ihrem inzwischen kalten Tee. »Sie sollten nichts erzwingen. Ich denke, wir können uns erstmal über den Erfolg heute freuen und alles Weitere ergibt sich mit der Zeit.«

Nolans Blick schweifte zu dem neuen Bücherregal. »Ja, kann sein.«

»Und bevor ich Sie jetzt entlasse, möchte ich Ihnen noch einen Rat geben: Solange Sie selbst nicht akzeptieren können, wie Ihr Leben gerade ist, kann auch niemand sonst sie dazu bringen. Es liegt einzig und allein in ihrer Macht. Treffen Sie sich mit June, wenn es Ihnen guttut, aber nicht aus der Intention heraus, dass sie einen Zweck erfüllt, sondern weil sie die Zeit mit ihr genießen.«

Er widersprach Erin nicht, stattdessen nickte er ihr zu. Was sie nicht wissen konnte, war die Zeit, die ihm durch die Finger rannte wie Staub. Nolan spürte es tief in seinem Inneren, dass etwas nicht stimmte, und diesen Kampf würde er diesmal verlieren.

Kapitel 9

Fünf Minuten nach ihrer verabredeten Zeit stand June vor dem *Mirabella*. Von Nolan fehlte jede Spur. Kein einziges Auto fuhr die Straße entlang und das Café wirkte ohne Gäste verlassen. Die Stühle waren gleichmäßig an die Tische geschoben worden, der Boden blitzte und die leeren Etagere stand neben der Kasse. Sie schob ihre Hände in die Jackentaschen und sah zu ihrem Fensterplatz. Das Licht der Laterne fiel direkt auf Phils Stuhl. Es sah aus wie ein goldener Strahl, der zur Stuhllehne schwebte, als wäre es seine Seele, die dieses Licht warf. Vielleicht hatte Franio recht und es war ein Fehler, dass Nolan mit ihr dort gesessen hatte. Bevor sie sich schuldig fühlte, verdunkelte ein Schatten Phils Platz und das Strahlen löste sich auf. Erschrocken fuhr sie herum. Nolan wirkte selbst wie ein Schatten in seiner schwarzen Lederjacke und der dunklen Jeans. Sein Lächeln allerdings war so warmherzig, dass sie es sofort erwiderte.

»Schleichst du dich immer so von hinten an?«

»Für gewöhnlich greife ich eher von vorne an, sonst wäre es keine Herausforderung. Und soweit ich mich erinnere, haben wir uns vor dem *Mirabella* verabredet. Oder war das wieder ein Missverständnis?«

»Nein, diesmal war es Absicht«, antwortete sie verlegen.

»Wenn das so ist, worauf warten wir?« Nolan ging voraus zu seinem Auto. Als er bemerkte, dass sie stehen blieb, drehte er sich zu ihr um. »Sag mir nicht, du kneifst!«

»Nur um das klarzustellen, das hier ist kein Date, richtig?«

Er neigte seinen Kopf zur Seite und fing an zu schmunzeln. »Entspann dich June. Wir haben nur ein wenig Spaß. Aber wenn es dir lieber ist, können wir auch zum Imbiss gehen und eine Portion Pommes mit Ketchup bestellen, damit es nicht nach einem romantischen Date aussieht.«

»Entschuldige, ich weiß auch nicht, wieso ich das eben gesagt habe«, gestand June und ging auf ihn zu.

»Alles gut, ich wäre später eh nicht auf einen Kaffee mit zu dir gekommen, weil Scotch noch raus muss.«

»Bist du immer so direkt?« Sie war froh, dass die Laternen weit genug auseinanderstanden, dass er ihre erhitzten Wangen nicht sehen konnte.

»Ich wollte das nur klarstellen. Nicht, dass wir nachher im Auto sitzen und du eine Ausrede erfindest, wo wir beide doch wissen, dass es eine ist.«

»Und was hätte ich deiner Meinung nach für eine gehabt?«

»Das würdest du gerne erfahren, oder?«

»Raus damit«, forderte sie ihn neugierig auf.

»Wie du meinst: Der Abend mit dir war wunderschön, aber ich habe plötzlich solche Kopfschmerzen. Ist wahrscheinlich der ganze Stress wegen der Challenge. Ist es okay, wenn wir es verschieben? Auf sagen wir, niemals?«

June lachte auf, weil er ihre Stimme dazu imitierte. »Ich hätte es aus Höflichkeit wenigstens auf irgendwann verschoben.«

»Was am Ende dasselbe bedeutet, nicht wahr?«

June zuckte mit den Schultern. »Und bei dir könnte ich mir vorstellen, dass du vorgeschlagen hättest, mich zu massieren, um meine Verspannungen zu lösen.«

»Sag mal, hatten wir nicht doch schon ein Date? Ist gerade so, als hätte ich ein Déjà-vu.«

»Glaube mir, du wirst mich heute Abend weder massieren, noch meine Couch zu Gesicht bekommen.«

»Ah verdammt, ich hatte es befürchtet. Die Sittenpolizei ist rund um die Uhr im Einsatz.« Er blieb vor einem schwarzen Range Rover stehen und öffnete ihr die Beifahrertür. »Darf ich bitten, wenn wir schon nicht die ganze Nacht haben?«

Vor einem thailändischen Restaurant parkten sie zwanzig Minuten später ein. Unzählige Lampions aus Holzgeflecht hingen am Schaufenster und tauchten das Restaurant in eine gemütliche Atmosphäre.

»Sieht ganz schön voll aus«, meinte June, während sie über die Straße schlenderte.

»Kein Wunder bei dem Koch. Er ist einfach der Beste und für gewöhnlich bekommt man hier spontan nie einen Platz.«

»Und wie hast du dann so kurzfristig einen Tisch bekommen?«

»Es ist immer gut, die richtigen Leute in London zu kennen.«

June kräuselte ihre Stirn. »Ich kenne nicht mal meinen Nachbarn, der vor zwei Monaten unter mir eingezogen ist. Nur seine grauenhafte Rockmusik, die er fast jeden Abend laut aufdreht.«

»Ich kann gerne mal bei ihm klingeln, wenn du willst.«

»Und wie sähe dein Besuch bei ihm aus?«

»Ich lebe strikt nach dem Prinzip der Improvisation. Ich schaue, was passiert, und reagiere darauf.«

»Ah ja, vielleicht sollte ich die Lösung des Problems doch lieber meinem Vermieter überlassen, aber danke.«

Nolan hielt ihr die Tür auf. Sie wurde regelrecht in ein Lichtermeer hineingesogen. Von den Decken aus waren alle Regenbogenfarben vertreten, die den Raum erleuchteten. Die Wand schmückte ein Lebensbaum mit goldenen Blättern.

»Das ist ja der Wahnsinn!«, staunte June und drehte sich zu ihm um.

»Dann schau dir erstmal den Boden an.«

Sie senkte ihren Kopf und wich einen Schritt zur Seite. »Ist das ein Aquarium, auf dem wir stehen?«

»Ja, aber kein echtes. Also gefällt es dir hier?«

»Gefallen? Schau dir mal die Seerosenblätter an, die unter uns entlangschwimmen. Das ist ja völlig verrückt. Wie geht denn sowas?«

»Ich habe keine Ahnung, aber die größte Überraschung kommt noch.«

»Sag mir bitte, dass ich nicht träume?«

»Du träumst nicht, auch wenn ich mich geschmeichelt fühle, dass ich darin vorkomme.« Er griff nach ihrer Hand. »Komm mit, ich weiß, wo wir sitzen.« Seine Wärme strömte durch ihre Haut und hinterließ ein angenehmes kribbeln.

»Und wo lernt man die richtigen Leute kennen?«

»Bei Wettkämpfen und einem guten Drink«, antwortete er mit rauer Stimme. Sie schlängelten sich an einem Tisch vorbei, an dem drei Männer mit finsterer Miene saßen und sie anblickten. Der eine schnalzte laut, als Nolan an ihm vorbeilief.

»Kennst du die?«

»Lange Geschichte, er hat bei meinem letzten Wettkampf ganz schön viel Geld verloren.«

Sie sah über die Schulter nochmal zu dem Typen, der sich jetzt mit den anderen unterhielt und sich dann zu ihnen umdrehten. Rasch sah June wieder nach vorne und hielt Nolans Hand etwas fester. »Und wie viel Geld war das?«

»So um die 10.000 £.«

»10.000 £?«, wiederholte June fassungslos.

»Glaube mir, das ist noch harmlos, einer hat 100.000 £ an dem Abend verloren. Ich will nicht wissen, ob es inzwischen ein Kopfgeld auf mich gibt.«

Ihr Magen machte einen Looping. Wieso hatte sie sich darauf bloß eingelassen! Sie hätte jetzt sicher auf ihrem Sofa Eiscreme naschen können, statt befürchten zu müssen, als Geisel für eine Lösegeldforderung verschleppt zu werden.

»Bist du verrückt? Was, wenn hier gleich eine Prügelei losgeht?« Sie zupfte an seiner Lederjacke, um ihn aufzuhalten. »Sowas sehe ich ständig in den Nachrichten!«

»Na zum Glück sitzen wir am Fenster. Wenn jemand einen Stuhl wirft und die Scheibe zerspringt, sind wir sofort draußen.«

»Guckst du denn gar keine Filme? Wer flieht, der stirbt zuerst, wenn uns nicht vorher schon die Glasscherben erwischen.«

Seine zuckenden Mundwinkel verrieten ihr, dass es ihm überhaupt nichts ausmachte. »Ich muss gestehen, dass mir ein wenig dieser Nervenkitzel fehlt.«

Sie kamen an dem einzigen freien Tisch an. Und ganz nebenbei war er der beste Platz im Restaurant. Nolan schob ihren Stuhl zurück.

»Diese Typen dahinten sehen nicht gerade erfreut aus, dich hier anzutreffen.«

»Und? Mir ist es egal, was sie denken. Es gibt immer ein Risiko beim Wetten.«

»Hast du denn gar keine Angst, dass sie dir irgendwann auflauern?«

»Ich habe vor gar nichts mehr Angst, June. Außerdem würde ich dich niemals in Gefahr bringen!«

Es waren nicht die Worte, die sie beruhigten, sondern sein unerschütterlicher Blick. Darin lagen keine Zweifel, dass er sie jemals im Stich lassen würde. Er wollte sich gerade setzen, als ihn von hinten jemand an den Schultern packte. June war kurz davor, um nach Hilfe zu schreien, als Nolan reflexartig seine Faust ballte und sich umdrehte.

»Nolan, alter Freund, auch schön dich zu sehen.«

Sofort lockerte er seine Faust und schlug mit der flachen Hand ein. »Sorry, alte Gewohnheit. Alles gut bei dir?«

»Bei mir schon. Schau dich um, der Laden läuft. Besser könnte es mir nicht gehen.«

»Kein Wunder, wenn du auch jeden hereinlässt.« Er deutete zu dem Tisch, an dem die drei finsteren Gestalten saßen.

»Hey man, du weißt ja, wie das ist. Eine Hand wäscht die andere.«

»Klar.«

Der Mann schaute zu June, die wie festgefroren auf ihrem Stuhl saß. »Und mit was für einer bezaubernden Frau bist du heute hier?«

»Darf ich vorstellen, das ist June.«

»Ist mir eine Ehre. Ich bin Huan.« Nachdem sie ihre Hände schüttelten, sah er wieder zu Nolan. »Und was treibst du so?«

»Hier und da, du weißt schon«, antwortete er vage und setzte sich. »Wir würden direkt zwei deiner hausgemachten Eistees mit Minze bestellen.«

»Kommt sofort.« Er legte ihnen die Speisekarten hin und klopfte auf den Tisch, um sich zu verabschieden.

»Er hat übrigens auch mal mit Muay Thai angefangen, aber nach einer Verletzung an seiner Schulter war es vorbei.«

»Ist ja fast wie bei dir, oder?«

Nolan schnalzte. »Nicht mal annähernd.«

June überlegte kurz, ob sie etwas Falsches gesagt hatte, weil er mit einem Mal verärgert wirkte. Doch dann lächelte er wieder.

»Was hältst du davon, wenn wir nachher zur Lagerhalle fahren? Ich könnte dir zeigen, wo ich früher trainiert habe.«

»Ja, wieso nicht?«

»Cool«, antwortete er und lehnte sich zufrieden zurück. »Ich hatte dir ja eine Überraschung versprochen. Ist sie dir noch gar nicht aufgefallen?«

June schaute durch den Raum. »Dass der Boden wie ein Aquarium aussieht?«

»Das hatten wir schon.«

»Kannst du mir einen Tipp geben?«

Er hob seinen Finger und deutete nach oben. Sie folgte seinem Blick und erstarrte. Über ihnen befand sich ein ganzes Kirschblütenmeer. Feine Zweige, die an Baumwollschnüren von der Decke hingen und vom Fenster aus in den Raum ragten, waren mit unzähligen rosafarbenen Blüten dekoriert. Der Anblick überkam sie wie eine Welle. Hunderte von künstlichen Kirschblüten, die sie an Phil erinnerten. Junes Sicht verschwamm, als sie ihren Kopf wieder senkte.

»Okay, die Überraschung ging wohl nach hinten los. Ich dachte, weil du so eine Kirschblüte als Schlüsselanhänger hast, würde es dir hier gefallen. Tut mir leid, wenn ich damit falschlag.«

Rasch wischte sie eine Träne unter ihrem Auge weg. »Schon gut, das konntest du ja nicht wissen.«

»Und ich gehe mal davon aus, dass du nicht darüber reden willst?«

»Das gehört eher weniger zu unserem vereinbarten Neuanfang. Wenn du mich kurz entschuldigen würdest?« Suchend nach einem Hinweis, wie sie der unangenehmen Situation entfliehen konnte, deutete Nolan zu der Bar.

»Die Toiletten sind auf der rechten Seite hinter dem Buddha. Ist wirklich alles ok?«

June stand auf und griff nach ihrer Tasche. Die Versuchung war groß, nach einem Hinterausgang zu suchen, als eine Kirschblüte von der Decke fiel und auf ihrem Tisch landete. Vielleicht war es ein Zeichen, dass sie den Mut aufbringen sollte, zu bleiben? Nolan hätte jedes andere Restaurant der Stadt auswählen können, aber er hatte sie genau hierher gebracht. Er wartete immer noch auf eine Reaktion.

»Mir geht es gut. Wirklich. Ich bin gleich wieder da.«

****

Nachdem sie zurückgekehrt war, hatte Nolan die heruntergefallene Kirschblüte vom Tisch genommen. Kurz darauf bestellten sie und redeten über alles Mögliche, außer um das, was über ihnen schwebte. Das Kirschblütenmeer über ihnen hatte gerade Ebbe. Doch sie wusste, dass nach Ebbe die Flut folgte. Eine Flut an Gefühlen, die sie bisher zurückgehalten hatte. June löffelte in ihrer Udonsuppe, als sie aus dem Augenwinkel bemerkte, dass sie beobachtet wurde. Sie neigte den Kopf zur Seite und schaute sich um. Eine Frau am anderen Tisch starrte sie an. Sie wirkte nicht wie eine der Personen, die durch ihren Wetteinsatz viel Geld verloren hatte. Und dennoch haftete ihr Blick auf June, als hätte sie bereits alles verloren.

Kapitel 10

Nolan

»Sonst bin ich immer derjenige, der kleckert«, meinte Nolan und fischte mit seiner Gabel nach einer Udonnudel, die von Junes Löffel gerutscht und auf dem Tisch gelandet war.

»Und ich dachte bis eben, ich wäre die Einzige, die andere Menschen anstarrt.«

Verwundert sah Nolan sie an. Sein Blick fiel auf ihre Stupsnase, um die sie herum hellbraune Sommersprossen hatte, die so perfekt aussahen, als hätte sie jemand aufgemalt. »Ich glaube nicht, dass Nudeln einen anstarren können, wenn sie daneben landen«, sagte er amüsiert und redete weiter. »Stell dir mal vor, die Nudel hätte so kleine schwarze Knopfaugen und würde jetzt zu deinem Teller robben und fragen, was das eben sollte. Und dann würde sie vom Tellerrand Anlauf nehmen und direkt in deinen Mund springen.«

»Grauenhafte Vorstellung!« Junes Lachen war so wunderschön, dass Nolan nicht genug davon bekommen konnte, doch ihr Blick wich wieder zur Seite. Irgendetwas schien sie abzulenken.

»Sag bloß, die Nudeln von den anderen Tellern formieren sich gerade und sind auf dem Weg zu uns?«, fragte er.

»Das nicht, aber jemand, der nicht wie eine Nudel aussieht, kommt direkt auf uns zu.«

Nolan ballte schon seine Faust, sollte es einer der Typen wagen, hier an seinen Tisch zu kommen. Doch in Junes Augen fand er keine Angst, sondern vielmehr eine leichte Verlegenheit.

»Nolan, bist du es wirklich?«

Er brauchte sich nicht mal umzudrehen, um zu wissen, wer es war. Seine Hand lockerte er wieder und drehte sich zu ihr um.

»Blair!«

»Na das ist ja ein Ding! Was führt dich denn hier her?« Sie beugte sich zu ihm vor und gab Nolan einen Kuss auf die Wange. Nolan sah in dem Moment zu June, die im Gesicht errötete.

»June kannte das Restaurant noch nicht und ich wollte ihr die hervorragende Küche nicht vorenthalten.«

»Verstehe«, entgegnete sie knapp und sah ausschließlich zu Nolan. »Dann will ich nicht weiter stören. Ich wünsche dir einen schönen Abend und wehe, du bestellst die gebackenen Bananen nicht, die wir früher immer gegessen haben. Die waren doch unser Highlight!«

»Sicher. War schön, dich zu sehen, Blair.«

Nolan konnte ihre Neugier nachvollziehen, warum er hier mit einer anderen Frau essen ging. Schließlich waren sie früher öfters hier gewesen und das Letzte, was er zu Blair nach dem Krankenhausaufenthalt gesagt hatte, war, dass er Zeit für sich brauchte. Als eine Art Selbstfindung hatte er es bezeichnet, um sie nicht zu verletzen.

»Eure leckeren gebackenen Bananen, soso«, wiederholte June und zwinkerte ihm zu.

»Vielleicht hätte ich erwähnen sollen, dass dieses Restaurant mein Schauplatz alter Beziehungen ist?«

»Wieso hast du nichts gesagt, dann wären wir woanders hingegangen?«

»Weil ich dir unbedingt diesen Kirschblütenbaum über uns zeigen wollte. Ich konnte ja nicht ahnen, dass meine Überraschung ein Reinfall werden würde.«

»Die Idee war an sich ja gut, nur …«

»Nur hat es sich für dich nicht gut angefühlt, oder?«

»Sagen wir, es grenzt ein wenig an einer emotionalen Herausforderung.«

Sie lächelte Nolan entgegen, doch ihre feuchten Augen verrieten ihm, dass sie die Situation mehr als mitnahm.

»Ab sofort streiche ich alles, was mit Kirschblüten zu tun hat.«

»Und wie war die Überraschung für dich, sie hier zu sehen?«, fragte June und kam damit zurück zu Blair.

»Ich war ehrlich gesagt mehr von dir überrascht, weil du plötzlich so rot im Gesicht wurdest.«

»Das lag an der scharfen Udonsuppe. Mir brennt immer noch der Mund«, behauptete sie und nahm einen Schluck von ihrem Eistee. »Also ging die Trennung von dir aus?«

»Ich würde eher sagen, es war den Umständen geschuldet. Es war schwer für mich, im Krankenhaus aufzuwachen und gesagt zu bekommen, dass mein Leben, wie ich es vor ein paar Stunden noch geführt habe, für immer vorbei ist. Und dann sehe ich in ihre Augen und erkenne dieses Mitleid. Das war der Moment, in dem ich niemanden mehr aus meinem bisherigen Leben ertragen konnte. Nicht mal Blair. Es hat mich zerstört.«

»Sie hat dich daran erinnert, was du verloren hast.«

»Nicht nur das, sie kannte mich als Kämpfer und hat mich für meine Stärke bewundert. Heute bin ich nur ein Versager, der nichts auf die Kette kriegt!«

»Du bist kein Versager Nolan. Du bist momentan vielmehr auf der Suche, was dich statt des Kampfsports erfüllt und das ist doch vollkommen okay.«

»Tja, nur habe ich allmählich die Sorge, dass ich diese Erfüllung nicht finden werde.«

Er ballte seine Hand zu einer Faust. Mit Blairs Anwesenheit wurde ihm wieder klar, wer er nicht mehr war. Jemand, der sein Leben im Griff hatte und für seine Leidenschaft brannte. Ihm fehlte das Rauschen in seinen Ohren, wenn sein Puls hochschoss, nachdem die Trillerpfeife den Startschuss gegeben hatte. Oder von den Männern gefeiert wurde, wenn er gewonnen hatte.

»Dafür habe ich eine andere Idee«, sagte June und legte ihre Hand über seine Faust, die er langsam öffnete. »Wir bestellen statt die langweiligen gebackenen Bananen einen Eisbecher für zwei mit extra viel Sahne. Dann bekommst du durch den Zucker einen ordentlichen Schub an Glücksgefühlen.«

Nolan lachte auf. »Wohl eher einen Zuckerschock, wenn es mit viel Sahne sein soll.«

»Du hast ja keine Ahnung, wie schnell der alle sein wird.«

****

Nachdem sie den Becher geleert hatten, stellte die Kellnerin einen Teller mit zwei Glückskeksen auf ihren Tisch. Nolan reichte June den Teller. »Mein Schicksal liegt in deinen Händen.«

Ihr Finger schwebte in der Luft wie ein Pendel. »Der ist es.« Sie tippte auf den linken Keks.

Er nahm ihn und zerdrückte ihn in seiner Hand.

»Du weißt schon, dass du die Kekse in der Mitte aufbrechen kannst?«, fragte sie belustigt.

»Klar, aber so macht es doch viel mehr Spaß!« Nolan riss das knisternde Papier auf und zog aus den Krümeln den schmalen Zettel heraus, auf dem ein Spruch stand. Er hielt nichts von diesen Standardtexten, die sich in jedem dritten Glückskeks wiederholten, doch er sah ein erwartungsvolles Strahlen in Junes Augen.

»Und was steht bei dir?« June beugte sich neugierig zu ihm vor.

»Alles, was du siehst, ist ein Spiegel deiner Selbst«, las er vor und zeigte ihr den Zettel. »Ich kann mir kaum vorstellen, dass dieser Keks ich sein soll.«

»Du bist ja süß. Ich glaube, das ist eher auf deine Wahrnehmung bezogen, wie du die Dinge siehst.«

»Also spiegelt der zerbrochene Keks mich doch wieder, weil ich nicht mehr kämpfen kann? Sozusagen ein gebrochener Mann? Super, dann kann ich mich ja gleich von der Brücke stürzen.« Nolan zerknüllte den Zettel und schnipste ihn ans Ende ihres Tisches. »Und welchen Spruch hast du gezogen?«

Sie brach ihren Keks entzwei, doch es befand sich kein Zettel darin. »Na klasse, nicht mal dieser Keks will mir Glück bringen.«

»Oder es bedeutet, dass du dir selbst etwas wünschen darfst. Pass auf, schließe deine Augen und denk an einen großen Traum, der in Erfüllung gehen soll.«

»Ich weiß nicht«, zögerte June mit einem Mal und legte ihren Keks auf den Tisch.

»Ich kann das für dich übernehmen, wenn du willst. Sowas wie ein Filmabend bei dir? Den könnte ich dir nachher direkt erfüllen.« Er zwinkerte ihr zu.

»Okay, ich kümmere mich um den Wunsch doch lieber selbst. Aber danke für deine Inspiration«, sagte June und schloss ihre Augen.

»Das ist ein echt langer Wunsch«, meinte er, weil er ihre kleeblattgrünen Augen vermisste, in denen er so viel Hoffnung fand.

»Manche Wünsche brauchen eben ihre Zeit.«

»Komme ich darin vor?«

»Ich darf ihn dir leider nicht verraten, sonst geht er nicht in Erfüllung.« Ein Auge öffnete sie langsam, während das andere zugekniffen ihrem Wunsch nachhing.

»Wenn das so ist, sollten wir lieber gleich zur Lagerhalle fahren. Nicht, dass ich mich nachher in Luft auflöse, weil das dein Wunsch ist.«

»Keine Panik, wenn, dann würdest du dich erst beim Verabschieden in Luft auflösen, bevor du mich vielleicht doch noch fragst, ob du mit zu mir darfst.«

»Und du bist dir sicher, dass wir nicht doch schon mal ein Date hatten?«

»Oh, da bin ich mir sogar ziemlich sicher.« Junes Augen strahlten ihm entgegen, so dass er sich für einen Moment wünschte, sie hätten sich schon viel früher und unter anderen Umständen kennengelernt.

Kapitel 11

Seit zwanzig Minuten fragte sich June, was sie sich dabei gedacht hatte, mit Nolan zu irgendeiner abgelegenen Lagerhalle zu fahren. Es war mittlerweile stockfinster und sie befanden sich weit außerhalb der Stadt. Er schaltete das Fernlicht des Range Rovers ein, als er von der Straße in einen Feldweg abbog. Sie hielt sich am Griff der Beifahrertür fest, da es so holprig wurde, wie bei einer Safaritour. Irgendwann gelangten sie zu einer Gabelung. Die beiden Sandwege sahen für June identisch aus, doch er bog zielstrebig nach links ab und gab Gas.

»Nur mal so eine Frage. Du bist kein Freak, der Frauen verschleppt, oder?«

»Das fragst du mich jetzt, wo wir fast da sind?« Er lachte so herzlich auf, dass dieser warme Klang sie sofort beruhigte.

»Stimmt, dann bin ich wohl der Freak von uns beiden.«

»Wenn ich vorgehabt hätte, dich zu entführen, würde ich doch keinen Ausflug zur Lagerhalle vorschlagen.«

»Und was hättest du stattdessen gemacht?«

»Dich zum Essen ausgeführt, ohne dass wir dort ankommen?«

»Wir waren gerade essen«, stellte sie nüchtern fest.

»Deswegen ja.«

»Also kein Freak?«

Er schmunzelte. »Sind wir das nicht alle ein bisschen?«

Sie fuhren an einem langen Maschendrahtzaun entlang, der ein Gelände abgrenzte. Der Range Rover wurde langsamer. Vor zwei Zaunabschnitten, die zerbeult zur Seite hingen, hielt er schließlich an.

»Wir können immer noch umdrehen, wenn es dir lieber ist.«

»Im Notfall springe ich aus dem Auto und renne davon, sollten wir da drinnen auf ein paar Freaks stoßen«, antwortete sie möglichst locker, auch wenn ihr Herz wie eine Horde wildgewordene Pferde gegen ihre Brust schlug.

Der Wagen setzte sich wieder in Bewegung und kam vor einem riesigen Metalltor zum Stehen. Ohne den brummenden Motor war es so ruhig, dass selbst die Stille ein leises Surren von sich gab.

»Keine Angst, die Freakshow ist meistens am Wochenende und wie du siehst, sind wir die Einzigen hier.«

»Ja, sieht ganz so aus«, bestätigte sie, während die Lichter des Range Rovers ausgingen und es um sie herum stockfinster wurde.

Nolan schnallte sich schon ab und öffnete die Fahrertür. »Kommst du?«

June folgte ihm in die Nacht hinaus. Es war so finster, dass sie nicht mal ihre Schuhe sehen konnte. »Nolan? Wo bist du?«

Schnelle Schritte kamen auf sie zu. Es klang so, als würde noch jemand mitlaufen. Sie spannte ihre Oberschenkel an und war bereit loszurennen, als sie aus dem Nichts ein helles Licht blendete. Schützend hielt sie eine Hand vor ihr Gesicht.

»Sag bloß, du dachtest, ich wäre doch ein Freak und lasse dich im Dunkeln zurück?«, fragte er amüsiert und senkte seine Taschenlampe.

»Das nicht. Ich war mir nur nicht sicher, ob sich hier jemand versteckt und auf seinen großen Moment wartet. Ich sag dir, eine Zombieapokalypse würde in so einer abgelegenen Lagerhalle beginnen. Es wäre der perfekte Ort für ein Versteck.«

»Okay, jetzt kann ich es dir ja sagen. Du bist der größere Freak von uns beiden. Was guckst du dir für Filme an?«

»Meine Freundin Ruby zwingt mich dazu. Dafür muss sie sich meine Liebesfilme ansehen.«

»Du guckst Liebesfilme? Okay, definitiv ein Freak«, wiederholte er lachend und leuchtete zum Tor. »Der Schalter von der Taschenlampe hatte eben gesponnen, deswegen die kleine Verzögerung. Hier geht es lang.«

June versuchte, ihn einzuholen, als sie über eine Unebenheit stolperte. »Ah, verdammt. Was war das denn?«

»Nimm lieber meine Hand, das Gelände hat so seine Tücken«, meinte er und streckte sie ihr hin.

Es war so eine vertraute Geste, dass sie ihre Hand wie von selbst zu seiner führte. Die Wärme seiner Haut berührte sie ganz sanft und gleichzeitig hielt er sie so fest, dass sie nicht nochmal stolpern konnte. Sie vertraute ihm blind, im wahrsten Sinne des Wortes, denn bis auf die Taschenlampe war es um sie herum tiefschwarz.

Vor dem Eingang zur Lagerhalle blieben sie stehen. Nolan drückte die Türklinke herunter und öffnete das schwere Metalltor. Ein Geruch aus abgestandenem Benzin und Staub kam ihr entgegen.

»Wo sind wir hier?«

Nolan löste seine Hand von ihrer und verschwand. Kurz darauf sprangen die Neonröhren nacheinander an. Spinnweben und dicke Staubfetzen seilten sich von ihnen ab.

»Das war mal eine Werkstatt. Hier drüben«, er ging zur rechten Seite und hob ein vergilbtes Laken hoch, wodurch die Staubpartikel durch die Luft wirbelten, »sind die Überreste eines alten Land Rover. Nur leider vollkommen nutzlos, weil der Motor defekt ist und noch einige andere Teile fehlen.«

Sie stellte sich neben ihn und strich über die verdreckte Lackierung, die unter ihrem Finger wieder neu glänzte. »Trotzdem bleibt es ein Land Rover, selbst wenn er nicht mehr fährt.«

»Ich kann mir kaum vorstellen, dass jemand bei dem Auto noch etwas anderes als einen Haufen Schrott sieht.« Sein Blick haftete ungewöhnlich lange auf der geöffneten Motorhaube, unter der das Herzstück fehlte. Dann ließ er das Laken wieder los und klopfte den Staub von seinen Händen. »Jetzt zeige ich dir mal, wo mein letzter Wettkampf stattgefunden hat.«

Vorbei an eingestaubten Kartons und gestapelten Reifen gingen sie auf einen Boxring zu, der sich in der Mitte der riesigen Lagerhalle befand.

»Die Halle war wie ein Zuhause für mich. Kaum zu glauben, oder?« Er trat gegen einen Karton. »Dabei ist es hier das reinste Drecksloch.«

»Für dich war der Kampfsport eben alles«, versuchte June, die Sache schönzureden und fuhr über ihre Arme, da es ziemlich frisch in der Halle war.

»Du findest es furchtbar hier.«

»Das würde ich so nicht sagen. Es ist für mich eben nur eine Lagerhalle. Ich habe ja nicht den Bezug, so wie du.«

Nolan näherte sich den Seilen und hielt sich daran fest. »An dem Tag, als es passierte, hatte ich hohes Fieber und bei jeder weiteren Runde habe ich gemerkt, dass ich nicht mehr konnte. Mein Körper wurde immer schwächer und mein Herz brannte wie Feuer, dass ich kaum Luft bekam.« Nolan sah in die Mitte des Ringes. »Und es stimmt, was du gesagt hast.«

June überlegte kurz. »Du meinst, den Vergleich mit dem Land Rover? Dass er trotz seiner Schäden immer einer bleiben wird?«

Er schüttelte den Kopf. »Nein, ich meinte das, was du bei unserer ersten Begegnung gesagt hast. Dass es keine Helden gibt.«

June hatte das zwar anders gemeint, doch sie konnte seinen Gedankengang nachvollziehen, wenn er zu diesem Boxring sah. Sie legte ihre Hand sanft auf seinen Arm. »Also für mich bist du ein Held. Und weißt du warum?«

»Ich bin ganz Ohr.« Seine Mundwinkel bogen sich erfreut nach oben.

»Du stellst dich deinen Ängsten und stehst hier, obwohl du deinen Traum aufgeben musstest. Das schaffen nicht viele.« June schaffte es nicht mal, über ihren Kirschblütenanhänger zu sprechen, geschweige denn über Phil.

»Sagt ausgerechnet diejenige, die nicht an Helden glaubt.«

»Weil es sich auf die Helden in Märchen bezog oder solchen Fantasyfilmen, auch wenn ich die etwas fraglich finde. Ich meine, wie sehen die heutzutage aus? Entweder kommen Spinnenweben aus den Händen oder sie sind ein grüner überdimensionaler Waldmeisterpudding mit einem Stahlkörper.«

»Hey, nichts gegen Hulk! Er ist Kult«, erwiderte er und grinste schief.

»Und was ist mit seiner Topffrisur? Ist der Zeichner mit seinem Zirkel einmal um den Kopf herum und dachte, es wäre eine Heldenfrisur?«

»Ich gebe zu, die Frisur ist nicht der Knaller. Doch bei mir ist es schon sechs Monate her und ich bin seitdem nicht wie Phönix aus der Asche gestiegen und gehe meinen Weg, der für mich bestimmt ist.« Er deutete mit einem Nicken zum Eingang, als hoffte er, damit seine eigenen Superkräfte zurückzuerlangen. »Für mich gibt es nur eine Tür und das ist die, durch die wir eben gegangen sind.«

Bevor June etwas dazu sagen konnte, hielt er das Seil hoch und hüpfte in den Ring. »Doch was ist, wenn sich dieselbe Tür für mich nochmal öffnet?«, fragte er und fing an, auf der Stelle zu hüpfen.

»Wie meinst du das, mit nochmal öffnen?«

Die Lederjacke streifte er ab und warf sie über den Pfeiler. Dann spannte er seine Arme an. »Ich trainiere Stück für Stück. Jeden Tag ein bisschen mehr. Vielleicht kommt dadurch mein Ehrgeiz zurück und ich kann wieder an Wettkämpfen teilnehmen.«

»Und das geht mit deiner Verletzung?«, fragte sie, doch er reagierte nicht.

Seinen Oberkörper lehnte er vor, kickte mit dem rechten Bein zur Seite und dann nach hinten. Er stöhnte bei jedem Schlag laut auf, dass eine regelrechte Vibration in der Halle freisetzte. Beim nächsten Sidekick stolperte er zur Seite, fing sich jedoch wieder.

»Ich fühle mich so lebendig wie nie!«, rief er und warf ihr einen etwas wirren Blick zu.

»Das ist nicht zu übersehen, nur sollten wir nicht langsam zurück? Du weißt schon, ich muss morgen früh raus und Scotch wartet bestimmt auf dich.«

»Eine Minute noch und dann bin ich fertig. Versprochen!«

Diesen Satz hatte sie oft genug in Filmen gehört: Nur dieses eine Mal. Was bedeutete, dass es länger dauern würde. Sie würde locker eine Stunde hier vor dem Ring stehen und ihm dabei zusehen, wie er versuchte, seine Superkräfte zurückzuerlangen. Doch sie wollte ihm seine Freude nicht nehmen und sah sich nach einer Sitzgelegenheit um. Etwas abgelegen fand sie eine Kiste. Den Staub pustete sie hinunter, schob sie näher zum Ring und holte ihr Handy heraus.

»Na prima, nicht mal Empfang gibt es hier.« Sie steckte ihr Handy zurück in die Hosentasche und beobachtete seine Bewegungen, die schneller wurden.

Er duckte sich, kam wieder hoch, machte einen Sidekick, doch als er zum Schlag ausholte, schrie er auf. Erst glaubte June, dass es dazu gehörte, weil er immer wieder laut aufgestöhnt hatte. Wenige Sekunden später krümmte er sich allerdings nach vorne. Sie sprang von dem Karton, huschte unter dem Seil hindurch und eilte zu ihm.

»Was ist los?«

Die Schweißperlen rannten an seinen Schläfen herunter. »Ich bin stärker als diese Schmerzen, kapiert!«, presste er hervor und drückte seine Hand wieder auf die Brustmitte.

»Nolan, lass mich dir bitte helfen«, flehte sie ihn an, da er in seiner Haltung verharrte. »Du musst deinen Körper langsam daran gewöhnen. Ihn jetzt zu überfordern, bringt dich nicht weiter.«

June stützte seinen Arm, als er sich hinsetzen wollte. »Es nervt mich aber, verstehst du das nicht? Ich will nicht abhängig von meinem Körper sein und mein Leben danach ausrichten. Ich will verdammt nochmal das machen, was ich am besten kann. Und das ist kämpfen!« Er schlug mit der Faust auf den Boden.

Die Wut wegen seines Scheiterns war allgegenwärtig, während sie ihre Schuld so tief unter die Oberfläche drückte, dass sie niemand mitbekam. Ihre jeweiligen Gefühle waren so weit voneinander entfernt, dass sie wieder eins ergaben: Ihre ungelöste Vergangenheit schwebte weiterhin in der Gegenwart.

Ein Klingelton aus seiner Lederjacke unterbrach diesen Moment.

»Auch das noch,« stöhnte er auf.

»Wirst du schon vermisst?«, fragte June, die dabei an Blair dachte.

»Kann man so sagen, das ist mein Wecker für meine Tabletten.«

»Hast du die denn mit?«

»Ja, die müssten im Handschuhfach sein.« Er wollte gerade aufstehen, doch seine Beine gaben nach.

»Bleib hier. Ich hole sie dir schnell.«

Er nickte. »Die Schlüssel sind in der Jackentasche.«

June eilte das endlose Stück zurück zum Ausgang und schob die sperrige Metalltür mit aller Kraft auf. Über die Fernsteuerung öffnete sie den Range Rover und rannte zur Beifahrertür. Im Handschuhfach lag eine weiße Dose ohne Etikett. Daneben eine angefangene Wasserflasche. Sie nahm beides mit, knallte die Tür wieder zu und eilte zu Nolan zurück. Sie flitzte durch die offenstehende Metalltür hindurch.

»Ich habe sie gefunden!« June hielt das Seil hoch und hockte sich neben ihn. »Wie viele brauchst du?«

»Eine reicht mir.« Die weiße Tablette kullerte in seine Hand, die leicht zitterte. Nolan hob den Kopf und schluckte sie hinunter. Schnell schraubte June die Wasserflasche auf und hielt sie ihm hin.

»Geht es wieder?«, fragte sie vorsichtig, als er tief einatmete.

»Ich bin nur noch ein Wrack, so wie der Land Rover. Mir wurde mein Herzstück genommen und jetzt muss ich mit dem klarkommen, was davon übrig ist.«

»Aber du bist doch so viel mehr außer dein Kampfsport.«

»Und was genau wäre das?«, fragte er und neigte den Kopf zu ihr. Sein losgelöstes Lächeln von eben, als er im Ring geboxt hatte, war verschwunden. Zurück blieb ein Ausdruck in seinem Gesicht, der von Schmerz und Leid gekennzeichnet war.

»Du bist mein Held, weil du mir meinen Schlüssel zurückgebracht hast. Ohne ihn wäre ich echt aufgeschmissen gewesen.«

»Du meinst deinen geheimnisvollen Kirschblütenanhänger?«

June hob ihre Hand, mit der sie sich eben am Boden abgestützt hatte und klopfte den Dreck von den Handflächen.

»Du bist ganz schön neugierig, was?«

»Genauso wie du, als du Blair gesehen hast.«

Ein Augenblick verstrich, während sie nach den richtigen Worten suchte. »Jemand hat ihn mir geschenkt, der mir viel bedeutet hat.«

»Dann ist der Kirschblütenanhänger von deinem Ex-Freund?«

Die Tränen schossen unerwartet in ihre Augen, so dass sie seinem Blick ausweichen musste. Er war nicht bloß ein Anhänger, er war ein ganzes Universum für June.

»Er ist von meinem besten Freund. Er war sowas wie mein Seelenverwandter.«

»Mit ihm warst du im *Mirabella*?«

»Ja.«

»Was ist passiert? Hat Franio auch seinen Muffin versalzen?«, fragte er amüsiert.

Doch June war nicht nach Lachen. Stattdessen senkte sie ihren Blick und schüttelte den Kopf, während die Tränen an ihren Wangen herunterliefen.

Nolan legte sich auf den Rücken und klopfte neben sich auf den staubigen Boden. »Komm, lege dich zu mir. Ich verspreche dir, dass ich keine doofen Sprüche mehr machen werde.«

»Ich soll mich auf den dreckigen Boden mit dir legen?«, fragte sie und wischte mit dem Ärmel ihre Tränen ab.

»Klar, warum nicht. Erst führe ich dich schick aus und danach wühlen wir uns im Dreck.«

June lächelte leicht, während sie sich zurücklehnte. Nur wenige Zentimeter lagen sie voneinander entfernt, als er den Kopf zu ihr neigte. So wie Phil es tat, als sie im Park gelegen hatten. Sein warmer Atem strömte an ihrem Hals entlang.

»Wenn du nicht hier gewesen wärst, würde ich wie Spiderman verklebt im eigenen Spinnennetz am Boden liegen und …« Er hielt inne, bevor er den Satz zu Ende sprach. »Ich hätte gehofft, dass mich irgendwann jemand findet.«

»Und ich hätte gedacht, dass der Abend mit mir so langweilig war, dass du dich deswegen nicht mehr meldest.«

»Wenn du wüsstest June. Du bist das Aufregendste, was mir passieren konnte.« Er schmunzelte.

»Was sagt denn der Arzt wegen deinen Schmerzen?«

Er stöhnte auf und schaute zur Decke. »Diese weißen Kittelträger verschreiben mir nur wieder andere Tabletten und ehrlich gesagt, reichen mir meine schon aus. An manchen Tagen kam ich gar nicht mehr von der Kloschüssel weg, so schlecht war mir von den Nebenwirkungen.«

»Ich bin auch kein Fan von dieser ganzen Chemie, aber manchmal ist es notwendig, wenn der Körper es nicht von alleine schafft.«

»Laut meinem Arzt dürfte ich nicht mal auf diesem dreckigen Boden mit dir liegen. Aber was wäre das für ein Leben, ohne in Erinnerung an frühere Zeiten zu schwelgen.«

»Ich sage mal so, die Kirschblütendecke im Restaurant hätte ich mir gerne erspart, aber mit dir auf dem Boden in einer kalten Lagerhalle zu liegen, hat doch etwas.«

»Ich sagte doch, es ist unser Schicksal. Es fing alles mit deinem verlorenen Schlüssel an. Du weißt nie, wer ihn aufhebt. Es könnte ein ehemaliger Muay Thai Kämpfer sein, der dich unbedingt beeindrucken will und dann wie Hulk im Ring zusammensackt, weil der Stöpsel aus den Muskeln gezogen wird.«

June fing an zu lachen. Sie nahm seine Hand und öffnete sie langsam. »Ich schau mal, wie dein Schicksal so aussieht und ob noch andere Superkräfte in dir schlummern.«

Zuerst betrachtete sie seine Lebenslinie, die vom Handgelenk aus einen Bogen am Daumen entlangzeichnete.

»Und, was siehst du?« Seinen Oberkörper drehte er zu ihr, so dass er ihr näher kam. June merkte, wie schnell die Hitze in ihre Wangen schoss.

»Du hast eine unterbrochene Lebenslinie, das ist aber nichts Ungewöhnliches. Meine verläuft zum Beispiel auch nicht durchgehend«, meinte sie und zeigte ihre Handfläche.

»Und was bedeutet das?«

»Es kann dein Unfall gewesen sein, weil er zu einem abrupten Wandel in deinem Leben geführt hat. Allgemein kann es auch eine schmerzhafte Trennung bedeuten oder eine Auswanderung. Also völlig unterschiedlich.« Ihr Finger fuhr jetzt über die obere Linie, die an der äußeren Handkante anfing und zwischen Ring- und Mittelfinger endete. »Aber dafür sehe ich eine ausgeprägte Herzlinie bei dir.«

»Bist du dir da sicher?«

»Absolut. Schau hier! Sie steht für große Gefühle und spirituelles Denken.«

»Ich wusste es! Meine Superkräfte schlummern doch noch in mir und warten nur darauf, geweckt zu werden«, witzelte er und sah der Linie einen Moment lang nach.

»Und wofür steht die Kürzere hier?« Sein Finger deutete auf die parallele Linie unter der Herzlinie.

»Das ist deine Kopflinie.«

Er lachte so herzhaft auf, dass sie ebenfalls laut lachen musste.

»Tja, da habe ich in den letzten Jahren wohl zu viele Schläge abbekommen.«

»Oh, und die hier ist ungewöhnlich.« Sie fuhr über die Linie, die vom Mittelfinger ausging und sich senkrecht nach unten zu seinem Handgelenk erstreckte. »So eine tiefe Schicksalslinie habe ich noch nie gesehen.«

Nolan zog seine Hand zurück und betrachtete sie näher. »Dann war das mit meinem Unfall vorherbestimmt?«

»Wenn du an das Handlesen glaubst? Es kann vieles bedeuten, darauf würde ich mich nicht festlegen«, beschwichtigte sie seine Vermutung.

»Und siehst du auch, wie alt ich werde?«

June schmunzelte. »Nein, so funktioniert das nicht. Es ist eher wie eine Landkarte von deinem Leben ohne konkret zu wissen, was sie im Einzelnen für eine Bedeutung hat. Die Stärke der Linien zeigen nur, welcher Bereich bei dir ausgeprägter ist, also was du intensiver erlebst.«

»Verstehe. Und gibt es auch eine Liebeslinie?« Erwartungsvoll sah er sie an. Er drehte sich wieder zu ihr, um seine Hand erneut in ihre Hände zu legen.

»Die gibt es. Und zwar sind es die kurzen Striche unter deinem kleinen Finger. Ich kann es nur nicht richtig erkennen, am besten ist es, wenn wir uns hinsetzen.«

Beide richteten sich zeitgleich auf.

»Komisch, ich sehe da gar nichts, und du?«, fragte er ungeduldig.

»Ich sage mal so, eine feine Linie ist hier oben zu erkennen.« June fuhr mit ihrem Finger an dem langen Strich entlang.

»Und ist das was Gutes?«

»Ich denke schon. Je näher sie am kleinen Finger liegt, desto später kommt diese Beziehung zustande.«

»Quasi, die große Liebe, die bis zum Ende meiner Tage bleibt?«

In der Sekunde, als er hoffnungsvoll zu ihr sah, fing sie an zu niesen. »Entschuldige, das ist der Staub, der juckt mir die ganze Zeit schon in der Nase.«

»Das ist wohl unser Zeichen, dass wir wieder in der Realität ankommen sollten. Komm, ich bring dich nach Hause.« Nolan stand auf, reichte ihr die Hand, in der sie eben sein Leben abgelesen hatte, und sie schlenderten zurück zum Ausgang. Sie gingen durch die Tür, die sich für seinen Lebenstraum wohl kein zweites Mal öffnen würde.

Kapitel 12

June träumte, dass sie von einem leckeren Käsekuchen-Streusel-Muffin abbiss, als ein Schmatzen sie aufweckte. Ihre Katze Happy starrte sie mit senfgelben Augen an, während ihre Pfote erneut nach Junes Haarsträhne fischte. Nicht nur, dass ihre Strähne schon völlig durchgekaut war, strömte ihr auch noch ein thunfischartiger Geruch entgegen. Energisch hob June ihren Kopf.

»Happy, geh weg! Du bist sowas von eklig!«

Mit senkrecht aufgestelltem Schwanz huschte Happy in die Küche. June strich ihre nasse Strähne zurück und griff nach ihrem Handy, um nach der Uhrzeit zu sehen. Eine Nachricht von einer unbekannten Nummer leuchtete auf ihrem Display. June öffnete die WhatsApp Nachricht.

Nolan: *Guten Morgen, was hältst du von einem Frühstück to go, wenn ich dich zum Verlag fahre?*

Kurz fragte sie sich, woher Nolan ihre Nummer hatte, bis es ihr wieder einfiel. Auf dem Nachhauseweg von der Lagerhalle hatte er sie gefragt, ob sie telefonisch erreichbar wäre. Nur für den Fall, dass er sie zum Handlesen für eine wichtige Entscheidung bräuchte. June tippte auf sein Profilbild und vergrößerte es. Es musste ein älteres Bild sein, da seine Haare dort kurzgeschoren waren und sein Gesicht viel schmaler wirkte. Sie speicherte seine Nummer und antwortete ihm.

June: *Frühstücken im Auto? Sag bloß, du magst Franios salzige Zitronenmuffins nicht mehr?*

Nolan: *Wie kommst du denn darauf? Ich dachte, wir probieren mal was Neues aus und da ich eh in Richtung Notting Hill fahre, kann ich dich bei dem Regen gleich mitnehmen.*

June schlappte mit ihren Hausschuhen zum Fenster. Sie schob die Gardine beiseite und sah vor strömenden Regen kaum die Straße. Während sie den wirren Linien der Regentropfen an ihrer Fensterscheibe folgte, kamen ihr plötzlich Zweifel auf. Wohin führte das Ganze, wenn sie sich weiterhin jeden Tag sehen würden? Zwar fühlte sie sich wohl in seiner Nähe, aber seit dem Kirschblütenmeer schwebte Phil nun über ihnen. Sie atmete tief durch und verdrängte die Erinnerung wieder. Praktisch gesehen, war es doch von Vorteil, wenn Nolan sie zum Verlag fuhr. Bei dem Wetter hatte sie keine Lust, wie ein nasser Pudel bei der Challenge zu erscheinen, während Olivia Garcia wie aus dem Ei gepellt aussah.

June: *Okay, sagen wir in einer Stunde?*
Nolan: *Ich bin da. Hast du einen Wunsch, was du frühstücken möchtest oder soll ich dich überraschen?*
June: *Solange keine essbaren Blüten darauf dekoriert sind, überlasse ich dir die Auswahl.*
Nolan: *Wie wäre es mit gebackenen Bananen? :)*
June: *Schachmatt :)*
Nolan: *Ich gewinne eben gerne. Bis gleich!*

June war mit einem Grinsen im Gesicht schon auf dem Weg ins Bad, als ihr Handy erneut vibrierte. Doch es war nur eine SMS ihres Telefonanbieters mit dem Link zu ihrer Rechnung. Sie öffnete den Posteingang, um die SMS zu löschen, als sie eine alte Nachricht mit einer Rufnummer sah, die sie nie wieder anrufen konnte. Es war ein regelrechter Sog in eine Zeit, die viele Facetten ihrer inneren Zerrissenheit hervorgeholt hatte. Sie erinnerte sich, dass sie den Chatverlauf bei WhatsApp gelöscht hatte, weil sie Phils Bild nicht mehr ertragen konnte und die Uhrzeit, wann er zuletzt online gewesen war. Danach folgte eine Phase, in der sie ihm per SMS unzählige Nachrichten geschickt hatte, auch wenn diese Worte ihn nie erreichten und nichts mehr an seinem Schicksal ändern konnten. Doch genau diese Zeilen schlummerten nach wie vor in ihrem Postfach. Rasch warf sie ihr Handy auf die Bettdecke und verschwand im Bad, um die schmerzvollen Momente von damals nicht wieder aufleben zu lassen.

****

Genüsslich biss June in ihr Bagel. »Der ist ja der Wahnsinn! Überbacken habe ich die noch nie probiert.«

»Schmeckt dir der Bagel besser als bei Franio?«

»Ich weiß, worauf du hinaus willst und ja kann sein, aber Franio macht immer noch die besten Muffins in London.«

»Darüber lässt sich streiten und ich deute das Mal als ein Ja. Deiner ist übrigens mit Avocado und Käse überbacken«, meinte er und biss ebenfalls in seinen Bagel hinein.

Während sie ihr Frühstück genossen, fegte der Scheibenwischer von rechts nach links. So schnell, wie das Leben mit einem Wisch selbst vorbei sein konnte.

»Früher liebte ich dieses Wetter, aber jetzt nervt mich dieser Londoner Dauerregen einfach nur«, murmelte June und sah den Regentropfen nach, wie sie hinunterliefen. Die Spuren kreuzten sich und fanden zusammen, so wie sich die Wege von ihr und Nolan gekreuzt hatten.

»Und was ist heute anders?«, hakte er nach.

June atmete tief durch. Sie kannte die Antwort, die sie niemals laut aussprechen würde. Heute erinnerte sie der Regen an die furchtbare Nacht, in der sie Phil verloren hatte.

»Ich trage keine gepunkteten Gummistiefel mehr wie damals als Kind«, entgegnete sie.

»Ich bin mir sicher, dass sie dir immer noch stehen.«

»Meine Oma hatte mir gesagt, wer ohne zu zögern in eine Pfütze springt, überwindet jede Hürde im Leben.«

»Lass mich raten, nach dem Spruch bist du in jede Pfütze gesprungen, die da war?«

»Nicht nur das, ich habe im Garten meiner Oma sogar ein Loch gebuddelt und Wasser hineingeschüttet, wenn es mal nicht geregnet hat.«

»Zum Glück ist auf unser Londoner Wetter immer Verlass. Stell dir mal vor, ihr hättet in Spanien gelebt! Was ihr Garten dann für Löcher gehabt hätte.«

»Ich hätte es auf einen Fuchs geschoben, wobei, gibt es die überhaupt in Spanien?«

»Keine Ahnung, aber definitiv streunende Hunde, die buddeln ja gerne mal.«

June schmunzelte. »Soll ich dir ein Geheimnis verraten?«

»Unbedingt!«

»Ich habe sogar in der Badewanne knöchelhoch Wasser eingelassen, damit ich mit meinen Gummistiefeln auch zu Hause stapfen konnte.«

»Und deine Mutter hat nichts gemerkt? Meine hatte für solche Aktionen immer einen Riecher.«

»Tja, was soll ich sagen? Ich wurde nicht ein einziges Mal erwischt.«

»Du bist echt unglaublich June, und das meine ich im besten Sinne.«

»Ich wünschte, das würden auch die Juroren bei der Challenge so sehen.«

Er hielt den Range Rover an und blieb auf der gegenüberliegenden Seite vom Verlag stehen.

»Wenn sie nicht erkennen, was ich in dir sehe, kann ich gerne mal vorbeikommen. Nur bevorzuge ich eine andere Art von Kunst.«

June war froh, dass er ihr zuzwinkerte. Sonst hätte sie nicht gewusst, ob das bloß ein Spruch war, oder er in einer Stunde wie ein Superheld im Meeting hereinplatzte, um sie vor Olivia Garcias zerstörerischem Blick zu retten.

»Ich glaube, dann wäre ich ganz schnell disqualifiziert, aber danke, für deine Unterstützung«, sagte sie und schnallte sich ab.

»Immer gerne, June Summer.«

Seine Lederjacke knautschte, als er sich zu ihr nach vorne beugte und sie erwartungsvoll anschaute. Nicht, dass sie irgendein Abschiedsritual hatten, aber es erschien ihr in dem Moment so, als würde er genau auf so etwas anspielen. June lächelte, griff nach ihrer Umhängetasche, die sich auf ihrem Schoß befand und öffnete die Beifahrertür. Bevor sie ausstieg, drehte sie sich nochmal zu ihm um, weil er immer noch nach vorne gebeugt saß.

»Was ist?«, fragte er amüsiert.

»Du guckst mich an, als wolltest du mich hypnotisieren.«

»Und, funktioniert es?«

»Kommt drauf an, was du damit bezwecken möchtest.«

»Sehen wir uns heute Abend?«

June zuckte zweideutig mit den Schultern und stieg aus.

»Ist das ein Ja?«

»Natürlich ist das ein Ja!« Sie grinste frech.

»Ich kann es kaum erwarten.«

Bevor Nolan an der Kreuzung abbog, hupte er mehrmals. June winkte ihm hinterher, während sie auf dem Gehweg Olivia Garcia entdeckte, die ihren Regenschirm so drehte, dass sie sich Junes Blick entzog.

****

Shiyan biss genüsslich von einem mit weißer Schokolade überzogenen Müsliriegel ab, als Olivia Garcia die Tür hinter sich schloss.

»Guten Morgen, ich hoffe, Sie sind bereit für die erste Aufgabe. Es ist eine hervorragende Übung, um echte Emotionen zu wecken. Im wahrsten Sinne des Wortes.«

Sie lachte schrill auf, was nichts Gutes bedeuten konnte.

»Und zwar möchten wir, dass Sie Ihren Albtraum, an den Sie sich noch gut erinnern, in vier Szenen darstellen.« Sie nutzte die Aufmerksamkeit, die ihr gegeben wurde, und stolzierte an der Fensterfront entlang. »Bringen Sie ihre Szenen auf den Punkt! Denn wie Sie wissen, hat jede Onlinewerbung und jeder Post nur drei Sekunden Zeit, um ein Gefühl bei dem Nutzer auszulösen.« Sie legte eine bewusste Pause ein und nutzte die Gelegenheit, die Seiten ihres Zopfes glattzustreichen. »Zeigen Sie uns, dass Ihr Bild eine wahre Gefühlsexplosion beim Betrachter hervorruft, so dass er gar nicht anders kann, als auf Ihre Zeichnung zu klicken. Und was den Albtraum angeht, damit meinen wir jetzt nicht, die Arbeit einer Kollegin zu vertreten, sondern solche Träume, die Sie am nächsten Tag nachhaltig beschäftigen.«

Zurück von ihrem Streifzug setzte Olivia Garcia sich an ihren Platz. June entging nicht, wie Louis Dupont sie durch seine Brille musterte.

»Sie haben bis zur Mittagspause Zeit. Gibt es hierzu irgendwelche Fragen?«

»Ein Wunschtraum wäre mir lieber gewesen«, warf Frederick ein.

»Sehen Sie es als Herausforderung an. Und wer weiß, vielleicht werden Sie Ihren Albtraum ja ein für alle Mal los«, konterte Olivia Garcia.

»Ach, und schreiben Sie Ihren Namen diesmal bitte auf die Rückseite. Den Grund hierfür erfahren Sie heute Nachmittag«, erwähnte Paul Wick, der genüsslich an seiner Apfelschorle schlürfte.

June versuchte krampfhaft, irgendeinen anderen Albtraum aus ihren Erinnerungen hervorzurufen, als den, der vor sechs Monaten real geworden war. So sehr sie in dem Moment dagegen ankämpfte, die Bilder vor ihrem inneren Auge zu unterdrücken, schossen sie wie ein Wasserball hoch, der die ganze Zeit unter Wasser gehalten worden war.

Phil, der hinter dem Steuer saß und zeitgleich auf ihren Anrufbeantworter sprach. Die rote Ampel, über die er raste, das andere Auto, das er von der Seite nicht kommen sah. Die Laterne, auf die er direkt zugesteuert war.

June spürte, wie heiße Tränen in ihr aufstiegen. Sie hatte den größten Fehler ihres Lebens gemacht, als sie ihn angerufen hatte, um ihre Gefühle für ihn zu offenbaren. Dabei hatte er zu dem Zeitpunkt ausgiebig mit Freunden in einer Bar gefeiert. Wie konnte sie nur so naiv sein? Ein leises Schluchzen entwich ihr, das niemand mitbekam. Jeder an diesem Tisch war mit sich selbst beschäftigt. Sie sah zu Shiyan, die eine Kiste zeichnete und immer wieder mit ihrem Bleistift innehielt. June wurde klar, dass sie nicht die Einzige war, die mit sich kämpfte. Doch niemand von den anderen gab auf.

Sie atmete tief durch und entschied sich, ihren Albtraum von Phil aus der Perspektive einer Frau zu zeichnen, weil ihr nichts anderes einfiel und die Zeit lief. Den Unfallort verlegte sie zudem auf eine verlassene Straße, weit weg von London: Ihr Wagen schoss über die Landstraße, die Scheibenwischer fegten auf höchster Stufe an der Frontscheibe entlang. Die Fahrerin telefonierte aufgebracht.

June schluckte, als sie ihre eigene Mimik zeichnete. Ein Teil in ihr wünschte sich, sie hätte damals im Auto gesessen und nicht Phil.

Die nächsten Striche deuteten eine scharfe Kurve an. Sie versuchte abzubremsen, kam jedoch ins Schleudern. Dann schoss sie über die Leitplanke und verschwand hinter dem Abgrund, der so steil war, dass es keine Chance für sie gab, den Sturz zu überleben. Die Fahrerin fiel so tief, wie ihr eigenes Loch im Herzen war.

»Wir würden jetzt die fünfzehnminütige Pause einlegen. Wenn Sie mögen, können Sie sich kurz die Beine vertreten. Danach ziehen wir bis zur Mittagspause durch.« Kaum hatte Louis Dupont den Satz beendet, sprang Olivia Garcia auf und eilte mit ihrem Tablet hinaus.

»Ich gehe etwas Luft schnappen, magst du mitkommen?«, fragte June und sah zu Shiyan, die aus ihrem Rucksack einen weiteren Müsliriegel hervorholte.

»Geh ruhig, ich bleibe hier. Ich muss noch meinen Vater zurückrufen. Drück mir die Daumen, dass es nicht wieder um sein Restaurant geht und ich dort aushelfen soll.«

»Dann sage ihm, die Challengeaufgabe ist so ein Albtraum, dass du dich später erstmal ausruhen musst.«

»Hey, das ist gar nicht mal so schlecht«, meinte Shiyan und biss von Ihrem Müsliriegel ab.

****

Jede Stufe, die June im Treppenhaus hinabstieg, war wie eine kleine Flucht vor dem letzten Teil der Aufgabe. Die herausforderndste Szene hatte sie noch vor sich, aber daran wollte sie jetzt nicht denken. Die Tür zum Innenhof stand weit offen und ein süßlicher Regenduft strömte ihr entgegen. Sie lehnte sich gegen die Hauswand und holte ihr Handy hervor. Eine Nachricht leuchtete auf.

Nolan: *Na, raucht der Kopf schon?*
June: *Kannst du Gedanken lesen?*
Nolan: *Mist, jetzt hast du mich durchschaut.*
June: *Oh glaube mir, die willst du nicht immer lesen wollen. Aber wenn du mir den Trick verrätst, probiere ich es gleich bei den Juroren aus.*
Nolan: *Du meinst, der Trick, der nicht funktioniert hat?*
June: *Stimmt auch wieder. Nicht, dass er nach hinten losgeht und sie meine Gedanken lesen.*
Nolan: *Nachher denkst du die ganze Zeit an mich und die Juroren hören mit. Spaß beiseite, wann hast du Mittagspause?*
Sie schmunzelte.
June: *Um 13:30 Uhr. Shiyan und ich wollen einen Kaffee in der Cafeteria trinken. Stell dir vor, die haben hier nicht mal Caramelsirup!*
Nolan: *Ich kann dir gerne den Tag mit einem Caramel Macchiato versüßen, wenn du willst.*
June: *Ein wahrer Superheld der modernen Zeit! Ich muss wieder rein. Drück mir die Daumen für die heutige Aufgabe.*
Nolan: *Für dich immer, June Summer!*

****

Auf dem nächsten Zeichenblatt entstand die letzte Szene ihres Albtraums. Das Auto prallte über die Leitplanke, dicke Äste brachen unter seinem Gewicht zusammen, als es in den Abgrund stürzte. Den Bleistift hielt June so fest, dass ihre Fingernägel tief in die Handfläche bohrten und ihre Schicksalslinie kreuzten. Dabei rutschte sie mit der Mine ab, die einen Strich durch die letzte Szene machte.

»Das ist eine echt ausdrucksstarke Szene, schade nur, dass Sie nicht konzentriert genug waren.«

June zuckte zusammen, als Olivia Garcia hinter ihr stand. Aus der Federtasche holte sie rasch einen Radierer und versuchte, das Bild zu retten.

»Hmm«, wandte Olivia Garcia ein und neigte ihren Kopf, so dass ihr langer Pferdeschwanz zur Seite fiel. »So ist das mit den lieben Ablenkungen. Sie verwischen einem die Sicht, nicht wahr?«

»Ja, das stimmt. Ich merke beim Zeichnen, wie mein Verstand versucht, mich vom heutigen Thema abzulenken.«

»Ich meine nicht die Aufgabe.«

Bevor sie fragen konnte, was ihr Spruch bedeuten sollte, war Olivia Garcia schon beim nächsten Teilnehmer und suchte dort einen Fehler. Erneut griff June nach dem Radierer. Allerdings verwandelte sich der tiefe Strich zu einem verschmierten Fleck, der die Szene völlig ruinierte.

»Wieso fängst du nicht ein neues Blatt an, etwas Zeit ist doch noch«, flüsterte Shiyan ihr zu.

»Ich soll es nochmal von vorne zeichnen?«

»Nur die letzte Szene. Versuch es wenigstens und wenn du es nicht schaffst, dann werden dir für die anderen Szenen ja noch die Punkte angerechnet.«

»Ich weiß nicht«, haderte June mit sich.

»Du packst das. Was willst du sonst machen? Jetzt herumsitzen und schmollen?«

»Wäre mir lieber.«

Shiyan pustete ihre Ponysträhnen beiseite. »Das gehört aber nicht in eine Challenge! Und nun los!«

June stöhnte auf und zog ein weißes Blatt hervor, das ihren Albtraum aufs Neue belebte.

»Zwanzig Minuten bis zur Abgabe«, erinnerte Louis Dupont die Teilnehmer. Um den Zeitdruck zu unterstreichen, tippte er mit dem Zeigefinger auf seine Armbanduhr.

Bis auf June und zwei andere waren alle mit ihrem Albtraum fertig. Ihr Blick schweifte zu Frederick herüber, der gelangweilt seine Arme in die Luft streckte. Selbst Shiyan biss heimlich von einem Müsliriegel ab. June zeichnete weiter, auch wenn die Szene nicht fertig werden würde.

»Die Zeit ist um! Bitte legen Sie die Bleistifte beiseite und reichen die Zeichnungen nach vorne durch.«

Erschöpft und zugleich erleichtert, dass dieser Horror endlich ein Ende hatte, sammelte June ihre Blätter zusammen, kritzelte rasch ihren Namen auf die Vorderseite und legte beide Varianten der letzten Szene mit bei.

Kapitel 13

»Sag mal, was ist denn hier heute los? Nicht mal an der Fensterbank ist ein Platz frei«, meinte Shiyan, nachdem sie von ihrer Suche nach einem Sitzplatz in der Cafeteria zurückkam und sich neben June in der Schlange wieder einreihte.

»Dann bleibt uns wohl nichts anderes übrig, als nach draußen zu gehen. Wenigstens hat es aufgehört zu regnen.«

June schob den Gurt ihrer Umhängetasche etwas weiter über die Schulter, als Shiyan sie fragend ansah. »Willst du nicht rangehen?«

»Aber wir sind doch gar nicht dran«, antwortete June irritiert. Ihr Blick fiel auf die wartenden Mitarbeiter vor ihnen.

Sie kicherte. »Okay, du brauchst echt Koffein. Ich meine dein Handy. Oder was brummt da in deiner Tasche?«

»Oh, stimmt!« June öffnete den Reißverschluss und folgte dem Vibrieren. Sobald sie seinen Namen auf dem Display sah, schlug ihr Herz schneller. »Sag mal, macht es dir was aus, wenn ich draußen auf dich warte?«

»Geh ruhig. Ich besorge uns Kaffee, falls ich überhaupt an die Reihe komme.«

Aus ihrer Jackentasche holte June etwas Kleingeld. »Hier, das sollte reichen.«

Doch Shiyan winkte ab. »Schon gut. Der Kaffee geht heute auf mich.«

»Wirklich? Das ist ja lieb von dir, danke!«

»Gerne, aber du solltest jetzt rangehen, sonst verpasst du den Anruf.«

Auf dem Weg zum Ausgang nahm June ab. »Hey, alles gut bei dir?«, fragte sie, während sie sich durch die Tür drängelte.

»Ich wollte bloß hören, was du so machst.«

Es war ihr erstes Telefonat. Seine Stimme klang rauer, beinahe geheimnisvoll.

»Ich stehe seit zehn Minuten in der Cafeteria an und nichts passiert.« Ein Krankenwagen rauschte an ihr vorbei, der wie ein Echo durch den Hörer tönte.

»Ist ja ganz schön was los in der Cafeteria. Hast du jemanden so lange angestarrt, bis er umgefallen ist?«

June schmunzelte und lief ein paar Schritte vor dem Eingang auf und ab. »Das nicht, aber mein Kreislauf sinkt immer weiter in den Keller, wenn ich keinen Kaffee bekomme. Shiyan hält gerade die Stellung und ich stehe vor der Tür. Und wo bist du?«

»Ich bin in einer Minute bei dir. Gib ihr mal ein Zeichen, dass sie nicht länger anstehen braucht.«

»Wie du bist hier?« June schaute durch die Fensterscheibe zu Shiyan, die bisher nur zwei Schritte vorangekommen war.

»Dreh dich mal um, aber bitte langsam. Sonst wird es zu heiß für uns und das wollen wir ja nicht.«

Diesmal hörte sie seine Stimme nicht durch den Hörer, sondern ganz nah hinter sich. Sie sog sein holziges Parfum ein, während sie seine Wärme an ihrem Rücken spürte. Eine wohlige Gänsehaut huschte über ihre Arme. Von der Seite hielt er ihr einen Kaffeebecher hin, auf dem mit einem schwarzen Edding etwas gekritzelt stand.

»Glückskaffee?«, fragte June belustigt und nahm ihm den Becher ab. In der Sekunde, als sie sich zu ihm umdrehen wollte, war sein Gesicht nicht nur nah, sondern seine Lippen formten sich zu einem Kuss. Ehe June zurückweichen konnte, streiften sie auch schon ihr Kinn.

»Huch, da bin ich wohl etwas abgerutscht.« Verlegen fuhr er sich durch die Haare.

»Ähm, was machst du hier?«, fragte sie verwundert, um möglichst schnell die peinliche Begrüßung zu umgehen.

»Schon vergessen, meine Nachricht vorhin, wann du Pause hast und dein Spruch mit dem modernen Superhelden? Ich dachte, das wäre ein Zeichen gewesen.«

»Achso! Jetzt, wo du es sagst.« Zeitgleich sah sie zu Shiyan, die keinen Meter vorangekommen war. Sie winkte ihr zu, dass sie nicht länger anstehen brauchte. Dabei schlürfte sie an ihrem Kaffee. »Wow, der ist ja lecker, wo hast du den denn her? Der Caramelsirup ist ja ein Traum!«

»Er ist nicht von Franio«, antwortete er und fing an zu grinsen.

»Verrate ihm bitte nicht, dass es noch einen weiteren Caramel Macchiato in London gibt, der so grandios schmeckt.«

»Keine Sorge, dein Geheimnis ist bei mir gut aufgehoben.«

»Shiyan, darf ich vorstellen, das ist Nolan. Unser Kaffeeheld des Tages.«

Er hielt ihr den zweiten Becher hin.

»Wie, der ist für mich? Oh, danke!« Überrascht nahm sie den Kaffee entgegen.

Kam es June nur so vor, oder hatte Shiyan errötete Wangen?

»Dann erzählt mal Mädels, wie war denn euer Vormittag bisher und was musstet ihr diesmal machen?«

»Wir mussten unseren Albtraum in verschiedenen Szenen aufzeichnen und das war für uns beide eine echte Herausforderung. Ich bin total erschöpft davon. Du auch, oder?« Sie richtete ihre Frage an June.

Wenn sie es nicht besser wüsste, begann in dem Augenblick ein weiterer Albtraum. Denn um keinen Preis wollte sie jetzt darüber sprechen. Und schon gar nicht mit Nolan, der sie neugierig anschaute.

»Total, deswegen bin ich froh, dass Nolan uns einen Kaffee vorbeigebracht hat. Sonst würde ich den Tag nicht überleben. Da fällt mir ein, in welchen Raum sind wir nachher bei unserer Gruppenarbeit?«

Doch ihr Ablenkungsmanöver brachte nichts, da Nolan erst recht nachhakte.

»Und was war euer Albtraum nun?«

June nippte rasch an ihrem Kaffeebecher, um nicht als Erste antworten zu müssen. Also ergriff Shiyan das Wort.

»Wegen dem Raum frage ich nachher nochmal nach. Und zu meinem Albtraum: Ich träume immer wieder von einer dunklen Kiste, in die ich eingesperrt werde. Nur ein winziger Lichtspalt fällt von oben hinein und ich höre dieses Krabbeln und Scharren, was näherkommt.«

»Und schaffst du es heraus?«, fragte Nolan. Sein Blick wanderte immer wieder zu June.

Mit einem Mal wünschte sie sich nichts sehnlicher, als dass sie in der Schlange gewartet hätte und nicht ans Handy gegangen wäre.

»Ich wache jedes Mal schweißgebadet auf, wenn ich merke, wie diese Viecher an meinem Arm hochkrabbeln und eines davon in meine Ohrmuschel zirpst.«

»Klingt nach einer Heuschrecke«, warf June ein, um diesen Traum am Leben zu erhalten.

»Stimmt, aber da waren auch Viecher mit so felligen Beinen wie bei einer Vogelspinne. Ich konnte sie auf meinem Arm spüren.« Sie schüttelte sich. »Es ist jedes Mal furchtbar, wenn ich davon träume.«

»Und was ist dein Albtraum?«, hakte Nolan nach.

Doch June tat so, als hätte sie es durch das Hupen eines Autos eben nicht gehört. »Hast du mal ein Erlebnis mit einer Spinne gehabt? Als ich klein war, bin ich nachts auf die Toilette und da krabbelte unter der Wanne eine fette Spinne hervor. Seitdem gucke ich vorher immer, ob die Wanne bis zum Boden abgedichtet ist, bevor ich mich hinsetze«, fiel es June ein.

»Oh Gott! Da wäre ich schreiend hinausgerannt, aber mir fällt nichts ein, warum ich sowas träume.« Nun gingen June die Fragen aus und gleich müsste sie über ihren Albtraum reden. »Obwohl, eine Sache fällt mir doch ein! Wir waren in Thailand und an der Wand klebte so ein Gecko. Erst dachte ich, es wäre eine Dekoration und wollte sie näher angucken, bis er sich bewegt hat und hinter dem Schrank verschwunden ist. Ob das der Auslöser war?«

»Möglich«, warf Nolan wortkarg ein und musterte June abwartend von der Seite. Jede Sekunde würde er seine Frage wiederholen und sie hatte keine Ahnung, was sie antworten sollte.

»Ach Mensch, es ist ja schon so spät!« Es war zwar eine lahme Ausrede, aber ihr fiel nichts Besseres ein. »Ich wollte nochmal zur Toilette und da ist die Schlange meist genauso lang wie in der Cafeteria.«

»Schon wieder? Wir waren doch zu Beginn der Pause erst«, meinte Shiyan verwundert.

»Tja, der Kaffee treibt.« Sie hielt den Becher hoch und trank den letzten Schluck in einem Zug aus.

»Danke für den Glückskaffee Nolan. Er hat mir jetzt schon Glück gebracht.«

»Na dann, viel Erfolg bei deinen Zeichnungen, June Summer. Wir quatschen später.«

Sein Ton verriet ihr, dass er ihre Flucht zur Toilette durchschaute und sie ihm noch eine Antwort schuldig war. Doch das war ihr in dem Moment lieber, als sich dem zu stellen.

****

»Willkommen zurück aus der Mittagspause. Ich hoffe, Sie sind gestärkt und konnten die Zeit für sich nutzen«, sagte Louis Dupont und wartete, bis alle Teilnehmer sich gesetzt hatten. »Die Auswertung der heutigen Aufgabe wird wie folgt ablaufen: Wir gehen die Werke diesmal gemeinsam durch und jeder hat am Ende die Möglichkeit, eine Stimme für den gelungensten Albtraum abzugeben. Jetzt denken Sie sicherlich, wie wir die unterschiedlichen Bilder an Albträumen bewerten sollen.« Seine Augen blinzelten durch die dicken

Gläser, als würde er durch eine Lupe schauen und alles genauestens betrachten. »Darauf habe ich eine simple Antwort: Die Kreativität hängt nicht vom Bild ab, sondern von den Gefühlen, die diese Geschichte erzählt.«

Der Sitznachbar von Shiyan schnippte aufgeregt mit den Fingern in der Luft.

»Ja, bitte?«

»Wäre es nicht sinnvoller, wenn Sie das als Juroren bewerten, anstatt die Teilnehmer untereinander?«

Zwei Stühle weiter nickte die Nächste. »Ich bin derselben Meinung. Es könnte ja jemand schummeln und die Stimme für sich selbst nutzen, oder?«

»Wir gehen davon aus, dass Sie ehrlich Ihre Stimmen verteilen«, wandte Paul Wick ein und fuhr durch sein zerzaustes Haar.

Olivia Garcia meldete sich ebenfalls zu Wort. »Wozu die Sorge? Talent wird immer belohnt, wenn Sie mit ihrer Arbeit überzeugen. Und wer nicht genügend Punkte bekommt, darf es gerne als Feedback annehmen, um sich zu verbessern.«

Junes Blick schweifte über die Runde. Anhand der Mimik stellte sie fest, dass keiner mehr daran glaubte, dass die Auswertung eine gemeinsame Sache wäre.

Louis Dupont nahm das erste Blatt vom Stapel und hing es an das Sideboard hinter dem Jurorentisch. Um jedes Detail hervorzuheben, stand Paul Wick auf und schaltete das Licht an. Ein zusammengekauertes Mädchen hockte in einer dunklen Kiste. Sofort sah sie zu Shiyan herüber, die auf ihrem Stuhl nach vorne rutschte und ihre Ponyfransen wegpustete.

»Da Sie Ihren Namen diesmal auf die Rückseite schreiben sollten, bleiben die Werke anonym. Wenn wir mit der Durchsicht fertig sind, geben Sie eine Stimme für Ihren Favoriten ab. Wir nummerieren die Bilder durch und fangen mit Nummer eins an.«

»Die Rückseite?«, platzte es aus June heraus.

Die Teilnehmer drehten ihre Köpfe der Reihe nach zu ihr um.

»Das hatten wir vorhin mehrmals erwähnt.« Louis Dupont schaute in die Runde. »Gibt es sonst noch Fragen zum Auswertungsprozess?«

June fragte sich, ob sie die Einzige war, an der diese überlebenswichtige Information vorbeigerauscht war. Louis Dupont fuhr währenddessen mit Shiyans Zeichnung fort. Er erklärte, wie es auf ihn wirkte, was für Gefühle in ihm hervorgerufen wurden und welche technischen Gegebenheiten dieses Bild einzigartig machten. Unter dem Strich erhielt Shiyan ein annehmbares Feedback.

Die nächste Skizze wurde von Paul Wick aufgehängt. »Hier kann ich nur sagen, dass es sich um ein rundum gelungenes Werk handelt. Wie Sie erkennen, sind die Proportionen genauso erstklassig herausgearbeitet worden wie die Emotionen. In Sachen Mimik kann ich nur sagen: Eine grandiose Darstellung! Muss echt ein übles Gefühl sein, wenn man im Weltall ganz alleine umher schwebt und weiß, das war's.« Wenigstens schaffte Paul Wick es, die Runde mit seinem Humor aufzulockern, weil er sich von den Juroren am meisten in die Teilnehmer hineinversetzen konnte.

Auf der nächsten Skizze kämpfte der Astronaut um seine letzten Atemzüge. Es gab nichts in dieser ewigen Dunkelheit, an dem er sich hätte festhalten können. Seine Hände griffen in die Leere des Weltraums. So in etwa fühlte sich June, wenn sie daran dachte, dass ihre Zeichnung gleich drankommen würde.

Olivia Garcia stand auf und nahm die nächsten Blätter in die Hand. »Oh«, gab sie überrascht von sich, als sie die Magneten anbrachte und auffällig zu Junes Namen sah. »Dann wollen wir mit dieser Zeichnung mal anfangen«, sagte sie und drehte sich um.

Ihre Blicke trafen sich wie bei einem Pokerturnier, in dem Olivia Garcia die Karten ihrer Gegnerin vermutete und jede Sekunde auskostete. »Wir sehen hier eine Frau, die die Kontrolle über ihr Fahrzeug verliert. Ein gelungener Ausdruck in ihrer Mimik, die fein ausgearbeitet wurde. Die Landschaft sticht durch ihre ...«

Einer der Teilnehmer beugte sich vor, um das besser zu erkennen, wovon June inständig gehofft hatte, dass es niemand entdeckte. Doch durch Olivia Garcias *Oh*, sahen alle Teilnehmer ihre Zeichnungen an wie Suchbilder. Es dauerte nicht lange und der erste fand den Fehler.

»Wer hat denn da seinen Namen vorne drauf geschrieben?«

Frederick, der einen Platz dahinter saß, lachte laut auf. Wenigstens war Olivia Garcia in dem Punkt professionell genug und fuhr mit ihrer Beschreibung unbeirrt fort. Allerdings fiel June bei der letzten Zeichnung ein noch gravierenderer Fehler auf. Die Gesichtskontur war viel zu markant für eine Frau und die Haare waren plötzlich kurz.

»Was um alles in der Welt«, flüsterte June und lehnte sich vor, da ihr ihre eigene Zeichnung mit einem Mal völlig fremd vorkam.

»Eine Fahrt zu einer Geschlechtsveränderung wäre auf jeden Fall auch mein Albtraum«, scherzte Frederick.

Die gesamte Runde lachte über ihre Zeichnung, die ihr so viel abverlangt hatte. Sie war sich sicher, dass niemand mehr eine Stimme für sie abgab, dabei hätte sie alle Punkte verdient, wenn es um den Mut ginge, den sie hier aufbrachte. Kein Einziger der Anwesenden konnte in dem Moment nachvollziehen, wie schwer es ihr gefallen war, diesen Albtraum zu zeichnen. Stattdessen lachten sie über ihren Fehler, der keiner war, da er der Wahrheit entsprach. Eine Wahrheit, die ihr ganzes Leben mit einem Schlag geändert hatte.

Sobald ihre Reihe abgehangen worden war, schob June ihren Stuhl zurück und stand auf. Sie sah nicht mal zu Shiyan, die ihr etwas zuflüsterte. Mit erhitzten Wangen huschte sie an den lachenden Gesichtern der Teilnehmer vorbei und wollte am liebsten in ein Loch versinken. Sie lehnte sich an die Flurwand und atmete tief durch. Die Lippen presste sie fest zusammen. Wie konnte ihr das bloß passieren?

Nach wenigen Minuten ging die Tür vom Meetingraum auf. Eine andere Teilnehmerin sah sie überrascht an, als sie June an der Wand kleben sah wie Spiderman, der keine Kräfte mehr besaß, um weiterzumachen. Bevor die Mitstreiterin etwas sagen konnte, huschte June an ihr vorbei, wischte ihre Tränen an der Wange ab und kehrte zu ihrem Platz zurück.

****

Den Nachmittag über verbrachte sie damit, sich auf die gemeinsame Gruppenarbeit mit Shiyan zu konzentrieren. Nachdem sie dies überstanden hatte, kam Olivia Garcia ihnen im Flur entgegen.

»Ach, da sind Sie ja beide. Ich wollte gerade nach Ihnen sehen, da sich die meisten Teilnehmer so langsam im Meetingraum eingefunden haben.«

»Oh, bitte entschuldigen Sie die Verspätung. Wir sind eben nochmal unseren Vortrag durchgegangen«, sagte Shiyan.

»Kein Problem. Darf ich mal einen Blick reinwerfen?« Shiyan überreichte ihr die Unterlagen mit den Stichpunkten und Skizzen zu ihrer Präsentation. »Erzählen Sie mir ein wenig von Ihrem Projekt«, bat sie und blätterte in ihren Notizen.

»Wir haben uns überlegt, die Kunden beim Muttertag mit einzubeziehen. Ich habe meiner Mutter früher immer etwas gebasteltes geschenkt. Ein Origami zum Beispiel. Und da haben wir die Muttertagsaktion so aufgebaut, dass das schönste eingesandte Gedicht, ein Cover von uns bekommt. Wenn die Kunden erstmal ...«

Erleichtert, dass Shiyan in ihrem Element war, schlich June hinter den beiden her. In diesem Moment fragte sie sich, ob ihr Albtraum jemals endete?

Kapitel 14

»Nur noch ein paar Schritte, dann hast du es geschafft«, flüsterte Nolan. Seine Hände verdeckten ihre Augen. »Und du kannst dich entspannen, ich sage dir schon Bescheid, wenn eine Laterne kommt.«

June fing an zu grinsen, als sie merkte, dass er von der Seite nochmal prüfte, ob sie doch etwas sah.

»Da wären wir«, flüsterte er wenige Minuten später in ihr Ohr. Seine Hände lösten sich von ihren Augen und die Wärme verschwand. Blinzelnd sah sie sich um und hätte ihre Augen am liebsten wieder geschlossen. Sie legte ihren Kopf in den Nacken, um das London Eye in seiner gigantischen Größe zu bestaunen.

»Auf gar keinen Fall!«, protestierte sie und machte sofort kehrt. Nolan holte sie rasch ein und stellte sich ihr mit einem amüsierten Grinsen in den Weg. Seine Hände fuhren sanft über ihre Arme. Obwohl sie eine Jacke trug, kribbelte ihre Haut von seiner Berührung.

»Ach, komm. Es ist ganz leicht. Wir steigen in eine Kapsel ein und drehen eine Runde.«

»Oh nein, ich schlage vor, du fährst alleine mit diesem Ding und ich warte hier unten auf dich.«

»Und was ist, wenn ich da oben bin und wieder so ein Ziehen bekomme?«

Sie zuckte mit den Schultern. »Dann bleiben wir beide hier und gucken vom sicheren Boden aus zu, wie das Rad sich dreht.«

»Komm schon June, tue es für mich.«

Eine Strähne wehte in ihr Gesicht und unterbrach kurz ihren Blickkontakt. Er nahm sie vorsichtig zwischen seine Finger, als würde er eine Pusteblume in der Hand halten und schob sie hinter ihr Ohr. Es war nur ein kurzes Streifen über ihre Wange, aber das reichte aus, um sie zum Kribbeln zu bringen.

»Und bisher ist niemand damit abgestürzt?«, fragte sie etwas zu schrill.

»Unmöglich, so eine Kapsel wiegt locker zehn Tonnen und hält einiges aus. Schau mal da oben, die fotografieren während der Fahrt die tolle Aussicht und machen sich keinen Kopf über die Sicherheit.« Nolan deutete zu der obersten Kapsel, die langsam die Spitze erreichte.

»Ich stell mir gerade vor, wie wir in diesem Ei schweben, einer dieser Metallhaken abbricht und wir in die Themse stürzen.«

»Vielleicht wurde sie deshalb am Wasser gebaut, so landen wir nicht wie eine plattgedrückte Fliege auf dem Asphalt.«

»Darf ich erwähnen, dass dieser Vergleich nicht gerade ermutigend ist?«

»Ich denke, wir beide haben weitaus schlimmeres im Leben durchgemacht, oder?«

»Wohl wahr, was kann uns da schon so eine zehn Tonnen Kapsel anhaben.«

»Heißt das, wir tun es?«

»Ja, aber ich muss dich warnen. Ich habe keine Ahnung, wie ich auf so eine schwindelerregende Höhe reagiere.«

»Mir garantiert das jetzt schon eine Menge Spaß!« Er zog sie zielstrebig zum Eingang mit.

»Warum hast du es plötzlich so eilig?«, fragte sie und folgte ihm.

»Ich habe uns eine Kapsel reserviert und wir sind die Nächsten.«

****

Von innen wirkte dieser tonnenschwere Raum eher wie ein Fliegengewicht aus Glas. Das einzig nicht verglaste war glücklicherweise der Boden. In der Mitte befand sich eine längliche Sitzbank, sowie ein durchgehendes Geländer an den Fensterfronten, woran sie sich sofort festkrallen würde, sobald sie in Bewegung kamen.

»Sieht aus wie eine Zeitkapsel, fehlt nur noch das grelle Licht, das uns wegbeamt«, sagte June und steuerte sicherheitshalber auf das Geländer zu.

»Wenn wir schon bei Zeitreisen sind, was hattest du heute für einen Albtraum bei deiner Aufgabe?«

Natürlich hakte er nach, immerhin hatte Shiyan ihre dunkle Kiste vorgestellt, aus der sie nicht mehr herauskam. Sie hätte sich auf die Zunge beißen können, weil er ihren Vergleich als Aufhänger für das Gespräch in der Mittagspause nutzte.

»Ach das«, sagte sie beiläufig und hielt sich an der Halterung fest, da ihr mit einem Mal schwindelig wurde. »Es ist nur ein kurzer Ausschnitt, den ich immer wieder träume. Ich fahre zu schnell in eine Kurve, überschlage mich und stürze den Abhang hinunter.« Das war zwar nicht ihr wiederkehrender Albtraum seit Phils Tod, aber es war ihre Alternative, die sie gezeichnet hatte.

»Klingt ja übel. Hattest du mal einen Autounfall?«

Sie schüttelte mit dem Kopf. »Nein, zum Glück nicht. Aber das interessiert mein Unterbewusstsein beim Träumen scheinbar nicht.«

Ein Augenblick verstrich, in dem er ebenfalls zum Geländer kam und sie schweigend auf die Themse sahen. Am liebsten hätte sie darin ihren Albtraum versenkt, mit all den schmerzlichen Erinnerungen an Phil.

»Welchen Moment in deinem Leben würdest du gerne nochmal erleben wollen, wenn wir die Zeitreise dafür nutzen könnten?«, fragte sie ihn.

»Oh, der ist noch gar nicht so lange her«, antwortete er und drehte sich zu ihr.

»Ach nein?«

»Es war der Moment, als wir auf dem dreckigen Boden der Lagerhalle lagen und du meine Hand gestreichelt hast. Das war so echt. Für diesen Moment würde ich sogar eine extra Runde in dem London Eye drehen.«

»Du meinst, als ich aus deiner Hand gelesen habe«, korrigierte sie ihn.

»Genau das habe ich gesagt, was du immer heraushörst.« Er zwinkerte ihr zu und vergrub seine Hände in den Hosentaschen. »Und welchen Augenblick würdest du gerne nochmal erleben?«

June überlegte. Es waren viele davon mit Phil, die sie nicht über ihr Herz brachte zu erzählen.

»Mit Gummistiefeln in riesige Pfützen springen oder um neun Uhr abends bei meiner Oma noch Himbeere Crumble naschen, weil ich nicht schlafen gehen wollte.«

»Ah, von deiner Oma kommt also die Vorliebe für Süßigkeiten.«

Hinter ihnen schepperte es. Eine Frau kam herein und trug einen kleinen Beistelltisch vor sich her, gefolgt von einer anderen Frau, die sich bückte und die heruntergefallene Wasserflasche aufhob. Danach ging die Erste wieder heraus und holte einen Kübel mit Sekt und zwei Sektgläsern.

»Ich dachte, wenn wir uns schon so einen Moment im Himmel gönnen, sollten wir ihn auch feiern.«

»Das ist alles für uns?«, fragte June perplex, als sich die Glastür schloss. Dann setzte die Kapsel sich langsam in Bewegung.

»Nur für uns«, bestätigte er.

Die gekühlte Champagnerflasche holte er aus dem Kübel. In dem Augenblick knackte es über ihnen. June zuckte zusammen und krallte sich an seiner Lederjacke fest.

»Hast du heimliche Superkräfte, die du mir bisher verschwiegen hast?«, fragte Nolan und schaute zu ihren Fingern, die sich in seinen Oberarm bohrten.

»Unterschätze nie die Power einer Frau mit Höhenangst!« Die Lederjacke gab knirschend nach, als June ihren Griff lockerte.

»Wir sind hier sicher und falls es dich beruhigt, habe ich ein Wundermittel gegen Angst.« Er reichte ihr ein Glas voll Sekt. Dann stellte er die schwarze Flasche mit der goldenen Aufschrift wieder in den Kübel.

»Du trinkst nichts?«

»Doch, nur reicht mir ein edler Tropfen von diesem herrlichen Wasser.« Er schraubte den Deckel auf und trank direkt aus der Flasche.

»Dann soll ich den Sekt also ganz alleine trinken?«

Er lachte auf. »Wenn du es schaffst, in dreißig Minuten eine ganze Champagnerflasche zu leeren, dann habe ich dich erheblich unterschätzt. Und um auf deine Frage zurückzukommen: Ich habe festgestellt, dass Tabletten und Alkohol nicht die beste Kombination sind. Außerdem will ich dich nachher sicher nach Hause bringen.«

»Soll das eine Herausforderung sein? Immerhin war ich in Rubys Bar Stammgast und habe einiges vertragen!«

»Kann ich mir bei deiner zierlichen Figur gar nicht vorstellen.«

»Oh, wenn du wüsstest, nur bei einer Tequilarunde bin ich irgendwann im Aufenthaltsraum aufgewacht und mein erster Gedanke war: Ich wurde entführt! Weil ich zwischen umgefallenen Kartons lag und der Raum sich drehte wie auf einem Schiff. Seitdem habe ich den Tequila abgeschworen.« Sie nahm einen kräftigen Schluck und stellte das leere Glas auf den Beistelltisch. »Aber nicht dem Sekt und daher steht die Wette. Ich sage, dass ich dreiviertel der Flasche schaffe, bis wir unten angekommen sind und wenn ich gewinne, dann musst du einen Tag lang bei Franio im *Mirabella* aushelfen.«

Es dauerte nur wenige Sekunden, bis der Sekt ihren Magen durchströmte und ein wohlig warmes Gefühl in ihr freisetzte.

»Ich kann mir zwar kaum vorstellen, dass Franio mit deinem Wetteinsatz einverstanden ist, aber abgemacht. Und was ist, wenn du verlierst?«

»Dann darfst du dir was wünschen.«

»Egal was?«

»Solange es keine Zeitreisen in die Vergangenheit sind?« Sie wusste, dass er ihren kleinen Hinweis verstand.

Sofort holte er die Sektflasche wieder aus dem Kübel und schenkte ihr nach. »Die Wette gilt! Aber warte mit dem zweiten Glas, bis wir oben sind. Die Sicht von dort aus ist der Hammer!«

»Keine Chance! Sonst verliere ich ja!« Sie nahm einen großen Schluck, leerte auch dieses Glas und setzte sich vorsichtshalber auf die Bank, bevor der Sekt seine volle Wirkung entfaltete.

»Hmm, was wünsche ich mir bloß, wenn ich gewinne?«, neckte Nolan sie und setzte sich neben sie mit einem siegessicheren Lächeln.

»Es ist noch nichts entschieden.«

So langsam erreichten sie die Spitze des Riesenrads. June versuchte, sich währenddessen an die verschwommene Sicht vom Sekt zu gewöhnen.

»Hier oben ist eine solche Stille. Kein Lärm der Stadt, keine Menschen. Es ist so befreiend, findest du nicht?«, fragte Nolan und schaute sie von der Seite an.

»Sag mal, hörst du auch dieses Surren?«, fragte sie zeitgleich.

»Ich denke, das ist normal bei der Schwere«, antwortete er und sah nach oben zu den Metallhaken. Sie folgte seinem Blick, als das Riesenrad in einem Veilchenblau erstrahlte.

»Siehst du das auch?«, fragte sie ihn, weil sie nicht sicher war, ob der Alkohol ihr einen Streich spielte.

»Ich habe dir ja versprochen, dass es sich lohnen wird.«

»Wow! Es sieht so wunderschön aus und dazu die Lichter der Stadt! Wieso habe ich mich nie getraut, mit dem London Eye zu fahren?« June stand auf und stolperte zum Geländer.

Er erhob sich ebenfalls und stellte sich neben sie. Dabei beobachtete Nolan sie von der Seite.

»Ich weiß, ich hänge leicht mit meiner Wette hinterher«, meinte sie und drehte sich zu ihm.

»Du hast da etwas unter deinem Auge«, sagte er und grinste breit.

Sie wischte mit ihrem Finger entlang. »Ist es weg?«

»Nicht ganz. Sieht aus wie ein Krümel von deiner Schminke. Darf ich?«, fragte er.

June nickte und hielt ihm die Wange hin. Sanft strich er über ihre Haut. Ihre Blicke trafen sich länger als sonst. Dabei kam sein Gesicht näher. In der Sekunde, als sie merkte, worauf das hinauslief, trat sie einen Schritt zurück.

»Du glaubst doch wohl nicht, dass deine Ablenkungstaktik funktioniert, oder?«

»Okay, du hast mich durchschaut. Ich gewinne eben gerne. Das kommt von meinem Kampfsport und liegt scheinbar in meiner Natur«, antwortete er amüsiert.

June schenkte sich ein weiteres Glas ein und kippte es in einem Zug hinunter. »Oh, glaube mir, so leid es mir tut, aber heute wirst du wohl verlieren.«

****

Nach dreißig Minuten kamen sie wieder auf dem harten Boden der Realität an. June hielt sich an seiner Lederjacke fest, während sie über die Schwelle torkelte.

»Ich glaube, das war doch etwas viel.«

»Und du wolltest drei Viertel davon austrinken? Vielleicht ist es dir nicht aufgefallen, aber das war eine extra große Magnumflasche«, stichelte er liebevoll und stützte ihren Arm. »Ich bin froh, dass du dein letztes Glas stehengelassen hast. Sonst hätte ich dich huckepack nehmen müssen und von dem Gewackel hättest du garantiert über meine Schulter gekotzt.«

Sie fing hysterisch an zu lachen. »Ich stelle mir gerade vor, wie du dich dann auch übergibst.«

»June Summer, du bist doch tatsächlich betrunken!«

Sie torkelte in ihrer Vorstellung selbstbewusst an ihm vorbei und setzte sich mit ihrer Handbewegung eine imaginäre Krone auf.

»Okay Prinzessin, ich bringe dich mal lieber nach Hause.«

»Ach nö, ich will noch nicht nach Hause! Da ist es viel zu langweilig und einsam.«

»Ich kann dir gerne Gesellschaft leisten.« Nolan schmunzelte so unschuldig, dass June ihn in die Wangen kniff.

»Du kleiner Strolch, so betrunken bin ich nun auch wieder nicht.«

»Keine Sorge, ich stehe nicht auf die Art von Kuscheln, wenn du schon beim Gehen fast einschläfst.«

Am Ende des Weges entdeckte sie eine kleine Holzbude. An den Seiten hingen bauschige Zuckerfäden auf Holzspießen, die unter dem Licht der Laterne wie Schneekugeln glitzerten.

»Sieh nur, da vorne gibt es Zuckerwatte!« June rannte los und ehe sie sich versah, plumpste sie mit dem Hintern auf den Boden. Die feinen Kieselsteine drückten in Ihre Handflächen, doch statt zu jammern, fing sie an zu lachen.

Nolan holte sie wenige Sekunden später ein. »Hast du dir wehgetan?«

»Mir geht es super. War nur ein kleiner Ausrutscher.«

Sie wischte ihre Hände an der Hose ab, als Nolan unter ihre Arme griff und sie hochhob. »Komm, ich helfe dir auf!«

Beim Versuch, die Füße auf den Boden zu stellen, rutschte sie wieder weg. Ihr Ellbogen rammte gegen seine Brust. Er schreckte zurück und ließ sie wie einen Kartoffelsack fallen.

»Hey! Wolltest du mir nicht eben beim Aufstehen helfen?« Lachend sah sie zu ihm hoch, doch sein zerknirschter Gesichtsausdruck wirkte weniger amüsiert.

»Sorry, aber du hast verdammt spitze Knochen!« Mit etwas Abstand reichte er ihr diesmal die Hand und sie kam hoch.

Deutlich nüchterner erreichten sie die Holzbude. Die Seitentür fiel gerade zu und auf einem kleinen Schild stand *geschlossen*.

»Oh, nein! Wir sind zu spät.« June schlug die Hände über dem Kopf zusammen. Wenn sie nicht hingefallen wäre, dann hätten sie es noch geschafft.

»Ich kläre das«, sagte er und rief in die leere Holzbude nach dem Verkäufer. »Meine Freundin braucht dringend Zucker für ihren Kreislauf, haben Sie noch eine Minute?«

Hatte er eben Freundin gesagt? Aber gut, sie wollte es jetzt nicht auf die Goldwaage legen. Er hätte sie ja schlecht als Halbwilde bezeichnen können, so wie er sie einmal im *Mirabella* genannt hatte.

»Wo ist er denn hin?«, fragte June, als aus dem Nichts ein kleiner Mann mit rötlichen Haaren und noch rötlicheren Augenbrauen sie grimmig anschaute. Ihr entwich in dem Moment vor Schreck ein Schrei.

»Ich habe seit vier Minuten Feierabend!«

»Sehen Sie nicht, wie sehr die Nerven meiner Freundin blank liegen? Sie hatte eben schon halluziniert und dachte, sie sieht einen Zwerg!«

June verkniff sich ein Lachen und drehte sich kurz zur Seite.

»Kommen Sie mir jetzt blöd, oder wie?«

»Nein, aber ich hatte Sie eben höflich gefragt, ob wir eine Zuckerwatte bekommen und Sie antworten, dass Sie Feierabend haben.«

»Tja, das nennt man dann wohl Pech!«

June beobachtete aus dem Augenwinkel, wie Nolan seine Faust ballte und als würde er es bemerken, lockerte er sie wieder. »Gut, ich mache Ihnen einen Vorschlag: Ich zahle den doppelten Preis!«

Tatsächlich verstummte der Mann und nickte zustimmend. June war baff, wie schnell er seine Meinung änderte.

»Okay, dann aber zackig! Ich muss meine Fische füttern.«

June konnte sich bei den unterschiedlichen Sorten nicht so recht entscheiden. Sehr zum Leidtragen des Verkäufers, der ungeduldig auf eine Anweisung wartete.

»Ich glaube, er ist kurz davor auszurasten und ich muss ihm den dreifachen Preis anbieten, wenn du noch länger überlegst«, flüsterte Nolan ihr zu und grinste breit. »Was ich natürlich gerne mache. Nur wird seine Laune dadurch nicht besser werden.«

»Oje, was nehme ich nur. Ich denke, es wird Erdbeere oder nein, lieber Marshmallow. Und du?«

»Du bist mir schon süß genug.« Nolan zahlte den doppelten Preis und überreichte ihr den riesigen Wattebausch.

Von oben zupfte sie ein Stückchen ab und ließ es auf ihrer Zunge zerschmelzen. »Diese Zuckerwatten erinnern mich immer an einen Weihnachtsmarkt. Und die Sorte ist echt der Hammer. Probiere mal!«

»Ist das überhaupt essbar?« Etwas widerwillig zupfte er sich ein Stück ab und schob es in seinen Mund. Er schüttelte sich, als hätte er in eine Zitrone gebissen.

»Für meinen Geschmack gerade süß genug!« Sie grinste, als sie einen längeren Faden von der Zuckerwatte abzupfte und er dabei sein Gesicht verzog.

Sie spazierten an der Themse entlang, überquerten eine Brücke und liefen immer weiter, so dass June von der frischen Luft und der Bewegung wieder nüchtern wurde. Sie redeten über ihre Jugend und ihre Vorlieben für Poster. In Junes Zimmer hatten zwischen den Boybands auch Pferdeposter gehangen, wohingegen bei ihm ausschließlich Muhammad Ali einen Platz bekommen hatte.

»Okay, warte«, sagte er belustigt und stellte sich vor June, damit sie stehen blieb. »Wenn ich das jetzt richtig verstanden habe, magst du zwar total gerne Schokolade, aber Schokoladeneis geht gar nicht. Bei dir überleben nicht mal Kakteen, ganz zum Schrecken deiner Nachbarin Marta, die wie eine Oma für dich ist und dich fast jeden Tag mit Keksen überhäuft.«

»Das trifft es erschreckend gut, und dass Happy meine Haare mit Katzengrass verwechselt.«

»Ich beneide deine Katze.«

»Sag nicht, du knabberst auch gerne an Haaren?«

Er lachte aus vollem Herzen auf. »Das nicht, aber du wirst sie immer lieben, egal was sie anstellt. Sie bekommt fressen und wird jeden Tag von dir gestreichelt. Ich meine, das ist doch das perfekte

Leben, oder? Zum Glück ist Scotch nicht dabei, sonst wäre er eifersüchtig. Wenn er frech ist, muss er in sein Körbchen und das passt ihm gar nicht.«

»Ja, Katzen haben da eher ihren eigenen Willen und hören nur, wenn sie wollen. Und nun zu dir«, fing sie an und zupfte den klebrigen Rest vom Holzspieß ab. »Du streichst öfters über die Narbe an deinen Daumen, ballst deine Faust, wenn du dich über etwas ärgerst und du schläfst jedes Mal ein, sobald du dir einen Film anguckst, bei dem es nicht um Karate oder Boxen geht. Was echt schade ist, sonst hätte ich dich gefragt, ob wir mal einen schönen Horrorfilm zusammen gucken, aber jetzt, wo du es erwähnt hast, lohnt es sich natürlich nicht.«

»Oh glaube mir, neben dir würde ich niemals einschlafen. Die Betonung lag auf einem Film ohne dich und ich bin echt erleichtert, dass du keinen Liebesfilm vorgeschlagen hast.«

»Okay, was war noch? Du hast als Kind immer das Licht brennen lassen, damit du dein Idol Muhammad Ali nachts anschmachten konntest.«

»Treffer, versenkt!«

June wischte auf ihrer Wange eine Träne vor lauter Lachen weg, bis sie merkte, dass es nicht ihre war, sondern feine Regentropfen, die vom Himmel fielen. Eine Weitere landete auf ihrer Nasenspitze. Binnen Sekunden wurden aus den einzelnen Regentropfen ein ganzer Schwall.

»Komm mit. Da drüben können wir uns unterstellen!«, rief Nolan, obwohl er neben ihr stand.

Seine Hand deutete zu einem Geschäft mit einer Markise. Es schüttete so heftig, dass June kaum die andere Straßenseite sehen konnte. Nolan nahm ihre Hand und zusammen rannten sie durch den Regen. Unter dem Schutz der Markise schüttelte er seine Haare aus und wischte über sein Gesicht. June wollte in dem Moment nicht wissen, wie ihre Wimperntusche aussah, weil ihr Gesicht genauso nass wurde.

»Wo kam das denn plötzlich her? Ich glaube, mir ist eben ein ganzer Eimer Wasser den Rücken heruntergelaufen«, sagte er und wischte mit der Hand an seinen Nacken entlang.

»Ich habe keine Ahnung, aber meine Jeans ist auch klitschnass. Fühlt sich an, als hätte ich mir in die Hosen gemacht.«

Beide sahen sich in ihren durchnässten Klamotten an und fingen an zu lachen.

»Vielleicht hätten wir lieber nicht durch die halbe Stadt laufen sollen. Bis zum Auto sind es locker zwanzig Minuten und hier in der Seitenstraße ein Taxi zu bekommen, wird verdammt schwer.«

»Tja, dann sitzen wir hier wohl vorerst fest«, meinte June. Sie drehte sich zum Laden um und überprüfte ihre Wimperntusche in der Schaufensterscheibe. Es war erschreckend. Die Schminke hatte sich völlig verabschiedet und lief an ihren Wangen hinunter wie schwarze Tränen.

»Oh Gott, ich sehe ja aus wie ein Zombie!«

»Ich bin froh, dass du es ansprichst. Ich hatte mich eben schon gefragt, ob ich mit einer anderen Frau über die Straße gerannt bin.«

Sie haute ihm neckisch in die Seite. »Du bist sowas von fies, weißt du das?«

»Aber dafür bringe ich dich zum Lachen, auch wenn du aussiehst wie ein verheulter Clown.«

»Das ist kein Freudenlachen, sondern pure Verzweiflung so wie ich gerade aussehe. Meinst du, hier ist noch jemand? Zumindest ist im Laden das Licht an. Ob ich kurz auf die Toilette gehen kann?«

»Das werden wir gleich herausfinden«, sagte er und hämmerte gegen die Scheibe.

»Was machst du da?«, flüsterte June, weil es aussah, als wolle er mit seiner Faust die Scheibe zerschlagen.

»Ich klopfe!«

»Ja, das sehe ich, aber es gibt doch sicherlich eine Tür mit Öffnungszeiten.« Sie ging ein paar Schritte zur Seite und fand den Eingang. »Mist, seit einer Stunde geschlossen.«

June sah durch die verglaste Eingangstür hinein und hoffte, doch noch jemanden zu sehen, aber scheinbar waren die eingeschalteten Lampen für die Bilder gedacht.

»Da vorne ist ein Restaurant, ich schaue mal, ob das geöffnet hat.«

Während Nolan seine Lederjacke über den Kopf zog und zur Ecke rannte, entdeckte June ein wunderschönes Portrait in Schwarzweiß. Es zeigte eine ältere Frau, die ihre Augen geschlossen hielt und den Kopf nach oben neigte. Es wirkte so zeitlos und elegant. In dem Moment, als sie Nolan zu sich winken wollte, um es ihm zu zeigen, entdeckte sie ein weiteres Bild. Es war ein Abbild von einer jungen Frau, das sie in der Handbewegung erstarren ließ. Feine Strähnen wehten über ihre Wangen. Ihr Lächeln wirkte so glücklich, dass es June einen gewaltigen Stich im Herzen versetzte.

Phil hatte diesen Augenblick im Park genauso eingefangen und daraus ein Portrait gezeichnet. Es war eine verdrängte Erinnerung an Phil, mit der sie ausgerechnet jetzt konfrontiert wurde. Sie stolperte rückwärts den Bordstein hinunter. Der Regen prasselte auf sie ein wie die tausend Nadeln, die ihr Herz durchstachen. June sah sich in dem Moment, wie sie mit den Kirschblüten getanzt hatte, während Phil sie dabei gezeichnet hatte.

»Die haben leider auch schon geschlossen. Was ist, sind die Bilder so schrecklich?«, fragte Nolan, der eben zurückkam. Über die Fensterscheibe schaute er, was June wohl gesehen haben mag. »Also ich bin mir sicher, dass du im Alter viel weniger Falten haben wirst.«

Doch June bekam kein Wort heraus. Als er auf sie zuging und seine Hand nach ihr ausstreckte und sie wie durch Watte seine Stimme wahrnahm, löste sie sich aus der Starre und rannte los.

Der strömende Regen klatschte ihr ins Gesicht, das sie kaum Luft bekam. Sie atmete so schnell, dass ihr mit einem Mal schlecht wurde. Abrupt blieb sie mitten auf der Straße stehen. Alles, was sie die letzten Stunden zu sich genommen hatte, kam in einem Strahl aus ihr heraus.

»June!«, hörte sie Nolan hinter sich rufen. Die Stimme vermischte sich mit dem Rauschen des Regens. Die Tränen schossen aus ihr heraus und sie fing an zu schluchzen.

»Wieso musstest du betrunken in dein Auto steigen?«, rief sie und sah dem Regen zu, der eine Pfütze vor ihr bildete. Dann kam Nolan zu ihr und sie verstummte wieder.

»War wohl doch etwas zu viel Sekt.«

Ihre Haare schob er aus dem Gesicht und schaute sie besorgt an. Ein Gesichtsausdruck, der ihr noch mehr das Herz brach.

»Ich ...«, fing sie an, um es ihm zu erklären, doch sie fand nicht die passenden Worte. »Ich muss mich nochmal übergeben!« Sie beugte sich erneut vor.

»Oh man«, murmelte er und schüttelte seinen Schuh aus, der einen Spritzer abbekam.

June vergrub das Gesicht in ihren Händen und wollte sich am liebsten in Luft auflösen. »Das ist mir so peinlich!«

»Mir fällt gerade ein, was ich mir wegen deiner verlorenen Wette wünsche.«

»Neue Turnschuhe?«

Nolan schüttelte den Kopf. »Was hältst du davon, wenn wir zu mir fahren und ich uns etwas koche, damit du was Vernünftiges im Magen hast, statt nur Zuckerwatte?«

»Wenn das meine verlorene Wette sein soll, gehe ich mal davon aus, dass du nicht kochen kannst?«

»Das musst du schon selbst herausfinden.« Nolan stand auf und zog seine Lederjacke aus, um June vor dem Regen zu schützen. »Komm, lass uns von hier verschwinden.«

Mit jedem Schritt, den sie gemeinsam machten und sie sich immer weiter von der Galerie entfernten, ließen auch langsam die Nadelstiche in ihrem Herzen nach. Und mit jedem Atemzug, den sie nahm, löste sich die Enge in ihrem Hals.

»Danke, dass du für mich da bist«, flüsterte sie, als sie ins Auto stieg.

»Auf mich kannst du dich verlassen, June Summer«, antwortete er selbstsicher, als hätte er es schon immer getan und schloss die Beifahrertür.

Kapitel 15

Nolan

Bei ihm zu Hause angekommen, suchte er für June einen Pullover und eine Jogginghose heraus. Nachdem sie im Bad verschwunden war, zog er die Schlafzimmertür leise ran. Vor dem Spiegel des Kleiderschranks wechselte er sein Shirt und betrachtete die lange Narbe zwischen seiner Brust. Wie ein Brandmal, war er nach seinem letzten Wettkampf gezeichnet worden. Rasch zog er ein neues Shirt über, als er June im Flur hörte. Ihre tollpatschige und zuckersüße Art lenkte ihm vom Ernst seines Lebens ab. Nolan öffnete seine Schlafzimmertür und ging den langen schmalen Flur hinunter, der ins große Wohnzimmer führte. Doch als er sie weder dort noch in der offenen Küche entdeckte, wurde er stutzig. Ob sie sich weggeschlichen hatte? Nolan sah zur Garderobe. Ihre Jacke hing noch da.

»June?«, rief er und lief den Flur wieder zurück. Keine Antwort. Erst als er zum Badezimmer wollte, sah er, dass die Tür von seinem Trainingsraum offenstand. Er blieb davor stehen und beobachtete June, die sich in der Mitte des Zimmers befand und zum Boden schaute. Der Raum verkörperte seine Vergangenheit, die er mit einem Wutausbruch fast völlig zerstört hatte. Neben June lag der Sandsack, den er vom Haken gerissen hatte und der seitdem auf dem Fußboden versauerte. Die umgeworfene Sitzbank lag quer und die zerbrochenen Bilderrahmen bedeckten den größten Teil der Fläche.

June bückte sich und hob ein Bild auf. Die Scherben rieselten hinunter. Eine Sekunde später zuckten ihre Schultern zusammen, ein

Autsch folgte und der Bilderrahmen glitt ihr aus der Hand. Er fiel zurück in den Scherbenhaufen seiner Vergangenheit.

»Hast du dich verletzt?«, fragte er und eilte zu ihr.

Erschrocken fuhr sie herum. Ihr Gesicht war so bleich wie vorhin, als sie sich vor der Galerie übergeben hatte.

»Ich wollte mir das Bild anschauen und habe dabei in einen Glassplitter gefasst.«

»Zeig mal her.«

Sie öffnete vorsichtig die Hand, die den blutenden Zeigefinger abdrückte.

Erleichtert atmete er auf. »Ist zum Glück nur ein kleiner Schnitt, das kriegen wir mit einem Pflaster hin. Ich bin gleich wieder zurück und du bewegst dich bei den ganzen Scherben lieber nicht.«

Sein Badezimmerschrank quoll von Medikamenten über. Zwischen zwei Schachteln fand er ein Pflasterband. Er zog es heraus und riss ein Stück davon ab, dann eilte er zurück und sah, wie June in der Hocke auf ihn wartete. Inmitten der Scherben seines bisherigen Lebens.

»Okay, vielleicht ist es etwas zu lang geworden«, stellte er fest, als er das Pflaster umband und kaum noch ihren Zeigefinger sah.

»Wenigstens können wir sicher sein, dass die Blutung gestoppt wird«, meinte June und sah zu dem zersprungenen Bilderrahmen neben ihr. »Tut mir leid, ich hätte nicht ungefragt hier hineingehen sollen.«

»Ja, das hättest du tatsächlich nicht.«

»Bist du mir böse?« June setzte einen gespielten Schmollmund auf.

»Nein, nur hätte ich die Konfrontation mit diesem Raum gerne vermieden. Aber wer weiß, vielleicht sollte es so kommen, damit ich mich dem Ganzen endlich stelle.«

Nolan erhob sich und sah sich um. Hier hatte er früher mehr Zeit verbracht, als in seinem Wohnzimmer. »Ich bin ewig nicht mehr hier drin gewesen. Es hat sich bisher nicht richtig angefühlt.«

»Und wie fühlt es sich jetzt für dich an?«

Nolan war froh, dass sie ihm die Frage stellte und nicht seine Therapeutin Erin, die durch ihre dünne Brille jede Regung in seinem Gesicht ablesen würde.

»Ich weiß es ehrlich gesagt nicht. Es fühlt sich fremd an und zugleich bin ich wütend auf mich und auf das, was passiert ist.«

»Hmm«, murmelte June, die wieder zu dem Bild sah, an dem sie sich eben geschnitten hatte. »Ist das dein Vater?«

»Ja.«

»Ihr seht euch ähnlich. Die dunklen Augen und die Nase.«

»Die typische Boxernase kommt eher vom Nasenbruch. Wenn ich mich richtig erinnere, wurde seine mindestens zehnmal gebrochen. Deswegen sieht sie aus, wie ein plattgedrücktes Zelt. Aber er hat vor langer Zeit aufgehört und dann bin ich in seine Fußstapfen getreten.«

»Zehnmal? Das ist heftig. Und wie oft wurde deine Nase schon gebrochen?«

»Zu oft! An mein erstes Mal kann ich mich aber noch genau erinnern. Die Geschichte ist allerdings zu peinlich.«

»Ach, komm. Raus damit!« Sie legte endlich das Bild beiseite und sah ihn erwartungsvoll an.

»Niemand weiß davon, alle denken, dass ich sie mir bei einem Kampf gebrochen habe.«

»Was ja durchaus nachvollziehbar ist.«

»Eben. Nur ist es mir nicht im Ring passiert, sondern beim Schlittschuhlaufen.«

»Nein!«, gab June von sich und hing an seinen Lippen, als erzähle er ihr, dass es den Weihnachtsmann doch gab.

»Es kommt noch besser. Es war das erste Treffen der Eltern meiner damaligen Freundin. Die Mutter war professionelle Eiskunstläuferin. Der Vater war Richter und zu steif, um das Eis zu betreten. Ich dachte mir, was sollte schon passieren. Tja, kaum war ich auf dem Eis, bin ich weggerutscht und so blöd mit meinem Gesicht auf das Eis gelandet, dass meine Nase laut geknackt hat.«

Sie hielt ihre Hand vor ihren Mund. »Oh man, das klingt echt übel.«

»War es auch, und es war das letzte Mal, dass ich ihre Eltern gesehen habe.«

»War es Blair?«

»Nein, sie hieß Celine und war zu anständig für mich.«

»Ah, verstehe. Der Bad Boy liebt das Abenteuer und das brave Mädchen aus gutem Elternhaus passt nicht in seine Welt. Ich glaube, davon gibt es an die zweihundert Liebesfilme.«

»Ich wäre der perfekte Hauptdarsteller für diese Rolle gewesen.«

»Und wer bist du heute?«

Die Frage traf ihn unerwartet. Er fuhr durch seine Haare und wandte sich von ihr ab. »Das versuche ich gerade herauszufinden. Bisher fühle ich mich genauso zerstreut wie dieser Raum hier.«

»Und was ist mit deinem Vater? Hast du mit ihm mal darüber gesprochen?«

»Mir ist es egal, was er über mich und meine Zukunft denkt!« Nolan spannte augenblicklich seinen Körper an und trat mit seinem Fuß gegen den Sandsack.

»Du klingst wütend auf ihn.«

»Ich bin verdammt wütend, June! Das letzte Mal habe ich ihn im Krankenhaus gesehen und musste in sein enttäuschtes Gesicht blicken, als der Arzt meinte, dass ich an keinen Wettkämpfen mehr teilnehmen könnte.«

»Tut mir leid, ich wollte ...«

»Ja, alle wollen immer! Das trifft es! Ihn hat es nur interessiert, wie er zu Geld kommt. Dafür lässt er die Menschen gerne glauben, dass sie etwas Besonderes sind! Dabei hat er mich nach dem letzten Wettkampf nur gerettet, um sich selbst zu retten!«

Die Wut schoss wie ein Vulkan aus ihm heraus. Er musste dieses Brennen in seinem Herzen unbedingt loswerden. Nolan sah sich um, packte den Sandsack und schlug mit voller Wucht dagegen. Dann schnappte er sich das Bild, auf dem sein Vater zu sehen war und schleuderte es gegen die Wand.

»Nolan, bitte beruhige dich wieder. Es bringt doch nichts, wenn du …«

»Ich kann mich aber nicht beruhigen! Und weißt du warum? Weil er über mein Leben bestimmt hat, als ich es nicht konnte. Er ist dafür verantwortlich, dass ich jetzt dieses Leben führen muss! Ich kann nie wieder in den Ring steigen, verstehst du das? Ich habe diese ständigen Arztbesuche so satt! Oh, und erst die Tabletten, die mich jeden Tag daran erinnern, dass ich gescheitert bin. Und diese ganze Heuchelei, dass ich für meine zweite Chance im Leben dankbar sein soll, geht mir gewaltig auf die Nerven!«

»Warte mal, soll das heißen, du wärst ohne ihn an deinen Verletzungen gestorben?« Ihre Augen wurden von einem feuchten Film benetzt.

»Ja, und? Das heißt noch lange nicht, dass ich ihm etwas schuldig bin!« Nolan atmete tief durch und legte den Kopf in den Nacken. Erin hatte vollkommen recht. Er verlor bei dem Thema sofort die Kontrolle und das durfte in Junes Gegenwart nicht passieren. »Bitte entschuldige. Ich wollte nicht so ausrasten. Es ist dieser Raum hier mit meinen ganzen Erinnerungen, die mich dazu bringen.«

Er breitete seine Arme aus, um dem Raum die Schuld daran zu geben, dass er sich seit sechs Monaten so mies fühlte.

Und mitten in diesem Chaos saß June. Sein Kleeblattgrün.

Er beschloss, die Zeit, die er mit ihr hatte, nicht mit seiner alten Wunde zu verschwenden und hockte sich zu ihr hin. »Ich kann nicht oft genug sagen, wie unendlich froh ich bin, dass du in mein Leben getreten bist. Nur kommen manchmal diese Gedanken hoch, in denen ich lieber dem Tod ins Auge gesehen hätte, statt dieses Leben hier zu führen.«

»Sag sowas nicht.« Eine dicke Träne kullerte an ihrem wunderschönen Gesicht hinunter.

»Hey«, hauchte er und strich mit seiner Hand über ihre Wange, in die sie sich sanft schmiegte. »Wie du siehst, bin ich hier und mir geht es gut.«

»Ist das denn so?«, fragte sie. Ihre Hand wanderte dabei zu seiner Brust. Kurz bevor ihre Finger den Stoff seines schwarzen Shirts berührten, richtete er sich wieder auf.

»Ich will dich nicht in meine Probleme hineinziehen. Du hast doch gesehen, wie ich eben reagiert habe.«

June stand ebenfalls auf. »Und dennoch verstehe ich dich mehr, als jeder andere.«

Nolan neigte den Kopf zur Seite. »Du bist echt hartnäckig, June Summer.«

»Ich weiß. Womöglich bin ich als Kind doch zu oft in Pfützen gesprungen.«

Nolan nahm ihre Hand, führte sie unter seiner Kontrolle zu seinem Herzen und legte sie sanft auf. Ihre zarte Wärme strömte durch sein Shirt, direkt zu seiner Narbe, die er bisher verborgen hielt.

»Und spürst du schon die Heilkraft meiner Hände?«, fragte sie nach einem Moment der Stille.

»Wie machst du das? Ich fühle mich mit einem Mal so lebendig«, scherzte er und sah ihr tief in die Augen.

Ihre Nähe war beruhigend und beängstigend zugleich, denn sie war die erste Person seit seinem Unfall, die ihn im Herzen so sehr berührte.

»Kann ich dich etwas fragen?«

»Kommt ganz darauf an«, meinte June und lächelte verlegen.

»Als du von der Galerie weggerannt bist und dich übergeben musstest, was war da wirklich los?«

Ihre Hand glitt unter seiner hindurch, während sie seinem Blick auswich. »Wie vorhin schon gesagt, es war zu viel Sekt.«

»June, bitte. Du kannst es mir doch sagen. Ich meine, wir stehen hier im Scherbenhaufen meiner Vergangenheit.«

Sie sah zu Boden und wischte mit ihrem Fuß eine größere Scherbe beiseite. »Dort war so ein Bild, das mich an meinen besten Freund erinnert hat. Es hat mich so unerwartet getroffen, dass ich einfach nur fliehen wollte. Und von dem ganzen Schock wurde mir auch noch übel.«

»Vermisst du ihn sehr?«

Ihr Gesicht wurde schlagartig blass, als würde seine Frage all ihren Lebensmut aus ihr herausziehen.

»Jede Sekunde meines Lebens, auch wenn ich weiß, dass ich mir damit nur selbst schade.«

»Darf ich fragen, was zwischen euch passiert ist?«

»Es ist etwas komplizierter und nichts, was ich eben schnell erklären könnte.«

»Seit wann sind Beziehungen einfach?«, fragte er und hoffte, dass sie endlich mehr über ihren besten Freund erzählte.

»Da sagst du was«, war ihre Antwort, mit der er sich mal wieder zufriedengeben musste.

»Was hältst du davon, wenn ich mit meinem berühmten Gemüseauflauf anfange?«

In Ihren feuchten Augen funkelte eine Art Erleichterung.

»Klingt wirklich nach einer verlorenen Wette.«

»Oh, warte ab, bis du den Auflauf probiert hast. Dann denkst du, du hättest die Wette heute gewonnen!«

June schaute ein letztes Mal zu den Scherben, als wäre in ihr viel mehr zerbrochen, als er bisher vermutet hatte.

Kapitel 16

Nolan

Nolan schnitt das letzte Stück der roten Paprika in Scheiben und legte das Messer beiseite. Vor der langen Fensterfront seines Wohnzimmers stand June und sah hinaus in die Nacht, die von den Lichtern Londons erhellt wurde. Er wusch seine Hände, trocknete sie am Geschirrhandtuch ab und ging um die Kücheninsel herum.

»Hast du dich schon mal gefragt, was die Menschen da draußen für ein Leben führen, wenn du von hier oben aus herunter blickst? Ob sie glücklich oder traurig sind und wie ihr Tag wohl war?«

»Ehrlich gesagt interessiert mich nur eine Person und die ist zufällig hier.« Nolan ging auf sie zu und blieb neben ihr stehen.

June lächelte sanft, wandte ihren Blick aber nicht vom Fenster ab. Er wollte nicht die Geschichten von irgendwelchen Leuten hören, sondern wissen, wer dieses wunderschöne Geschöpf mit den kleeblattgrünen Augen war, das sein Leben so sehr auf den Kopf stellte.

Er wollte sie am liebsten in den Arm nehmen, über ihr Haar streicheln und behutsam einen Kuss auf ihre Stirn geben. Stattdessen vergrub er seine Hände in den Hosentaschen, doch die Sehnsucht nach ihrer Nähe blieb.

»Glaubst du an Gott?«, fragte sie völlig zusammenhanglos.

»So eine Glaubensfrage ist schwer zu beantworten«, warf er in den Raum, um Zeit zu schinden. Seit er erlebt hatte, wie die Menschen um ihn herum nach Macht gierten und mit Geld alles bekamen, was sie wollten, zweifelte er, ob es ihn überhaupt gab.

Nolan war sein eigener Beweis. Sein jetziges Leben verdankte er dem vielen Geld und dem bestechlichen Chefarzt einer Klinik.

»Glaubst du denn an Gott?«, stellte er die Gegenfrage.

»Ich bin mir nicht sicher«, flüsterte sie und strich eine Strähne hinter ihr Ohr. »Wenn es ihn geben würde, warum verhindert er nicht manches Leid und Schicksal? So wie deinen Unfall zum Beispiel?«

»Vielleicht hatte er an dem Tag frei«, witzelte er. Doch als er merkte, dass ihr nicht nach einem Scherz zumute war, sprach er weiter. »Oder ich war zur falschen Zeit am falschen Ort. Ich hätte es besser wissen müssen und nicht kämpfen sollen, weil mein Körper Ruhe gebraucht hätte. Und zu deiner Frage, ob es einen Gott gibt, stellt sich da nicht eher die Frage, warum der Mensch einen freien Willen bekommen hat, wenn er so leichtsinnig damit umgeht?«

»Und woher wissen wir, dass es der freie Wille ist, der uns zur falschen Zeit an den falschen Ort schickt?«

Er hatte das Gefühl, diese Glaubensfrage rückte sie immer weiter auseinander. Nolan strich über die verblasste Narbe an seinem Daumen. Seine Mutter hätte auf ihre Fragen sicherlich eine bessere Antwort, da sie regelmäßig zum Gottesdienst gegangen war, während er zu Hause lieber Muhammad Ali vergöttert hatte.

»Das wissen wir wohl erst hinterher, ob unsere Entscheidungen richtig oder falsch waren«, antwortete er schließlich. Er bemerkte, dass ihr Kinn anfing zu zittern, als sie etwas sagen wollte. »Hey, was ist denn los?«

Sie zögerte. »Mein … ich meinte, meine Oma starb an einem Schlaganfall, nachdem ich mich am Telefon mit ihr gestritten hatte. Ich werde das Gefühl nicht los, dass es meine Schuld ist.« Sie schaffte es kaum, den Satz zu beenden, da schluchzte sie auf.

»Wieso denkst du das? Du trägst ganz sicher nicht die Schuld dafür! Bitte hör auf, dich deswegen fertig zu machen.« Nolan drehte sie sanft zu sich und nahm sie endlich in den Arm. An seine Brust angelehnt, fing sie bitterlich an zu weinen. Er würde alles dafür tun, um ihr den Schmerz zu nehmen und drückte sie fester zu sich ran. Ihre Arme hielt sie schützend vor ihr Gesicht, als schäme sie sich für ihre Tränen.

Nach einem langen Augenblick neigte er den Kopf zur Seite und schaute in ihre traurigen Augen. »Deine Oma ist jetzt an einem wunderschönen Ort, an dem sie ihren Frieden gefunden hat.«

»Und was macht dich da so sicher?«

»Weil meine Mutter schon dort ist.«

Ihre Augen spiegelten jetzt so ein tiefes Mitgefühl aus, dass er ihrem Blick ausweichen musste.

»Das wusste ich nicht. Tut mir leid um deine Mama.« Und als wollte sie ihn trösten, schmiegte sie sich etwas mehr an sein Herz.

»Woher denn auch, ich habe es dir bisher ja nicht erzählt. Sie litt unter extremen Angststörungen. Manchmal ist sie tagelang nicht aus dem Haus gegangen, weil sie Angst hatte, verfolgt zu werden. Die Ärzte meinten, dass sie an einem Trauma aus ihrer Kindheit litt, welches sie nicht verarbeitet hatte. Ich kann dir gar nicht mehr aufzählen, wie oft wir den Krankenwagen rufen mussten, bis uns geraten wurde, sie in eine Klinik zu bringen, in der sie rund um die Uhr betreut wird. Es war eine furchtbare Zeit für uns alle.« Ein Bild flackerte vor ihm auf, in dem seine Mutter völlig geistesabwesend auf dem Bett saß. »Das war kein Leben mehr für sie. Ich habe es in ihren Augen gesehen. Sie hatte damit abgeschlossen und wartete auf eine Erlösung. Auf einen besseren Ort.« Nolan schluckte schwer, weil er sie damals nicht retten konnte.

»Das mit deiner Mutter tut mir von ganzem Herzen leid. Darf ich fragen, was passiert ist?«

»Die Tabletten, die ihr helfen sollten, ein besseres Leben zu führen, wurden zum Verhängnis. Sie nahm vor neun Jahren eine Überdosis Beruhigungstabletten, die sie wohl jeden Tag heimlich gesammelt hatte und sprang dann aus dem Fenster.«

June hielt sich die Hand vor dem Mund. »Das ist ja furchtbar. Wie bist du damit umgegangen?«

»Für mich brach eine Welt zusammen und trotzdem konnte ich sie verstehen. Die Klinik war kein Zuhause für sie. Mein Vater hat sich schon während ihres Aufenthalts in seine Arbeit gestürzt und ich habe es ihm nach einer kurzen Flucht in Alkohol und Drogen nachgemacht. Meine Mutter hatte ich zweimal die Woche besucht, je nachdem wie es ihr ging. Mit der Zeit habe ich verstanden, dass sie uns schon lange vor dem Klinikaufenthalt verlassen hatte.«

»Ich wüsste ehrlich gesagt nicht, wie ich damit umgegangen wäre. Umso mehr bewundere ich deine Stärke.«

Es war lange her, dass er mit jemandem über seine Mutter gesprochen hatte. Bis auf ein paar Sitzungen bei seiner Therapeutin Erin, gab es keine Person, die nach ihr fragte.

»Das Leben schützt uns nie vor solchen Erfahrungen, June. Die Frage ist vielmehr, wie wir damit umgehen, und darin bin ich bei weitem kein Vorbild. Ich muss irgendwie mit dem Ende meiner Muay Thai Karriere klarkommen, genauso wie du lernen musst, dir selbst zu vergeben.«

»Das ist gar nicht so leicht«, flüsterte sie.

»Wem sagst du das.«

Ein Moment der Stille kehrte ein, bis Junes Magen laut knurrte.

»Ich sehe das Mal als Startschuss mit dem Auflauf weiterzumachen.«

»Kann ich dir dabei helfen?«

»Nichts lieber als das.«

Gemeinsam gingen sie von der Fensterfront des Wohnzimmers zur Küche zurück. Und als würden sie beide durch eine unsichtbare Wand laufen, wechselten sie einfach so das Thema. Nolan wurde das Gefühl nicht los, dass hinter dem Vorfall mit ihrem besten Freund viel mehr stecken musste, denn sie reagierte bei ihm genauso tieftraurig wie bei der Geschichte ihrer Oma. Was Nolan zu der Frage führte, was wirklich mit ihm geschehen war.

»Wusstest du, dass in einer roten Paprika mehr Vitamin C steckt als in einer Zitrone?«, fragte June.

»Ist nicht wahr!«

»Sogar viermal so viel. Ich habe das letztens gelesen und seitdem liegt in meinem Kühlschrank immer eine rote Paprika.«

»Und wieso trinke ich dann Zitronentee?«

»Vielleicht weil Paprika im Tee nicht schmeckt?«

Er lachte auf, als sie die Küche erreichten. Nolan stellte sich vor das Schneidebrett. »Und zufälligerweise habe ich hier eine rote Paprika am Wickel!«

»Als hättest du es geahnt.« June mopste sich einen Streifen und schlenderte an ihm vorbei. »Apropos Vitamine, bist du so einer, der alles abwiegt und seine Werte ständig kontrolliert?«

»Wie kommst du auf sowas? Ich koche immer frei nach Schnauze.«

»Na wegen dem hier.«

Nolan sah auf. In ihrer Hand hielt sie das Blutdruckmessgerät, welches er heute früh auf dem Esstisch liegengelassen hatte. Er schob die geschnittenen Paprikastreifen in die Auflaufform und ließ sich mit der Antwort Zeit. »Ich hatte nie meine Werte gemessen, aber seit den Tabletten sackt mein Kreislauf schneller ab. Deswegen das Gerät. Neues Leben, neue Gewohnheiten.«

Sie legte das Blutdruckmessgerät wieder auf den Tisch und gab sich mit seiner Antwort scheinbar zufrieden.

»Du hast noch gar nichts zu meiner Wohnung gesagt. Wie gefällt sie dir?«

»Sie ist sehr ordentlich. Alles steht an seinem Platz und du hast sogar Desinfektionsflaschen im Bad und in der Küche stehen.«

Ihm schoss eine Idee durch den Kopf und er fragte sich, ob es nicht zu gewagt war. »Weißt du, wo es noch so ordentlich aussieht?«

»Im Hotel?«

»Sollte man meinen, aber da habe ich auch schon andere Erfahrungen gemacht.« Nolan fing an zu lachen. »Und besser könnte die Überleitung gar nicht sein. Was hältst du von einem Ausflug am Wochenende?«

June stützte ihre zarten Hände auf dem langen Esstisch ab. »Bin dabei. Wo geht es hin?«

»Ich habe eine kleine Hütte, zwei Stunden von hier entfernt, da könnten wir hin.«

»Du hast eine eigene Hütte?«

»Nur zur Miete. Nach meinem Krankenhausaufenthalt habe ich Zeit für mich gebraucht und die Hütte ist perfekt zum Entspannen. Wenn du Lust hast, können wir dort hinfahren.«

»Du meinst über das ganze Wochenende?«

Die Art, wie sie jetzt an ihrem Hinterkopf kratzte und ihre Augenbrauen hob, verriet ihm, worüber sie nachdachte.

»Du kannst Ruby ja fragen, ob sie mitkommen möchte. Es liegt mitten in der Natur und wir können dort spazieren gehen oder auf der Veranda sitzen«, ergänzte er rasch.

»Wenn du zufälligerweise einen Partyraum im Keller hast, ist Ruby mit Sicherheit dabei.«

»Zählt als Alternative ein Kamin im Wohnzimmer, vor dem wir eine heiße Schokolade trinken können?«

»Das könnte funktionieren.« Ihre Lippen bogen sich nach oben.

»Also fragst du Ruby?« Das Herz in seiner Brust pochte kräftiger gegen die Narbe, so dass er seine Hand aus Reflex auflegte.

»Stimmt was nicht?«, fragte sie mit besorgtem Blick.

»Ich bin nur so aufgeregt vor deiner Antwort«, scherzte er und senkte seine Hand wieder.

»Okay, ich frage sie. Aber eines solltest du wissen: Ruby ist wie eine aufgeladene Batterie, die nie zur Ruhe kommt.«

»Das stört mich nicht. Und nur, damit du es weißt, ich hätte sogar Franio in Kauf genommen, wenn du weiterhin gezögert hättest.«

»Ernsthaft? Ich stell mir gerade vor, wie wir eingekuschelt vor dem Kamin sitzen und zusammen Kakao schlürfen.«

»Oh Gott, ich nehme es sofort wieder zurück! Sonst denke ich die ganze Zeit, es ist dein Arm, den ich streichle, dabei ist es seiner!«

June lachte auf. »Deinen Blick hätte ich zu gerne gesehen.«

»Glaube mir, Franios Blick wäre noch besser!«

»Ich sehe Ruby am Sonntag, da frage ich sie.«

Nolan lächelte zufrieden, wobei ein leichtes Ziehen wieder durch sein Herz schoss. Er überspielte den Schmerz, der ihm signalisierte, dass er womöglich nicht mehr viel Zeit mit ihr verbringen konnte.

Kapitel 17

Der schrille Ton ihrer Klingel ertönte gleich mehrmals hintereinander. June schreckte von ihrer Schlafcouch hoch. Wieder klingelte es.

»Ich komme ja schon!« Sie schob ein Bein nach dem anderen auf den Boden, streckte sich und schlappte zur Tür. Dabei trat sie im Halbschlaf auf eine Spielmaus von ihrer Katze, die aufquiekte. June fluchte, als sie zur Gegensprechanlage humpelte. Sie drückte die Taste für den Hauseingang so lange durch, bis sie unten die Eingangstür ins Schloss fallen hörte. Das Vorhängeschloss schob sie vom Riegel und öffnete die Wohnungstür. Ruby, die mit einer gerissenen Papiertüte in den Armen die Treppe hoch stapfte, schaute sie entnervt an.

»Bist du auf dem Weg zur Tür eingeschlafen?«

»So ähnlich, ich bin eben auf der Couch weggenickt. Warte, ich helfe dir.« June kam ihr die letzten Schritte entgegen und nahm ihr die Tüte ab.

»Waren das schon immer so viele Stufen?« Ruby schnaubte und hielt sich am Geländer fest.

»Die Treppe ist dieselbe. Vielleicht liegt es daran, dass du gestern Nacht wieder zu viel geraucht hast?«, warf June als kleine Erinnerung ein, dass ihre Freundin endlich mit dem Rauchen aufhören sollte.

»Erinnere mich bitte nicht an gestern, im *Hyperdrive* war die Hölle los! Das hätte ich ohne meine Zigarettenpausen niemals überlebt. Außerdem würde es keinen Sinn machen jetzt aufzuhören.«

»Weil?«

»Bald Weihnachten ist und ich die Pfunde sonst doppelt draufhabe? Wenn ich jetzt mit dem Rauchen aufhöre, fresse ich wie ein

Schwein und das bedeutet, ich müsste zum Neujahr gleich doppelt so viel abnehmen!«

»Aber bis Weihnachten sind es doch noch ein paar Monate.«

»Na eben! Und bis dahin hätte ich so viel auf den Rippen, dass die Diät länger dauern würde und noch qualvoller wäre, weil ich nicht mehr rauche!«

»Okay, das ist wieder so eine Ruby-Theorie, die ich nicht verstehe.« June stellte die Tüte auf der Küchenzeile ab. In der Zeit schnürte Ruby ihre Boots auf und warf sie in den Flur. »Popcorn, Nachos mit Käse und Gummibärchen«, zählte June auf, während sie auspackte. »Eine Flasche Sekt, zwei Energydrinks und ...« June konnte ihren Augen kaum trauen, als sie den eiskalten Becher herausnahm. »Cookies & Cream im XL-Becher? Seit wann gibt es die wieder?«

»Das war übrigens der Letzte! Jetzt weißt du auch, warum ich wie eine Irre geklingelt habe.«

»Wenn ich gewusst hätte, dass du einen XL-Becher mitbringst, hätte ich dir unten sogar die Tür aufgehalten.« June grinste bis über beide Ohren und breitete die Arme aus, um Ruby zu drücken.

»Ich habe noch eine Überraschung für dich! Ich muss heute erst um neun Uhr im *Hyperdrive* sein. Das heißt, wir schaffen locker zwei Filme!«

»Perfekt! Kann ich den Ersten aussuchen?«

»Klar. Ach, und wo wir gerade von Filmen sprechen, wie läuft es denn mit dem Mai-Thai-Boxer?«

June löste sich aus der Umarmung und hob fraglich ihre Augenbraue. »Es heißt Muay Thai.«

»Muay oder Mai, wen interessiert es? Beides ist saugeil.«

»Okay, wenn ich das, was ich dir gleich erzählen will, mit einem Drink vergleichen müsste, käme eher ein Chai Latte bei raus.«

Ruby neigte ihren Kopf, dabei hingen ihre blonden Korkenzieherlocken an der Seite herunter. »Ihr hattet immer noch keinen Sex?«

»Ähm, nein?« June stellte die Eiscreme in den Tiefkühler. Am liebsten hätte sie ihren Kopf bei der Frage ebenfalls abgekühlt.

»Geküsst?«

»Zählt ein Handkuss zum Abschied?«

»Ein was? Das ist ja dann eher eine lauwarme Milch und kein Chai Latte. Da ist wenigstens noch etwas Würze mit drin.« Ihre rot nachgezogenen Lippen bogen sich frech nach oben.

»Hast du schon eine Idee, welchen Film du gucken willst?«, lenkte June ab.

»Vergiss es«, warf Ruby ein und schnappte sich den Sekt. Sie löste die Folie ab und ruckelte am Korken. »Den hier habe ich extra für dich geholt, damit du etwas lockerer wirst, wenn ich dieses blöde Ding mal aufbekomme. Der ist ja sowas von verklemmt. Irgendwie erinnert er mich da an jemanden«, meinte Ruby und zwinkerte ihr zu.

»Möglicherweise braucht es nur die richtige Technik, damit der Korken sich entspannt«, erwiderte June und holte aus der Schublade einen Korkenzieher heraus.

»Na, das wollen wir doch gleich mal sehen.« Ruby nahm ihn entgegen und hielt ihn demonstrativ an Junes Hintern. »Das wird wohl nichts. Dafür brauche ich schon einen Baustellenkran, um deinen Korken zu lockern.«

»Hey! Du weißt doch noch gar nicht, was ich dir erzählen will.« June drehte sich lachend mit dem Rücken zur Schublade. »Und jetzt nimm dieses Schraubteil von mir und öffne endlich den Sekt.«

»Und ob ich das weiß, mir reicht euer Handkuss schon aus, um bei deiner Geschichte einzuschlafen.«

»Okay, Miss Unwiderstehlich, was hast du denn gedacht, wie unser Freitagabend im London Eye abgelaufen ist?«

Ruby drehte kurz am Korken herum, bis er mit einem Plopp nachgab. »So sollte sich ein Korken lösen! Einfach und schnell, so wie ein Date.«

»Wir hatten kein Date, er hat sich bloß eine Überraschung für mich ausgedacht.«

»Süße! So läuft das heutzutage. Ihr macht eine Uhrzeit aus und der Mann plant den Abend, um dich zu beeindrucken. Und da ist es egal, wie man es nennt. Also meine Vorstellung von eurem *Treffen* war wie folgt …« Ruby nahm die ganze Küche für sich ein, als sie mit ihren Händen gestikulierte. Ein richtiges Puppentheater und June war ausgerechnet die Attraktion darin. »Ihr seid zusammen in die Höhe gestiegen, was eure Hormone ordentlich durchgerüttelt hat. Das Licht vom London Eye springt plötzlich an, er kommt auf dich zu, zieht dich zu sich heran und sagt: Du bist die Eine für mich, June. Ich habe mein Leben lang auf dich gewartet. Seine Lippen presst er stürmisch auf deine und seine Zunge spielt in deinem Mund Gitarre, die dich förmlich zum Explodieren bringt und als er …«

»Okay, hör bitte auf!«, gab June sich geschlagen und hob ihre Hand.

Ruby sah sie entrüstet an, als sie ihren Kussmund wieder lockerte. »Hey! Du hast gerade den Hauptakt versaut.«

»Du meinst, den Part, in der du deine eigene Hand küssen wolltest?«

»Das nennt man Improvisation!«

»Alles klar, du Superstar, lass uns auf die Couch gehen und ich erzähle dir meine Version der Geschichte.«

****

Die Bettdecke verstaute June unten im Bettkasten, strich nochmal über das Polster und klopfte die Kissen in Form, bevor Ruby sich beschwingt hineinfallen ließ.

»Am besten, du fängst direkt beim Höhepunkt des London Eye an, weil alles andere davor Kinderkram ist«, wies Ruby sie an und reichte ihr das Glas.

Ihre Sektgläser klirrten aneinander, was Junes Startschuss sein sollte. Ruby hörte ihr aufmerksam zu, obwohl June etwas ausholte und davon erzählte, wie er ihre Augen zugehalten hatte, damit sie das London Eye nicht entdeckte. Sie beschrieb die Gefühlsachterbahn in der Kapsel, den kurzen Zwischenstopp beim Zuckerwattestand und ihren endgültigen Tiefpunkt vor der Galerie, als ein Bild sie an den Nachmittag im Park erinnerte und sie sich übergeben musste.

»Na wenigstens hast du nicht im London Eye gekotzt. Das wäre echt eine üble Fahrt geworden. Im wahrsten Sinne des Wortes!« Ruby lachte auf und schenkte ihnen Sekt nach.

Das Prickelwasser holte allmählich die Erinnerungen vom Freitagabend hervor. »Wäre das dort passiert, hätte ich die Scheibe eingeschlagen und wäre direkt in die Themse gesprungen.« June stellte ihr Sektglas ab. »Nur dieses Portrait in der Galerie, es sah so aus wie die Zeichnung von Phil, als hätte es jemand aus meiner Wohnung geklaut und dort aufgehängt. Das hat mich in dem Moment völlig überrollt und ich wollte nur noch weg.«

»Und wie hat Nolan darauf reagiert?«

Verlegen sah June zu ihrem Glas, in dem die feinen Luftbläschen an die Oberfläche perlten, so wie ihre Erinnerungen an Phil. »Ich habe es auf den Sekt geschoben.«

»Und das hat er dir geglaubt?«

»Zumindest bis wir bei ihm waren, da hat er es nochmal angesprochen.«

»Nein! Du warst bei ihm?« Ruby setzte sich aufrecht hin und nahm einen großen Schluck, als wenn sie mit diesem Teil der Geschichte niemals gerechnet hätte. »Erzähl! Wie sieht sein Schlafzimmer aus? Ich wette, er hat so ein Kingsize-Bett, auf dem ihr euch hin und her wälzen könnt.«

»Also erstens habe ich keine Ahnung, wie sein Schlafzimmer aussieht, weil er es mir nicht gezeigt hat, und zweitens, wie kommst du auf ein Kingsize-Bett?«

Sie wedelte mit der Hand in der Luft herum. »Ach, das war nur so dahergesagt, du weißt schon: Großer Mann, großes Bett, wenn du verstehst, was ich meine. Egal, erzähl mir lieber, wie es mit euch weiterging.«

»Ich habe seinen Trainingsraum gesehen. Der sah total verwüstet aus.«

»Uh, da kommen wir der Sache schon näher!«

»Der ganze Boden war mit Glasscherben bedeckt, weil er die Bilderrahmen von der Wand geschlagen hatte. Die Sitzbank war umgeworfen und der Sandsack lag auf dem Boden. Mir ist ein Bild von ihm und seinem Vater aufgefallen und als ich es aufheben wollte, habe ich mich blöderweise daran geschnitten.« Sie hielt ihren verarzteten Zeigefinger hoch.

»Und sieht sein Vater auch so gut aus?«

»Auf keinen Fall, aber er hat die gleiche finstere Miene wie Nolan, wenn er sich anspannt.«

»Tja, der Apfel fällt nicht weit vom Stamm, oder? Ich meine, so wie Franio ihn beschrieben hat, will ich mit ihm auch nicht um einen Sitzplatz streiten.«

»Franio übertreibt gerne mal«, wiegelte June den Vorfall im Café ab. »Nolan hat für mich sogar einen Gemüseauflauf gezaubert, weil ich kaum etwas gegessen hatte, und ich kann dir eins verraten: Er kocht grandios!«

»Und trotz seines Balztanzes gab es nicht mal einen Kuss? Oh man, der Arme kann einem echt leidtun.«

June kniff ihr in den Oberschenkel. »Ey, das ist nicht fair! Erstens weiß er, dass wir keine Dates haben, und zweitens hat er keinen Versuch gestartet.«

»Das glaube ich dir nicht«, entgegnete ihre Freundin, als hätte sie die beiden die ganze Zeit beobachtet.

»Möglicherweise gab es so einen Moment beim Abschied, aber dann hat mich eine gewisse Person dreimal hintereinander angerufen.«

»Ich habe mir eben Sorgen gemacht. Ich konnte ja nicht ahnen, dass ihr wie zwei Teenager stundenlang im Auto rumhängt, weil keiner den ersten Schritt wagt.«

June kräuselte ihre Stirn, da Ruby die Situation völlig anders darstellte. »Okay, ich mag ihn, aber das bedeutet nicht, dass ich mich sofort auf ihn stürze. Er hat mir an dem Abend einiges von sich erzählt, was ich total mutig fand. Mit ihm fühle ich mich so verbunden, als wenn wir uns schon ewig kennen würden.« Sie lehnte sich nach hinten. »Ich kann es nicht beschreiben. Es ist, als würden wir ein Schicksal teilen und er mein fehlendes Puzzleteil ist, um mich zu heilen.«

»Es ist toll, dass du jemanden gefunden hast, dem es genauso geht wie dir. Sowas ist echt selten.« Ruby griff nach der Fernbedienung, die auf dem Couchtisch lag und schaltete den Fernseher ein.

»Wie und das war's? Kein weiterer Einwand?«, fragte June verwundert.

»Wir wollten doch heute zwei Filme schaffen, stimmt's?«

June nahm ihr die Fernbedienung aus der Hand und schaltete den Fernseher wieder aus. »Warte mal, ich komme nicht ganz mit. Eben hast du mich nach seinem Kingsize-Bett gefragt und jetzt, wo ich sage, ich fühle mich mit ihm verbunden, ist das Thema für dich beendet?«

Ruby stöhnte auf. »Okay, ich sage dir das als Freundin und aus voller Liebe: Du kannst so nicht weitermachen!«

June setzte sich aufrecht hin und schluckte schwer. »Weitermachen mit was?«

»Den ganzen Zirkus! Dass du alles von dir schiebst und immer nur das erzählst, was andere von dir hören wollen. Die witzige und verlegene June, aber bloß nicht die June, die vor sechs Monaten hier auf dieser Couch saß und ihre Seele ausgeheult hat wegen Phil.«

Für einen Moment, der June wie eine Ewigkeit vorkam, herrschte so eine Stille im Raum, dass sie ihre Katze leise schnurren hörte. June konnte einfach nicht glauben, was ihre beste Freundin von sich gab.

»Also wäre es dir lieber, wenn ich weiterhin ein Häufchen Elend bin?«

»Das habe ich nicht gesagt.«

June stand auf und fuhr sich durch ihre welligen Haare. »Komisch, weil genau das bei mir ankam. Was erwartest du von mir? Dass ich jedem von meinem Leid erzähle? Und in die Welt herausschreie, dass ich der Grund war, warum Phil gestorben ist? Dass ich so naiv gewesen bin, mich in meinen besten Freund zu verlieben und zu feige war, es ihm persönlich zu sagen? Stattdessen habe ich es ihm am Telefon vorgehalten, obwohl ich wusste, dass es der falsche Zeitpunkt war?«

Ihre Stimme zitterte mit jedem Wort. Ihre eigene Schuld laut auszusprechen war wie ein Pflaster, dass heftig von einer pochenden Wunde abgerissen wurde.

»Nein June, ich rede davon, dass du mir allen Ernstes erzählen willst, dass ihr ein Schicksal teilt und du dich deshalb mit ihm so verbunden fühlst. Mich macht das eher nachdenklich. Denn wenn ich mich recht erinnere, habt ihr seine Ex-Freundin beim Thailänder quicklebendig gesehen!«

June lief aufgebracht am Couchtisch auf und ab. Dann fand sie eine logische Erklärung für Rubys Verhalten und kam mit erhobenem Finger auf sie zu. »Nur weil dich dein Date abserviert hat und du es nicht ertragen kannst, dass es mir mit Nolan gutgeht, musst du noch lange nicht so austeilen!«

Ruby stand ebenfalls auf und stemmte die Hände in die Hüfte. »Um mich geht es überhaupt nicht! Nolan denkt die ganze Zeit, dass du keinen Kontakt mehr zu deinem besten Freund hast, oder liege ich da falsch? Wie viele Ausreden willst du noch erfinden, wenn dich etwas an Phil erinnert? Du kannst nicht ewig davor weglaufen, weil du am Ende immer vor dir selbst wegläufst!«

»Kaum zu fassen, dass ausgerechnet du mir das vorwirfst. Du triffst dich mit einem Mann ja nur einmal und dann war es das für dich. Oh, es sprang kein Funke über oder er hatte schiefe Zähne, also scheiß auf den Typen!« June spürte die heißen Tränen, die an ihren Wangen hinunterliefen.

»Denkst du wirklich, ich gönne dir dein Glück nicht? Entschuldige, aber wer war die ganzen letzten Monate für dich da, hmm? Soll ich dich lieber in Watte packen und deine Selbstlügen unterstützen? Sorry, aber da solltest du mich besser kennen.«

June wandte den Blick von ihr ab. Was Ruby keineswegs davon abhielt, einen weiteren Paukenschlag herauszuhauen. »Wenn du so überzeugt bist, dass Nolan dein Puzzleteil zur Heilung ist, dann beantworte mir eine Frage!«

»Lass es doch einfach gut sein, ja.«

»Hast du Phils Portrait wieder aufgehängt? Hast du seine letzte Nachricht von deinem Anrufbeantworter gelöscht oder die verzweifelten SMS auf deinem Handy? Hast du dir in der Zeit ein Bild von Phil angesehen? Wenn ja, Hut ab für Nolan, dass er es geschafft hat. Dann hat er wahrhaftig etwas bei dir bewirkt.«

Zwar trennte sie nur der kleine Couchtisch, doch June kam es vor, als würde zwischen ihnen ein ganzer Ozean liegen und die Wellen tobten darin, dass es sie immer weiter auseinanderbrachte.

»Warum knallst du mir das alles an den Kopf? Hast du eine Vorstellung, wie sehr du mich damit verletzt?«

Eine Gänsehaut fuhr über Junes Arme, während Ruby unbeirrt fortfuhr.

»Nein, meine Liebe, du bist es, die sich immer mehr verletzt und nicht nur sich selbst etwas vormacht, sondern auch Nolan. Natürlich freue ich mich für dich, aber es ist der falsche Weg, wenn du dabei nicht ehrlich zu dir bist. Irgendwann kommst du aus deinem Lügenkarussell nicht mehr raus und es wird dich früher oder später komplett aus der Bahn werfen.«

»Du hast keine Ahnung, was ich in letzter Zeit alles durchmachen musste. Alleine die Challenge bringt mich schon genug an meine Grenzen, aber das siehst du ja nicht!«

»Und ob ich das sehe. Deswegen mache ich mir ja Sorgen um dich!«

»Du warst doch nach dem Tod deines Vaters genauso, wenn ich mich recht erinnere. Bloß nicht darauf ansprechen, weil es nichts zu bereden gibt und ein Bild von deinem Vater habe ich auch nie gesehen. Aber ich soll Nolan, den ich erst ein paar Tage kenne, gleich vom schlimmsten Moment meines Lebens erzählen? Weißt du noch, wie ich reagiert habe, als du nicht über den Tod deines Vaters reden wolltest?« June tippte mit dem Zeigefinger mehrmals auf ihre Brust, um zu verdeutlichen, was sie jetzt sagen wollte. »Ich habe es akzeptiert und kein einziges Mal in Frage gestellt. Also verrate mir, wieso meine Art zu trauern, nicht okay sein sollte, wenn es dieselbe Art ist, wie bei dir damals.«

Ruby versteifte sich. Ihre Augen waren starr auf June gerichtet, als wenn sich die Worte in ihr verfestigten. Selbst ihr knallroter Lippenstift schien mit einem Mal zu verblassen. »Ich hoffe, du fühlst dich jetzt besser. Obwohl es mir eher zeigt, dass du noch lange nicht darüber hinweg bist.« Sie schnappte ihre Handtasche, schlüpfte in ihre Boots und stapfte entschlossen zur Tür.

»Ja wunderbar, hau ruhig ab. Wie jedes Mal, wenn es dir zu viel wird. Das machst du doch in jeder Beziehung. Du lässt keinen an dich ran. Und vor allem …« June lief ihr ein paar Schritte hinterher. »Du darfst austeilen, aber wehe, jemand sagt dir mal die Meinung. Ich meinte es damals auch nur gut mit dir!«

Bevor Ruby nach der Türklinke griff, hielt sie inne, schaute über die Schulter zu June und drehte sich schließlich um. Sie sah Ruby zum ersten Mal mit wässrigen Augen. Sofort überkam sie ein schlechtes Gewissen, aber beide befanden sich in ihrem Graben der Verteidigung, in dem keiner mehr ungeschoren davonkam.

»Du weißt ganz genau, dass ich mit meinem Vater ein schwieriges Verhältnis hatte und dass du es jetzt als Argument anbringst, nur weil dich deine Lügen in eine Zwickmühle bringen, geht eindeutig zu weit!«

»Hast du mal daran gedacht, dass ich mich mit Nolan treffe, weil ich ihn gernhabe und nicht, weil er mich ablenken soll?«

»Ist das ein Unterschied?«

»Für mich schon.«

Zu ihrer Verwunderung lief Ruby ein paar Schritte auf sie zu. Allerdings waren es keine versöhnlichen Schritte, sondern eher solche wie kurz vor einem Angriffssprung. »Ich sag dir jetzt mal was. Über meinen Vater habe ich aus gutem Grund nicht gesprochen. Du willst wissen, warum? Weil ich ehrlich gesagt froh bin, dass er gegangen ist. Klingt hart, nicht wahr?«

June schluckte schwer, da sie mit solch einer Aussage nicht gerechnet hatte.

»Er hat all unser Geld verspielt, bis er sich zur Krönung totgesoffen hat. Es war seine verdammte Entscheidung, June! Ihm war es völlig egal, was aus uns wird. Meine Mutter zahlt immer noch die Schulden ab und schuftet sich mit zwei Jobs fast selbst zu Tode. Warum soll ich diesem Mann hinterher heulen? Er war für mich nie ein guter Vater und er war ein furchtbarer Ehemann für meine Mutter! Also komm mir nie wieder auf die Tour, wenn du nicht die ganze Geschichte kennst!«

»Ruby, es tut mir so leid, was ich gesagt habe, dass ...«

»Du kannst Himmel nicht mit Hölle vergleichen. Für mich war es die Hölle, als er lebte.«

»Ich wollte nicht, dass wir uns streiten.«

Jetzt war June es, die mit versöhnlichen Schritten auf sie zuging, doch Ruby schüttelte den Kopf. Sie machte auf ihren Boots kehrt und riss die Tür auf.

»Dafür ist es jetzt zu spät. Außerdem bin ich damals weder weggerannt, noch habe ich meine Gefühle verleugnet. Ich hatte einfach damit abgeschlossen und das rate ich dir auch! Ach, und das nächste Mal überlege dir vorher, was du mir an den Kopf wirfst. Denn eins habe ich in den Jahren von meinem Vater gelernt. Manchmal ist es besser, die Klappe zu halten, bevor man dadurch alles zerstört.«

Ruby schlug so heftig die Tür zu, dass ihr Spiegel im Flur wackelte. June eilte noch hinterher, senkte aber ihre Hand wieder, ehe sie zur Türklinke griff.

Keine Worte der Welt würden es jetzt schaffen, diesen Moment ungeschehen zu machen oder sie zu besänftigen, also ließ sie Ruby ziehen. Vor dem Spiegel blieb June stehen und schaute hinein. Ihre Augen waren gerötet, ihre Wangen glühten von den Worten, die sie sich gegenseitig an den Kopf geworfen hatten. Sie erkannte sich selbst kaum wieder.

Das war ihr erster großer Streit mit Ruby in den drei Jahren, die sie sich nun kannten, und es fühlte sich an, als hätte sie durch ihre unkontrollierten Gefühle einen weiteren geliebten Menschen verloren.

Kapitel 18

Jede Dunkelheit bringt zugleich die Hoffnung mit sich, sein eigenes Licht zu finden.

So lautete ein Zitat, das an ihrem Kühlschrank mit einem Werbemagneten ihrer Firma hing. June hatte diesen Satz in den Zeilen endloser Trauersprüche entdeckt und fand bis heute kein Licht, das ihr aus all dem Schmerz heraushalf. Sie riss das Zitat ab, zerknüllte es und schmiss es im hohen Bogen in den Mülleimer.

Ihren erschöpften Körper schleppte sie zurück zur Couch, auf der alles angefangen hatte. Der Abdruck von Rubys knallrotem Lippenstift klebte noch an ihrem Sektglas und die Popcorntüte lag unberührt auf dem Couchtisch. Die bunten Kissen warf sie von der Couch und kramte ihre Bettdecke aus dem Bettkasten hervor. Sie legte sich hin und starrte zur kahlen Decke, die ihren inneren Zustand widerspiegelte. Sie fühlte sich vollkommen leer, zudem war es unangenehm still in ihrer Wohnung. Das einzige Geräusch, welches diesem verlassenen Schlachtfeld etwas Leben einhauchte, kam von der Toilette. Happy scharrte Katzenstreu von einer Ecke des Katzenklos in die andere.

Eine weitere Stunde verging, ohne dass June sich rührte. Nur ihre Gedanken kreisten immer wieder um den Streit mit Ruby. Genervt von ihrem inneren Monolog, der zu keiner Lösung führte, sondern sie nur tiefer in ihre Zweifel sinken ließ, schaltete sie den Fernseher ein und füllte ihr Sektglas auf. Nachdem der Alkohol ihre Gedanken einigermaßen benebelt hatte und sie endlich zur Ruhe kam, vibrierte ihr Handy auf dem Couchtisch. Es war Nolan, der nachfragte, ob Ruby beim Ausflug dabei wäre. June stöhnte auf. Das Wochenende auf der

Hütte hatte sie völlig vergessen. Was sollte sie ihm antworten? In seiner Vorstellung schauten sie beide den zweiten Film und sie hatte Ruby längst davon überzeugt, einem Wochenendtrip zuzustimmen. Stattdessen hatte Ruby ihr an den Kopf geworfen, dass es ein Fehler wäre, weiterhin so zu tun, als wenn Phil in Nolans Gegenwart nicht existierte.

Da sie keine Ahnung hatte, was sie ihm schreiben sollte, entschied sie sich, ihm später zu antworten. Vielleicht löste ein kleines Nickerchen ihre Probleme. Sie zog die Bettdecke hoch und legte sich auf den Rücken. Doch nach wenigen Minuten fühlte sich die Decke auf ihrer Brust an wie Beton, so dass June sie wieder von sich schob. An Schlaf war keinesfalls zu denken. Dafür kam ihr vom Alkohol benebelter Verstand auf eine ganz andere Idee. Sie schnappte sich die Sektflasche, stand auf und schlappte in den Flur zur Kommode. Sie setzte sich auf den Boden und nahm einen kräftigen Schluck. Ihre Finger zitterten, als sie den Knopf der Kommode berührte und langsam die unterste Schublade aufzog. Happy kam schnurrend zu ihr und beobachtete ihre Bewegung. Alles in ihr sträubte sich, diesen Schritt zu machen, aber in einem Punkt musste sie Ruby zustimmen: Sie lenkte sich permanent ab, um nicht tiefer blicken zu müssen, aus Angst sie könnte daran kaputt gehen.

Sie holte den Anrufbeantworter ihres Festnetztelefons heraus, das sie seit dem Unfall nicht mehr genutzt hatte. Das Kabel entwirrte sie und steckte es in die Steckdose. Die Anzeige blinkte rot auf. Auf der Bandansage leuchtete die Zahl eins. Es war das letzte Lebenszeichen von Phil, kurz bevor er starb. Ihre Finger schwebten über der Wiederholungstaste. Ihre Schultern zog sie hoch und hielt die Luft an. Plötzlich war sie sich nicht mehr sicher, ob sie es schaffen würde. Was, wenn sie wieder zusammenbrach und von vorne anfangen musste? Doch dann dachte sie an Nolan und wie mutig er in der Lagerhalle gewesen war, sich seinen Ängsten zu stellen. June legte den Anrufbeantworter in ihren Schoß und sah zu der Taste, die sie innerhalb einer Sekunde wieder in die Vergangenheit hineinsaugen konnte. Es erinnerte sie an jene Nacht, in der sie aus dem Bett gesprungen, mit dem Zeh gegen das Bein vom Couchtisch gestoßen und zum Telefon gehumpelt war, während Phil auf ihren Anrufbeantworter sprach.

In dem Moment bewegte sich das Kabel. June hob ihre Hände und wunderte sich, warum sich die Schnur immer noch regte. Es war, als würde jemand daran ziehen.

»Was zum…« Sie beugte sich vor und sah neben der geöffneten Schublade Happy, die sich auf dem Boden rollte und mit ihren spitzen Zähnen hineinbiss.

»Hey, hör sofort auf damit, du machst das noch kaputt!« Mit einer energischen Handbewegung scheuchte sie ihre Katze weg, während der Anrufbeantworter unerwartet ansprang.

Der schrille Piepton ließ sie in der Bewegung erstarren.

Sie haben eine gespeicherte Nachricht vom 06. März um 01:08 Uhr:

»Ich bin es. Hör mal, es tut mir leid, wie ich eben reagiert habe. Mir war nur nicht klar, dass du so für mich empfindest.« Phil machte eine kurze Pause, dann atmete er laut aus. *»Ach, verdammt, June! Manchmal ist das Leben komplizierter, als es sein sollte, oder?«*

Seine Stimme klang so vertraut, dass die Leere in ihrem Herzen plötzlich einen Funken Hoffnung fand, auch wenn sie wusste, dass diese Nachricht von damals war und er nie wieder auf ihren Anrufbeantworter sprechen würde.

»Diese Frau vorhin im Hintergrund ist nur eine Freundin. Wir waren mit mehreren Leuten da und du weißt ja, wie das ist, wenn viel getrunken wird. Die Frauen wollen immer mit mir tanzen. Frag Ruby, sie stand hinter der Bar.«

Heute hörte sie sogar den Regen gegen die Scheibe prasseln. June fuhr über ihr Gesicht und senkte ihren Blick. Damals war diese Frau der Auslöser, warum sie ihm aus brodelnder Eifersucht ihre Gefühle gestanden hatte. Die längere Pause auf dem Anrufbeantworter führte dazu, dass sich June fragte, wann sie sich in ihren besten Freund verliebt hatte. Nach seiner Geburtstagsfeier hatte Phil sie gebeten, bei ihm zu übernachten, weil er die Nacht nicht alleine sein wollte. Arm in Arm waren sie eingeschlafen, während seine Wärme ihren Rücken eingehüllt hatte. Diesen Moment würde sie niemals vergessen. Er war der Beginn, als ihre freundschaftlichen Gefühle neue Knospen entwickelt hatten. Am nächsten Morgen war sie früh aufgestanden und hatte Pancakes für ihn zum Frühstück gemacht. Doch die Realität holte June schnell ein, da sie bemerkte, dass sie mit ihren frisch erblühten Gefühlen alleine dastand. Phil hatte sich immer mehr von ihr distanziert, verbrachte die Wochenenden vermehrt ohne sie und war nur noch kurz angebunden.

»Ich habe mich in letzter Zeit weniger bei dir gemeldet, weil ich über einiges nachdenken musste«, sprach er weiter auf die Bandansage. So oft hatte sie an dieser Stelle Stopp gedrückt, zurückgespult und seinem kaum hörbaren Seufzer gelauscht. *»Das ist doch alles verrückt! So wie ich dich kenne, stehst du neben dem Anrufbeantworter und fragst dich, was das ganze Gestammel hier soll. Ehrlich gesagt, weiß ich es auch nicht, außer, dass ich dich als Freundin nicht verlieren will! Wem soll ich denn sonst auf die Nerven gehen, wenn nicht dir?«*

Es klapperte laut in der Leitung. June zuckte zusammen, weil sie wusste, was kurz darauf passieren würde.

»Pass auf, ich bin auf dem Weg zu dir. Mein Handy ist eben runtergefallen. Es ist irgendwo unter dem Sitz und …« Das waren die letzten Worte, ehe ein Piepen das Ende der Bandansage einläutete.

Es waren *seine* letzten Worte.

Kurz nach der Ansage raste er über die Ampel und beim Ausweichen eines anderen Autos war er gegen eine Laterne geprallt.

Was, wenn er nach seinem Handy gesucht hatte und deswegen die Ampel übersah? Die Begründung hieß damals Trunkenheit am Steuer, doch sie kannten nicht den Zusammenhang mit ihrem Telefonat. Wäre er womöglich noch am Leben, wenn June den Hörer abgenommen hätte, um ihm zu sagen, dass er nicht kommen sollte? All die Fragen fanden ungefiltert einen Weg zu ihr, die sie so lange von sich geschoben hatte. Die ganzen Erinnerungen an Phil rauschten in Höchstgeschwindigkeit an ihr vorbei. Sein Lachen, welches genauso ansteckend war wie seine Liebe zum Zeichnen. Der Nachmittag unter dem Kirschblütenbaum, seine Portraitzeichnung von June, die er ihr geschenkt hatte. Seine Art, wie er einen Bagel von außen nach innen abgeknabbert hatte oder das Abklopfen vom Teelöffel an der Tasse. Sein unerschütterlicher Glaube an eine eigene Galerie, und dass er mit den Spenden aus seiner Kunst die Welt verbessern wollte.

Der Schmerz schoss wie eine Fontäne hoch und verdeutlichte, dass all diese Momente mit ihm für immer vorbei waren. Die Tränen brachen aus ihr heraus, die sie so lange unterdrückt hatte. Zugleich trat sie wütend mit ihren Füßen gegen die Kommode. Die Wut auf sich selbst und die Schuld, die sie sich gab, waren ihre ganz persönliche Dunkelheit. Ein Ort, an dem sie nie wieder zurückkehren wollte.

Kapitel 19

Der Karamellsirup klebte am äußeren Rand des Glases, genauso wie der Vorabend an June haftete. Zudem hatte sie Nolan vertröstet, dass Ruby den Wochenendausflug erst auf Arbeit abklären müsste.

»Bella, meine Liebe, was ziehst du denn heute für ein Gesicht?«, fragte Franio und stellte den Teller hin, auf dem ein Muffin thronte, der mit fein gehackten Pistazien auf einer Zuckerglasur dekoriert war.

»Ich habe eine echt furchtbare Nacht hinter mir. Wenn es hochkommt, habe ich zwei Stunden geschlafen.«

»Gibt es etwa Ärger im Paradies?«

Sie ahnte, auf wen Franio anspielte: Jemand, der sich seiner Tischordnung widersetzt hatte. Er nahm das kleine Schild für die Reservierung vom Tisch und lächelte zufrieden.

»Lieb, dass du nach ihm fragst, aber mit ihm ist alles in Ordnung.« Sie nahm einen kräftigen Schluck von ihrem Caramel Macchiato.

»Ich meine nicht diesen Kerl mit seinem schnaufenden Hund. Du weißt, was ich von ihm halte.«

»Sein Name ist immer noch Nolan und sein Hund heißt übrigens Scotch«, erwähnte June mit einem Zwinkern.

»Wer auf der Welt nennt seinen Hund nach einem Whisky?«

»Ich gebe zu, es ist ein ungewöhnlicher Name. Aber auf wen spielst du dann mit deiner Frage an?«

»Es geht um dich und Ruby.«

»Sie hat sich bei dir gemeldet?«

»Nicht ganz. Ich war mit einem Kumpel gestern Abend im *Hyperdrive*, weil ich meine Freigetränke für deinen Muffin vom letzten Montag einfordern wollte.«

»Und was hat sie gesagt?«

»Du meinst, abgesehen davon, dass ihr die schlechte Laune ins Gesicht geschrieben war?« Franio sah June an, als sollte sie die Antwort am besten kennen.

Beiläufig drehte sie an ihrem Glas und konnte es immer noch nicht glauben, was am Abend zuvor passiert war. Nicht nur der Streit mit Ruby, sondern auch das Abhören ihres Anrufbeantworters.

»Ruby kam gestern zu mir und wir haben ein bisschen gequatscht, bis die Stimmung plötzlich kippte und ein Wort das andere ergab. Es eskalierte und dann ist sie abgehauen.« Das war so weit an der Oberfläche gekratzt, dass sie auch eine Diskussion am Nebentisch von letzter Woche hätte damit beschreiben können.

»Du weißt doch, wie sie manchmal ist. Ihr Temperament geht mit ihr durch und vergisst dabei, wie schnell sie andere mit ihrer direkten Art verletzt. Du hättest sie mal gestern erleben sollen, als ich nach dem Grund ihrer miesen Laune gefragt habe. Ich habe ihre Hufe hinter dem Tresen scharren hören. Ich schwöre dir, sie hat mir in dem Moment echt Angst gemacht!«

June schmunzelte bei dem Vergleich. »Ich bin aber nicht ganz unschuldig und so, wie du Ruby beschreibst, habe ich absolut keinen Schimmer, wie ich das wieder gutmachen soll.« Sie senkte ihren Blick und pulte ein Pistazienstück vom Zuckerguss ab.

»Calmati Bella, mach es dir nicht so schwer. Melde dich bei ihr und redet darüber. Außerdem würde Ruby niemals den ersten Schritt machen, da dreht sich eher die Erde rückwärts.« Seine Hand legte er ermutigend auf ihre.

»Ich habe echt Mist gebaut Franio, großen Mist«, flüsterte sie.

»Glaube mir, so wie ich sie gestern angetroffen habe, schien sie mehr sauer auf sich selbst zu sein.«

»Bist du dir sicher?«

»Darauf verwette ich das *Mirabella*. Du bist die vernünftigere von euch beiden, also gib dir einen Ruck.«

»Ich hoffe, ich komme nicht ungelegen.« Nolan stand unerwartet neben ihnen und sah sie mit undurchdringlicher Miene an.

»Oh, hey! Du bist ja schon da«, kratzte June hervor und setzte sich etwas zurück, als sie bemerkte, dass Franios Hand immer noch auf ihrer ruhte.

»Das könnte ich auch von dir behaupten«, antwortete Nolan und sah mit angespannten Wangenknochen zu Franio.

»So, ich werde mich mal wieder an die Arbeit machen. War mir wie immer ein Vergnügen Bella, und denke an meine Worte.« Dabei legte er seine Hand auf ihre Schulter, ehe er an Nolan vorbeilief.

»Wie lange bist du denn schon hier?«, fragte Nolan und sah Franio nach.

»Ich bin eben erst angekommen. Willst du dich nicht setzen?«

»Ich kann nicht bleiben. Mein Termin beim Arzt wurde vorverlegt. Ich wollte dich nur kurz sehen«, meinte er und streifte mit dem Mund ihre Wange, was zugleich sein Abschiedskuss sein sollte.

Erst jetzt entdeckte sie die feinen Schweißperlen auf seiner Stirn.

»Ist alles in Ordnung?«

»Solange ich in deine kleeblattgrünen Augen schauen kann, ist alles andere egal.«

Ihr entging nicht, dass er ihre Frage auswich. »Was machst du heute Abend? Wir könnten was essen gehen, wenn du Lust hast? Ich lade dich diesmal ein.«

»Ich melde mich später bei dir, okay? Und vergiss es, wenn dann lade ich dich ein.« Mit seiner Hand wischte er die Schweißperlen von den Schläfen.

Sein schneller Auftritt hinterließ ein komisches Gefühl bei June. Ein Teil in ihr ahnte, dass mit ihm etwas nicht stimmte und doch musste sie ihn ziehen lassen, ohne weiter nach dem Grund zu fragen. Weil er wie June war. Der Schmerz wurde irgendwann so unerträglich, dass nur noch die Flucht half.

Kapitel 20

Ein heftiges Ruckeln führte dazu, dass der Fahrstuhl stecken blieb.

»Okay, alles ist gut. Er fährt gleich wieder weiter«, redete June sich ein, die alleine im Fahrstuhl war. Doch als das Licht auch noch anfing zu flackern, musste sie an diese gruseligen Videos denken, die im Internet kursieren, in denen aus dem Nichts ein Mädchen im weißen Nachthemd und kreidebleichem Gesicht die Fahrgäste zu Tode erschreckte.

»Hilfe!«, schrie sie jetzt hysterisch durch den Fahrstuhlschlitz und versuchte, mit ihren kurzen Nägeln irgendetwas zu bewirken. Panisch drückte sie alle Knöpfe der Anzeige.

»Hallo?«, rief eine weibliche Stimme von irgendwoher.

»Ich stecke hier fest. Ist da jemand?«

»June?« Es klang wie ein Flüstern hinter ihr.

Das war ihr Ende, die Strafe dafür, dass sie bisher nicht über Phil gesprochen und Nolan im Dunkeln gelassen hatte. Sie atmete tief durch und entschied sich, dem Geistermädchen zu stellen. Sie hatte in diesem kleinen Raum eh keine Möglichkeit zur Flucht. Doch als sie sich umdrehte und das flackernde Licht den Rest des Fahrstuhls erhellte, stand niemand da.

»Ich bin es, Shiyan. Ich hole jemanden zur Hilfe. Bin gleich wieder da!«

June atmete erleichtert auf. Nach wenigen Minuten setzte sich der Fahrstuhl glücklicherweise von alleine in Bewegung. Die Türen öffneten sich in der zweiten Etage, als wäre nichts gewesen. Mit zittrigen Beinen stieg June aus und sah sich um.

»Ah, da kommt sie«, hörte sie Shiyan am Ende des Ganges rufen. Neben ihr lief Paul Wick.

»Dieser Fahrstuhl erlaubt sich gerne mal einen Streich. Ist alles in Ordnung?«, fragte er, während sie sich ihr näherten. June nickte bloß, weil ihre Gedanken eben einen eigenen Film gedreht hatten.

»Na, dann ist ja alles wunderbar. Und sind Sie bereit für die zweite Woche? Ab heute gibt es neue Zweiergruppen.«

Shiyan und June warfen sich gleichzeitig einen verzweifelten Gesichtsausdruck zu, weil sie das Schlimmste vermuteten.

****

Die Entscheidung ihres neuen Gruppenpartners zog sich eine gesamte Aufgabe hin. Zudem fiel June auf, dass Nolan sich bisher nicht gemeldet hatte. Zwischendurch schickte er immer mal ein Lebenszeichen, doch heute war er weder bei WhatsApp online, noch wusste sie, ob sie sich am Abend treffen würden. Wenigstens schien die Einzelaufgabe an diesem Montag wie für sie gemacht. Sie sollten eine in Gedanken versunkene Figur zeichnen. Diesmal digital, verbunden mit einem eigenen Klappentext. Das war ein Kinderspiel. June brauchte ja bloß sich selbst zeichnen, wie sie immer wieder auf ihr Handy starrte, in der Hoffnung, Nolan würde sich bei ihr melden.

Sie entschied sich jedoch für ein Mädchen, das im Schneidersitz auf dem Bett saß und für Mathe lernte. Wenn da nicht dieser gutaussehende neue Schüler gewesen wäre, der ausgerechnet neben sie gesetzt wurde und an den sie immerzu denken musste.

June war so in ihrer Aufgabe versunken, dass sie nicht mal Olivia Garcia bemerkt hatte, die sich leise mit Shiyan unterhielt. Olivias Tablet lag auf dem Tisch und leuchtete in dem Moment auf. Wie in einen Bann gezogen, rutschte June neugierig mit dem Hintern bis zur Stuhlkante vor und schaute unauffällig zu der Mail, die auf dem Display aufleuchtete: *Tamia Ines hat Ihren vorgeschlagenen Ersatztermin abgelehnt und wird sich nochmal melden.*

War das nicht die Influencerin, die mit einem einzigen Post die Verkaufszahlen der Trilogie von J. T. Rose in die Höhe trieb? Dann hüllte sich der Bildschirm wieder in schwarzes Schweigen. June erinnerte sich an Olivias Projekt mit den Influencern und an die Diskussion mit Louis Dupont im Flur, nachdem sie die Toilette verlassen wollte.

»Kann ich Ihnen helfen?« Olivia Garcia sah sie prüfend an.

»Ach, hier ist er ja! Ich dachte schon, ich hätte meinen Kugelschreiber zu Hause gelassen«, erwähnte June und holte ihn aus ihrer Federmappe.

»Sie wissen aber, dass diese Aufgabe digital ist?«

»Ja, richtig.« June sah sich nach einer Lösung um und griff nach ihrem Notizbuch, klappte es auf und tat so, als würde sie etwas Wichtiges hineinschreiben. »Ich mache mir gerne Notizen, wenn mir ein Gedanke kommt, sonst vergesse ich ihn wieder. Das wurde mir damals in der Ausbildung ans Herz gelegt.« Der letzte Satz war zwar etwas dick aufgetragen, aber Olivia Garcia nickte ihr verständnisvoll zu.

Ein anderer Teilnehmer meldete sich wegen der Aufgabe. Sie schnappte ihr Tablet, ohne darauf zu schauen und stolzierte an June vorbei. Aus dem Augenwinkel sah sie mit einem Mal ihr eigenes Handydisplay aus der Federtasche aufleuchten. Ihr Herz schlug schneller, weil eine Nachricht eingegangen war.

Nolan: *Hey, Superheldin! Beim Arzt war soweit alles ok, das Ziehen wird beobachtet. Wegen heute Abend muss ich leider absagen. Wir sehen uns die Tage.*

June wollte ihm gerade antworten, dass sie es schade fand, aber sich umso mehr auf das Wochenende freute, als Shiyan ihr ein Zeichen gab und den Kopf Richtung Jurorentisch neigte. Nicht nur Olivia Garcia hatte sie am Handy ertappt, sondern auch die anderen beiden Juroren. Verlegen steckte sie das Handy weg und widmete sich wieder

der Aufgabe. Sie war wie das Mädchen, welches sie zeichnete. Unfähig sich zu konzentrieren, weil sie immer zu an Nolan denken musste.

Der Nachmittag bei der Challenge sank auf einen absoluten Tiefpunkt für June, als die neue Gruppenkonstellation bekanntgegeben wurde.

»June Summer, Sie arbeiten mit Frederick Powel zusammen«, verkündete Paul Wick und lächelte zuversichtlich.

Sie sah zu Frederick, der ihr einen skeptischen Blick zuwarf. Ihr einziger Trost war, dass die Gruppenarbeit erst morgen begann, da sie am Nachmittag an einer Versammlung vom Verlag teilnehmen durften. Mehr von Fredericks belehrende Art hätte June an diesem Tag auch nicht ertragen können.

Kapitel 21

June schreckte von ihrem Traum auf. Der kalte Schweiß klebte an ihrem Nacken, dass es ihr fröstelte. Sie brauchte einen Augenblick, bis sie realisierte, dass es weder heftig regnete, noch das es den Range Rover gab, in dem Nolan davon rauschte, nachdem er ihre Lüge entlarvt hatte.

Ihr Blick schweifte zum Fernseher, der nebenbei lief. Eine Frau rannte schreiend durch einen finsteren Wald, während es schüttete. June nahm die Fernbedienung und schaltete den Film aus. Die Bettdecke schob sie beiseite, fuhr mit den Händen über ihr Gesicht, atmete tief durch und griff nach ihrem Handy. Es war kurz nach Mitternacht. Vor zwei Stunden hatte Nolan ihr doch noch mal geschrieben. Es waren nicht viele Worte, nur, dass er ihr eine gute Nacht wünschte. Ein Chatverlauf darunter war von Ruby. Kurz überlegte June, sie anzurufen, doch sie kannte ihre Freundin gut genug, um zu wissen, dass sie nicht rangehen würde. Seit ihrem Streit und Phils letzter Nachricht auf ihrem Anrufbeantworter fühlte sie sich einsamer denn je. Sogar Nolan hatte ihre Verabredung für den Abend abgesagt, um sie von ihren kreisenden Gedanken abzulenken.

Sollte June aufstehen und zu ihr in die Bar fahren? Immerhin konnte Ruby ihr da nicht ausweichen und sie waren auf neutralem Boden. Es war zumindest einen Versuch wert. Wenn Ruby dann nichts von ihr wissen wollte, konnte sie sich gleich einen starken Drink bestellen. Ihre Füße glitten wie von selbst zu Boden, ihren Schlafanzug tauschte sie gegen einen Rollkragenpullover und eine Jeanshose, band sich rasch einen Zopf und streichelte zum Abschied über Happys Fell. June nannte ihre Katze nicht umsonst *Glück*. Sie war ihr Glücksbringer zum Schmusen und erfüllte ihr gebrochenes Herz mit unendlicher Liebe.

»Drück mir die Pfoten, dass Ruby mir verzeiht.«

Ein kurzes Schnurren sollte als Bestätigung reichen, das es die richtige Entscheidung war ins *Hyperdrive* zu fahren. Sie nahm ihren Schlüssel, an dem der Kirschblütenanhänger baumelte und zog die Tür hinter sich zu.

****

Zwei Männer öffneten die unscheinbare schwarze Tür vom *Hyperdrive* und grölten in die Nacht hinaus. Curt, der Türsteher, stand nicht wie sonst vor dem Eingang, stattdessen hütete eine deutlich schmalere Version die Tür und winkte drei Frauen hinein, die an der langen Schlange vorbeitänzelten. June überquerte die Straße und ging zielstrebig auf den Eingang zu. Der Türsteher verschränkte zeitgleich seine Arme und versperrte ihr den Weg. Kurz war sie über seine ablehnende Körperhaltung irritiert, sprach dann aber den geheimen Code aus, um ohne Eintritt und Warten hereinzukommen. »Der Drive ist immer gut, wenn er hyped.«

Kaugummikauend sah er June von unten nach oben an. »Sorry Süße, aber ich spüre hier keinen Hype zwischen uns.« Dann machte er eine wedelnde Handbewegung, als wäre sie eine lästige Obstfliege. »Der Nächste!«

June stand sprachlos daneben, während er zwei angeheiterte Männer hineinließ, die sie provokant auslachten.

»Du stehst ja immer noch hier. Wenn du rein willst, stell dich gefälligst hinten an.«

»Das darf ja wohl nicht wahr sein«, fluchte June.

»Wie bitte?«

»Hör mir mal gut zu, was ich dir eben gesagt habe, war ein Code. Den solltest du kennen, wenn du Curt vertrittst. Und falls du mir nicht glaubst, schau auf die Liste der Mitarbeiter, die hast du für heute Abend sicherlich ausgehändigt bekommen. Ich bin eine Freundin von Ruby, sie arbeitet an der Bar.«

Plötzlich stand er nicht mehr so selbstsicher vor ihr. Er fuhr sich nervös durch seine Haare, drehte sich von den wartenden Partyhungrigen weg und holte aus seiner Hosentasche einen zerknüllten Zettel.

»Hör mal, das ist mein erster Abend hier und ich will keinen Stress bekommen. Kann unser kleines Missverständnis unter uns bleiben? Ich brauche echt die Kohle!«

»Solange ich nicht länger warten muss, habe ich es so gut wie vergessen.«

Ohne zu zögern, trat er beiseite. »Alles klar. Viel Spaß und grüß Ruby von mir.«

Ein strenger Geruch nach Schweiß und unterschiedlichen Parfumnoten strömte ihr entgegen. Es war erstaunlich, wie viel Montagnacht hier los war. Sie drängte sich durch die Menge bis zur Bar, hinter der Ruby mit einem anderen Barkeeper stand. Der Bass der Musik dröhnte in ihren Ohren. Am langen Tresen angekommen, sammelten sich die Menschen wie die Motten im Licht.

Ein Mann, der halb über den Bartisch lehnte, drehte sich zu ihr um. »Na Kleine, hast du Bock auf einen Drink? Du siehst ziemlich durstig aus.« An seinem Schnurrbart klebte Bierschaum, während er das Glas abstellte.

»Und dann so alleine?«, lallte jemand neben ihm, der durch seine Drehung fast vom Barhocker rutschte.

»Ich bin wegen meiner Freundin hier.«

Der Schnurrbarttyp schaute in beide Richtungen und zuckte mit den Schultern. »Scheint so, als hätte dich deine Freundin versetzt. Komm, setzt dich zu mir, ich gebe dir einen aus.« Seine rauen Hände klopfte er auf die Oberschenkel.

»Steve, hör auf mit dem Quatsch!«, mahnte Ruby, die hinter ihm auftauchte und sein Glas abräumte.

»Hey, ich wollte nur höflich sein.«

Erleichtert, sie zu sehen, lächelte June ihr zu. »Können wir kurz reden?«

»Geht leider nicht. Wie du siehst, brennt die Hütte.« Sie räumte die leeren Flaschen ab und trat einen Schritt zur Seite, um eine weitere Bestellung aufzugeben.

»Sie scheint stinkig zu sein, hast wohl Scheiße gebaut, was?«, fragte der Typ und lachte dreckig auf.

Es brauchte einen Moment, bis June sich am Tresen vorbei drängelte und die hüfthohe Falttür erreichte, die den Bereich hinter der Theke abtrennte.

»Es dauert wirklich nicht lange«, flehte sie Ruby an, die jetzt neben ihr stand und neue Gläser herausholte.

»Ich denke, du hast gestern alles gesagt.«

»Bitte Ruby, hör mir wenigstens kurz zu und dann bin ich weg.« Rubys Gesichtszüge wirkten abgekämpft, als hätten Junes Worte sie in ihre damalige Zeit mit ihrem Vater zurückgeworfen. »Ich bin hier, um mich bei dir zu entschuldigen. Ich bin zu weit gegangen mit dem, was ich gesagt habe, und mir ist klar geworden, dass deine Ratschläge nur gut gemeint waren.« Ruby holte tief Luft, als wollte sie nochmal betonen, dass sie keine Zeit hätte, da hob June ihre Hand. »Und bevor du mich abwimmelst, möchte ich dir sagen, dass du einer der wichtigsten Menschen in meinem Leben bist und dieser blöde Streit mich völlig fertig macht. Aber am meisten bereue ich es, dass ich keine Ahnung hatte, was du mit deinem Vater durchgemacht hast. Und ich hoffe, du kannst mir verzeihen, weil ich nicht weiß, was ich ohne dich machen soll. Ich kann dich nicht auch noch verlieren.« June kämpfte gegen ihre Tränen an.

»Mir tut es genauso leid. Ich habe den Streit schon bereut, als ich die Tür bei dir zugeschlagen habe. Und ich bin froh, dass du hergekommen bist, auch wenn ich eben kurz angebunden war«, meinte Ruby und hatte ebenfalls wässrige Augen.

»Wirklich?«

Ruby öffnete die Falttür, die bis eben noch zwischen ihnen gestanden hatte und breitete die Arme aus. »Verdammte Scheiße, ja!«

Die Umarmung fühlte sich an, wie ein nach Hause kommen von einer langen und zehrenden Reise.

June weinte vor Glück. »Es tut mir so leid, was ich gestern gesagt habe.«

»Mir auch«, flüsterte Ruby und gab ihr einen Kuss auf die Wange. »Du hattest übrigens nicht ganz unrecht.«

»Ach, echt? Mit was denn?«

»Auch wenn ich dazu stehe, dass es für mich eine Erleichterung war, dass die Sauferei und die Schulden endlich ein Ende hatten, habe ich trotzdem meinen Vater verloren. Weißt du, wie ich es meine? Ich hasse ihn zutiefst, für das, was er mir und meiner Mama angetan hat, aber er war eben auch derjenige, der mit mir zum Eisladen gefahren ist oder mit dem ich stundenlang verstecken gespielt habe.«

»Du hast deinen Vater eben geliebt und gleichzeitig dafür gehasst, weil er sich nicht ändern wollte.«

»So ist es.« Ruby löste sich aus der Umarmung und nickte dabei, als würde sie es verinnerlichen. »Ich bin so froh, dass du die Mutige von uns beiden bist. Du weißt, wie schwer es mir fällt, über meinen Schatten zu springen und Fehler zuzugeben.«

»Wenn du wüsstest, wie oft ich hin und her überlegt habe, ob ich herkommen soll oder nicht.«

»Und dennoch bist du hier. In einer Stunde ist die Band durch und dann sollte es ruhiger werden, wenn du noch etwas Zeit hast?«

»Klar, warum nicht.«

»Perfekt! Wie sieht es mit einem Drink aus?«

»Ich dachte schon, du fragst nie«, antwortete June erleichtert.

****

June saß an der Bar und schaute zur Tanzfläche, die allmählich leerer wurde. Ruby wischte derweil über den Tresen und unterhielt sich mit ihr.

»Und du meinst, dass der Trip zur Hütte kein Trick ist?«

»Du denkst, er hat gar keine Hütte?«, fragte June irritiert.

»Doch, das denke ich schon. Die Frage ist eher, warum hat er eine mitten im Wald? Ich meine, was wenn er uns im Keller fesselt? Wie sollen wir da je gefunden werden?«

»Okay Ruby, vielleicht solltest du deinen Gin Tonic nicht weitertrinken. Eine Hütte liegt meistens in der Natur und er hat sie als seinen Ruheort bezeichnet, weil er sich nach seinem Unfall dorthin zurückziehen konnte.«

»Na, eben drum! Wer weiß, wie viele da schon ruhen.«

June lachte auf. »Und ich dachte immer, du wärst die Draufgängerin von uns. Da habe ich mich wohl getäuscht.«

»Also gut, wie du willst. Aber es gibt kein Gejammer, wenn wir im Keller festgehalten werden und nur Brei bekommen.«

»Heißt das, wir fahren?«

»Sicher! Ich wollte schon immer mal gefesselt werden. Das bedeutet aber auch, dass du keinen Rückzieher mehr machen kannst, wenn ich jetzt ja sage.«

»Bekommst du denn so kurzfristig am Wochenende frei?«

Ruby sah zu ihrem Kollegen herüber. »Das kriege ich hin. Er schuldet mir noch einen Schichttausch, weil ich letztens für ihn eingesprungen bin. Das ist so gut wie geritzt.«

»Cool! Ach und sag mal, wo ist Curt heute?«

Ruby atmete schwer aus. »Hör bloß auf, traurige Geschichte. Curts Wellensittich musste heute eingeschläfert werden, deswegen steht sein Kumpel vor der Tür. Wie macht er sich überhaupt? Mein Chef überlegt, einen Ersatzmann einzustellen.«

June dachte an die Situation vor der Tür. »Ich denke, er hat Potenzial, wenn Curt ihn einen Abend begleiten würde. Dann weiß er auch, wie das hier läuft.«

»Ach Shit, ich habe ihm gar nichts von unserem Code gesagt. Sorry, ich wusste ja nicht, dass du heute kommst.«

»Wie du siehst, habe ich es trotzdem durch den Eingang geschafft.« June schlürfte mit ihrem Strohhalm den Rest Mojito zwischen den Eiswürfeln aus, als Ruby ein langes Haar von Junes Pullover abzupfte.

»Eine Bedingung wäre da noch, wenn ich zur Hütte mitkommen soll«, sagte Ruby.

»Oh nein, ich ahne Schlimmes.«

»Wir gehen vor dem Wochenende nochmal shoppen. Ich wollte zu dem neuen Dessousladen und da können wir gleich mal nach einem Outfit für dich gucken. Was hältst du davon?«

»Willst du die Wahrheit hören?«

»Schön, dass wir uns einig sind.« Ruby klatschte in die Hände. Diese Art von übertriebener Freude kannte June zu gut. Darauf hatte sie sich schon einmal eingelassen und nach vier Stunden Shoppen hatte sie zwei Blasen am Hacken und ein überzogenes Bankkonto gehabt.

»Ich helfe Matthew noch schnell bei der Kasse und dann können wir abzischen.«

»Okay.«

Sie nutzte den Moment, um Nolan die freudige Botschaft zu übermitteln.

June: *Hey, du schläfst bestimmt schon. Ich wollte dir nur kurz sagen, dass Ruby am Wochenende dabei ist!*

Während die Nachricht im Chatverlauf durchgestellt wurde, kam Ruby auch schon mit ihrer Handtasche und Jacke zurück.

»Sag mal, hast du zufällig Hunger? Ich könnte jetzt einen Berg fettiger Pommes frites vertragen.«

»Um zwei Uhr morgens?« June gähnte und steckte ihr Handy in ihre Hosentasche.

»Na und? Hast du schon mal erlebt, dass Pommes frites in einer Imbissbude schlafen?«

June lachte müde auf. »Ich meinte damit eher meinen Schlaf.«

»Wie heißt es so schön: Mit einem gefüllten Magen schläft es sich gleich besser. Und ich verspreche dir, in spätestens einer Stunde liegst du im Bett und wirst mir noch danken.«

****

Mit der winzigen Plastikgabel pickte June zwei Pommes frites auf. Neben ihr stand Ruby, die ordentlich Mayo aus einer Tube quetschte.

»Du brauchst mich gar nicht so anzugucken, ich habe dir ja gesagt, wenn ich weniger rauche, habe ich mehr Appetit.«

»Du weißt schon, dass Ketchup mit Pommes frites auch schmeckt?«

»Vergiss es, das wäre ja so, als würde ich in eine Pina Colada Wasser statt Sahne mixen.« Sie griff nach einer Pommes, die vor Mayo nur so triefte. »Probiere mal. Die Mayo ist hier besonders cremig.«

»Auf keinen Fall! Alleine von der Konsistenz wird mir schon schlecht.« June hielt ihre Hand schützend vor ihren Mund.

»Und wenn es eine Bedingung wäre, damit ich zur Hütte mitkomme?«

»Dann würde ich dir sagen, dass unser Deal mit der Shoppingtour schon steht, und glaube mir, das ist Strafe genug für mich.«

Rubys knallrote Lippen bogen sich zu einem breiten Grinsen. »Wie du willst, dann bleibt mehr für mich übrig.«

Sie schob einen weiteren Pommes mit Mayo zwischen ihren Lippen hindurch, während June mit ihren Augen rollte.

Nach zehn Minuten waren sie mit ihrer Portion fertig und schlenderten den Gehweg entlang. Gähnend schaute June über die Straße, die so still ruhte wie die Nacht.

»Ich glaube, es ist Zeit fürs Bett.« Aus ihrer Jackentasche holte sie ihr Handy hervor, um nach der Zeit zu sehen. »Oh, Nolan hat geantwortet?«

»Fragst du mich das?«

»Ich frage mich eher selbst, weil ich mich wundere, dass er noch wach ist.«

»Wann hat er dir geschrieben?«

»Vor einer Dreiviertelstunde, und ob ich nicht schlafen kann, weil ich so spät noch schreibe.«

»Na, wenn das nicht nach einer Einladung in sein King Size Bett schreit. Sorry, aber der musste sein.«

»Sei dir verziehen mit deinem heimlichen Gin Tonic auf Arbeit. Ich antworte ihm lieber morgen, er schläft jetzt sicherlich.«

»Quatsch! Schreib ihm, dass du unterwegs bist. Das wird ihm zu denken geben.«

»Ja, dass ich offensichtlich nicht schlafe.«

Ruby warf ihre blonden Korkenzieherlocken über die Schulter. »Du bist ja echt eingerostet, was diese kleinen Spielchen angehen! Also gut, lass es mich erklären: Du hast mir vorhin erzählt, dass er dir für heute Abend abgesagt hat, und dann kam nichts mehr, außer dass er dir eine gute Nacht gewünscht hat. Und warum macht er das?«

»Weil er nett ist und an mich denkt?«

»Er sagt dir erst ab und dann denkt er an dich?« Sie verdrehte die Augen. »Er hat dir das geschrieben, um sich zu vergewissern, dass du brav zu Hause sitzt und nichts anderes machst, außer auf eine Nachricht von ihm zu warten. Und jetzt sei mal ehrlich, hast du gewartet?«

»Das hättest du ruhig mal vorher sagen können, weil ich ihm vorhin geschrieben habe, dass du zur Hütte mitkommst.«

»Egal. Am besten du antwortest ihm, dass wir Lust hatten auf Pommes frites und uns vor der Imbissbude getroffen haben.«

»Bist du sicher?«

»Ich gehe mal davon aus, dass er nichts von unserem Streit weiß und du deswegen zu mir in die Bar gekommen bist?«

»Nein, das habe ich genauso wenig erwähnt wie deine Frage nach seinem King Size Bett.«

»Okay, dann schicke die Nachricht so ab, wie ich es dir gesagt habe«, drängelte Ruby.

Kaum hatte June den Text versendet, wurde er schon bei WhatsApp gelesen. »Oh nein, er ist online!«

»Du brauchst nicht flüstern, er kann uns nicht hören.« Ruby fing an zu lachen und sah über die Schulter zu dem Chatverlauf. »Wie gerne würde ich jetzt sein Gesicht sehen, wenn er deine Nachricht liest.«

»Verdammt! Er ruft an!«, quiekte June. »Was soll ich machen?«

»Na, rangehen!«, meinte Ruby und kräuselte die Stirn.

»Hey«, hauchte June, als sie abgenommen hatte.

»Selber hey oder soll ich lieber guten Morgen sagen? Du hättest mir ruhig schreiben können, dass du Lust auf Pommes frites hast, dann hätte ich dir welche vorbeigebracht.«

June schmunzelte, weil Ruby recht behielt. Nolan biss an, wie ein zappelnder Fisch am Haken.

»Na ja, bei deiner letzten Nachricht hattest du gute Nacht geschrieben und da wollte ich dich nicht wegen meines ungezügelten Appetits wecken.«

»Mir wäre nichts lieber als das.« Zu gerne würde sie jetzt in sein schelmisches Lächeln blicken. »Wo genau bist du?«

»In der Nähe vom *Hyperdrive*.«

»Gut, dann warte da auf mich. Ich hole dich ab.«

»Ach, das brauchst du nicht. Ich werde mit der U-Bahn zurückfahren.«

»Ich lasse dich nur ungern mitten in der Nacht alleine nach Hause fahren. Weißt du, wie viele Spinner um die Zeit unterwegs sind?«

Von der Seite tauchte Ruby auf und hielt beide Daumen hoch.

»Okay, wenn du unbedingt darauf bestehst«, willigte June ein und streckte Ruby die Zunge entgegen. »Dann warte ich hier auf dich.«

»Gut! Und schick mir per WhatsApp deinen Standort.«

»Mach ich.« Sie wollte schon auflegen, da sagte er noch etwas.

»Ach, und June?«

»Ja?«

»Sag Ruby bitte, sie soll mit dir zusammen warten. Ich fahre euch natürlich beide nach Hause.«

Kaum legte sie auf und schickte ihm den Standort, sprang Ruby in die Luft. »Ah, ich habe es dir doch gesagt! Er steht volle Kanne auf dich!«

»Ja und dank dir, haben wir jetzt einen Aufpasser.«

»Und damit hat er vollkommen recht. Eine Frau wie du sollte niemals alleine nach Hause fahren«, wiederholte Ruby seine Worte.

Ihr Handy vibrierte. »Er ist in zehn Minuten da.«

»Wer in einer Top Lage wohnt, hat eben keine weiten Wege.«

Nach ein paar Minuten kroch die Kälte durch Junes Knochen. Sie sehnte sich nach ihrer warmen Bettdecke und die wenigen Stunden Schlaf, die ihr noch blieben, bevor der Wecker klingelte.

»Da kommt er«, rief Ruby und deutete auf das einzige Auto, das ihnen entgegenfuhr. Sie wedelte mit ihren Händen in der Luft, als wären hinter ihnen noch hundert andere Menschen, die abgeholt werden sollten.

»Das ist nicht sein Auto«, stellte June nüchtern fest.

Die Fensterscheibe vom Beifahrer fuhr herunter, während der schwarze Volvo langsam auf sie zurollte.

»Hey, ihr beiden Hübschen, braucht ihr eine Mitfahrgelegenheit?«, fragte er und lehnte sich aus dem Fenster.

»Sorry, aber da seid ihr leider zu spät. Wir werden schon abgeholt«, meinte Ruby und schlug mit ihrem Kaugummi eine Blase, die vor ihrem Mund zerplatzte.

Er schaute die Straße auf und ab. »Tja, nur sehe ich hier niemanden.«

»Komm Ruby, wir gehen weiter. Nolan wird gleich da sein«, flüsterte June ihr zu.

Einen Moment schien sie zu hadern, begriff dann aber, dass dieser Kerl betrunken nicht unbedingt für ein Ruby-Duell geeignet war. Der Fahrer hingegen machte einen vernünftigeren Eindruck, zumindest deutete sie so sein Schweigen. Beide wandten sich ohne ein weiteres Wort von den Typen ab und eilten die Straße hinunter.

»Hey! Wo wollt ihr denn so schnell hin?«

Die Reifen quietschten auf, als das Auto im Rückwärtsgang an ihnen vorbeizog und dann quer auf den Gehweg fuhr, um ihnen den Weg abzuschneiden.

»Falsche Richtung, Mäuschen. Und jetzt steigt ein!«

Seine flache Hand schlug der Beifahrer gegen die Tür. »Nun habt euch doch nicht so.«

In der Sekunde, als die Beifahrertür aufsprang und sein gehässiges Lachen die Stille der Nacht durchbrach, sah June von weitem zwei Scheinwerfer, die sich rasant näherten. Sie atmete erleichtert auf und sah zu Ruby. »Er kommt!«

Vor dem schwarzen Volvo trat Nolan kräftig auf die Bremsen, so dass der Beifahrer direkt wieder in seinen Sitz plumpste. »Du Idiot, mach, dass du verschwindest!«

Die Fahrertür vom Range Rover flog auf.

»Was hast du gerade gesagt?«, schrie Nolan in so einem drohenden Ton, dass June zusammenzuckte. Ruby stand ebenfalls wie angewurzelt neben ihr und schwieg ausnahmsweise. Der Typ schloss sofort die Beifahrertür, als Nolan auf ihn zusteuerte. Zu seinem Pech hatte er nicht an sein heruntergelassenes Fenster gedacht. Nolan packte ihn am Kragen und zog den schmächtigen Kerl durch die Fensterscheibe nach draußen.

»Krass«, flüsterte Ruby ihr zu, doch June wusste nicht, was sie davon halten sollte. So wütend hatte sie Nolan noch nie erlebt.

»Sag mal, spinnst du?«, japste der Kerl am Boden.

Nolan beugte sich über ihn. »Wer hat dich geschickt? Einer von Tommys Leuten, weil er nicht damit klarkommt, dass er sein Geld bei einem Wettkampf verloren hat?«, fragte er.

»Wovon redest du, man?«

»Ich stelle dir die Frage ein letztes Mal, wer hat dich geschickt?«

»Du bist doch vollkommen übergeschnappt. Komm mal wieder runter von deinem Trip! Ich wollte einfach nur freundlich sein und die Mädels mitnehmen.«

»Falsche Antwort.« Nolan holte so schnell mit der rechten Faust aus, dass sie binnen zwei Sekunden in sein Gesicht schlug.

»Hey, man. Was soll das! Wir wollten nur ein bisschen Spaß haben.«

Nolan holte schon zum nächsten Schlag aus, als June dazwischen ging.

»Tu es nicht«, flehte sie ihn an und versuchte, mit aller Kraft gegen seine geballte Hand zu steuern. »Bitte, schau mich an, er weiß nicht, wovon du redest.« Er ließ immer noch nicht locker. »Nolan, das bist nicht du«, flüsterte sie ihm möglichst sanft zu.

»Woher willst du denn wissen, wer ich wirklich bin? Du kennst mich doch gar nicht, June!«

In seinen Augen loderte so eine Wut, dass sie normalerweise zurückgeschreckt wäre, doch sie musste jetzt durchhalten, bevor der Typ krankenhausreif geschlagen wurde.

»Nolan, du bist mir wichtig und ich möchte nicht, dass du jetzt einen Fehler machst, den du später bereust.«

Das nahm ihm den Schwung aus dem Oberarm und seine Faust lockerte sich. Der Kerl hustete los, als Nolan vom Kragen abließ.

»Steigt in mein Auto! Sofort!«

June kam hoch, stolperte zurück und drehte sich zu Ruby. Schweigend huschten sie zu seinem Range Rover, während er bei dem Kerl blieb.

»Hast du das gesehen?«, quiekte Ruby, die hinter June saß und von der Seite hervorguckte. »Wer ist er, ein Superheld, oder so? Ich meine, guck ihn dir doch mal an. Er taucht hier mitten in der Nacht auf und zieht den Kerl erstmal aus dem Fenster! Jeder Normale hätte die Tür geöffnet. Und dann dieser Schlag, der hat echt gesessen.«

»Ich habe keine Ahnung, was das eben war. So kenne ich ihn gar nicht.« Junes volle Aufmerksamkeit galt Nolan, der den Kerl doch nochmal am Kragen packte und ihm etwas sagte. Stumm nickte dieser und wischte mit dem Ärmel das Blut von seiner Nase. Anschließend lief Nolan zum Fahrer herum und schlug mit voller Wucht gegen die verschlossene Scheibe. Sein Finger zeigte bedrohlich auf ihn. Dann drehte er sich um und kam auf den Range Rover zu. Energisch stieg er ein und startete den Motor. Die gesamte Fahrt über schwieg er, während Ruby immer noch von seiner Aktion mit der Fensterscheibe schwärmte.

»Bei der Nummer 42 wohnt Ruby«, sagte June mit gesenkter Stimme.

»Ach, wir sind schon da? Man, das ging ja schnell.« Sie schnallte sich ab und lugte zwischen den Sitzen vor. »Danke nochmal für die Rettungsaktion. Echt der Hammer! Wir sehen uns dann am Wochenende auf der Hütte. Ich sage es euch, das wird ein Spaß!« June drehte sich zu ihr um und kräuselte die Stirn, ein Zeichen, dass sie die Klappe halten sollte. »Okay, dann habt noch einen entspannten Abend.«

Sobald Ruby im Hausflur verschwunden war, fuhr Nolan los und schwieg weiter. Die Stille war erdrückender als ihr Traum von ihm, in dem er ihre Lüge wegen einer angeblichen Trennung ihres besten Freundes entlarvt hatte.

»Das, was eben passiert ist«, fing June an und suchte die angemessenen Worte, da er das Lenkrad so festhielt, als würde er seine nicht entladene Wut dort hineinprojizieren. »Ich wollte mich bei dir entschuldigen, das war alles meine Schuld. Wenn wir nicht nochmal losgegangen wären, um Pommes frites zu essen …«

»Nur zwei Minuten später und weißt du, was diese Typen gemacht hätten? Die hätten euch in ihr Auto gezerrt und wer weiß, was dann passiert wäre! Ich habe es in seinem kranken Blick gesehen.«

Erneut kehrte ein unerträgliches Schweigen ein, da ihre gut gemeinten Worte ihn nicht erreichten. Ganz im Gegenteil. Er wirkte jetzt noch wütender. Das Schweigen dauerte so lange an, bis sie in ihre Straße einbogen.

»Danke Nolan. Ich wünsche dir eine gute Nacht.« June holte ihren Schlüssel aus der Jackentasche, schnallte sich ab und öffnete die Tür.

»Warte kurz!« Er hielt sie sanft am Arm zurück. »Ich muss mich bei dir entschuldigen. Ich habe vorhin die Kontrolle verloren und dass ich dich so angefahren habe, werde ich mir nie verzeihen.«

June setzte sich wieder hin und sah in seine geröteten Augen. »Ist schon gut. Ich bin froh, dass du den Kerl einigermaßen verschont hast. Kann ich dich aber noch was fragen?«

»Was immer du willst«, antwortete er.

»Du hast dem Kerl noch etwas gesagt, bevor du ins Auto gestiegen bist. Was war das?«

»Ich habe ihm gesagt, wenn er nochmal eine Frau belästigt, wird er zu Pommes frites verarbeitet.«

»Pommes frites?«

»Was Besseres ist mir in dem Moment nicht eingefallen.« Er kratzte sich verlegen am Hinterkopf. »Ich habe mich die ganze Zeit während der Fahrt gefragt, warum du nachts losgehst, um Pommes frites zu essen.«

»Wenn du es so sagst, klingt es echt schräg«, stellte June fest und fing an zu lachen.

»Schräger als Marshmallowzuckerwatte kann es kaum werden.« Seine Lederjacke knirschte, als er sich zu ihr vorlehnte. »Gute Nacht, June, und träum was Schönes. Ich schreibe dir, wenn ich zu Hause bin.«

»Du auch und danke, dass du mich sicher nach Hause gebracht hast.«

»Nichts lieber als das.«

Kapitel 22

Pünktlich zum Feierabend schrieb Ruby, dass sie unten vor dem Eingang auf sie wartete. Zu Junes Bedauern kam sie um ihren versprochenen Shoppingnachmittag an diesem Donnerstag nicht herum. Sie ging durch die Tür und sah nach links, wo Ruby an der Hauswand lehnte und breit grinste.

»Na, bist du bereit für unsere Shoppingtour?«

»Sagen wir, so sehr, wie du mit dem Rauchen aufhören willst.« June kam ihr entgegen und umarmte sie.

»Hey, ich höre demnächst auf. Wahrscheinlich zum Neujahr hin, du weißt schon, diese neuen Vorsätze wie gesündere Ernährung, mehr Sport.«

»Ach stimmt, die Ausreden, die jeder hat, um nicht gleich damit anzufangen.«

»Ja, mach dich ruhig lustig über mich, aber ich bin nicht bereit für noch mehr Orangenhaut an den Oberschenkeln.«

»Du hast Cellulite?« June sah an Ruby herunter, da sie trotz ihrer üppigen Oberweite eine schlanke Figur hatte.

»Ich bevorzuge mohnblumige Schattierungen, je nachdem wie das Licht auf meine Haut fällt. Am schlimmsten sind die Umkleidekabinen, mit diesen Seitenspiegeln und ihrer grellen Beleuchtung, da sind es dann eher Krater.«

»Dafür sind meine Brüste nicht größer als zwei Kiwis«, meinte June.

»Oh, ich liebe Kiwis. Sie sind handlich und immer in Form. Und falls du mal Sorge hast, dass sie irgendwann runterhängen wie Trockenpflaumen, fällt mir doch glatt jemand ein, der deine Brüste sicherlich in Form bringen würde.«

»Wenn du auf das Wochenende anspielst, werden wir eher unsere Beine trainieren.«

»Ja, die kommen bei der richtigen Übung auch nicht zu kurz«, scherzte Ruby, als sie sich aus der Umarmung löste.

»Ach, da fällt mir ein, was ich dich von Nolan fragen sollte. Hast du feste Schuhe? Weil er mit uns durch den Wald spazieren will.« Sie sah zu Rubys schwarzen Stiefeletten, die mit silbernen Nieten an den Seiten aussahen, als könnte sie sich damit verteidigen.

»Du meinst, solche Dinger mit Klettverschlüssen?«

»Stell dir vor, es gibt sogar welche mit doppeltem Klettverschluss, falls ein Streifen mal sandig wird.« June konnte sich ihr Lachen nicht verkneifen, als Rubys Kinnlade immer weiter nach unten sackte.

»Niemals ziehe ich solche Schuhe an!«

»Das war ein Witz! Du kannst dich wieder entspannen.«

»Entschuldige, aber kennen wir uns?«, Ruby tastete über Junes Haar, als ob sie sichergehen wollte, dass sie es war. »Was ist mit dir passiert? Seit wann veräppelst du denn deine herzallerliebste Freundin?« June streckte ihr die Zunge raus. »Okay, ich rufe lieber einen Notarzt. Das bist nicht du!«

»Ich lerne eben von der Besten«, erwiderte June und grinste dabei.

»Ach, na sag das doch gleich!« Ruby atmete gespielt aus und warf ihre blonden Locken nach hinten.

»Trotzdem solltest du dir ein paar bequeme Schuhe mitnehmen.«

»Oder ich liege faul auf der Couch und gucke ein bisschen Fernsehen, während ihr die Blätter draußen zählt.«

June blieb stehen und stützte entrüstet ihre Hände in die Hüfte. »Wie, du bleibst in der Hütte? Ich dachte, Deal ist Deal. Ich kann mir heute ja auch nicht die Läden aussuchen, oder?«

»Alles klar, habe es kapiert. Und nur zu deiner Info, wir gehen nachher in den neu eröffneten Dessousladen.«

»Bitte, lieber Gott, lass es einen Scherz sein«, flüsterte June und führte ihre Hände in Gebetshaltung.

»Vergiss es, an Rubys Shoppingtag wird nicht gebetet. Obwohl, du könntest für mich beten, dass meine andere Kreditkarte nicht ihr Limit erreicht hat.« Ruby hakte sich bei ihr ein, während sie zur Bushaltestelle schlenderten.

Zwei Minuten später kam der Bus. Sie stiegen ein und zwängten sich durch bis zur hintersten Reihe und setzten sich.

»Und wie läuft es bei der Challenge?«

»Hör bloß auf. Der Typ, mit dem ich zu einer Gruppenarbeit verdonnert wurde, raubt mir den letzten Nerv. Stell dir vor, er hat mir eine To-do-Liste erstellt, als wäre ich seine Assistentin. Fehlt nur, dass er meinen Text für unsere Präsentation Korrektur lesen will.«

Sie konnte es immer noch nicht fassen, dass ihr ausgerechnet Frederick für die Woche zugeteilt worden war. Hatten die Juroren vergessen, dass er sich über Junes Albtraumaufgabe lustig gemacht hatte und seitdem immer wieder gefragt wurde, ob sie erneut von einer Geschlechtsumwandlung träumte? Natürlich hatte Frederick dieses Missgeschick am Montag gleich hervorgekramt, nachdem die Tür im kleinen Büro zugefallen war und sie auf engstem Raum die Luft hatten teilen müssen.

»Glaube mir Süße, wer so detailliert aufschreibt, wie er es haben will, hat nichts in der Hose. Das sind solche Kerle, die alles unter Kontrolle haben wollen, weil sie eine Sache nicht mehr ändern können.« Ruby hob bedeutend ihren kleinen Finger und krümmte ihn.

June prustete los. »Ich frage mich manchmal, wie du zu deinen Theorien kommst. Zumindest sind sie immer ein Lacher!«

»Das schnappe ich von meinen betrunkenen Gästen auf. Wenn du ein paar Jahre in einer Bar arbeitest, bist du nebenbei auch eine Seelenklempnerin. Hey, das ist es! Der fünfte Cocktail ist ein Zehn-Prozent-Rabattgutschein für eine Sprechstunde mit mir. Dann kassiere ich Trinkgeld, um sie betrunken zu machen, und danach liegen sie bei mir auf dem Sofa und beklagen sich, dass sie so viel getrunken haben.« Rubys Augen blitzten bei der neuen Geschäftsidee auf.

»Wolltest du nicht eine eigene Bar mit Sand und Palmen eröffnen? Dein Vorschlag mit dem Seelenklempner klingt jetzt eher nach einer Nervenheilanstalt statt einem Paradies.«

»Glaube mir, die Pharmaindustrie hat da so ein ähnliches Geschäftsmodell und die ganze Welt ist eine einzige Nervenanstalt.«

Von Rubys süßlichem Parfum, das in Junes Nase strömte und sie an das Duftbäumchen im Auto ihrer Mutter erinnerte, fing sie an zu niesen.

»Du wirst vor dem heißesten Wochenende in deiner Geschichte doch nicht etwa krank, oder?«

»Soll es nochmal sommerlich warm werden?«, fragte June und holte ein Taschentuch hervor.

Ruby verdrehte genervt die Augen. »Sehr witzig! Ich rede davon, dass er oberkörperfrei die Axt für uns schwingt, damit wir ordentlich Holz für den Kamin haben. Du weißt schon, er spannt seine verschwitzte Brust an, dann holt er aus und zack, ist das Holzstück entzwei. Ist das nicht sexy?«

Es war typisch für Ruby, sobald ihre Fantasie einmal angezapft wurde, sprudelte es ungefiltert aus ihr heraus.

»Ich glaube nicht, dass er bei sechzehn Grad wie einer von den Chippendales draußen vor der Hütte steht und oberkörperfrei auf uns wartet.«

»Ach, du gönnst dir aber auch gar nichts. Sehr zum Leid von uns beiden«, sagte Ruby und zwinkerte ihr zu.

Der Bus kroch im Schildkrötentempo zur nächstgelegenen Shoppingmeile. Ruby sah zwischendurch immer wieder auf ihre Uhr. »Na klasse, in vier Stunden muss ich im *Hyperdrive* sein. Und wenn das so weitergeht, bleibt uns kaum noch Zeit zum Shoppen.«

»So ein Pech aber auch, dabei habe ich mich so auf diesen Ausflug mit dir gefreut«, behauptete June in einem gespielt traurigen Ton.

»Macht nichts, für die Wartezeit habe ich etwas Leckeres für uns.« Ruby griff in ihre knallrote Tasche, die zu ihrem Lippenstift passte und zog eine zerknüllte Papiertüte hervor.

»Was ist das?«, fragte June überrascht.

»Mach es auf, aber einer davon ist für mich.«

June ließ sich das nicht zweimal sagen und rollte die Papiertüte auf. »Sind das Franios neue Kirsch-Schoko-Muffins?«

»Du hast doch die De-luxe-Tour mit mir gebucht, da ist die Verpflegung inklusive. Gib mal gleich so eine Kalorienbombe her, auch wenn beim Anblick meine schattierten Mohnblumen am Hintern schon wie Unkraut wuchern.«

Sie drückte Ruby einen Muffin in die Hand und beide bissen gleichzeitig hinein.

»Hättest du mal gedacht, dass ein Mann so gut backen kann? Stell dir vor, du hast so jemanden als Freund«, schwärmte Ruby und wischte mit ihrer Zunge ein Stück Schokoladensplitter vom Mundwinkel ab.

»Jeden Sonntag frische Muffins ans Bett«, ergänzte June.

»Und abends Mascarpone. Okay, spätestens mit so einem Mann wäre die Cellulite an meinem Hintern ein eigener Kontinent.«

»Oder Tiramisu als Nachtisch!«

»Erinnere mich lieber nicht daran, ich fühle schon, wie es am Po wächst.«

****

Nach einigen Busstationen stiegen sie aus und erreichten eine Boutique, in die June regelrecht hineingezerrt wurde. Die Schaufensterpuppe trug eine goldene Fliegerbrille, schwarze Overknees und einen lilafarbenen Overall.

»Bist du sicher, dass es kein Laden für Faschingsbekleidung ist?«

»Warte doch erstmal ab, bis wir drinnen sind! Schaufensterpuppen sind immer etwas provokant, vertrau mir. Ich kenn den Laden wie meine eigene Kosmetiktasche.«

June erwähnte jetzt nicht, dass Rubys roter Lippenstift ebenso auffällig wirkte. Ruby öffnete selbstsicher die Ladentür und begrüßte die Verkäuferin mit einem Küsschen auf die Wange.

»Rina, wie schön dich zu sehen. Das ist meine Freundin, June.«

Es folgte eine überschwängliche Begrüßung von Rina mit zwei Küsschen auf die Seite.

»Ruby hat mir schon erzählt, dass ein besonderes Wochenende für dich ansteht und du ein wärmendes, aber gleichzeitig sexy Outfit für draußen suchst, sowie ein kuscheliges Outfit vor dem Kamin?«

»So was in der Art«, antwortete June und warf Ruby einen vorwurfsvollen Blick zu.

Um Rinas Hals lag ein schwarzes Samtband mit einer Süßwasserperle in der Mitte, das genau auf der Höhe ihrer schwarzen Haare endete. June wollte sich nicht ausmalen, was die Verkäuferin unter einem gemütlichen Abend vor dem Kamin verstand. Ein erfreutes Klatschen von Ruby unterbrach Junes Vorstellung, wie sie sich mit solch einem Halsband vor Nolan räkelte.

»Oh, das wird ein Spaß! Es erinnert mich total an mein erstes Übernachtungsdate!«

»Und wie alt warst du da? Siebzehn?«, fragte June, um Ruby zu ärgern.

»Grundgütiger, da hatte ich schon das Kamasutra durch. Mein erstes Date war mit vierzehn!«

»Ist ja nicht zu fassen«, murmelte June.

Währenddessen holte Rina eine Kleiderstange, die voll hing mit bunter Faschingsbekleidung. Es fehlte nur die rote Perücke und sie könnte als Clown auftreten. Rina zog das erste Outfit hervor. »Das wäre etwas für einen ausklingenden Abend vor dem Kamin.« Der goldene Stoff schimmerte im Licht fast transparent.

»Ist das nicht eher ein Nachthemd?«, fragte June.

Ruby trat neben sie und zupfte an dem hauchdünnen Kleidungsstück. »Es ist ein Traum von Seide. Aber vielleicht hätte ich erwähnen sollen, dass June genau das Gegenteil von mir ist. Du weißt schon, etwas verschlossener.«

»Oh«, war die einzige Reaktion von Rina.

»Ich stehe zufällig auch hier«, äußerte June und räusperte sich.

»Lass das ruhig hier, ich werde es mal anprobieren«, sagte Ruby und betrachtete sich kaugummikauend vor einem Spiegel. Die voll behangene Faschingsstange schob Rina beiseite und feierte Ruby, wie gut es an ihr aussah.

June entfernte sich derweil vom Geschehen und schlenderte zum hinteren Teil des Ladens. Sie entdeckte einen weinroten Zweiteiler aus Baumwolle. »Was ist hiermit?«

»Der ist vom letzten Herbst, sitzt total bequem und ist sogar im Sale.« Rina ging zu ihr und angelte nach dem Bügel, der etwas höher hing. »Warte, ich suche dir eben die passende Größe raus.« Eine Kleidergröße 36 hielt sie vor ihrer Brust und lächelte zufrieden. »Der hier sollte passen.«

»Na dann ab in die Umkleide mit dir«, rief Ruby von weitem und hatte schon die nächsten Teile für June gefunden.

Die Umkleidekabine war, wie nicht anders zu erwarten, ebenfalls eine ausgefallene Einrichtung. Sie war komplett in Lila ausgestattet und um den Spiegel hing eine bunte Lichterkette. Auf dem samtigen Sessel legte sie den weinroten Zweiteiler ab, eine enge Jeanshose und ein T-Shirt mit einem leichten Ausschnitt. Sie zog ihre Hose aus und schlüpfte gerade in die dunkelblaue Jeans, als der Vorhang mit Schwung beiseitegeschoben wurde.

»Na bitte, dein Hintern feiert schon mal sein Comeback!«

June zog rasch den Reißverschluss hoch und drehte sich vor dem Spiegel. »Ich bin mir nicht sicher, ob die Jeans für das Wochenende geeignet ist. Sie sitzt schon ziemlich eng, findest du nicht?«

»Sie passt wie angegossen! Und wenn er dich von hinten beim Spazierengehen beobachtet, hui sage ich da nur!« Rubys Hände wedelten aufgebracht vor ihrem Gesicht.

»Falls sie mir nicht vorher reißt.«

»Oder du trägst sie ein andermal, wenn ihr euch seht.«

June überlegte kurz. »Ach, wieso eigentlich nicht? Ich habe mir ewig nichts mehr gekauft.«

»Genau! Gönn dir mal etwas, wenn du schon so einen Stress bei der Challenge hast. Belohnungen sind wichtig für uns Frauen.«

»Sagte die Seelenklempnerin vom *Hyperdrive*.«

»So wahr ich hier stehe.«

Die Jeans zog sie wieder aus und faltete sie auf dem Sessel neben dem Spiegel. Ruby sah ihr dabei zu und machte mit ihrem Kaugummi eine Blase. »Du hast bestimmt gedacht, dass ich mit einem Halsband und Overknees um die Ecke komme, stimmt's?«

»War es so offensichtlich?«, fragte June und überlegte, was sie als Nächstes anprobieren sollte.

»Und ob!« Eine Kaugummiblase trat aus Rubys Mund und platzte vor Junes Gesicht.

»Hat sie was gesagt?«

»Rina? Quatsch. Sie ist es gewohnt, dass andere sie so anstarren.«

»Und das stört sie nicht?«

»Ganz im Gegenteil, sie provoziert gerne. Apropos ...« Hinter ihrem Rücken holte Ruby einen Bügel mit einem mintfarbenen Nachthemd hervor. Wie einen Fremdkörper betrachtete June erst die Unterwäsche und dann ihre Freundin.

»Auf gar keinen Fall!«

»Probiere es wenigstens an«, flehte Ruby mit unschuldiger Miene.

»Das war aber nicht Teil unseres Deals!«

»Ach komm, ich denke, du magst solche Farben und wer weiß, vielleicht sitzt es wie eine zweite Haut und du willst es gar nicht mehr ausziehen.«

»Wenn du mir verrätst, wieso ich das anprobieren soll?«

»Na, falls dir nachts kalt wird und du dich auf Zehenspitzen in sein Schlafzimmer schleichen willst, um dich zu wärmen?«

»Also, wenn ich diesen dünnen Fummel anziehe, ist mir ganz sicher kalt. Zum Glück liegst du ja neben mir, dann kann ich meine Eisfüße an deinem Mohnfeld wärmen.«

»Ich will dir ja nur ungern falsche Hoffnungen machen, aber ich stehe ausschließlich auf Männer. Es sei denn, der eine Kuss vor zwei Jahren zählt mit.«

»Du hast eine Frau geküsst?« June sah sie irritiert an.

»Es war eher eine Art betrunkene Neugier, doch das hatte sich recht schnell erledigt. Ihr Freund wollte sie unglücklicherweise im *Hyperdrive* überraschen.«

»Würde mal sagen, die Überraschung ist ihm gelungen.«

»Ich war echt froh, dass es so gekommen ist. Ich habe beim Knutschen schon gemerkt, dass mich ein kratziger Bart doch mehr anturnt. Es fühlte sich nämlich so an, als hätte ich mich selbst geküsst. Und dann hatte sie so einen Lipgloss darauf, der total klebte.« Ruby wedelte mit dem Bügel vor ihrer Nase. »Und jetzt Schluss mit der Ablenkungstaktik. Probiere es an und wenn es dir nicht gefällt, hänge ich es sofort wieder weg.«

»Na schön, aber ich sage dir gleich, so ein Hemdchen ohne Stützbügel steht mir nicht.«

Widerwillig zog sie ihr Oberteil über den Kopf und schnippte ihren BH-Verschluss auf. Der mintfarbene Seidenstoff mit den dünnen Trägern glitt an ihr herunter und schmiegte sich tatsächlich wie eine zweite Haut an ihren Körper. Allerdings waren ihre zarten Brüste in der Spitze nirgends zu finden.

Ruby hielt die Hand vor dem Mund, ehe ihre Blicke sich über den Umkleidespiegel trafen und beide losprusteten.

»Für einen Moment dachte ich, es sei ein Zauberumhang!«, quiekte Ruby auf.

June lachte Tränen, während sie ihre Brüste unter dem Nachthemd suchte. »Ich hatte dich vorgewarnt, wenn sie keinen Halt finden, machen sie sich rar!«

»Ok, du hast gewonnen. Wir lassen das mit der Nachtwäsche hier. Wir wollten eh zu dem neuen Dessousladen.«

June schob das Nachthemd über ihren Kopf. »Außerdem habe ich noch Schlafsachen.«

Ruby zupfte die Träger wieder ordentlich auf den Bügel, während June ihre Brüste wohlbehütet in ihren passgenauen BH steckte und den lockeren Pullover überzog.

»Du meinst dein langes T-Shirt mit dem Loch unter dem Arm? Ich frage das lieber jetzt, bevor ihr beide nachts auf die Toilette müsst und euch begegnet. Nichts ist schlimmer, als dieser durchlebte Stoff. Sorry, dass ich es so direkt sage, aber damit schlägst du jeden Mann in die Flucht.«

»Ich liebe eben mein Schlafshirt, was ist so verkehrt daran?«

»Das ist keine Liebe mehr, sondern eine Nötigung, wenn du das Ding mit zur Hütte nimmst.«

June sah sie betroffen an. »Oh, der war fies!«

»Aber er musste sein.« Ruby gab ihr zur Versöhnung einen freundschaftlichen Kuss auf die Wange.

»Wie gut, dass ich mit deiner direkten Art keine Probleme habe«, entgegnete June ihr augenrollend.

»Und genau deswegen habe ich dich ja so lieb!«

»Aber wir gucken nach etwas Langärmligen, und nichts, was den Anschein erweckt, dass ich mir nachts auf dem Weg zur Toilette mehr erhoffe, sollten sich unsere Wege zufälligerweise kreuzen«, verdeutlichte June und sammelte ihre Sachen vom lilafarbenen Sessel zusammen.

Ruby gähnte. »Sicher doch! Am besten noch einen Rollkragenpullover und dicke Wollsocken dazu.«

****

Mit drei vollen Tüten verabschiedeten sie sich von Rina, wobei eine davon June gehörte. Sie entschied sich für den weinroten Zweiteiler aus Baumwolle und die enganliegende Jeans. Nur eine kurze Verschnaufpause später sah June schon die rosafarbenen und weißen Herzluftballons vor einer Boutique.

»Ich werde verrückt, sogar mit Sektempfang!«, quiekte Ruby und eilte zu den Beistelltischen. Kaum hatten sie sich zwei Gläser geschnappt, wurde June auch schon in den Laden gezogen. Ganz nach dem Motto: *Herzen erobern die Frauen*, war dieser Dessousladen ein regelrechtes Universum davon. Überall, wo June hinsah, wurde sie damit konfrontiert. Selbst in den Regalen waren Herzen eingraviert. Ruby war längst in einem Gang verschwunden, während June an den Bügeln vorbeischlenderte. Dabei entdeckte sie einen BH mit aufgestickten weißen und roten Blüten. Der Stoff fühlte sich so weich an, dass sie nach ihrer Größe schaute und fündig wurde. Sie stellte sich auf Zehenspitzen und versuchte, Ruby ausfindig zu machen.

»Wo bist du?«, rief sie dann doch, nachdem sie zu viele blonde Köpfe auf einmal sah. Zwei Gänge weiter hob Ruby ihre Hand. June schnappte sich von der unteren Stange den passenden Slip und drängelte sich zu ihr durch.

»Hast du dir mal die Preise hier angesehen?« Entsetzt deutete June auf das herzförmige Etikett vom BH.

Ruby, die in ihrem Körbchen eine ganze Kollektion gesammelt hatte, drehte sich schulterzuckend zu ihr um. »Qualität hat eben ihren Preis. Außerdem bekommen meine Brüste nur den feinsten Stoff, sonst hängen sie traurig runter.« Sie schaute zu ihrem BH mit den handgefertigten Blüten. »Sieht niedlich aus, unschuldig wie eine Blume und doch lodert ein Feuer in der Mitte.«

»Okay, wenn du das so siehst, hänge ich es lieber wieder zurück.«

»Zu spät! Wir gehen jetzt schön zur Umkleide und probieren unsere Ausbeute an.« Mit einem neckischen Schups forderte Ruby sie auf, vorzulaufen.

Spaßeshalber hatte sie auf dem Weg zur Kabine ein paar fragwürdige Outfits mitgenommen. Nach jedem neuen Outfit lugten sie an der Seite des Vorhangs hervor und gackerten wie Teenager, die das erste Mal ihre weiblichen Kurven entdecken.

»Sag mal, kommst du auch so schwer an den Reißverschluss heran? Ich habe das Gefühl, dass mein Bauch zur Brust hochgedrückt wird. Was an sich ja nicht verkehrt ist, weil er dadurch viel flacher wirkt«, rief Ruby durch die Kabine zu ihr herüber.

June kicherte hinter dem Vorhang. Dabei probierte sie den blütenbestickten BH an und drehte sich zur Seite. Er saß wie angegossen.

»Dasselbe hängt übrigens auch in deiner Kabine!«, ergänzte Ruby.

»Was?« Sofort durchstöberte sie ihre Bügel und zog ein hautfarbenes Lackkostüm hervor, das wie eine ausgedrückte Leberwurstverpackung aussah. »Niemals!«, quiekte June auf und hängte es wieder weg.

»Wenn du es anprobierst, zeige ich dir, wie ich darin aussehe und ich garantiere dir, du kommst aus dem Lachen nicht mehr raus.«

»Okay, das ist ein Argument. Aber nur noch dieses Teil und danach ist Schluss.« Mit Biegen und Ziehen gelang es ihr, das Lackkostüm über die Oberschenkel zu streifen.

»Und wie weit bist du?«, fragte Ruby ungeduldig.

»Fast fertig!«

Die letzten Zentimeter vom Reißverschluss zog sie hoch und schob dann den Vorhang nur soweit beiseite, dass niemand anderes einen Blick auf dieses hässliche Kostüm werfen konnte. Ruby stand wie Superwoman vor ihr, ohne sich hinter ihrem Vorhang zu verstecken. Es fehlte nur der Umhang, der an ihrem Rücken durch einen Ventilator künstlich in der Luft flatterte. Allerdings wirkte ihr Gesichtsausdruck etwas angespannt.

»Ich glaube, an der Innenseite meines linken Oberschenkels reißt die erste Naht auf. Wenn ich mich jetzt bewege, ist es vorbei«, presste sie hervor.

»Und ich dachte, dass meine Größe schon eng anliegt«, sagte June und prustete los, weil Ruby zugleich ihr Gesicht verzog, als sie einen Schritt auf sie zuging.

»Hör auf zu lachen, sonst muss ich auch anfangen und dann weiß ich nicht, was passiert!«

»Sorry, wenn ich euch bei der Zirkusnummer störe, aber das ist eine Umkleidekabine, in der sich auch andere umziehen wollen.«

June sah an Ruby vorbei. Die verwaschenen blauen Haare der Frau fielen ihr zuerst auf, bevor sie den Piercingring an der Unterlippe entdeckte, an dem sie jetzt knabberte. Ruby reckte ihr Kinn vor, drehte sich um und hielt an ihrer Superwoman-Haltung fest, wobei ihr auch nichts anderes übrig blieb, da June sah, wie sich die Nähte um den Reißverschluss ausfransten.

»Und ich denke, dass jeder das Recht hat, sich die Zeit zu nehmen, die er braucht«, widersprach Ruby.

»Gut, dann kürzen wir das Ganze doch ab und ich kann euch sagen, dass diese Overalls absolut unvorteilhaft sitzen.« Belustigt schaute sie erst zu Ruby und dann zu June, die am liebsten im Boden versunken wäre.

»Wie bitte?« Ruby wollte schon auf sie losgehen, als June sie zurückhielt.

»Ich sage es nur ungern, aber dein Reißverschluss rutscht hinten runter. Außerdem waren wir doch eh fertig«, versuchte June, sie zu beschwichtigen.

»Ich bin sowas von nicht fertig! Und weißt du was, ich werde mir gleich weitere Sachen holen. Dann kann sie mit ihrem grellen BH hier Wurzeln schlagen. Wer trägt denn so eine hässliche Neonfarbe überhaupt noch.«

Ihre Worte überschlugen sich regelrecht, während Junes Aufmerksamkeit woanders hinwanderte.

»Das gibt's doch nicht!«, flüsterte sie und versteckte sich hinter Rubys Rücken.

»Was machst du denn da?«, raunte Ruby sie an und drehte sich zu ihr um.

»Komm sofort mit und mach jetzt bitte keinen Aufstand«, flehte June. Sie zerrte Ruby in die Kabine zurück und schob rasch den Vorhang zu.

»Na super, jetzt ist da ein Knick von deinen bohrenden Fingern am Oberarm drin. Das Teil kann ich wohl vergessen. Das sieht ja aus, als wenn darunter ein riesiger Pickel wächst.«

June verdrehte die Augen. »Also erstens hattest du überhaupt nicht vor, diesen Overall zu kaufen, und zweitens haben wir ein viel größeres Problem!« Ihr Finger deutete zum Vorhang, hinter dem Blair neben der blauhaarigen Frau auf eine Kabine wartete. »Das ist Nolans Ex-Freundin, von der ich dir erzählt hatte. Die vom Thailänder, kannst du dich erinnern?« Ruby hielt unbeeindruckt ihren Oberarm in den großen Spiegel und versuchte, die Delle zu glätten. »Hörst du mir überhaupt zu?«

»Das sie dir nicht applaudiert, wenn du mit ihm ausgehst, ist dir doch klar, oder? Aber ich verstehe nicht, warum du dich gerade wie eine heimliche Affäre aufführst und dich in der Umkleide versteckst.«

»Vielleicht weil du eben drauf und dran warst, einen Streit anzufangen, während wir aussehen wie zwei gescheiterte Marvelfiguren?«

»Tja, nur blöd, dass wir in meiner Kabine stehen und deine Sachen nebenan sind.«

»Was?« Sie entdeckte an dem Haken Rubys rote Jacke. »Ich kann so nicht raus! Was ist, wenn sie mich sieht?«

Ruby atmete tief durch, drehte sich zu ihr um und legte beide Hände auf Junes Schultern. »So, jetzt beruhigst du dich erstmal. Selbst wenn sie dich hier Dessous anprobieren sieht, ist doch egal. Wieso sollte dir das unangenehm sein? Nur weil wir uns einen Spaß erlauben? Immerhin ist sie diejenige, die sich schnell über Nolan hinwegtröstet, da sie mit verschiedenen Slips vor der Kabine steht.«

»Das weißt du doch nicht. Kaufst du immer nur Unterwäsche, wenn du ein Date hast?«

Ruby zuckte gleichgültig mit den Schultern.

»Ist ja nicht zu fassen«, entgegnete June und trat einen Schritt zurück. »Und was ist, wenn sie es für Nolan kauft? Du weißt doch, dieser verzweifelte Versuch einen Mann zurückzugewinnen?«

»Hmm, glaube ich nicht.«

»Und wie kannst du dir so sicher sein?« Vorsichtig schob June den Vorhang beiseite. Über ihre Schulter spähte nun auch Ruby und machte sich ein eigenes Bild von Blair, die sich mit einer Freundin unterhielt. Ihre langen, seidig dunklen Haare fielen ihr bis zur Hüfte. Sie trug einen kurzen braunen Lederrock, darunter eine Netzstrumpfhose, die ihre schlanken Beine betonte.

»Ist so ein Bauchgefühl«, antwortete Ruby, die den Vorhang wieder zuschob. »Apropos Bauch, kannst du mir mal aus diesem Ding helfen?« Sie angelte nach dem Reißverschluss. June half ihr und befreite sie aus dem Overall.

»Sie ist das genaue Gegenteil von mir. Sie ist attraktiv und zeigt es auch und ich ...«, stellte June mit gesenkter Stimme fest.

»Ich sage mal so, sie hat zu seinem früheren Lebensstil gepasst. Heute ist er ruhiger geworden, was wiederum zu dir passt.«

»Du meinst: Langweilig und brav.«

»Ach komm Süße, du weißt, wie ich das meine. Du bist eine Frau, die er seiner Mutter vorstellt.«

June wurde mit einem Mal noch enger in dem Overall. »Seine Mutter ist vor einigen Jahren gestorben. Ich meine, selbst das hat er mir erzählt und ich habe es nicht geschafft, ihm von Phils Unfall zu erzählen, obwohl ich in dem Moment die Gelegenheit dazu hatte.«

»Jetzt hör mir mal zu: Bevor ich dich hier vor Selbstmitleid gleich aufwischen muss, sage ich dir mal was. Weder ich, noch Franio werden dich in Zukunft wegen irgendetwas belehren, okay? Es ist alleine deine Entscheidung, wann du es ihm sagst, und wir werden dich, egal was ist, immer unterstützen.«

June nickte, während sie ihre aufsteigenden Tränen hinter einem Lächeln verbarg.

»Und jetzt zeig mal dieser Blair, dass du es wert bist und Nolan nicht mehr seine Augen von dir lassen kann.«

Ruby ließ ihr gar nicht erst den Raum, um einen Rückzieher zu machen und schob sie durch den Vorhang. Rasch huschte June in ihre Kabine. Doch als sie den Reißverschluss ihres Overalls nach und nach herunterzog, verschwand auch ihre lächelnde Fassade. Ihre Arme verschränkte sie vor ihrer Brust, während sie sich dafür schämte, dass sie Nolan bisher nicht die Wahrheit über Phil sagen konnte.

»Wie lange brauchst du noch?«, fragte Ruby wenige Minuten später. Zum Glück schob sie den Vorhang nicht beiseite, so dass Blair nicht sehen konnte, dass June wie ein Häufchen Elend in der Kabine stand.

Sie fuhr mit ihren Händen über ihr Gesicht, wischte die Tränen weg und atmete tief durch. »Ich bin gleich soweit.«

»Alles klar. Ich warte vorne auf dich.«

Ihr blieb nichts anderes übrig, als sich an Blair vorbeizuschleichen, da sie die nächste in der Warteschlange war. Mit gesenktem Kopf kramte sie dabei in ihrer Tasche.

»Entschuldigung, kennen wir uns nicht?«, fragte Blair, bevor June den Bereich der Umkleidekabine verließ.

»Ich glaube, du verwechselst mich mit jemandem«, antwortete sie und sah Blair flüchtig über die Schulter an.

»Warst du nicht mit Nolan bei unserem Thailänder essen?«

»Ach stimmt, jetzt wo du es sagst, ich kann mich an dich erinnern.« Rasch sah sie wieder nach vorne und ging weiter.

Blair hatte da anscheinend andere Pläne und holte sie ein. Ihre Augen mit den perfekt geschwungenen Wimpern schauten sie voller Neugier an. »Hat er dir denn gar nicht erzählt, wer ich bin?«

»Die Ex-Freundin«, erwähnte sie trocken und warf einen Blick in den Laden, um nach Ruby zu sehen. »Ich muss dann mal weiter. Die Umkleidekabine ist jetzt frei.«

In dem Moment sah Blair an ihr herunter und entdeckte den hautfarbenen Overall im Einkaufskorb. »Mag sein, dass ich seine Ex-

Freundin bin, aber ich bin auch diejenige, die ihn am besten kennt. Und wenn ich dir einen Rat geben darf, halte dich lieber von Nolan fern.«

»Und wieso sollte ich das tun?«

»Weil er schon genug durchgemacht hat und keinen weiteren Stress in seinem Leben braucht.«

»Meinst du nicht, er kann das für sich selbst entscheiden?«

Blair lachte hart auf. »Hör mal, Kleine, das war keine Bitte. Er ist gesundheitlich nicht so fit, wie du denkst. Und schon gar nicht für solche Spielchen, die sein Herz belasten, hast du das verstanden?«

»Du meinst, dass er nach seinem letzten Wettkampf im Krankenhaus aufgewacht ist und sein bisheriges Leben hinter sich gelassen hat?«

Erstaunen huschte über Blairs Gesicht, wodurch June innerlich einen kleinen Sieg feierte. Der jedoch nicht lange anhielt, da Blair sofort zurückfeuerte.

»Mir scheint so, dass er dir nicht alles erzählt hat, was sicherlich damit zusammenhängt, dass er dich nicht gut genug kennt.«

»Wie dem auch sei, ich danke dir für deinen gutgemeinten Rat, den ich nicht beherzigen werde, weil ich gerne Zeit mit ihm verbringe.« June winkte in den Gang, als sie Ruby entdeckte.

»Hat er dir eigentlich erzählt, dass er mich nach dem Thailänder angerufen hat?«, fragte Blair.

Wie von einer Eisfront überwältigt, verharrte June und war froh, dass Ruby zu ihr eilte. Sie hatte den Satz gehört und schmiss ihren Korb vor Blairs Füße.

»Weißt du, dass sich dieser Kaugummi hier richtig gut in deinen Haaren macht? Die Versuchsperson vor dir hatte danach einen Kurzhaarschnitt und der sah echt beschissen aus!« Ruby holte aus ihrem Mund den Kaugummi und griff nach einer Strähne von Blair.

»Du bist doch völlig verrückt! Security!«, rief sie hysterisch und eilte wie ein Blitz zur Kasse.

Ruby zwinkerte June zu und ließ ihren Kaugummi wieder verschwinden, bevor sie mit dem Sicherheitsmann auf sie zukam. »Sie müssen diese Frau sofort rausschmeißen! Sie hat mir mit ihrem Kaugummi gedroht!«

»Stimmt das?«, fragte er und klemmte seine Daumen in der Gürtelschnalle fest, als wäre dies ein ernster Fall.

»Ich habe keine Ahnung, wovon sie redet. Ich sehe diese Person zum ersten Mal und was für ein Kaugummi überhaupt?« Ruby streckte dem Mann ihre Zunge entgegen.

June fing an zu kichern, so dass er missbilligend zu Blair schaute.

»Ich schwöre Ihnen, Sie hat mir eben damit gedroht, den Kaugummi in meine Haare zu schmieren!«

»Gut, dann werden wir Sie jetzt trennen. Wer wollte wohin?«

»Ich bezahle meine Sachen und verschwinde hier. So eine Unterstellung ist mir ja noch nie passiert«, behauptete Ruby und stapfte mit erhobener Brust an Blair vorbei.

Den starken Auftritt nutzte June gleich für sich. »Ach, und nur so als nett gemeinter Rat: Halte du dich lieber von mir fern.« Damit stolzierte sie an Blair vorbei und grinste bis über beide Ohren.

****

Während June auf ihrer Couch saß und hin und hergerissen war, ob sie Nolan für diesen Abend nicht lieber absagen sollte, schenkte Ruby ihr einen Schluck vom Rotwein nach. »Sie war eben eifersüchtig auf dich und da ist es völlig normal, dass sie so einen Blödsinn behauptet.«

»Habe ich etwas verpasst, dass eine Drohung von der Ex-Freundin heutzutage normal ist?«

»Also ich habe letztens erst der Neuen meines Ex-Freundes aus Versehen den Cocktail verschüttet. Das tat mir echt sowas von leid.« Sie nippte mit unschuldiger Miene an ihrem Glas.

»Wirklich?«, fragte June überrascht, bis Ruby ihre Stirn kräuselte, als wäre sie etwas begriffsstutzig.

»Natürlich nicht! Sie wusste ganz genau, wer ich bin, und ist trotzdem mit ihren Freundinnen im *Hyperdrive* aufgetaucht.«

»Aber warum hat Nolan sie nach unserem Treffen angerufen. Ist das nicht merkwürdig?«

»Wer weiß, ob das stimmt. Gekränkter Stolz hat viele Facetten. Sei froh, dass ich nicht Blair bin, ich hätte dir gesagt, dass er nachts schlafwandelt und mit einem Messer vor dem Bett steht, nur um dich abzuschrecken.«

»Okay, dann hätte ich das Wochenende auf der Hütte definitiv abgesagt, aber abgesehen von deiner lebhaften Fantasie, frage ich mich, was ich erwartet habe. Das wir uns in der Hütte gegenseitig die Hand auf die Brust legen, im Hintergrund Klangschalen schwingen und dabei unsere gebrochenen Herzen heilen und ich endlich von Phil erzähle?«

»Oh, das ist eine hervorragende Idee, aber bitte oberkörperfrei.«

»Ruby, komm schon. Ich meine es ernst.«

»Ich genauso!« Sie stellte ihr Glas ab und lehnte sich auf der Couch zurück. »Blair wollte dich nur verunsichern. Sie rupft dich samt Wurzel heraus, bevor Nolan deine wundervolle Blüte entdecken kann.«

»Okay, wir reden aber noch metaphorisch, oder?«

»Sicher«, behauptete Ruby, wobei sie das Wort für Junes Geschmack zu sehr ausdehnte. »Außerdem habe ich jetzt extra Klamotten für das Wochenende gekauft und mir freigenommen. Da kannst du deinen Rückzieher schön vergessen.«

»Ich weiß, Deal ist Deal. Und was schlägst du vor? Soll ich ihn heute Abend auf Blair ansprechen?«

»Heute nicht, das würde nur den Anschein erwecken, dass es dich stört.«

»Aber es stört mich ja auch!«

»Und genau deswegen lässt du es bleiben.«

June kräuselte die Stirn. »Okay, das kapiere ich nicht. Wann ist deiner Meinung nach dann der passende Zeitpunkt?«

»Nicht jetzt.« Ruby grinste breit.

»Was ist mit dem Wochenende?«

»Zu früh!«

»Und den Montag nach unserem tollen Ausflug zur Hütte?«

Ruby neigte ihren Kopf zur Seite und wägte die Situation ab. »Ja, da hast du meinen Segen. Und nun mache dich für deine Verabredung fertig. In einer halben Stunde klingelt dein Boxer für den nächsten Kampf um dein Herz.«

June lächelte bei dem Wortspiel, auch wenn sie die Frage nicht mehr losließ, was Blair hinter ihrer Eifersucht wirklich über Nolan sagen wollte.

Kapitel 23

Die Gruppenarbeit mit Frederick gestaltete sich in den letzten Zügen zu einem einzigen Tennismatch, bei dem ihre Vorschläge abgeschmettert wurden. Er wurde nicht mal müde in seinen Erklärungen, warum seine Ideen effektiver waren. Irgendwann nickte sie hinter ihrem Laptop bloß noch, ohne dass sie seinen Worten folgte.

»June, hast du mir eben zugehört?«

Sie blickte auf und sah in seinen fragenden Blick. »Entschuldige, was hast du gesagt?«

»Wir haben nur noch eine Stunde bis zur Präsentation. Ist dein Text fertig?«

Er meinte wohl seine vorgegebenen Notizen, die sie unter ihren Laptop geschoben hatte.

»Ich bin gleich soweit.«

Auf ihrem Stuhl rutschte sie etwas vor und überlegte, wie sie seine Zeichnungen bestmöglich wiedergeben konnte, ohne dabei an Ruby zu denken, die sein Verhalten als Lüftchen in seiner Hose bezeichnet hatte.

»Gut. Dann lass uns kurz den Ablauf durchgehen. Ich würde sagen, dass ich mit der Einleitung anfange. Wenn ich dir ein Zeichen gebe, kannst du die nächste Seite auf dem Projektor einblenden. Den Schlussteil machst du dann.«

»Und wie sieht unser Zeichen aus?«

»Soll ich mit dem Finger schnipsen?«, fragte er ernsthaft.

»Ein kurzes Nicken wäre besser«, wandte June möglichst freundlich ein und fluchte stattdessen innerlich.

An der Tür klopfte es. Olivia Garcia kam herein.

»Und wie sieht es bei Ihnen aus?«, erkundigte sie sich und schloss die Tür.

»Wir sind bestens vorbereitet«, entgegnete Frederick selbstsicher wie immer.

»Und Sie?«

June ärgerte sich, dass Olivia sie nochmal gesondert fragte. »Ich überfliege gerade meinen Text und dann bin ich fertig.«

Anscheinend kam June in Olivias Welt nicht glaubwürdig genug herüber, denn sie steuerte direkt auf ihren Platz zu.

»Ich hätte da noch ein Anliegen, wenn Sie kurz Zeit haben?«, fragte Frederick glücklicherweise, so dass Olivia auf ihren Pumps kehrt machte.

»Sicher. Worum geht es?«

Ihr blieben also noch ein paar Minuten Zeit, bis Olivia die Spur zu ihr wieder aufnahm. Die ersten Sätze löschte sie rasch und setzte neu an, allerdings wurde sie von Fredericks Worten so abgelenkt, dass ihre Selbstzweifel allmählich durch die Lücken der Tastatur krochen und sie am Schreiben hinderten.

»Entschuldigung, wenn ich Sie unterbreche, aber wäre es möglich, dass Sie draußen weiterreden?«

»Klar. Haben Sie noch einen Moment oder müssen Sie weiter?«, fragte Frederick an Olivia gewandt.

»Ich habe bis zur Präsentation für Sie Zeit«, antwortete sie in einem erstaunlich weichen Ton.

»Wenn du Fragen hast, wir sind im Flur«, ergänzte Frederick, als wäre er ihr Juror und stand auf.

Die Tür fiel kurz darauf zu und die entstandene Stille machte sich auch auf ihrem Dokument bemerkbar. Die Minuten vergingen, während sie im Flur das Lachen der beiden hörte. Widerwillig zog sie das Blatt mit seinen Stichpunkten unter dem Laptop hervor und schaute darauf. So ungern sie es zugeben wollte, seine Anmerkungen sicherten ihnen definitiv einen Platz in die nächste Runde. Ihre Finger tippten anfangs zögerlich seine Notizen ab, doch ehe sie sich versah, wurden daraus zwei Seiten. In Windeseile überflog sie den Text, passte hier und da etwas an, bis es an der Tür klopfte. Frederick kam herein. Sein Blick fiel sofort auf sein Blatt und er lächelte zufrieden. »Bereit, Teamkollegin?«

June speicherte ihr Dokument ab und klappte den Laptop zu. Es war das letzte Mal, dass sie mit ihm zusammenarbeiten musste, daher lächelte sie ihm ebenfalls zu. »Ich bin sowas von bereit!«

Die Präsentation mit Frederick verlief erstaunlicherweise reibungslos. Sie kamen beide in die nächste Runde und June könnte mehr als zufrieden sein, wenn der Abschluss des Tages nicht so eine Wendung genommen hätte. Shiyan war einer von den Teilnehmern, die es nicht geschafft hatten. Sie war nach der Verkündung sofort aus dem Meetingraum verschwunden. June eilte ihr hinterher und fand sie weinend auf einer Stufe im Treppenhaus, dem Ort, an dem sie sich das erste Mal begegnet waren.

»Es tut mir so leid für dich. Eure Präsentation war so gut, ich kann gar nicht verstehen, warum du nicht weitergekommen bist.« June setzte sich neben sie.

»Das ist wie ein Fluch. Egal, an welchem Wettbewerb ich teilnehme, ich versage immer wieder! Ich habe es nicht mal bis zum Interview meiner Lieblingsinfluencerin geschafft, die ihr erstes Buch hier veröffentlicht.«

»Für mich bist du eine absolute Gewinnerin und soll ich dir sagen, warum?« Shiyan blickte ihr mit wässrigen Augen entgegen. »Weil du nie aufgegeben hast. Du hast an dich geglaubt und das solltest du auch nach dieser Challenge. Irgendwann kommt der Tag, an dem du gewinnst.«

»Danke, dass du das sagst. Sonst hätte ich jetzt alles angezweifelt und nie wieder an einem Wettbewerb teilgenommen.«

»Und du hast mich immer ermutigt, weiterzumachen. Diese Fähigkeit musst du dir unbedingt beibehalten und wer weiß, vielleicht sitzt du eines Tages selbst in einer Jury und kannst genau diese Erfahrungen teilen.«

»Sollte es mal dazu kommen, lade ich dich höchstpersönlich ein.« Endlich fing sie wieder an zu lächeln und wischte mit dem Ärmel ihre Tränen von der Wange.

»Aber nur, wenn du mich gewinnen lässt.«

»Oh, du wirst immer meine Favoritin sein. Und nun geh wieder zurück und feiere deinen Erfolg. Du hast es verdient. Ich komme gleich nach.«

Nachdem die ausgeschiedenen Teilnehmer verabschiedet worden waren und sie Shiyan ihre Telefonnummer gegeben hatte, endete auch die Challengewoche.

****

June fuhr vom Bahnhof mit ihrem Fahrrad nach Hause und konnte es immer noch nicht fassen, dass sie ab sofort ohne Shiyans Unterstützung die Aufgaben bewältigen musste. Vor ihrem Hauseingang sah sie ihre ältere Nachbarin Marta, die an den Pflanzenkübeln neben dem Treppengeländer stand und mit der Blumenerde hantierte. Ihr gelber Gartenhut rutschte dabei fast vom Kopf. Sie war so in ihrem Element, dass sie nicht bemerkte, wie June ihr Fahrrad in den Ständer schob. Langsam stieg sie die Stufen hinauf und blieb neben dem Sack Pflanzenerde stehen.

»Ach, das sieht aber toll aus«, lobte June und lächelte ihr zu. Marta hatte im Gegensatz zu ihr ein echtes Händchen für Pflanzen.

»Oh, danke meine Kleine. Wie schön, dass du kommst. Du wurdest schon erwartet.«

»Echt? Von wem?« Überrascht sah sie Marta an, die mit ihrem Gartenhandschuh über ihre Stirn strich, wobei etwas Erde an ihrer Haut kleben blieb.

»Zuerst dachte ich, er wäre ein Einbrecher, weil er ganz in schwarz gekleidet vor deiner Tür stand. Doch als er diesen riesigen Blumenstrauß hervorholte, wurde mir klar, dass er keiner ist.«

»Nolan war hier?«

»Ich weiß nicht, wie er hieß. Ich hatte meine Tür nur einen Spalt offen, um ihn besser beobachten zu können.«

»Ach, schade. Er wollte mir bestimmt gratulieren, weil ich ihm vorhin geschrieben habe, dass ich bei der Challenge weitergekommen bin.«

»Oh, das sind ja tolle Neuigkeiten. Herzlichen Glückwunsch! Ich wusste, dass du es schaffst!«

»Danke Marta. Soll ich dir etwas abnehmen?«

Sie deutete auf die leeren Plastikkästchen, die auf dem Boden verteilt lagen. »Wenn du so lieb wärst und die einsammeln könntest?«

Rasch warf June alles in die danebenliegende Tüte, schnappte den Sack mit der restlichen Blumenerde und klemmte die Gießkanne unter ihren Arm. »Hast du deinen Schlüssel griffbereit? Meiner ist irgendwo in der Tasche vergraben.«

Marta fasste in ihre Hosentasche und wedelte mit ihrem Schlüsselbund. »Na wenigstens das kann ich dir abnehmen.«

Jede Stufe, die June nahm, klopfte ihr Herz schneller. Und als sie fast oben angekommen war, sah sie den liebevoll zusammengesteckten Blumenstrauß in einer weißen Vase. Daneben stand eine goldene kleine Box.

»Die Blumen habe ich vorsorglich in eine Vase gestellt, damit sie nicht verdursten«, erklärte Marta.

June fing an zu schmunzeln, als sie die rötlichen Zeichen auf der kleinen Box entdeckte. »Oh, wie süß!«

»Sind da Ohrringe drin?«, fragte Marta, die ihr neugierig gefolgt war.

June hockte sich hin und hob die Box auf. »Das sind Glückskekse!« An der Seite zog sie den Streifen ab. »Hier Marta, in jedem Keks ist ein Zettel mit einem Spruch, der uns eine Botschaft bringen soll.«

Sie kräuselte die Stirn. »Sowas schenkt man sich heutzutage?«

»Es hat etwas mit unserem ersten Treffen zu tun. Mein Glückskeks war leer und ich war total enttäuscht darüber.« June reichte ihr die Packung und zog einen weiteren Glückskeks aus der Box. Sie brach ihn entzwei und zog ihren Zettel heraus. Marta machte es ihr nach.

»Und wie lautet dein Spruch?«, fragte June, ehe sie ihren las.

»Gewohnheiten sind zuerst feine Fäden, bis sie zu einem Netz werden.« Marta sah auf und lachte. »Ach Kindchen, ich glaube, ich bin zu alt für so etwas.« Sie verstaute den Zettel in ihrer Hosentasche und schob ihren Keks in den Mund. »Und was steht bei dir?«

June strich ihren Zettel glatt. »Fehler sind Wegweiser, die eine andere Richtung aufzeigen wollen.«

Mit einem Mal verspürte sie ein schlechtes Gewissen, weil Nolan sich so bemüht hatte und sie immer noch nicht über Phil sprechen konnte. Die Wahrheit, um die sie herumtänzelte, war wie einer dieser Kekse. Wenn sie einmal aufgebrochen wurde, führte sie nur zu mehr Verwirrung.

»Nun zieh nicht so ein Gesicht wegen so einem Spruch und freue dich lieber über deine Blumen.«

June legte den durchgebrochenen Keks wieder in die Box und warf den Zettel ebenfalls hinein. »Du hast recht, die sehen wunderschön aus.«

Marta schlappte zu ihrer Wohnungstür zurück, während June den Schlüsselbund in ihrer Umhängetasche suchte.

»Ach, und zu den orangefarbenen Sonnenaugen, die im Blumenstrauß stecken«, erwähnte sie beiläufig, bevor sie in ihrer Wohnung verschwand, »sie tragen eine ganz besondere Botschaft mit sich. Sie sagen viel mehr aus, als so ein Spruch auf einem Zettel.«

Einen Moment lang betrachtete June die farbenfrohen Wildblumen in der weißen Vase.

»Du meinst diese hier?« Sie strich über eines der orangenen Blütenblätter.

Marta nickte. »Diese Färbung nennt man auch Burning Hearts. Womöglich ein Hinweis, dass sein Herz für dich brennt.«

June ließ die Blüte sofort wieder los. »Das ist sicherlich ein Zufall. Die Blumensträuße sind doch meist schon zusammengesteckt.«

»Wie dem auch sei. Die Vase kannst du gerne behalten, ich habe so viele zu Hause, dass ich gar nicht mehr weiß, wohin mit denen.«

June hob den prächtigen Blumenstrauß mit einem gewissen Abstand auf, bevor die brennenden Herzen ihren Blütenstaub auf sie werfen konnten und die Wirkung auf sie übertrugen. Die Glückskeksbox klemmte sie unter den Arm und betrat ihre Wohnung. Sie stellte den Wildblumenstrauß auf den Couchtisch und betrachtete ihn eingehend. Ihr Handy lag wählbereit in ihrer Hand und doch traute sie sich nicht, Nolan anzurufen, weil diese Sonnenaugen sie regelrecht hypnotisierten. Sie entschied sich für eine Nachricht mit einem Foto von den Blumen. Die Vase drehte sie so, dass die brennenden Herzen hinter den anderen Blüten verschwanden. Sie war froh, dass Marta die Bedeutung erwähnt hatte, sonst hätte sie die orangefarbenen Sonnenaugen für am schönsten empfunden und es ihm noch gesagt.

Kapitel 24

Nolan

Den Range Rover lenkte Nolan schwungvoll in die Parklücke vor seiner Haustür. Er fragte sich, wann June seinen Blumenstrauß und die Glückskekse wohl fand, die er ihr als kleine Aufmerksamkeit vorbeigebracht hatte. Alleine die Vorstellung, wie sie sich darüber freuen würde, sorgte gleich für eine bessere Stimmung, nachdem er aus einer Sitzung mit seiner Therapeutin Erin gekommen war. Sie sah das bevorstehende Wochenende auf der Hütte eher zwiespältig.

Er stieg beschwingt aus, öffnete die Haustür und sah zu seinem Ärgernis, dass der Zeitungsausträger die Werbung wieder in die Briefkästen gestopft hatte. Die Prospekte rupfte er über den Schlitz heraus, warf sie in den danebenstehenden Papierkorb und schloss danach seinen Briefkasten auf. Ein weiterer Stapel flog ihm entgegen und fiel zu Boden. Es waren zwei Rechnungen und ein gelber Zettel. Die Handschrift erkannte Nolan sofort. Er beugte sich vor, um ihn aufzuheben, während die Wut wie ein Vulkan allmählich in ihm hinaufstieg.

Es steht ein Wettkampf von Miles an und er könnte deine Hilfe gebrauchen. Samstag in drei Wochen, Zeit 01:00 Uhr - alte Lagerhalle. Dad

In seiner Hand zerknüllte er das winzige Stück Papier, das so eine Schwere mit sich trug, dass er es mit voller Wucht gegen den Briefkasten schleuderte. Selbst der strenge Tabak seines Vaters hing noch in der Luft.

»Dass du es wagst, ihn bei einem Wettkampf anzumelden!«, schrie er auf.

Die rechte Hand ballte er zur Faust und schlug so heftig gegen seinen Briefkasten, dass sich die Delle bis zu dem daneben durchzog. Dass er seinen Schützling Miles hinter seinem Rücken trainierte und er jetzt für ihn einspringen sollte, war ein gewaltiger Fehler. Wieder schlug er mit voller Wucht auf den Briefkasten ein, so dass die Klappe quietschend herunterhing. Er riss sie ab und warf sie gegen die Wand. Er sah um sich, was er noch zerstören konnte. Nolan schnappte sich den Papierkorb und schleuderte ihn gegen die verglaste Eingangstür. Ein riesiger Knall dröhnte durch das gesamte Treppenhaus. Eine Minute später hörte er aus der ersten Etage eine Tür aufgehen.

»Was ist denn hier los? Ich rufe gleich die Polizei, wenn Sie nicht sofort verschwinden!«

Über das Geländer schaute er zu der Frau nach oben. Dabei fing er an zu lachen. »Denkst du, ich hätte jetzt Angst? Außerdem wohne ich hier und werde nirgendwo hingehen!«

Mit verbitterter Miene schüttelte sie ihren Kopf und knallte die Tür hinter sich zu.

Nolan fuhr durch sein Haar und stöhnte auf. Das Einzige, was seinen Vater interessierte, war immer nur der Erfolg und das viele Geld. Sein Handy vibrierte in der Hosentasche. Sein Vater konnte es nicht sein, weil er nach dem Krankenhausaufenthalt sofort die Nummer gewechselt hatte.

Als er ihren Namen auf dem Display sah, schoss eine Welle der Erleichterung durch sein Herz. Es war June. Sie schickte ihm ein Bild von dem Blumenstrauß. Für einen Moment hatte er ganz vergessen, dass seine zweite Chance im Leben einen wundervollen Menschen mit sich brachte.

Sein kleines Kleeblattgrün.

Sofort wählte er ihre Nummer, um ihre sanfte Stimme zu hören, die mit seiner Vergangenheit nichts zu tun hatte.

»Hey, hast du meine Nachricht bekommen?«, fragte sie, nachdem sie abgenommen hatte.

»Deswegen rufe ich an.«

»Ist alles ok bei dir?«

»Geht so.« Er hob die abgerissene Klappe auf. »Ich versuche gerade, meinen Briefkasten zu reparieren. Er hat sich etwas verbogen«, meinte er und versuchte, von innen gegen die tiefe Delle zu drücken, um die Klappe geradezubiegen.

»Ah okay. Die Idee mit den Glückskeksen ist so genial! Woher hast du die Box?«

»Das ist ein Geheimnis, aber ich dachte mir, dass du unter den zwanzig Keksen diesmal mehr Glück haben wirst.«

Ihr Lachen war wie Balsam für seine Wunden, die sein Vater mit dem Zettel in ihm wieder aufgerissen hatte. Er nahm die Klappe mit und stieg in den Fahrstuhl ein.

»Ach und zu den Blumen wollte ich dir noch etwas erzählen«, fing er an und erwischte sich dabei, wie er mit sich haderte. »Die Verkäuferin hat mich gefragt, für wen die sind und was ich damit ausdrücken möchte.« Nolan ignorierte die plötzliche Stille in der Leitung und fuhr fort. »Wenn ich mich recht erinnere, hieß der Strauß *die Verbundenheit*. Die orangenen Blumen stehen für brennende Herzen und ich fand es passend, weil du die Einzige bist, die mir das Gefühl gibt, dass mein Herz wieder zum Leben erweckt wurde. Du gibst mir Hoffnung, dass ich dieses Leben verdient habe und dafür möchte ich mich bei dir bedanken.« Nolan fuhr nervös durch sein Haar, da sie weiterhin schwieg. »Du sagst ja gar nichts. Bist du noch da?«

»Nolan?« Ihre Stimme klang verzerrt. »Hörst du mich?«

Die Türen des Fahrstuhls schoben sich auf und er eilte hinaus. »Ist es jetzt besser?«

»Viel besser. Aber ich habe leider nur noch verstanden, dass die Verkäuferin dich gefragt hat, für wen der Strauß ist, und dann warst du weg.«

Die Worte zu wiederholen, die eben durch ihn strömten, hätten nicht mehr dieselbe Bedeutung wie im Fahrstuhl gehabt. »Ich habe gesagt, dass du in der Nähe wohnst und sie dich vielleicht kennt.«

»Ach so, nein, da war ich noch nicht. Aber du hast absolut meinen Geschmack getroffen. Sie sind wunderschön.«

»Ob mein Nachbar Blumen als Entschuldigung für seinen kaputten Briefkasten annimmt?«, fragte er belustigt.

»Dann hast du ihn verbogen?«

»Ich würde sagen, mir ist kurz die Kontrolle abhandengekommen.«

»Gab es einen unerfreulichen Brief, oder was war der Auslöser?«

»Kann man so sagen.« Als er die Wohnungstür öffnete, kam Scotch auf ihn zu und sprang an seinem Bein hoch. »Mein Vater hat einen Zettel hinterlassen.«

»Dein Vater? Und was stand drauf?«

»Eine Einladung zu einem Wettkampf am Samstag in drei Wochen.«

»Ist er nicht mehr ganz dicht? Er weiß doch, wie sehr dich das verletzt.«

»Das Beste kommt noch: Er hat Miles angemeldet, den ich damals in diese abscheuliche Welt hineingeholt hatte. Und ich kann dir sagen, dass er bei Weitem nicht bereit ist für einen echten Wettkampf.«

»Und was hast du jetzt vor? Du gehst da doch nicht hin, oder?«

»Mir bleibt nichts anderes übrig, June. Wenn ich da bin, kann ich wenigstens eingreifen.«

»Und wenn du vorher mit Miles redest?«

Nolan lachte auf. »Vergiss es, das spornt ihn nur noch mehr an. Er ist so dickköpfig, wie ich es einmal war.«

»Ich verstehe nicht, warum dein Vater sowas macht?«

»Ganz einfach, es geht ihm immer nur ums Geld.«

»Aber wenn Miles nicht soweit ist, dann verliert er doch seinen Wetteinsatz.«

»Deswegen soll ich ja hinkommen. Um ihn zu pushen und ihm ein paar Tricks zu zeigen.« Kaum hatte er den Satz zu Ende gesprochen, wurde ihm so übel, dass er sich die Hand vor dem Mund halten musste. »Hey, ich muss Schluss machen. Wir sehen uns morgen bei meiner Hütte, ja?«

»Tut mir leid, wenn ich dir eben zu nahegetreten bin. Das war nicht meine Absicht, ich meinte damit nur, dass …«

»Schon okay. Die Adresse habt ihr?«

»Ja, und Ruby kann unseren Ausflug kaum erwarten.«

»Alles klar June, ich muss jetzt auflegen. Ich melde mich später bei dir.«

Sobald er aufgelegt hatte, warf er sein Handy auf die Couch und rannte zur Toilette. Nolan hoffte, dass er von den Nebenwirkungen seiner Medikamente am Wochenende verschont blieb. Alternativ könnte er die Tabletten für zwei Tage auch aussetzen. Was sollte schon passieren?

Kapitel 25

June blieb an der Handkurbel hängen, als sie das Beifahrerfenster des uralten Wagens runterlassen wollte. »Sorry, meine Mama hat es immer noch nicht repariert«, sagte Ruby und öffnete ihr Fenster ebenfalls ein kleines Stück.

»War das nicht vor einem Jahr schon so?«

»Ehrlich gesagt, sieht die Kurbel seit zwei Jahren so aus. Meine Mama möchte es als Erinnerung an ihren Hund behalten. Sie hat Misty wie ein Kind behandelt, obwohl sie alles kaputt gemacht hat. Ich bin echt froh, dass sie Misty erst holen konnte, nachdem ich ausgezogen war. Weißt du, wie oft sie auf den Sitz gekotzt hat? Dass überhaupt noch Stoff vom ganzen Schrubben geblieben ist, erstaunt mich wirklich.«

»Du meinst jetzt aber nicht den Beifahrersitz, oder?« June tastete unter ihren Hintern und fühlte eine raue Stelle.

»Ja, aber nach zwei Jahren dürfte da nichts mehr von übrig sein.«

»Du weißt schon, dass ich in den letzten zwei Jahren öfters hier gesessen habe? Und kannst du dich noch daran erinnern, dass ich mich einmal gewundert hatte, was hier so riecht?«

»Ja, da klingelt was bei mir, aber das lag an den Pommes mit der restlichen Mayo, die ich in einer Tüte vergessen hatte.«

June hielt sich die Hand vor die Nase, weil sie sich wieder an den Gestank erinnerte. »Das roch echt wie Babykotze.«

»Dann sage ich dir lieber nicht, wie die Pommes mit der Mayo nach ein paar Wochen aussah.«

»Ich glaube, mir wird schlecht.« June lehnte ihren Kopf aus dem Fenster und nahm lieber einen tiefen Atemzug von der feuchten

Waldluft. Die orange gefärbten Blätter der Bäume erinnerten sie allerdings an Nolans Wildblumenstrauß. Sie setzte sich wieder aufrecht hin und sah zu Ruby, die nervös auf ihr Navi tippte.

»Das blöde Ding hat sich aufgehangen. Meinst du, wir sind hier noch richtig?«, fragte Ruby.

»Warte, ich starte es mal neu.« June nahm das Handy aus der Halterung. »Jetzt geht es wieder. Laut Navi sollte es nicht mehr weit sein.«

»Ist dir auch aufgefallen, dass uns seit zehn Minuten kein Auto mehr entgegenkommt und wir nichts anderes sehen außer Bäume?«

»Das hat ein Wald so an sich.« June kräuselte die Stirn, als sie bemerkte, wie oft Ruby in den Rückspiegel schaute. »Okay, Miss Fantasie. Um das klarzustellen, hier gibt es weder Zombies noch Vampire. Du kannst dich wieder entspannen.«

»Und was ist mit diesen Bären und ihren monströsen Pranken? Hast du mal überlegt, was wir machen, wenn wir hier liegen bleiben? Ich meine, das Auto röchelt wie eine Dampflok und der Empfang ist grauenhaft.«

»Sag das nicht zu laut, sonst müssen wir noch auf der Landstraße übernachten.«

»Auf gar keinen Fall! Da laufe ich lieber die ganze Strecke zurück.«

June grinste und sah auf das Navi. »Schau mal, wir müssen hier rechts abbiegen.«

Beide sahen dem dichten Waldweg skeptisch entgegen. Das klapprige Auto ruckelte über die ersten Schlaglöcher. Sie hielt sich vorsichtshalber am Handgriff fest, da der Auspuff merkwürdige Geräusche von sich gab.

»Wenn die Holzhütte so heruntergekommen aussieht wie der Waldweg hier, setze ich dich ab und fahr sofort wieder zurück!« Ruby krallte sich am Lenkrad fest und fuhr im Zeitlupentempo weiter.

Nach einem Moment des Schweigens drehte sich June um. Sie konnte immer noch die Abfahrt von der Landstraße sehen, die nicht mal zwei Minuten zu Fuß entfernt lag.

»Ob wir es bis zur Dämmerung schaffen? Nicht, dass es hier doch Bären gibt«, stichelte June und machte sich einen Spaß draus.

»Oh, jetzt bist du mutig, aber warte mal ab, bis wir einen sehen, oder Nolan, der uns oberkörperfrei empfängt. Ich wüsste zu gerne, bei wem du lauter schreien würdest.«

June kniff ihr leicht in den Oberschenkel.

»Autsch, wofür war der denn?«

»Dass weißt du ganz genau. Möchtest du etwa noch einen?«, fragte June.

»Ach komm, ein bisschen witzig war es schon. Stell dir das Bild mal vor, er denkt sich nichts dabei und hackt sein Holz und wir kreischen wie Teenager, die beim Justin Bieber Konzert sind.«

»Und du hattest Bedenken, dass er ein Psycho ist und uns im Keller festhält? Wahrscheinlich sollte Nolan eher Angst haben, dass du ihn einsperrst.«

»Darüber habe ich noch gar nicht nachgedacht, aber jetzt, wo du es sagst.«

»Warte mal, die Idee kam mir nur, weil ich dein Szenario weitergesponnen habe.«

»Ich finde, du hast echt Talent, schade nur, dass eure Treffen eher platonisch ablaufen. Sonst hätten wir doch tatsächlich Spaß am Wochenende.«

»Okay, du hast es nicht anders gewollt!« June kniff mit ihrem Finger in Rubys Hüfte. Sie lachte auf und drückte dabei versehentlich auf das Gas, so dass sie über ein Schlagloch flogen. Mit Vollgas erreichten sie hinter der Kurve auch schon ihr Ziel.

»Sieh mal einer an!« Ruby lehnte sich vor zum Lenkrad.

Die Holzveranda, die sich an der gesamten Vorderfront entlangzog, war sogar mit einer Hollywoodschaukel bestückt.

»Das sieht aus wie in einem Film. Echt der Wahnsinn«, sagte June und konnte ihren Blick gar nicht abwenden. Es war wie ein Ort, den sie zutiefst vermisste, von dem sie bisher nicht gewusst hatte, dass er existierte.

»Und du wolltest hier echt mit deinem durchlöcherten Schlafshirt auftauchen«, erwähnte Ruby beiläufig.

»Wie gut, dass du bei unserem Shoppingtrip nicht lockergelassen hast«, entgegnete June und streckte ihr die Zunge raus.

Vor der Veranda kam ihr Auto mit einem Röcheln zum Stehen. Am kleinen Küchenfenster auf der linken Seite neben der Tür bewegte sich ein weißer Vorhang. Nolan linste durch die Fensterscheibe, das Geschirrtuch hing lässig über seiner Schulter.

»Kocht er da etwa?«, fragte Ruby und öffnete die Autotür.

»Ich habe dir ja gesagt, er kocht gerne und das sogar ausgezeichnet.«

»Hat er zufällig einen Bruder?«

»Nicht, dass ich wüsste, wieso?«

»Ach, nur so.«

Der Kofferraum sprang auf und Ruby zog ihre vollgepackte Reisetasche heraus. June schnappte sich ihre Handtasche und sah aus dem Augenwinkel, dass die Haustür aufging. Scotch tapste die Stufen hinunter und rannte freudig auf sie zu.

»Hey, nicht so stürmisch, das war doch mein Part«, rief Nolan.

Sie hockte sich hin und kraulte Scotch am Hals. »Ich würde sagen, er hat den Vorsprung für sich genutzt.«

Nolan stand am Holzrahmen vor den Stufen und lehnte sich mit verschränkten Armen dagegen. Er trug ein schwarzes T-Shirt und eine dunkelblaue Jeans, dazu sein schiefes Grinsen.

»Oh man«, flüsterte Ruby hinter ihr. »Wie kannst du dich bei ihm bloß so zurückhalten?«

»Halt die Klappe!«, zischte June und merkte, wie die Hitze immer mehr in ihr aufstieg. Sicherlich glühte sie wie eine reife Tomate.

»Willkommen in der Natur, Mädels!« Er kam mit ausgebreiteten Armen auf sie zu.

»Du hast deine Hütte echt bescheiden beschrieben, weißt du das?«

Gelassen zuckte er mit den Schultern. »Ich wollte eben deinen überraschten Gesichtsausdruck sehen.«

Er näherte sich ihr und gab ihr einen Kuss auf die eh schon glühenden Wangen. Sie schloss einen Moment ihre Augen und atmete seinen Duft von Zitrone und Zedernholz ein.

»Wie war die Fahrt?«

»Ruckelig«, antwortete June und deutete mit einer Kopfbewegung hinter sich zu dem Auto. »Wir sind froh, dass wir in einem Stück angekommen sind.«

»Das nächste Mal hole ich euch ab. Aber jetzt kommt erstmal rein, das Essen ist gleich fertig.«

June hing noch seinen Worten nach, als Scotch hinter ihr anfing zu kläffen, gefolgt von Ruby, die aufschrie.

»Nein, geh weg! Hier ist nichts für dich drin!«

Beide drehten sich zu ihr um. Ruby wedelte mit ihrer Reisetasche vor Scotch, der das Ganze als Spiel sah und nach den Schlaufen schnappte.

»Ruby, pass auf, hinter dir ist ...« Doch Junes Warnung kam zu spät, denn Ruby stolperte schon mit ihrem linken Schuh in eine Pfütze.

»Oh, man! Das darf nicht wahr sein!«, fluchte sie und schüttelte den Matsch von ihrem Fuß ab. »Ich bin nicht mal angekommen und die Boots sind schon eingesaut.«

»Ich habe zwei Paar Turnschuhe mit, wenn du welche brauchst«, schlug June vor.

»Ich brauche eher einen Drink!«, erwiderte Ruby und huschte mit vorgehaltener Reisetasche an Scotch vorbei. Ein lautes Niesen folgte. »Und wer hat eigentlich den Hund mit eingeladen?«, fragte sie genervt und rieb an ihrer Nase.

In der Sekunde, als Ruby es aussprach und nochmal nieste, fiel es June wie hundert Holzbretter vom Kopf. »Ach du meine Güte!«

»Allerdings!«, sagte Ruby aufgebracht.

»Kann mir einer mal verraten, wovon ihr redet?«, fragte Nolan und sah sie beide abwechselnd an.

»Dein Hund hat eindeutig zu kratzige Haare. Wenn ihr mich entschuldigt, ich brauche dringend meine Tabletten«, antwortete Ruby und stürmte an ihm vorbei.

»Ist alles ok mit ihr?«, fragte Nolan irritiert.

June sah ihr hinterher, wie sie mit ihrem nassen linken Schuh zur Veranda stapfte. »Ich glaub, ich habe Mist gebaut.«

»Okay, und was hat Scotch's Fell damit zu tun? Mag sie keine Hunde?«

»Mögen schon, aber sie verträgt sie nicht.«

»Sag mir nicht, sie hat eine Tierhaarallergie.«

»Leider ja.«

»Aber was ist mit deiner Katze?«

»Da geht es, kommt immer auf das Tier an. Bei Hundehaaren reagiert sie sensibler. Ich weiß echt nicht, wie ich das vergessen konnte. Vorhin im Auto haben wir noch über den Hund ihrer Mutter gesprochen, dass sie ihn erst nach Rubys Auszug holen konnte, und jetzt das.«

»Ist ja nicht so, dass Scotch zu gerne auf der Couch liegt und sich in die einzige Decke kuschelt, die ich hier habe.«

»Oh man, Ruby bringt mich um.«

»Ja, bei dem Blick eben würde ich das auch denken. Wir können Scotch aber hinten in den Garten lassen, wenn wir drinnen sitzen«, schlug er vor.

»Klingt nach einem Plan.«

»Mal sehen, wie Scotch ihn findet, wenn er von draußen zugucken muss, wie wir auf seiner Couch sitzen.«

»Sag Scotch, ich schulde ihm einen riesigen Knochen als Entschuldigung.«

»Das solltest du am besten gleich tun, weil er Ruby hinein folgt.«

Von drinnen hörten sie Ruby wieder schreien.

»Geh ruhig, ich nehme deine Sachen mit.«

»Tut mir echt leid, dass es so chaotisch mit uns anfängt.«

»Ach, schon okay. Hauptsache Scotch hat seinen Spaß.«

June huschte hinein und landete direkt im riesigen Wohnzimmer. Ihr blieb gar keine Zeit, die hohe Decke mit den Holzbalken zu bestaunen, weil Ruby abwehrend mit ihrer Reisetasche umherwirbelte, während Scotch an ihr hochspringen wollte.

»Scotch, komm her«, rief June, doch er reagierte nicht.

»Hörst du, du sollst weggehen!« Ruby zeigte mit dem Finger zur Tür.

Nolan kam in dem Moment mit ihrer Tasche herein. Er pfiff so energisch auf seinen Fingern, dass selbst Ruby innehielt. Scotch reagierte sofort und huschte mit gesenkter Rute an ihm vorbei.

»Entschuldigt bitte, er ist manchmal etwas schwerhörig.«

»Ja, ich glaube, das bin ich jetzt auch«, stöhnte Ruby und schüttelte ihren Kopf.

»Kommt, ich zeige euch die Gästezimmer, dann könnt ihr in Ruhe auspacken und ich decke in der Zeit den Tisch.«

Vor einem der Zimmer blieben sie stehen. In der Mitte befand sich ein Doppelbett, an beiden Seiten ein Nachttisch aus Holz mit einer Leselampe und ein Kleiderschrank. Durch die weißen Vorhänge schien sanft die Sonne hinein, so dass der Raum hell und freundlich wirkte.

»Nett hier, vor allem das jeder sein eigenes Zimmer hat. Das hier würde ich gleich nehmen«, sagte Ruby.

»Ok, dann nehme ich das andere«, stimmte June zu.

Bevor Ruby in ihr Gästezimmer eintrat, sah sie zu Nolan. »Sag mal, hast du zufällig einen Bruder?«

June stöhnte auf.

»Habe ich was verpasst?«, fragte Nolan.

»Nicht wirklich«, antwortete June und warf Ruby einen mahnenden Blick zu.

»Also, keinen Bruder?«, hakte sie nach.

»Nein, ich bin ein Einzelkind. Warum fragst du?«

Ruby ließ ihre Schultern sinken. »Ach nur so, ich bin auf der Suche nach dem perfekten Mann und June hat so einiges über dich erzählt.« Sie setzte ein breites Grinsen auf, das ihr bis zu den Ohren reichte.

»Ruby!« Sie deutete mit dem Finger an dem Mund, dass sie die Klappe halten sollte.

»Das sagst du über mich? Ich fühle mich geschmeichelt«, stieg Nolan ein und lächelte June vielversprechend zu.

»Sie übertreibt gerne«, antwortete June und schaute sich um. »Und wo ist mein Zimmer?«

»Komm, ich zeige es dir.«

Sie schlenderten den Flur hinunter zur nächsten Tür. Über die Schulter sah June nochmal zurück. Ruby stand im Türrahmen und beobachtete sie beide. Dabei machte sie einen Kussmund und deutete auf Nolan. Rasch drehte sie sich wieder um und hoffte, nicht zu erröten.

»So, da wären wir.« Er blieb nicht wie eben vor der Tür stehen, sondern stellte Junes Tasche auf das Bett. »Die Matratze ist neu, ich hoffe, du kannst gut darauf schlafen.« Er prüfte die Federn der Matratze, indem er die Hände in die Bettdecke drückte.

»Sieht gut aus«, kratzte sie hervor. Um nicht weiterhin unbeholfen vor dem Bett zu stehen, während er die Federung testete, öffnete sie den Reißverschluss ihrer Tasche. Zum Glück war ihre Unterwäsche ganz unten, da er einen Blick hineinwarf und breit grinste.

»Was ist?«, fragte sie nervös.

»Ich freue mich einfach, dass du hier bist, June.«

»Warte ab, bis Ruby erfährt, dass wir nachher spazieren gehen.«

»Nein, ich rede von dir. Es bedeutet mir viel, dass du hergekommen bist.«

Ein Moment verstrich, indem beide nichts sagten und sich tief in die Augen sahen. Nolan rückte näher und legte seine Hand auf ihre. »Ich …«, fing er an, als Ruby an die Tür klopfte.

»Huch, störe ich gerade?«

June nahm ihren Stapel Klamotten in die Hand und öffnete den Kleiderschrank. »Sag bloß, du bist schon fertig mit auspacken?«

»Nicht ganz, weil ich erstmal meine Tablette nehmen müsste. Hast du einen Schluck Wasser für mich?«, fragte sie Nolan.

»Klar, kommst du dann gleich nach?« Er wandte sich zu June und sie sah in seinem Blick eine leichte Enttäuschung, weil sie unterbrochen wurden.

»Ja, macht ihr beide mal. Ich packe in der Zeit meine Sachen aus.«

Nachdem sie sicher war, dass weder Nolan noch Ruby zurückkamen, holte sie ihre Unterwäsche und ihren neuen Pyjama heraus. Er war langärmlig, hatte keinen Ausschnitt und keine Herzen, um ein Missverständnis zu vermeiden, sollte sie Nolan nachts zufälligerweise im Flur begegnen.

****

Genüsslich löffelte June ihre Nachspeise aus. Sie erwischte ein letztes gefrorenes Stück in der Schlagsahne, das in ihrem Mund schmolz.

»Wer von euch will Nachschlag?«, fragte Nolan.

»Immer her damit!« June hielt ihr Schälchen hin.

»Sorry Leute, aber ich muss meine Hose aufknöpfen, sonst platze ich.« Ruby stöhnte gesättigt auf.

»Dann ist ein Verdauungsspaziergang genau das Richtige für dich«, sagte Nolan, während er für June die Sahne auf die leckeren Erdbeeren löffelte.

»Heißt es nicht Verdauungsschnaps?« Ruby streckte ihre Hände nach oben, so dass ihr T-Shirt hochrutschte.

»Da muss ich dich leider enttäuschen. Ich habe hier keinen Alkohol.«

»Nicht mal eine schlummernde Weinflasche im Keller?«

»Nicht mal das. Ich habe mit dem Trinken aufgehört. Soll gesünder sein.«

Jetzt wanderte Rubys Blick hilfesuchend zu June, während er sich zur Spüle drehte. »Und das hast du auch vergessen? Wie soll ich das Wochenende ohne jegliche Betäubung überstehen?«

»Es ist mir bisher nicht aufgefallen.«

»Du hast bei eurem Essen nie Wein bestellt?«

»Nein, stell dir vor, wir hatten auch mit selbstgemachten Eistees unseren Spaß.«

»Aber was war im London Eye? Da warst du doch betrunken, oder nicht?«

»Ach ja, das habe ich völlig verdrängt. Da hat er nichts getrunken, weil er mich sicher nach Hause fahren wollte.«

»Okay, das verstehe ich ja, aber so gar nichts mehr? Und seine Gäste müssen dann auch darunter leiden?«

»Vielleicht hat er nicht daran gedacht.«

»Ich finde, ihr passt echt gut zusammen, weil ihr beide ziemlich viel vergesst.«

»Ach komm, sei nicht so. Außerdem nimmt er Tabletten und das verträgt sich nicht mit Alkohol.«

»Er nimmt sie immer noch? Ich dachte, seine Verletzung vom letzten Wettkampf ist wie lange her, mehrere Monate?«

June zuckte mit den Schultern, weil er genauso ungern darüber sprach wie sie über Phil.

»Beim Muay Thai gibt es wohl gewisse Regeln, aber bei den Wettkämpfen, an denen er teilgenommen hat, gab es keine und dementsprechend schwer war seine Verletzung.«

»Wenn du Muay Thai sagst, stelle ich mir gerade einen Mai Thai vor und den könnte ich jetzt echt gebrauchen.«

»Entschuldige, wenn wir unseren nächsten Filmnachmittag machen, bekommst du deinen Lieblingswein. Versprochen.«

»Deal, aber mit Käse und Weintrauben dazu.«

Nolan stapelte in der Zeit die Teller in die Spülmaschine und füllte das übriggebliebene Essen in eine Schüssel. »Ich kann euch aber was anderes anbieten, wenn ihr wollt.«

»Und das wäre?«, fragte Ruby und grinste bis zu den Ohren. Sicherlich kam ihre Fantasie wieder hoch, wie er oberkörperfrei mit einer Axt das Holz entzweibrach.

»Einen Zitronentee oder einen Kaffee?«

Skeptisch wanderte Rubys Blick erst zu dem älteren Teekessel und dann zur Filterkaffeemaschine. »Und sonst gibt es nichts, um uns aufzuheizen?«

Unter dem Tisch trat June mit dem Fuß gegen ihre Wade. »Autsch!«, quiekte Ruby auf und sah zu June, die ihr mit deutlichem Blick zu verstehen gab, dass ihre Fantasie hiermit endete.

»Ich nehme gerne einen Kaffee«, sagte June.

»Gut, ich nehme auch einen, aber wenn es geht in einer Espressotasse. Dann bilde ich mir ein, es wäre Rum.«

Nachdem der Kaffee in die Kanne getröpfelt war, stellte er Junes Tasse zuerst hin. In Nolans Augen mit den honigbraunen Sprenkeln lag so viel mehr, was er bisher verborgen hielt.

Sie fragte sich in dem Moment, was ihm in jener Nacht wirklich passiert war, dass er bis heute seine Tabletten nehmen musste.

Kapitel 26

»Was denkst du, mit wem er telefoniert?«, fragte Ruby und setzte sich auf die Hollywoodschaukel.

June blieb stehen und sah zu den Bäumen vor ihnen, die mit ihren dicken Wurzeln den Waldweg zierten. »Keine Ahnung, vielleicht hat er ja einen Plan B, falls es ihm mit uns zu viel wird?«

»Seit wann haben Männer einen Plan?«, fragte Ruby entrüstet.

June senkte ihren Kopf und schaute sie an. Selbst ihre blonden Korkenzieherlocken schimmerten golden in dem warmen Sonnenlicht.

»Das ist so ein Insiderwitz zwischen uns. Beim ersten Treffen haben wir über Alibis gesprochen, für den Fall, dass der Abend ein Reinfall wird. Er schätzte mich doch tatsächlich so ein, dass ich Kopfschmerzen vortäuschen würde.«

»Da lag er gar nicht so verkehrt. Wie war das mit dem Typ vom Starbucks damals?«

»Komm, das war aber auch notwendig und das weißt du.«

»Okay, das lasse ich gelten. Und hat er seinen Plan B verraten?«

»Blair«, schoss es wie eine Pistole aus June heraus.

»Wie Blair? Das hat er gesagt?«

»Nein, aber das kam mir eben als Gedanke hoch. Was, wenn er mit ihr telefoniert?« Verstohlen sah June durch die Fensterscheibe ins Wohnzimmer, doch Nolan war nirgends zu sehen.

»Wieso sollte er?«

»Keine Ahnung. Ich frage mich halt, warum er zu mir sagt, dass sie ewig keinen Kontakt hatten, aber sie nach unserem ersten Treffen beim Thailänder sofort angerufen hat?«

Ruby schnalzte auf und nahm mit ihrem Fuß Schwung. Bei ihr wirkte alles so unbeschwert, als würde sie sich nie den Kopf zerbrechen und die Dinge so hinnehmen, wie sie kommen würden.

»Okay, raus damit!«, forderte June sie auf.

»Also erstens weißt du nicht, ob das mit dem Anruf stimmt, und zweitens ist das so ein Männersyndrom. Glaube mir, wenn sie sehen, dass die Ex-Freundin ohne sie glücklicher sind, kratzt das an ihrem Ego, und zwar gewaltig! Das hat absolut nichts mit dir zu tun.«

»Heißt das, er will sie zurückgewinnen?«

»Nein. Er wollte nur testen, ob sie am Telefon schwach wird und sich wieder nach ihm sehnt, nur damit er ihr sagen kann, dass aus ihnen leider nichts mehr wird.«

»Ich weiß nicht, so schätze ich ihn nicht ein.«

Ruby klopfte auf den freien Platz neben sich. »Setzt dich mal zu mir, jetzt kommt noch eine Ruby-Weisheit für dich.«

»Ich hoffe, das hat nichts mit klebenden Kaugummis im Haar zu tun.«

»Wer macht denn sowas?«, fragte sie gespielt, während June sich zu ihr auf die Hollywoodschaukel setzte. »Ich denke, dass ihr beide vor der Wahrheit Angst habt.«

»Haben wir das nicht irgendwie alle?«, entgegnete June. Ihre Fußspitzen berührten kaum den Boden, dafür nahm Ruby mit ihren Füßen einen ordentlichen Schwung, so dass sie nach hinten in die Lehne sackte.

»Sicher! Ich will auch nicht hören, dass ich drei Kilo zugenommen habe. Die Wahrheit tut manchmal weh, aber bei ihm frage ich mich, warum er sein Leben so radikal geändert hat. Liegt es echt nur daran, weil er nicht mehr kämpfen kann? Da muss doch mehr dahinterstecken! So wie bei dir. Du hast ihm den wahren Grund verschwiegen, warum du dich vor der Galerie übergeben hast.«

»Worauf willst du hinaus?«

»Liegt das nicht auf der Hand?« Ruby sah sie an, als hätte sie eben nicht zugehört.

June überlegte. »Das wir beide nicht ehrlich sind, weil uns die Wahrheit zu sehr verletzt?«

»Ganz genau. Und warum ist das so?«

June stöhnte auf. Nur weil Nolan dringend telefonieren musste, bekam sie jetzt Rubys Fragenkatalog um die Ohren geworfen. »Ich habe absolut keinen Schimmer.«

»Na, weil ihr längst über eure *nicht Dates* hinaus seid? Sonst würden wir hier nicht auf seiner Veranda sitzen und schaukeln.«

»Oder er ist doch so ein Freak. Wer weiß, mit wem er gerade telefoniert. Vielleicht werden wir ins Ausland verschleppt und die holen uns jeden Moment ab«, witzelte June, um nicht tiefer in ihre Theorie einzusteigen, dass sie und Nolan mehr waren, als nur zwei Menschen, die ihre Vergangenheit vergessen wollten.

»Hör bloß auf, mir hat die Vorstellung von Bären schon gereicht.«

Doch June dachte erst gar nicht daran und schaute sie entsetzt an. »Das erklärt, warum er vorhin nicht wollte, dass ich in seinen Keller gucke.«

»Nicht dein Ernst!« Rubys Augen weiteten sich, während June ihr Lachen unterdrückte.

»Hast du das nicht mitbekommen? Das war schon komisch und dann hat er so auffällig zur Kellertür geschaut.«

»Das sagst du mir jetzt erst? Verdammt, mein Autoschlüssel ist im Gästezimmer!« Ruby zückte ihr Handy. »Kein Empfang. Wir sind am Arsch! Am besten, wir lassen alles zurück und rennen in den Wald!« Sie sprang so schnell von der Hollywoodschaukel, dass June sich festhalten musste.

»Herrje Ruby, was ist mit dir los? Seitdem wir aus der Stadt sind, bist du ein richtiger Angsthase geworden. Du müsstest mal dein Gesicht sehen.« June konnte nicht mehr und prustete los.

»Du hast mich veräppelt?«

»Ja klar, was denkst du denn?«

»Verdammt, du bist echt sowas von gut geworden!« Mit der Hand gab sie einen Klaps auf Junes Oberschenkel und setzte sich wieder.

»Das war nur die Revanche für vorhin, als wir im Flur standen und du einen Kussmund geformt hast.« In der Sekunde, als sie den Satz beendete, betrat Nolan die Veranda.

»Entschuldigt, es hat etwas länger gedauert. Aber wie ich sehe, habt ihr auch ohne mich Spaß.«

»Wenn du wüsstest«, sagte June und konnte gar nicht mehr aufhören zu lachen.

»Na dann, seid ihr bereit für die Wildnis?«, fragte Nolan.

»Klar, auf in die Bärenfalle«, rief Ruby und hob die Hände in die Höhe, während sie aufstand.

June ging an Nolan vorbei, dabei streifte er sanft ihren Handrücken. Sie wusste nicht, ob es ein Versehen war, oder Absicht. Doch ihr Körper reagierte sofort und in ihrem Bauch kribbelte es, als er sie berührte. Bevor ihre Wangen gleich erröteten, holte sie schnell Ruby ein.

****

Die Nachmittagssonne schien durch die Baumkronen. Neben dem Gezwitscher der Vögel hörte sie Ruby schnauben. »Ich glaube, meine Raucherlunge braucht eine kurze Verschnaufpause.« Ihre Hände stützte sie auf die Knie.

Nolan bekam von dem Zwischenstopp nichts mit, da er vor ihnen ging und nach Scotch pfiff, der im Wald verschwunden war. June nutzte den Moment und lehnte ihre Hand gegen einen Baum, dessen Rinde unter ihren Fingern bröckelte.

»Wie lange brauchen wir denn noch zu diesem blöden Bach?«, fragte Ruby.

»Ich bin mir nicht sicher. Nolan meinte, wir sind gleich da.«

»Das hat er schon vor zehn Minuten gesagt«, entgegnete Ruby trotzig.

»Ja, aber wir sind doch erst vor zwanzig Minuten los?«

»Eben! Und es nimmt kein Ende! Er meinte beim Losgehen, dass wir nicht so weit laufen und jetzt ist es gleich eine halbe Stunde! Also ich weiß ja nicht, in welchem Zeitrahmen er lebt, aber für mich ist der Weg von der Couch zur Toilette schon eine Entfernung.«

June lächelte versöhnlich. »Okay, ich rede mit ihm, dass wir umdrehen.«

»Warte mal. Hast du das gehört?«

»Was denn?«, fragte June und spitzte ihre Ohren.

»Oh Gott, das ist unser Ende. Da ist es wieder!«

Jetzt hörte sie es ebenfalls. »Es klingt so, als wenn etwas am Baum krabbelt.«

»Können Bären auf Bäume klettern?«

June kräuselte die Stirn. »Wenn es ein Bär wäre, dann hätten wir ihn schon längst gesehen. Hört sich eher an wie ein Vogel, der an der Baumrinde ist.«

Das Kratzen war ganz nah. Ehe sie überlegen konnten, was es war, starrten ihnen zwei schwarze Knopfaugen entgegen und ein buschiges Schwänzchen zitterte wild umher. Das Tier wirkte genauso erschrocken und huschte mit seinen winzigen Krallen flink nach oben in die Baumkrone. Ruby kreischte auf, so dass June vor Schreck ebenfalls schrie. Wie von einer Hornisse gestochen, rannte Ruby zu Nolan.

»Das ist bloß ein Grauhörnchen!«, rief June ihr hinterher. Während Ruby immer noch davon ausging, dass ein Bär sie verfolgte, hastete sie quer durch die Büsche, stolperte über einen Ast und flog im hohen Bogen auf den Boden. June sah nur noch ihre blonden Locken umherwirbeln, gefolgt von einem dumpfen Knall.

Nolan war zuerst bei Ruby, bevor June sie erreichte. »Hast du dich verletzt?«, fragte er besorgt und tastete ihren Knöchel ab.

»Geht schon. Der Schreck war größer als der Fall.«

June hockte sich zu ihrer Freundin. »Ich habe noch nach dir gerufen, aber du warst zu schnell.«

»Ja, wenn ich will, kann ich auch rennen«, murmelte Ruby und lehnte ihren Kopf in den Nacken und atmete tief durch.

»Was hat euch denn so erschreckt?«

»Wir hatten ein komisches Geräusch gehört, aber es war nur ein Grauhörnchen.«

»Dann ist ja gut. Vor einigen Wochen stromerte hier ein Wildhund umher und ich dachte, er sei wieder zurück.«

»Ein was?«, fragte Ruby entsetzt und klopfte den Dreck von ihren Händen.

»Er sieht auf den ersten Blick aus wie ein Wolf, aber er ist völlig harmlos. Leider ist er total menschenscheu, sonst hätte ich ihn mit zur Hütte genommen.«

June fand es rührend, dass Nolan sich um ihn kümmern wollte, während Ruby entrüstet schnaubte. »Das fehlt mir ja noch! Ein weiterer Hund! Bei dem hätte ich sofort allergisch reagiert, glaub mir mal. Mein Instinkt geht bei solchen Streunern gleich auf Abstand. Apropos allergisch, wie lange laufen wir noch zu diesem Bach?«

»Wir sind gleich da«, antwortete Nolan und sah in eine Richtung vom Wald, wo nur Bäume zu erkennen waren.

Augenrollend stand Ruby auf und humpelte mit schmerzendem Knöchel vor, während June und Nolan ihr im Gänsemarsch auf einem schmalen Pfad folgten.

Nach einigen Minuten winkte Ruby ihnen von weitem zu. »Wir haben es geschafft!«

»Gott sei Dank, sonst wäre Ruby unerträglich geworden«, flüsterte June und sah über die Schulter zu Nolan. Als sie sich wieder nach vorne drehte, stolperte sie über eine Unebenheit im Boden. Sofort reagierte er und zog sie zu sich heran.

»Das war knapp«, hauchte Nolan in ihr Ohr.

Sie schmiegte sich an ihn, während seine Arme sie hielten. Dabei neigte sie ihren Kopf zur Seite und lauschte dem Klopfen seines Herzens. Sein Herz schlug genauso wild gegen seine Brust wie ihres. Ein perfekter Moment, entstanden durch ein Stolpern in seine Arme. Zumindest war er es, bis Rubys schrille Stimme ihn unterbrach.

»Wir sollten dann mal«, hauchte June und löste sich von ihm.

»Ja, das sollten wir. Nicht, dass ich mich noch an deine Nähe gewöhne.«

»Und wenn es so wäre?« June sah erwartungsvoll zu ihm auf.

»Dann würde ich dir raten, es lieber nicht zu tun.«

****

Das gleichmäßige Plätschern des Wassers wurde lauter, je näher sie Ruby kamen. June fragte sich, wie er das meinte, da sie keine Gelegenheit mehr hatte, danach zu fragen. Wohingegen Ruby voll und ganz geheilt schien und barfuß in den Bach rannte.

»Verdammt, wieso ist das so arschkalt!«

»Warte auf mich, ich komme auch rein«, rief June und zog ihre Schuhe aus. Sie streifte ihre Socken ab und gab Nolan ihr Handy. Auf Zehenspitzen hüpfte sie über die groben Steinchen und hatte das Gefühl, ihre Zehen wurden bei der ersten Berührung mit dem Wasser schon taub. Scotch hingegen sprang wie ein Hase umher und tauchte mit dem Maul immer wieder im Wasser ab.

»Was macht er da?«, fragte June belustigt.

»Er versucht, die Kieselsteine am Boden aufzuschnappen, nur gelingt es ihm nie«, sagte Nolan, der alles vom Ufer aus beobachtete.

»Und er sollte uns vor dem Wildhund retten?«, erinnerte Ruby an ihr Gespräch.

Nolan lachte auf. »Wie gut, dass es nur ein Grauhörnchen war.«

June balancierte mit ausgestreckten Armen über die Steine. »Boah, ist das glitschig!«

»Hey, kannst du mal ein Foto von uns machen?«, rief Ruby zu Nolan, der lässig seine Hände in die Hosentaschen steckte und sich prächtig amüsierte.

»Klar, wenn ihr nicht so schaut wie zwei Eisskulpturen?«

»Oh, mir würde direkt etwas einfallen, damit wir auftauen«, scherzte Ruby und zwinkerte June zu.

»Entschuldige, was hast du gesagt? Ich habe dich eben nicht verstanden«, rief Nolan zurück und nahm Junes Handy in die Hand, um Bilder zu machen.

»Ich sagte, dass ich mich auf einen warmen Tee freue«, korrigierte Ruby ihre Antwort.

June stolperte zu ihrer Freundin, die es kaum noch in dem eisigen Gewässer aushielt. Nach ein paar Schnappschüssen humpelte sie hinaus. June fiel im glasklaren Wasser ein funkelnder Stein auf. Sie fischte ihn heraus und legte ihn in ihre Hand. Er war weiß mit schwarz schimmernden Punkten. Sie steckte ihn rasch in die Hosentasche, da das eisige Wasser an ihren Füßen immer kälter wurde. An Land schlüpfte Ruby schnell in ihre Schuhe, während Nolan auf ihr Handy schaute.

»Und wie sind die Bilder geworden?«, fragte June und klopfte den Dreck von ihren Füßen ab, bevor sie ihre Socken überzog.

»Wie eine Waldfee, die aus dem Wasser schwebt«, meinte er und zeigte ihr ein Bild, auf dem sie ihre Hände ausstreckte und zu Ruby etwas zurief.

»Ich sehe da eher aus wie ein Bauer, der herumbrüllt.«

Nolan neigte den Kopf zur Seite und gab ihr das Handy zurück. »Schickst du es mir?«, fragte er.

»Vielleicht?«

»Ah, verstehe. Das Wochenende ist ein Test, ob ich nicht doch ein Freak bin. Das erklärt zumindest Rubys skeptischen Blick zwischendurch.«

»Du willst gar nicht wissen, wie weit ihre Fantasie reicht.« June schaute in ihre Bildergalerie und entdeckte ein weiteres Bild von sich. »Oh Gott, auf dem Bild sehe ich aus wie ein Geist, der aus dem Bach emporsteigt.«

»Das liegt aber nicht an dir, sondern an meinem fehlenden Talent zu fotografieren.«

»Ich bin froh, dass du es erwähnst«, antwortete sie und bekam in dem Moment eine SMS.

Doch statt nachzusehen, wer es war, aktivierte sie sofort den Bildschirmschoner.

»Was war das denn?«, fragte er verwundert.

»Was meinst du?«

»Na das mit der SMS. Du hast sie so schnell weggemacht. Gibt es einen unbekannten Verehrer?«

»Ach, das war sicherlich nur eine automatische SMS, dass meine Handyrechnung vorliegt.«

Er schien nicht überzeugt, da er seine Hände jetzt vor seiner Brust verschränkte. »Und wieso guckst du nicht nach?«

»Ja, warum nicht.« Sie versuchte, locker zu bleiben, und klickte im Posteingang schnell auf die SMS. Es war eine Nachricht von ihrer Kollegin. »Scheinbar habe ich eher eine Verführerin, die es auf meine Süßigkeiten abgesehen hat«, scherzte sie, in der Hoffnung, er wollte nicht noch ihren Posteingang durchkämmen, weil sich dort eine Nummer befand mit vielen verzweifelten Nachrichten von ihr. Ihr Puls pochte verräterisch gegen den Hals, während er in aller Ruhe ihre belanglose Nachricht mitlas.

»Dann solltest du deine Schublade auf Arbeit lieber verschließen, denn so wie sie schreibt, ist nichts mehr übrig.«

»Tja, kaum bin ich weg, wird buchstäblich mein Platz geplündert.«

Sein Blick haftete etwas zu lange auf ihrer SMS, dass sie schon glaubte, sie müsste ein Stechen im Fuß vortäuschen. Doch wie gerufen, kam Ruby in der Sekunde auf sie zu.

»Wenn wir nicht gleich loslaufen, friere ich mir den Arsch ab!« Sie warf Nolan einen auffordernden Blick zu.

»Alles klar, dann lasst uns los. Sobald wir zurück sind, schmeiße ich den Kamin an.« Er deutete mit einer Handbewegung an, dass sie vorangehen sollten.

»Ist alles ok?«, flüsterte Ruby ihr zu.

»Ich will gar nicht daran denken, was gewesen wäre, wenn er meine Nachrichten an Phil entdeckt hätte. Musste Cara ausgerechnet jetzt eine SMS schicken?«

»Zerbreche dir darüber nicht den Kopf. Es ist ja nichts passiert.«

»Kannst du mal unauffällig nach hinten gucken, was er für einen Eindruck macht?«

Ruby schaute nicht nur auffällig über die Schulter, sondern winkte ihm auch noch zu.

»Wow, das war ja sowas von unnötig.«

»Das macht wenigstens nicht den Eindruck, dass wir über ihn reden. Und jetzt entspann dich, sonst wundert er sich wirklich noch. Was wollte sie überhaupt von dir?«

»Ach, ich hatte sie vor ein paar Tagen gefragt, ob es etwas Neues auf Arbeit gibt.«

»Und?«

»Sie hat nur geschrieben, dass alles beim Alten ist und sie meine Pralinen in der Schublade entdeckt hat.«

»An deinen Quellen solltest du echt arbeiten und von deinen Pralinen kannst du dich wohl verabschieden.«

»Ja, sieht ganz danach aus.«

Sie fragte sich zugleich, ob hier auch alles okay war. Als sie die Nachricht weggewischt hatte, glaubte sie, eine Spur von Misstrauen in seinem Blick entdeckt zu haben. Ob er ahnte, dass sie ihm etwas verschwieg?

Kapitel 27

Völlig erschöpft ließen sich Ruby und June auf die helle Ledercouch fallen. Ruby drehte den Kopf zu ihr. »Und wäre das hier was für dich?«

»Ich könnte mich daran gewöhnen. Und du?«

»Zu ruhig für meinen Geschmack. Ohne mein Nachtleben im *Hyperdrive* fühle ich mich wie eine frisch gebackene Mutter, die ihr Baby vermisst.«

»Echt? Ich würde diese laute Musik keine zwei Tage aushalten. Abgesehen davon, dass ich die ganze Nacht durcharbeiten müsste, werden die Leute von Stunde zu Stunde unerträglicher.« Sie erinnerte sich an ihren letzten Besuch, als der eine Kerl unbedingt wollte, dass sie sich auf seinen Schoß setzte.

»Klar hast du solche Tage, aber im Großen und Ganzen gibt es für mich nichts Besseres, als da zu arbeiten, wo andere feiern. Das fühlt sich so nach Leben an.«

»Oder da, wo sich andere prügeln. Kannst du dich noch an den einen Halloweenabend erinnern, an dem du einen Typen mit einem Kürbiskostüm rausgeworfen hast, weil er die sexy Hexe angebaggert hat?«

»Oh ja, und dass ich seinen dämlichen Kürbiskopf gegen die Wand geschleudert habe. Danach wurde mir klar, warum er so ein Ding auf dem Kopf hatte.«

Beide fingen an zu lachen. »Hattest du an dem Abend nicht dein Mickey-Mouse-Kostüm mit so einem übergroßen Haarreifen auf?«

Ruby rollte mit den Augen. »Dieser hässliche Kürbis schuldet mir immer noch ein Mickey-Mouse-Ohr und mein Trinkgeld!«

»Das war echt ein lustiger Abend.«

»Ja, nur bist du komplett in Schwarz gekleidet gekommen und hattest bloß ein helles Puder im Gesicht.«

»Hey! Immerhin haben mich manche als Vampir erkannt«, protestierte June.

»Es waren genau zwei Personen und wir wussten, dass du keine Fantasie hast.«

»Als Mickey Mouse zu gehen, ist jetzt auch nicht so einfallsreich. Dieses Kostüm trug ich schon in der Grundschule.«

»Hey, beleidige niemals Mickey Mouse!«, entgegnete Ruby und gähnte so ausgiebig, dass es von der Seite aussah wie ein Blauwal, der eine Tonne Krill einsaugte. »Bevor ich hier gleich einschlafe, zeig mir mal die Bilder vom Bach. Nicht das ich da selbst aussehe wie ein tanzender Kürbis auf dem Wasser.«

»Wie du willst, aber ich muss dich vorwarnen. Es sind keine von unserer Schokoladenseite.« June holte ihr Handy hervor und fing schon an zu grinsen.

»Ach du scheiße, bin ich das?«, japste Ruby und zoomte das erste Bild heran, auf dem sie schmerzverzerrt ihr Gesicht verzog. »Guck dir mal meine Lache an, da sehe ich aus wie dieser Clown aus dem Horrorfilm! Das muss sofort gelöscht werden.«

»Ach komm, das ist doch witzig.«

»Nein! Das Bild gehört in die Kategorie Fremdschämen und ist überhaupt nicht witzig!«

»Gut, ich lösche es.«

»Und jetzt will ich eins von dir sehen.«

June zuckte unschuldig mit den Schultern. »Die schlimmsten habe ich schon gelöscht.« Sie zeigte ihr stattdessen ein annehmbares Foto von sich.

»Wie niedlich, er hat jede Bewegung von dir festgehalten«, schwärmte Ruby und wischte zum nächsten Bild. »Und was machst du da?«

»Ich habe einen Stein gefunden. Der hat mich aus dem Wasser angefunkelt.« Auf dem letzten Foto hielt sie ihn in die Luft, um es Nolan von weitem zu zeigen.

»Ich finde, da siehst du so ...«

»Kindisch aus?«

»Nein, ich wollte sagen, dass du darauf glücklich aussiehst.«

June zoomte ihr Gesicht ebenfalls heran. »Ich glaube, das ist eher eine Mischung aus Kälte und die Freude über den Stein.«

»Okay, dann siehst du trotz der Eiseskälte glücklich aus.«

»Redet ihr gerade von mir?« Nolan tauchte hinter der Couch auf und stützte seine Ellenbogen zwischen ihnen auf der Lehne ab.

»Da muss ich dich leider enttäuschen. Wenn du mit anderen Dingen beschäftigt bist, ist dein Glück eben schnell vergeben!« Sie legte den Arm um Junes Schulter und grinste ihn frech an.

»Die Konkurrenz schläft wohl nie«, antwortete Nolan und sah dabei zu June.

Kurz fragte sie sich, ob er auf vorhin anspielte, weil sie die SMS nicht gleich geöffnet hatte. Aber als sein gelöstes Lächeln folgte, verwarf sie den Gedanken wieder. Er schlich um die Couch und setzte sich neben June, so nah, dass ihre Oberschenkel sich berührten und eine vertraute Nähe zwischen ihnen aufflammte. Sie versuchte, sich nicht anmerken zu lassen, dass seine Wärme sie völlig aus dem Konzept brachte.

»Was haltet ihr davon, wenn ich euch eine heiße Tasse Kakao mache und den Kamin anwerfe?«

»Klingt fantastisch«, quiekte June, wobei ihr schon heiß genug war.

»Hast du zufällig Sahne da?«, fragte Ruby.

»Sicher habe ich Sahne im Haus. Ohne ist der Kakao doch viel zu nüchtern.« Nolan zwinkerte June zu, obwohl sie ihn gar nicht gefragt hatte. Er stand auf und lief zur offenen Küche. »Komm Scotch, du bekommst dein Futter und dann gehst du in den Garten.« Der Hund trottete Nolan hinterher, als ob er jedes Wort verstehen würde.

»Er ist auf alles vorbereitet, so wie du mit deinem neuen Nachthemd«, flüsterte Ruby leicht gackernd in ihr Ohr, bis unerwartet ein Nieser folgte.

»Igitt, was war das denn? Hast du mein Ohr gerade durchgespült?« June lehnte sich vor und schüttelte ihren Kopf, während Ruby vor Lachen kaum aufrecht sitzen konnte.

»Ich weiß es auch nicht. Das kam so schnell raus. Ich sage ja, diese Hundehaare sind echt aggressiv.«

June stand auf. »Ich frage Nolan nach einem Taschentuch, bevor mein Trommelfell überschwemmt wird.«

»Sorry nochmal!«, rief Ruby ihr über die Lehne hinterher, während sie die Küche erreichte.

»Hast du ein Küchentuch für mich?«, fragte sie ihn und hielt ihren Kopf schräg.

»Sag mir nicht, du hast dich wieder verletzt.«

»Nein, aber Ruby hat mir voll in mein Ohr geniest.«

Er riss ihr ein Küchentuch ab und träufelte etwas Desinfektionsmittel darauf.

»Kann ja nie schaden«, sagte er und hielt ihr das feuchte Tuch hin. »Was mache ich bloß mit dir? Entweder niest dir jemand ins Ohr, du stolperst, übergibst dich, oder du schneidest dich.«

Sie zuckte mit den Schultern. »Ja, das klingt ganz nach mir.«

»Gibt es sonst noch etwas, das ich wissen sollte?«

»Kommt darauf an, wie viel Zeit du hast?«

Sein Lächeln wirkte mit einem Mal gehemmt. »Für dich nehme ich mir alle Zeit der Welt. Immerhin habe ich es dir zu verdanken, dass ich wieder Spaß am Leben habe«, flüsterte er in ihr Ohr, dass es ihr bis zum Scheitel hoch prickelte.

»Und was, wenn das alles nur eine Phase bei dir ist und du irgendwann feststellst, das ist es doch nicht?«

Nolan machte einen Schritt zurück und sah sie mit hochgezogenen Augenbrauen an. »Du meinst, ob ich mich mit dir langweilen würde?«

»Vielleicht? Oder falls du frühere Bekanntschaften triffst und es dich dorthin zurückzieht?«

»Das wird nicht passieren. Mein altes Leben ist ein für alle Mal vorbei.« Damit drehte er sich abrupt um und er schwieg so lange, bis die Milch für den Kakao im Topf aufkochte. Er rührte das Kakaopulver hinein und goss es in drei große Tassen. June holte derweil die Sahne aus dem Kühlschrank, um nicht überflüssig daneben zu stehen.

»Ich bringe die beiden Gläser schon mal rüber«, meinte sie und kehrte zurück in das Wohnzimmer, um das unangenehme Schweigen zu umgehen.

»Und hier kommt deine heiße Schokolade mit ...« June hielt inne. Ein leises Schnarchen entwich Ruby, die in einer Decke eingekuschelt auf der Couch schlief. Auf Zehenspitzen drehte sie sich um und schlich zurück in die Küche.

»Okay, Fehlalarm. Ruby ist eingeschlafen. Dann lassen wir ihren Kakao erstmal stehen.« June stellte die Gläser auf dem Tisch ab, schob den Stuhl beiseite und fragte sich, wie sie das Eis zwischen ihnen wieder brechen konnte. Sie tippelte nervös mit ihrem Fuß. Fieberhaft überlegte sie, was sie fragen konnte. »Wer hätte gedacht, dass es heute nochmal so warm wird, oder?«

Nolan setzte sich zu ihr, griff einen Moment später nach ihrer Hand und sah ihr tief in die Augen. »Entschuldige, dass ich eben so reagiert habe. Es ist immer noch schwierig für mich, wenn es um meine Vergangenheit geht. In mir kocht so eine Wut hoch, dass ich einfach nur reagiere, ohne vorher darüber nachzudenken, wie es bei dir ankommt.«

»Mir tut es leid. Meine Frage war total daneben.«

»Wer weiß, vielleicht ist das mein nächster Schritt. Dass ich mit dir offen und ehrlich sprechen kann, ohne gleich sauer zu werden?«

June senkte ihren Blick. Mit einem Mal wurde ihr ganz eng um den Hals, weil sie so lange um ihre Vergangenheit herumtänzelte. »Nolan, ich ...«, fing sie an, aber sie fand nicht die richtigen Worte für Phil. Und auch keine Worte für ihren tiefen Schmerz, den sie dabei empfand.

»Schwamm drüber. Was hältst du davon, wenn wir uns draußen auf die Veranda setzen? Dann kann Ruby in Ruhe weiterschlafen.«

Sie wollte ihn noch aufhalten, aber er sprang schon auf und kümmerte sich um den Kakao.

»Sicher. Frische Luft ist immer gut.«

Wieder mal überkam sie ein ungutes Gefühl, weil sie so tat, als wäre alles in Ordnung.

****

Da saßen sie nebeneinander auf der Hollywoodschaukel, ihr linker und sein rechter Arm aneinanderklebend wie zwei Hühner auf einer Stange. Sie umklammerte ihr Glas mit dem heißen Kakao und schlürfte am Rand die Sahne ab.

»Als Kind habe ich mich oft gefragt, ob dort, wo die Sonne untergeht, das Paradies liegt«, erzählte er und blickte verträumt zum Waldrand, während die goldene Nachmittagssonne allmählich im Schatten der Bäume verschwand.

»Und wie hast du dir das Paradies vorgestellt?«

»Sag du es mir«, entgegnete er und fing an zu schmunzeln.

Sie schloss ihre Augen. »Also gut, ich sehe einen Ritter mit einem prunkvollen Palast und einem Garten. In der Mitte steht ein riesiger Schokoladenbrunnen, Blumen mit zuckersüßen Blüten und ... «

»Irgendwie habe ich das Gefühl, dass wir nach dem Ritter etwas abgeschweift sind, und dass eher deine Vorstellung vom Paradies ist«, unterbrach er sie lachend.

June öffnete wieder ihre Augen. »Erwischt. Sogar das Schloss wäre aus Schokolade und mit essbaren Zuckerperlen dekoriert.«

»Fliegende Süßigkeiten soweit das Auge reicht. Der Prinz wird aber nicht wie ein Schokoladenweihnachtsmann geköpft, oder?«

»Ach komm, träumt nicht jedes Kind von einem Schokoladenhaus? Immerhin trinken wir jetzt auch Kakao.«

»Ich nicht, wenn du mich schon fragst.«

»Und wie nah war ich mit dem Brunnen?«

»Sagen wir, so nah wie der Mond zur Erde.«

»Okay, das nenne ich mal daneben.«

Sein Lachen klang so frei, dass sie automatisch mitlachen musste.

»Es sei denn, du wärst die Prinzessin gewesen, dann hätte ich einem Schokoladenbrunnen zugestimmt.«

»Oh, glaube mir, ich hätte dich mit einem Schokoladenfeuerwerk und hunderten von Luftballons aus Zuckerwatte empfangen.«

»Das ist doch ein Wiedersehen nach meinem Geschmack. Wenn sich dann noch etwas Popcorn einrichten lässt?«

»Selbstverständlich! Du bekommst einen ganzen Blumengarten aus Popcorn.«

»Bin dabei! Wann gehen wir dorthin?« Nolan nippte ebenfalls an seinem Kakao.

»Jetzt?«

»Wie, du willst mit mir ins Schlafzimmer?«, fragte er.

June stupste ihn neckisch von der Seite an. »Wir können es auch hier tun. Es ist egal, wo wir sind«, entgegnete sie augenzwinkernd.

Nolan kräuselte seine Stirn.

»Streich am besten deinen Gedanken aus dem Kopf. Du brauchst dafür nur deine Augen schließen und dann bist du schon da«, erklärte June.

Enttäuscht stöhnte er auf. »Für einen kurzen Moment glaubte ich schon, mein Traum geht in Erfüllung.« Dennoch folgte er ihrem Wunsch und schloss seine Augen. »Ich sehe dich auf dem Balkon und du hast ein mit weißer Schokolade überzogenes Kleid an und plötzlich scheint die Sonne so stark, dass dein Kleid schmilzt.«

»Netter Versuch. Okay, andere Frage, wie würde dein Paradies heute aussehen?«

»Soll ich die Frage wirklich beantworten?«

»Ja, aber ohne deine schmelzende Schokolade und unabhängig von uns beiden.«

Ein Augenblick verstrich, ehe er was sagte.

»Ich tanze mit meiner Mutter auf einer Wiese, umringt von Sonnenblumen, ihren Lieblingsblumen. Und sie ist glücklich. Ich meine, so richtig glücklich, wo ihre permanente Angst keinen Platz hat. Was hätte ich dafür gegeben, sie so zu erleben.«

June schluckte schwer und konnte seinen Schmerz so sehr nachempfinden, da es ihr mit Phil genauso ging. »Das hätte ich mir von Herzen für dich und deine Mutter gewünscht.«

»Ich mir auch, aber die Realität sah anders aus. Meine Mutter landete in der Klinik und mein Vater brachte mich in die Wettkampfszene hinein. Du wärst erschrocken, was für einflussreiche Menschen bei den illegalen Kämpfen wetten.«

»Du meinst solche Typen, die wir beim Thailänder gesehen haben?«

Er schnaubte. »Glaube mir, das sind noch die Harmlosen. Ich rede von spielsüchtigen Rechtsanwälten oder alkoholkranken Ärzten. Unterschätze niemals die Menschen, die einen anerkannten Job haben, das ist oft nur Schein. Mein Vater hat diese Kontakte gerne zu seinem Vorteil genutzt.«

»Und darauf haben die sich eingelassen?«

»Ihnen blieb nichts anderes übrig, wenn diese Leute etwas zu verbergen hatten, waren sie leicht erpressbar. Stell dir vor, es gibt einen Arzt, der ein Alkoholproblem hat und durch sein fahrlässiges Verhalten ist ein Patient bei einer Herzoperation gestorben. Es gibt sogar einen Beweis, den aber nur mein Vater hat. Diesen Menschen kannst du wie eine Marionette behandeln und das ist, so hart es klingt, die größte Macht.«

»Das ist ja furchtbar! Ich meine, so ein Arzt muss doch angezeigt werden!«

»Tja, so läuft das aber nicht.«

»Was ist mit den Kollegen? Eine Alkoholfahne riecht man doch. Ist es nicht deren Pflicht, so etwas zu melden? Was ist, wenn es wieder passiert?«

»Gute Frage, warum keiner dagegen vorgegangen ist. Möglicherweise hat er es gut vertuscht. Außerdem meinte er, dass es nicht mehr vorkommt.«

»Warte mal«, sie richtete sich auf und stellte ihr Glas auf das Fensterbrett. »Er? Heißt das, du kennst diesen Arzt?«

Seine Zornesfalte vertiefte sich. »Mein Vater hat ihn mal wegen einer Sache gebraucht, aber lass uns jetzt von etwas anderem reden. Dieses Thema vermiest uns nur den Moment.«

Eine zerreißende Stille trat ein. Immer dann, wenn sie ein kleines Stück mehr über ihn und sein bisheriges Leben erfahren könnte. Sie lehnte sich zurück und hakte nicht weiter nach. Wie könnte sie auch, wenn sie ihre Vergangenheit erst gar nicht erwähnte?

»Wie hat dir denn der neue Dessousladen gefallen, in dem du mit Ruby warst?«

»Das nenne ich mal eine Überleitung. Woher weißt du überhaupt, dass wir in einem Dessousladen waren?«

»Als du zu Ruby ins Zimmer gegangen bist und sie ihre Sachen weiter ausgepackt hat, bin ich zufällig vorbeigegangen und habe gehört, wie ihr euch über einen hautengen Overall lustig gemacht habt. Und dann meintest du, was ich übrigens total witzig fand, dass Scotch dies als Ganzkörperwurst deuten könnte und sie ihn gar nicht mehr loswerden würde. Ich hoffe, du kannst verstehen, dass eure kleine Unterhaltung mein Interesse geweckt hat.«

»Ruby!«, fluchte sie leise.

»Ach komm, lass mich an eurem Spaß teilhaben. Es bringt mich gleich auf bessere Gedanken.«

»Okay, aber nur wenn du mir versprichst, nicht mehr wie ein Honigkuchenpferd zu grinsen. Denn die Geschichte hat eine entscheidende Wendung.«

Mit dem Finger fuhr er über seinen Mund.

»Wie du ja schon mitbekommen hast, waren wir in einem Dessousladen. Und während wir ein paar ungewöhnliche Outfits zum Spaß anprobiert haben ...« June versuchte, so gelassen wie möglich ihre Begegnung mit Blair wiederzugeben, die so viele Fragen bei ihr aufwarf, »da beschwerte sich eine Frau, dass wir zu lange brauchen. Und wie Ruby nun mal ist, stand sie wie Superwoman mit ihrem engen Overall vor der Kabine und der Kampf der Giganten begann.«

»So ein Mist aber auch, wieso war ich nicht dabei?«

»Oh, glaube mir, mit dir wäre es um einiges spannender geworden.«

»Ach ja?«

»Klar, wenn Blair dich dort auch angetroffen hätte.«

»Blair?«, fragte er verwundert.

»Ja, stell dir vor, sie kam auf mich zu und rieb mir unter die Nase, dass du sie nach dem Besuch beim Thailänder angerufen hast und ich lieber die Finger von dir lassen solle.«

Kurz schien er zu hadern, was einen gewaltigen Sprung in ihrem Herzschlag auslöste, doch dann lehnte er sich gelassen zurück und schupste die Hollywoodschaukel an.

»Sollte ich mich nicht lieber fragen, was du so kurz vor dem Wochenende in einem Dessousladen gemacht hast?«

»Du weichst mir aus.«

»Du mir auch.«

June stöhnte auf. »Ich brauchte einen neuen Schlafanzug.«

Dass sie den seidig bestickten BH mit den roten Blüten gekauft hatte, verschwieg sie lieber.

»Natürlich, einen Schlafanzug.« Er grinste so breit, als hätte er längst ihren Kleiderschrank durchstöbert.

»Und, hast du sie angerufen?«

»Habe ich, ja.«

June hatte bis eben gehofft, dass Blair sich das Ganze nur ausgedacht hatte. »Gut, mehr wollte ich nicht wissen«, gab sie etwas schnippisch zurück und war mit einem Mal genervt, dass sie es überhaupt angesprochen hatte. Hätte sie bloß bis nach dem Wochenende gewartet, so wie Ruby es vorgeschlagen hatte. Nun saßen sie beide auf der Veranda und dachten an Blair.

»Sag mal, riechst du das?« Er rümpfte die Nase und neigte den Kopf zu ihr.

June lehnte sich nach vorne, doch außer der herrlichen Waldluft roch sie nichts. »Wonach riecht es denn?«

»Na diese kleine süßliche Schärfe. So ein Gemisch aus Vanille, saftigen Tannennadeln und …«, er schnupperte weiter, »einer Prise Eifersucht.«

June lehnte sich wieder zurück und verschränkte ihre Arme. »Ich finde, es riecht eher nach Ablenkung.«

»Ah, jetzt, wo du es sagst!« Versöhnlich legte er einen Arm um ihre Schulter. »Komm, gib es zu. Ein bisschen witzig war es schon.«

»Ich habe innerlich gelacht«, murmelte June und streckte ihm die Zunge raus.

»Du brauchst wegen Blair nicht besorgt sein. Ich hatte sie seit dem Krankenhaus nicht mehr gesehen und wollte nur fragen, wie es ihr geht.«

»Habt ihr vor, euch mal zu treffen?«

Nolan schob sie näher zu sich ran, als hätte er Sorge, sie könne gleich weglaufen, wenn er weitersprach. »Nicht, dass ich wüsste, und wieso sollte ich, wenn ich mit so einer bezaubernden Frau hier sitze.«

»Da bin ich ganz deiner Meinung, immerhin wäre ich ja die Prinzessin mit dem Schokoladenfeuerwerk und das kann keine toppen.«

Er wischte eine Strähne aus ihrem Gesicht und schob sie langsam hinter ihr Ohr. Dann fuhr er mit seinen Fingern an ihrem Hals entlang, welches ein angenehmes Kribbeln nach sich zog.

»Du bist die Einzige seit langer Zeit, die mein Herz berührt.«

Und als würde er damit ihr Herz berühren, fiel ihre Mauer wie Staub zusammen. »Es gibt da eine Sache, die ich dir schon so oft erzählen wollte.«

In dem Atemzug, als sie die Kurve zu den Umständen ihrer angeblichen Trennung von Phil erklären wollte, schepperte es hinter ihnen. Beide drehten sich zeitgleich um. Am Wohnzimmerfenster stand

Ruby und blickte ihnen erschrocken entgegen. Die Decke hing über ihrem Kopf wie eine Tarnung.

»Nichts passiert! Ich habe nur eine Holzschale umgeworfen«, rief Ruby gegen die Fensterscheibe und hob die Schale auf. »Redet ruhig weiter, ich wollte euch nicht unterbrechen.«

June fragte sich, wie viel sie schon mitgehört hatte, während Ruby zurück zur Couch schlich. »Hatte ich erwähnt, dass Ruby von Natur aus sehr neugierig ist?«

»Abgesehen von der vergessenen Tierhaarallergie?«

»Und ihrer Vorliebe für alkoholische Getränke«, ergänzte June.

»Das erklärt, warum sie Muay Thai immer mit einem Cocktail verwechselt.« Sie lachte auf, während er weitersprach. »Bevor Ruby uns unterbrochen hat, wolltest du mir etwas sagen?«, erinnerte er sie an ihr Vorhaben, endlich mit der Wahrheit rauszurücken. Doch irgendwie war die Magie, die sich zwischen ihnen angebahnt hatte, durch Rubys Auftritt wieder verschwunden.

»Ach, weißt du, ist nicht so wichtig. Ich sehe mal kurz nach Ruby. Ich glaube, sie hat gerade einen Allergieschub, zumindest höre ich sie wieder niesen.« June biss sich auf die Lippen über den verpassten Moment und das Aufrechterhalten ihrer Lüge. Doch sie konnte nicht anders. Immer, wenn sie es versucht hatte, passierte etwas um sie herum und ließ die Worte in ihrem Mund wieder verstummen.

Kapitel 28

Nach einer wohltuenden Dusche legte June etwas Rouge auf, tuschte ihre Wimpern neu und zog den weinroten Zweiteiler aus Baumwolle über, den sie zusammen mit Ruby gekauft hatte. Sie fuhr am samtigen Stoff entlang. Er passte perfekt zu einem gemütlichen Abend vor dem Kamin, während sie dem Knistern der Flammen lauschen würden.

Vom Badezimmer aus huschte sie den schmalen Flur hinüber zu Rubys Gästezimmer, um ihr Outfit zu präsentieren, doch kaum hatte sie die Tür geöffnet, traute sie ihren Augen nicht. Ruby war gerade dabei, ihre Klamotten in die Reisetasche zu stopfen.

»Habe ich unter der Dusche irgendetwas verpasst?«, fragte June und kam auf sie zu.

»Sorry, dir das jetzt sagen zu müssen, aber ich kann echt nicht länger bleiben.« Sie drehte sich zu ihr um.

Augenblicklich wurde June klar, was der Grund dafür war. Die roten Äderchen trübten das Weiße in Rubys Augen, ihre Nase war völlig wund vom Schnauben. Sie schmiss ihre Wechselsachen auf das Bett, griff zu der Packung Taschentücher auf dem Nachttisch und reichte ihr eins.

»Das sieht aber gar nicht gut aus, soll ich zur Apotheke fahren und dir etwas holen?«

»In der Gegend hier gibt es nicht mal einen Nachbarn, geschweige denn ein Geschäft. Dieser Hund hat so ein hartnäckiges Fell, dass es mir überall im Gesicht juckt!«

»Tut mir so leid, Süße. Das ist alles meine Schuld!«

»Schon gut, mach dir keinen Kopf! Bei Happy geht es ja stundenweise, aber bei Scotch könnte ich mir nach fünf Minuten die Augen auskratzen. Außerdem beeinflusst das meine gute Laune und du weißt ja, wie ungenießbar ich werden kann. Glaube mir, es ist besser, wenn ich fahre, damit ich euer Wochenende nicht vermassle.«

»Wie, nur du gehst? Ich komme mit! Denkst du, ich lasse dich mit deinen angeschwollenen Augen alleine nach Hause fahren?«

»Ich habe mit Nolan schon gesprochen und er ist damit einverstanden, dass er dich morgen nach Hause fährt. Um mich brauchst du dir keine Sorgen machen. Und wenn du jetzt mitkommst, klingt es eher nach einer Ausrede.« Ruby lehnte sich über die Reisetasche und zog den Reißverschluss zu. Das Ratschen fuhr durch Junes Körper und erzeugte unmittelbar eine Gänsehaut.

»Ich kann nicht ohne dich hierbleiben und du kannst auf keinen Fall ohne mich fahren. Was, wenn es doch Bären gibt?« Irgendetwas musste ihr doch einfallen, damit sie blieb.

»Im Moment nehme ich lieber einen Bären in Kauf, anstatt diese Hundehaare. Außerdem warst du auf der Hollywoodschaukel mit ihm alleine und so, wie ich das mitbekommen habe, habt ihr euch super verstanden.«

Am liebsten hätte sich June auf die Tasche gestürzt und an ihr festgeklammert. »Und wenn Scotch ab jetzt im Schlafzimmer bleibt und wir morgen in aller Frühe abreisen?«

Der Vorschlag war Nolan gegenüber zwar nicht fair, aber die Vorstellung, mit ihm alleine vor dem knisternden Kamin zu sitzen, jagte ihr eine immense Angst ein.

»Das bringt nichts, weil die Haare in der Couchritze, im Teppich und sonst wo haften. Ich habe sogar ein Haar im Gästehandtuch gefunden!«

»Oder er schläft auf der Veranda? Ist doch eh naturgetreuer für einen Hund.«

Ruby war schon mit einem Fuß im Flur. Trotz ihrer gereizten Augen hatte sie einen entschlossenen Blick drauf. »Pass auf. Wenn ich hierbleibe, ist immer ein Stück Vergangenheit von dir anwesend. Wer weiß, vielleicht sollte es mit dem Allergieschub so kommen, auch wenn ich gerne davon verschont geblieben wäre.«

Sie zuckte mit den Schultern, als hätte eine Münze über ihr Schicksal entschieden. Unterschwellig hörte June heraus, dass sie auf ihre Vermeidungstaktik mit Phil anspielte und es an der Zeit war, die Karten auf den Tisch zu legen.

»Und was ist, wenn ich es nicht schaffe?«, fragte June. Vom Wohnzimmer aus hörte sie Nolans Schritte, die über den Dielenboden knarrten.

»Dann sei fair genug und lasse ihn nach dem Wochenende ziehen. Ich weiß, wie schwer es dir fällt, über Phil zu reden, aber dann gestehe dir auch ein, dass du noch Zeit brauchst, bevor ihr das nächste Wochenende hier verbringt und Nolan sich Hoffnung macht.«

»Du meinst das ernst, oder?«

»Wenn du mit dem Vorschlag um die Ecke kommst, dass ich mein Gesicht bis morgen früh zerkratzen soll?«

»Du hast recht, das war gemein. Ich bin nur völlig durcheinander, wenn du mit deiner Tasche hier stehst und gleich fahren wirst.«

»Es geht nicht anders, du musst dich dieses Wochenende entscheiden für die Wahrheit oder eine weitere Lüge. Womit kannst du besser leben?«

June schluckte schwer. Kaum hatte Ruby das Wort Lüge ausgesprochen, entdeckte sie Nolan, der mit genügend Abstand vorne an der Tür auf sie wartete. Sicherlich bemerkte er ihren verstörten Gesichtsausdruck, dass sie ganz und gar nicht mit ihrer Absprache einverstanden war, allein mit ihm hierzubleiben.

Ruby nickte ihr zu und marschierte den Flur hinunter. Sie schlüpfte in ihre Schuhe, zog ihre Jacke an und nieste erneut. Er nahm ihr die Tasche ab und ging vor zu ihrem Auto.

»Du packst das, und falls was ist, ruf mich an, ja?«

»Mir wäre es lieber, wenn du per Videochat die ganze Zeit bei mir bleibst«, flüsterte June.

»Ich bin in Gedanken bei dir.«

»Na, super.« Augen rollend umarmte sie Ruby zum Abschied. »Pass auf dich auf und melde dich, wenn du zu Hause angekommen bist.«

»Ja, Mutti.«

****

Der Wald war so stockfinster, dass Himmel und Erde eins waren. Nur die Rücklichter von Rubys Wagen, die hinter der Kurve verschwanden, deuteten darauf hin, dass dort der Weg sein musste.

»Tja, dann waren es nur noch zwei«, unterbrach Nolan die Stille der Nacht.

»Sieht ganz so aus.«

»Was hältst du davon, wenn ich uns den Kamin nochmal anschmeiße?«

June war froh, dass sie weit genug von dem Licht der Veranda entfernt standen, so konnte er unmöglich ihren zweifelhaften Blick bemerken.

»Wenn du uns wieder so einen leckeren Kakao machst, bin ich dabei.« Zumindest konnte sie sich dann an der Tasse festklammern, sollte es dazu kommen, dass sie sich die einzige Decke teilten, die er hatte.

****

Scotch rannte mit einem Ball im Maul auf June zu, während Nolan das Holz im Kamin anzündete.

»Dich bekommt man auch nicht müde, oder?« Sie nahm den Ball, warf ihn in die hinterste Ecke vom Wohnzimmer, und ließ sich in die Kissen der Couch fallen. Sie legte ihren Kopf in den Nacken und sah nach oben zu den Holzbalken, die das Dach stützten.

»Genau so habe ich mir eine Hütte vorgestellt«, meinte sie und betrachtete die Baumringe mit den dunklen Kerben von alten Ästen, die wie Schatten aus der Vergangenheit hervortraten. June senkte ihren Kopf wieder und sah ihm zu, wie er mit einem Metallstab durch die goldenen Flammen stocherte. Seine Muskeln spielten unter seinem T-Shirt, so dass sie ihren Blick nicht von ihm abwenden konnte. Nolan stand auf und kam langsam auf sie zu. Seine Schultern waren aufrecht und die Brust erhoben. Doch statt sich neben sie zu setzen, stützte er seine Hände gegen die Rückenlehne. Ihr Kopf befand sich zwischen seinen Armen.

»Ich habe das Gefühl, dass wir uns schon ewig kennen. Verrückt oder?«

Nolan sah ihr so tief in die Augen, dass ihr ganzer Körper prickelte. Dabei strich er sanft an ihrer Wange entlang.

»Nein, es ist ganz und gar nicht verrückt. Mir geht es um ehrlich zu sein genauso.«

Seine Berührung fühlte sich so vertraut an, dass sie ihren Kopf in seine Hand neigte. Sie schloss ihre Augen und gab sich dem Moment hin.

»Ich bin froh, dass du nicht mit Ruby zurückgefahren bist.«

»Oh, glaube mir, ich habe es versucht, aber Ruby war sehr deutlich, dass in ihrem Auto kein Platz für mich war.«

Seine Mundwinkel bogen sich erfreut nach oben. »Dann werde ich ihr wohl danken müssen, oder vielmehr Scotch. Wer weiß, vielleicht sollte es so kommen.«

June schmunzelte. »Genau dasselbe hat Ruby vorhin auch gesagt.«

»Sie wird mir immer sympathischer«, raunte er und setzte sich neben sie. Er nahm ihre Hand und strich mit seinem Daumen über ihre Innenfläche. »Interessant, ich sehe etwas Neues in deiner Herzlinie.«

»Ach ja? Und was genau siehst du da?«

»Dass ein verdammt gutaussehender Kerl in dein Leben getreten ist und dir den Kopf verdreht hat.«

»Du weißt schon, dass du die ganze Zeit bei der Kopflinie bist?«

»Echt? So ein Mist!«

»Aber mir fällt gerade etwas anderes auf.« June nahm seine Hand und legte ihre daneben. »Wir haben beide eine unterbrochene Schicksalslinie. Deine ist zwar ausgeprägter, aber sie verläuft ähnlich nach oben wie meine.«

»Dann ist es mit uns vorherbestimmt?«

»Möglich.«

»Wenn das so ist, sollten wir keine Zeit verlieren und uns schnell einkuscheln.« Nolan schüttelte die Decke auf und schlug sie um ihre Beine. Scotch sprang ebenfalls auf die Couch und kuschelte sich an Junes Seite.

»Ich glaube, er ist glücklich, dass er seinen Platz wieder hat«, stellte sie fest.

»Und ich bin froh, dass Ruby nicht mehr dazwischen plappert.«

Ein angenehmes Schweigen breitete sich aus, während sie dem Knistern vom Kamin lauschten. Es wirkte so beruhigend auf June, dass ihre Augen immer schwerer wurden.

Kapitel 29

Ein munteres Gezwitscher weckte June sanft auf. Die Arme zog sie unter der Bettdecke hervor und streckte sich genüsslich, ehe sie sich fragte, wie sie in ihr Bett gekommen war. Sie fuhr durch ihre zerzausten Haare, um ihre Gehirnzellen aufzuwecken. Dabei kam eine Erinnerung hoch, in der sie beide eingekuschelt in einer Decke saßen und dem Kamin lauschten. Sofort schob sie ihre Bettdecke zur Seite und prüfte, ob sie ihren weinroten Zweiteiler vom Vorabend noch trug. Erleichtert atmete sie auf. Wenigstens hatte er ihr keinen Schlafanzug angezogen, während sie womöglich mit offenem Mund schnarchte. Sie kam langsam hoch, schlich zur Tür und spähte in den Flur.

Es duftete nach gebratenem Bacon. Auf Zehenspitzen huschte sie zur Küche vor und blieb an der Türschwelle stehen, die laut knarrte. Scotch war ganz hypnotisiert von dem Duft und beobachtete jede Bewegung von Nolan, der am Herd stand. Er trug ein weißes, ärmelloses Shirt und schwarze Boxershorts. Mit einem unverschämten Lächeln drehte er sich zu ihr um. Ihr Herz machte einen Sprung bei seinem Anblick.

»Guten Morgen Prinzessin, wie hast du geschlafen?«

»Wie ein Baby, aber ich frage mich, wie ich ins Bett gekommen bin, weil ich mich nicht mehr daran erinnern kann.«

Er ließ sich mit seiner Antwort Zeit und holte aus dem Schrank zwei Tassen, so dass sie sich schon fragte, ob er es überhaupt gehört hatte.

»Nachdem du mit deinem Kopf auf meinen Schoß gerutscht bist und mir irgendwann der Fuß eingeschlafen ist, habe ich dich ins Bett getragen«, antwortete er völlig gelassen, als wäre es nicht schon peinlich genug, dass sie mit ihrem Gesicht an seinem Genitalbereich lag.

»Bitte sage mir, dass es ein Scherz ist.«

»So wahr ich hier stehe, es ist so gewesen. Aber keine Sorge, du bist ein Fliegengewicht. Nur fiel es mir verdammt schwer, dich alleine im Bett zurückzulassen, weil du immer wieder gesagt hast, du willst mich nicht verlieren und dass ich bleiben soll.« Er legte einen lauten Seufzer ein. »Das war echt hart.«

June fragte sich, ob sie noch etwas anderes gesagt hatte, aber er machte nicht den Anschein, dass er den Grund für ihre verzweifelten Worte kannte.

»Was du natürlich nicht getan hast«, meinte sie und versuchte, sich nicht anmerken zu lassen, dass ihre Hände vor Aufregung zitterten.

»Keine Sorge, nach zwei Minuten hast du so fest geschlafen, dass ich deinen Puls prüfen musste.«

»Ob die Version jetzt besser ist, weiß ich ehrlich gesagt auch nicht.«

»Dann ist das deine offizielle Erlaubnis, dass ich das nächste Mal bleiben darf?«

»Warte, lass mich kurz überlegen ...«, Sie fuhr gespielt mit ihrer Hand über ihr Kinn. »Nein, das bedeutet es nicht.«

Nolan goss zwischenzeitlich den Kaffee ein, als sie in der Spiegelung von der Mikrowellentür ihre verschmierte Wimperntusche entdeckte.

»Ich verschwinde kurz im Bad, bin gleich zurück«, rief sie ihm zu, während sie sich schnurstracks umdrehte und den Flur hinuntereilte.

»Soll ich dir deinen Kaffee bringen?«

»Nein, alles gut. Stell ihn ruhig auf den Tisch. Ich brauche nicht lange.« Das fehlte ihr ja noch, dass er dabei zusah, wie sie ihre Schminke mit einem Feuchttuch abwischte.

****

Wenige Minuten und ein vorzeigbares Gesicht später, kehrte sie in die Küche zurück. Auf dem Tisch standen auf einmal zwei Kerzenstumpen, frisch gepresster Orangensaft, aufgeschnittenes Obst, Blaubeer-Scones, Spiegeleier mit Bacon, eine üppige Auswahl an Käse, Wurst und Marmelade. In einem Körbchen dufteten Brot und Croissants verführerisch.

»Das hast du alles vorbereitet, als ich im Bad war?«, fragte sie verdutzt.

Er zog einen Stuhl zurück und lud sie mit einer Handbewegung ein, sich zu setzen. »Ich wusste nicht, was du noch magst außer Franios Muffins, und da dachte ich, ein Brunch wäre die beste Lösung.«

»Sowas hat noch nie jemand für mich gemacht«, flüsterte sie gerührt und setzte sich.

Nolan nahm neben ihr Platz, pikte mit der Gabel ein Stück Bacon auf und schob ihn genüsslich in seinen Mund. »Den musst du unbedingt probieren«, sagte er und schloss dabei seine Augen.

»Ich weiß gar nicht, was ich zuerst kosten soll. Es sieht alles so lecker aus.«

Sie arbeitete sich von herzhaft zu süß und endete bei einem Croissant, das sie mit Erdbeerkonfitüre bestrich und genüsslich abbiss.

»Du hast da noch etwas Konfitüre.« Sein Finger deutete auf ihren Mundwinkel.

Mit der Zungenspitze fuhr sie an ihrer unteren Lippe entlang. »Ist es weg?«

»Am Mund schon, aber sie zieht sich jetzt wie eine Schneckenspur hoch zur Wange.«

»Du meinst wohl eher ein Schneckenschiss, weil ich das Gefühl habe, dass ein Stückchen Erdbeere an meiner Haut klebt.«

Lachend stand er auf, holte ein Küchentuch und rückte seinen Stuhl näher zu ihr heran. »Warte, das haben wir gleich.«

June wusste nicht genau, wie dieses plötzliche Kribbeln im Bauch zu ihr kam. Ob es an dem liebevoll gedeckten Frühstückstisch lag oder an seinem verschlafenen Gesicht, in das sie jetzt blickte, als er das

Küchentuch faltete und vorsichtig über ihre Wange wischte. Dabei streifte er sanft ihre Unterlippe und hielt mit einem Mal inne.

Für einen Moment fragte sie sich, ob der Kamin an war, da es wahrlich zwischen ihnen knisterte. Er beugte sich langsam zu ihr vor und schaute ihr tief in die Augen. Seine Lippen berührten zögerlich ihren Mund, bis June seinen Kuss erwiderte. Nolan schmeckte nach würzigem Bacon und Marmelade. Ein perfekter Mix.

»Jetzt ist die Konfitüre endgültig von deinen Lippen ab.« Seine Augen funkelten wie warmes Gold und ein schelmisches Lächeln umspielte seine Lippen, welches sie so mochte. Ihren alarmierenden Verstand schaltete June aus und zog Nolan wieder zu sich heran. Ihre Küsse wurden intensiver. Nach ein paar leidenschaftlichen Minuten lösten sie sich schwer atmend voneinander.

»Vielleicht wäre es besser, wenn ...«, fing sie an und brach den Satz ab, weil ein Teil in ihr nicht aufhören wollte.

Er fuhr verlegen durch seine Haare und lehnte sich zurück. »Was hältst du davon, wenn ich dir den Schuppen zeige?«

»Deinen Schuppen? Nur zu deiner Info, ich bin nicht gerade der Gartenexperte und habe keine Ahnung von irgendwelchen Geräten.«

Nolan warf vor Lachen den Kopf in den Nacken. »Glaube mir, was du da drin finden wirst, hat nichts mit dem Garten zu tun und ich bin mir sicher, dass es dich interessieren wird.«

Sie nahm einen Schluck von ihrem Orangensaft und sah ihn an. »Okay, jetzt bin ich neugierig geworden. Lass uns am besten gleich hingehen.« Nicht zuletzt, weil sie sich selbst dabei erwischte, wie sie zu seinen Lippen sah und sie ihn am liebsten wieder küssen würde.

****

Beide schwiegen darüber, was eben passiert war, und eilten überstürzt nach draußen.

»Ich sehe gar nicht, wo der Wald anfängt und dein Grundstück aufhört«, sagte sie, während sie durch das hoch gewachsene Gras zum

Schuppen stapften. Vereinzelt knackte es unter ihren Schuhen, wenn sie auf einen Zweig trat.

»Leider ist mir der Rasenmäher kaputtgegangen und seitdem lebe ich hier wie im Dschungel.«

Scotch hüpfte über die Grasbüschel an ihnen vorbei.

»Ihm scheint es zu gefallen.«

»Warte seinen traurigen Hundeblick ab, wenn wir nachher die Sachen packen und zurückfahren wollen.«

»Dann sind Scotch und meine Happy gar nicht so verschieden. Wenn ich heute Abend nach Hause komme, würdigt sie mich keines Blickes. Als könnte sie die Uhr ablesen und wüsste, dass ich länger weg war als sonst.«

Im hinteren Teil des Grundstücks ummantelten Efeuranken die Bäume. Ebenso wurden die Wände des kleinen Schuppens von den grünen Blättern eingenommen. Nolan öffnete die vom Moos bedeckte Holztür.

»Und hier drin soll etwas sein, das mir gefallen könnte?«, fragte sie sicherheitshalber nochmal nach. Bevor sie einen Blick erhaschen konnte, blieb er in der Tür stehen. Seinen Finger legte er sanft auf ihren Mund und weckte in ihr wieder die Sehnsucht nach seinen Lippen, die sich jetzt frech nach oben bogen.

»Was ich dir jetzt zeige, darfst du unter keinen Umständen Ruby erzählen, sonst hält sie mich tatsächlich für ein Landei.« Mit erhobenen Augenbrauen versuchte sie erneut an ihm vorbeizuschauen, aber keine Chance. Nolan stand wie ein Fels in der Tür. »Ach und es gibt noch eine Bedingung, bevor ich dich in mein geheimes Projekt einweihe.«

»Und die wäre?«

»Den Zutritt kann ich nur mit einem Kuss gewähren.«

»Und die Regel hast du wann beschlossen?«

»Ist mir eben eingefallen.«

»Dann hoffe ich, dass mein Kuss für einen Eintritt reicht.«

»Das werden wir gleich mal testen.« Seine Arme umschlangen ihren Rücken und er zog sie fest zu sich heran. Er war wie einer dieser umstehenden Bäume, so beschützend und zugleich so wärmend und fürsorglich. Ihre Lippen berührten sich, als wäre es vorherbestimmt gewesen. Es fühlte sich für June so vertraut an, dass sie völlig vergessen hatte, was sie ihm die ganze Zeit hatte sagen wollen. Stattdessen verdrängte sie die Wahrheit über Phil mit jedem weiteren Kuss.

»Und?«, fragte sie, nachdem sich ihre Lippen nur schwer voneinander getrennt hatten.

»Wie soll ich es sagen, mehr als einen Blick hineinzuwerfen ist leider nicht drin.«

»So schlimm?«

»Ganz im Gegenteil, viel zu kurz«, hauchte er und presste ihre Lippen wieder aufeinander.

Es wurde leidenschaftlicher, als er sie gegen die Schuppentür schob und ihren Hals küsste.

»Ich würde sagen, das ist jetzt aber schon ein freier Eintritt für einen Monat«, scherzte sie und holte Luft.

Nolan war genauso außer Atem und fuhr nervös durch sein Haar. »June Summer, du hast hiermit einen unbegrenzten Zutritt erlangt.«

»Das ist doch mal ein großzügiges Angebot.«

»So bin ich eben bei meiner Stammkundin.«

»Und ich hoffe, ich bin die Einzige mit so einem Exklusivvertrag.«

»Wer sonst, June Summer«, raunte er und zwinkerte ihr zu. Er nahm ihre Hand und ging vor.

Auf dem Boden entdeckte sie unzählige Farbkleckse. June sah nach vorne, als er stehenblieb und einen Schritt zur Seite machte. Vor ihnen standen drei Staffeleien, die mit weißen Laken bedeckt waren. Auf der Arbeitsplatte daneben befanden sich Farbtöpfe, Pinsel in allen möglichen Größen, Glasbehälter und eingetrocknete Tücher, die ebenfalls voller Farbe waren.

»Ich wusste gar nicht, dass du malst.« Verblüfft ging sie auf die linke Staffelei zu.

»Ich, ehrlich gesagt, auch nicht. Es entwickelte sich einfach. Es war eine Mischung aus Langeweile und dem Drang, etwas Neues auszuprobieren. Wobei ich schnell festgestellt habe, dass es mich körperlich nicht herausfordert.«

»Darf ich?« June berührte schon den Stoff vom Laken, als er sie unterbrach.

»Warte! Du musst zuerst meinen allerersten Versuch sehen, aber wehe du lachst, dann nehme ich den Exklusivvertrag sofort wieder zurück.« Er ging zu der Staffelei, die rechts außen stand.

»Wie kommst du denn darauf?« June presste ihre Lippen aufeinander, weil es doch etwas lustig war, dass er als ehemaliger Muay Thai Boxer jetzt malte.

»Dein unterdrücktes Grinsen habe ich übrigens bemerkt«, erwähnte er und zog das Laken zur Seite. »Das Bild habe ich ein paar Wochen nach meiner Entlassung aus dem Krankenhaus gemalt. Es ist nichts Besonderes, aber es drückt meinen Zustand von damals aus und durch das Malen hatte ich das Gefühl, es würde mir etwas besser gehen.«

Die dunklen Linien, die sich quer über die Leinwand zogen, wirkten kühl und rau. Es zeigte all seine Trauer, ohne einen Funken Hoffnung darin. Das Bild war ein Spiegelbild ihres Zustands nach Phils Tod.

»Es ist so echt und roh. Einfach wunderschön.«

»Findest du?« Nolan sah selbst nochmal zum Bild.

»Es drückt das aus, was du damals gefühlt hast. Warum versteckst du es im Schuppen?«

»Weil ich mir diesen verzweifelten Moment im Krankenhaus buchstäblich von der Seele gemalt habe und es kein Bild ist, das ich mir ehrlich gesagt aufhängen möchte.« Seine Wangenknochen bewegten sich, nachdem die Zeichnung unter dem Laken verschwunden war. »Das zweite Bild ist dafür etwas farbenfroher«, kündigte er an und ging zur danebenstehenden Staffelei.

»Es ist sehr grün«, stellte sie fest und hielt sich diesmal bedeckter mit ihrer Interpretation.

»Ursprünglich wollte ich Scotch im Garten zeichnen, allerdings sah er aus wie ein kleiner Kackhaufen mit Ohren und deswegen habe ich daraus verschiedene Büsche gemalt.« Er deutete auf die dunkleren Stellen im Hintergrund.

»Und hinter Bild drei versteckt sich das Paradies?«

»Bevor die Spannung für dich ins Unermessliche steigt, wollte ich dich wissen lassen, dass du die Bilder gerne ersteigern kannst.«

»Und in was für einem Preissegment bewegen wir uns da?«

»Für das erste Bild berechne ich zwanzig Küsse. Das zweite mit fünfzig und für das Letzte würde ich einhundert Küsse nehmen. Und das ist echt ein fairer Preis.«

»Wenn das so ist, kann ich die Küsse von eben mit anrechnen?«

»Leider kann ich keinen Rabatt geben, immerhin habe ich viele Stunden daran gearbeitet.«

»Das verstehe ich natürlich«, meinte June und schmunzelte über seine Verhandlung. »Aber ich zahle erst, wenn ich es gesehen habe.« Wie bei einer offiziellen Versteigerung enthüllte er nun das letzte Werk.

»Das offene Meer«, flüsterte sie und dachte an all die Momente, in denen sie in ihrem Trauerschmerz fast ertrunken war.

»So ist es, stürmisch und faszinierend zugleich. Ich hatte ein ähnliches Bild im Internet gesehen und fand es so passend, weil mein Leben auch in Wellen verläuft. Mal geht es mir wunderbar und ich könnte Bäume ausreißen und im nächsten Moment würde ich am liebsten alles hinschmeißen.«

»Besser hätte ich es nicht ausdrücken können. Du hast wirklich Talent.«

»Weißt du was, ich schenke dir alle drei, wenn ich dich auf der Stelle küssen darf!«

»Das nenne ich mal eine entschlossene Versteigerung.«

Er kam auf sie zu und umfasste ihr Gesicht. Doch bevor sie sich wieder in seinen Küssen verlieren konnte, hielt er inne. »Egal, welche Farben dieser Welt ich nehmen würde, keine kommt an deine kleeblattgrünen Augen heran.«

Er küsste sie sanft und sah sie wieder an. Diesmal mit einem etwas anderen Blick, den sie nicht deuten konnte.

»Was ist?«, fragte June verwundert.

Nolan atmete tief durch. »Ach, nichts.«

Sie trat einen Schritt zurück und neigte ihren Kopf zur Seite. »Okay, raus damit!«

»Ich ...«, fing er an und grinste verlegen.

»Du?«, half sie nach, weil es ihr vorkam, als hätte eine Fernbedienung bei ihm auf Stopp gedrückt.

»Ich habe mich in dich verliebt, June. Ich weiß, es ist viel zu früh sowas zu sagen und klingt völlig verrückt, aber es ist einfach passiert. Du hast mein Leben von der ersten Sekunde an verändert. Du gibst mir die Hoffnung, dass ich diese zweite Chance verdient habe.«

Das Bild mit den Wellen schien gerade auszubrechen und sie regelrecht zu überfluten.

Sie räusperte sich, weil ihr die Worte im Hals stecken blieben. »Nolan, ich ...«, sie haderte mit sich. »Ich weiß nicht, was ich sagen soll. Ich freue mich natürlich für dich, dass du durch mich dein neues Leben als Chance siehst. Nur ...«

Ein Augenblick verstrich. Von dem dünnen Blechdach über ihnen hörte sie Regentropfen, die immer stärker wurden.

»Das war dumm von mir. Tut mir leid, mein Fehler. Pass auf, ich gehe zurück, um Scotch Futter zu geben und du kommst nach, wenn du soweit bist.«

Bevor sie etwas erwidern konnte, verschwand er durch die Schuppentür.

»Oh man, ich bin so bescheuert!«, fluchte sie. Mit wackeligen Beinen ging sie im Schuppen auf und ab. Durch das Schuppenfenster konnte sie kaum etwas sehen, so sehr schüttete es. Wenn sie jetzt nicht zu ihren Gefühlen stand, würde sich Nolan genauso fühlen wie sie damals bei Phil. Alleine gelassen mit dem abgelehnten Gefühl, dass der andere nicht dasselbe empfand. Sie entschloss sich, wenigstens dieses eine Mal mutig zu sein.

June riss die Tür auf und rannte ihm hinterher. An ihre Hose klatschte das nasse Gras, von oben prasselte der Regen auf ihren Scheitel und in ihr Gesicht. »Nolan, warte!«

Er blieb stehen und drehte sich zu ihr um.

»Du hast nichts Falsches gesagt.« Sie nahm seine Hand, die er eben noch zur Faust geballt hatte. »Sondern genau das Richtige! Nur habe ich einfach Angst davor.«

»Ich habe auch Angst, June. Eine verdammte Scheißangst sogar, aber für dich würde ich jedes Risiko eingehen. Ich möchte mein Herz wieder öffnen und das Leben mit dir genießen. Du bist alles für mich, June!«

»Du bist mir genauso wichtig, Nolan. Weil ich mich auch in dich verliebt habe«, hauchte sie und die Tränen vermischten sich mit den Regentropfen.

»Du kannst dir gar nicht vorstellen, wie glücklich ich gerade bin!« Er packte sie an der Hüfte und hob sie hoch. Dann drehten sie sich im Kreis, mitten im hohen Gras, vom Regen gesegnet, irgendwo abseits von all ihren Sorgen.

Ohne voneinander loszulassen, stürmten sie in die Hütte hinein. Die Schuhe streiften sie am Eingang ab, ihren durchtränkten Pullover schob er hastig über ihren Kopf und warf ihn zu Boden. Nolan zog seinen ebenfalls aus. Darunter trug er ein schwarzes Muskelshirt. Rückwärts taumelten sie zur Couch, während sie beinahe über Scotch stolperten, der sich auf dem flauschigen Teppich vor dem Kamin breitgemacht hatte. Beide kicherten wie zwei Teenager. Die Küsse wurden dabei immer stürmischer. An der Couch angekommen, schlang er seine Arme um sie und legte sie vorsichtig auf den

Rücken. Seine Finger wanderten von ihrer Wange zum Schlüsselbein und streiften am Träger ihres BHs entlang.

»Darf ich?«, fragte er mit rauer Stimme, die durch ihren Körper vibrierte.

»Ja«, hauchte sie und schloss ihre Augen, damit sie jede seiner Berührungen intensiver wahrnehmen konnte.

Er schob den Träger sanft zur Seite. Seine Lippen wanderten an ihrem Hals hinunter. Er seufzte auf, wie eine erfüllte Sehnsucht, die ihn überkam.

In dem Augenblick gab es nur sie beide. Zwei gebrochene Herzen, die zu einem Ganzen verschmolzen. Suchend nach mehr Nähe, schob sie ihre Hände unter sein Shirt. Nolan zuckte zusammen, als sie seine Brust berührte. Bevor sie jedoch fragen konnte, ob es ihm unangenehm war, nahm er ihre Handgelenke und hielt sie über ihren Kopf.

»Nicht bewegen«, raunte er und stellte sich hin, um seinen Gürtel zu lösen, seine Hose aufzuknöpfen und sie langsam auszuziehen. Die Boxershorts fiel ebenfalls zu Boden. Bis auf sein Muskelshirt, welches er anbehielt, stand er nackt vor ihr. Mit einem fast schüchternen Lächeln beugte er sich über sie. Seine Hände wanderten hinter ihren Rücken, um den BH-Verschluss zu öffnen. In der Sekunde erhaschte sie durch den Ausschnitt seines Shirts einen Blick auf seine definierte Brust. Dabei entdeckte sie auch eine tiefe und lange Narbe. June wollte ihn gerade darauf ansprechen, als sie von seiner Zunge abgelenkt wurde, die in kreisenden Bewegungen von ihrem Schlüsselbein hinunter zu ihren Brüsten fuhr. Ihre Fingernägel krallte sie in das Leder der Couch, bevor sie vor Lust aufstöhnte. Ihren Hosenbund streifte er langsam hinunter und liebkoste die Innenseiten ihrer Schenkel. Sie hatte nur noch den seidig bestickten Slip an. Er lehnte sich zurück und sein Blick schweifte über ihren Körper.

»Du bist so wunderschön, June. Einfach perfekt!«

Ihr fielen sicherlich hundert Gründe ein, die dagegensprachen, aber er sagte es mit einer solchen Aufrichtigkeit, dass sie sich unglaublich begehrt fühlte.

»Soll ich weitermachen?«, fragte er und grinste frech.

Sie nickte ihm bloß zu, denn sie konnte keine Sekunde länger warten, bis seine Hände ihren Körper wieder berührten. Ihren Slip streifte er langsam ab. Er stöhnte auf, als sie ihm zu verstehen gab, dass sie ihn genau da haben wollte, wo eben noch der Slip ihre intimste Stelle bedeckt hatte. Er öffnete leicht ihre Beine und fuhr mit seinen Fingern an ihrem Becken entlang. Bis er tiefer wanderte.

Genussvoll schloss sie die Augen, als er mit ihr spielte. Er beugte sich zu June vor und küsste sie sanft, während er in sie eindrang. Ein lustvolles Stöhnen stieß aus ihrer Kehle. In der Sekunde lösten sich all die Ketten von ihr, die sie sich selbst auferlegt hatte. Dieser Augenblick wurde zu einem inneren Feuerwerk, das alles sprengte.

Kapitel 30

An diesem Sonntagnachmittag lag June das erste Mal in seinen Armen und fühlte sich wie neu geboren. Seine Finger malten kleine Kreise auf ihrem Arm. Ihr Kopf lehnte an seiner rechten Brust. Sie verspürte so eine Lebendigkeit, obwohl sie seelenruhig mit ihm im Bett lag. Ein zufriedenes Lächeln huschte über ihr Gesicht, weil alles in ihr ruhte, wo sonst pures Chaos herrschte.

»Können wir für immer so liegen bleiben?«, fragte sie ihn und hob ihren Kopf an.

»Solange du möchtest«, flüsterte er und gab ihr einen Kuss auf ihr Haar.

Seine Gesichtszüge wirkten losgelöst von all seinen Sorgen, die ihn bis dahin gezeichnet hatten. Sie fragte sich, wie das Wochenende abgelaufen wäre, wenn Ruby nicht auf Scotchs Haare reagiert hätte. Niemals würden sie hier Arm in Arm liegen und schon gar nicht hätten sie sich mehrere Male hintereinander geliebt. Dennoch gab es eine Sache, die ihren inneren Frieden störte.

»Kann ich dich etwas fragen?«

»Alles, was du willst.«

Sie kam hoch und stützte sich mit den Händen auf der Bettdecke ab. »Warum hast du die ganze Zeit dein Shirt anbehalten?«

Er fuhr sich durch seine Haare und sah dann zum Muskelshirt herunter. Es war anscheinend die einzige Frage, mit der er nicht gerechnet hatte.

»Mein Körper ist nicht mehr der, der er früher einmal war. Deswegen habe ich es nicht ausgezogen.«

»Ist es wegen deiner Verletzung vom letzten Wettkampf?«

»So ist es.« Er sah auf und setzte diesen einen Blick auf, dem sie nicht widerstehen konnte. »Und nun komm wieder her. Du bist viel zu weit weg.«

Sie rutschte zu ihm und seine Küsse wurden leidenschaftlicher, doch June durchschaute seine Ablenkungstaktik.

»Würdest du es mir zeigen?« Sie sprach ihn bewusst nicht auf die Narbe an, weil er nicht mitbekommen hatte, dass sie zufällig einen Blick darauf erhaschen konnte.

»Ich will ehrlich gesagt nicht, dass du mich mit anderen Augen siehst, wenn ich es dir zeige«, gestand er und rutschte hoch bis zur Lehne, so dass June von ihm weggeschoben wurde.

»Und was glaubst du, würde ich in dir sehen?«

»Einen Schwächling, weil ich nicht Mann genug war, den Kampf zu gewinnen. Das Ironische an der Sache ist, dass ich immer dachte, ich habe die Macht über meinen Körper, dabei hängt mein Leben jetzt von ihm ab.« Er schnaubte, während er an sich herabsah.

»Du bist in meinen Augen der mutigste Mann, weil du einen Weg suchst, um das Beste daraus zu machen, auch wenn du deinen Traum aufgeben musstest. Vielleicht eröffnest du ja mal eine eigene Kampfsportschule für Kinder?«

»Ich und Kinder? Das glaube ich eher weniger. Aber danke, dass du so viel in mir siehst.«

»Du hast eben ein großes Herz.« June nahm seine Hand und drückte sie sanft. Dabei fiel ihr Blick erneut zu seiner Brust.

»Ich merke schon, du gibst nicht auf. Okay, aber es ist kein schöner Anblick.«

In der Sekunde, als er sein Shirt nach oben zog und sie noch grinste, sah sie seine größte Verwundbarkeit. »Ach du meine Güte!«

Die Narbe zwischen seiner Brust war locker dreißig Zentimeter lang.

»So kann man es auch nennen.«

Bevor er sein Shirt wieder überzog, hielt sie es fest. »Bitte nicht. Tut mir leid, meine Reaktion war unangebracht. Es ist nur ...« Sie beugte sich leicht nach vorne. Ihre Finger schwebten zögerlich über seiner Narbe. »Darf ich?«

Mit wachsamen Augen sah er sie an. Er nickte knapp und spannte in dem Augenblick seinen Oberkörper an.

Sie fuhr sanft wie eine Feder über seine Narbe, die sich ungewöhnlich rau und warm anfühlte.

»Was ist bloß mit dir passiert?«, flüsterte sie. June konnte sich kaum vorstellen, was für Schmerzen das gewesen sein mussten.

Er atmete schwer aus, bevor er antwortete. Sein Leiden war so allgegenwärtig, dass sie die Hand wieder zurückzog. Sein altes Leben, das er so sehr vermisste, war für immer auf seiner Haut gezeichnet.

»Kannst du dich noch an unser Gespräch erinnern, dass ich mit Fieber kämpfen musste?«

»Ja, und dass du den Kampf nicht mehr absagen konntest, weil die Wetteinsätze schon platziert waren.«

»Ich habe eine Lungenentzündung verschleppt und nicht vollständig auskuriert, was sich extrem auf meine Gesundheit auswirkte. Der Gegner hat gemerkt, dass ich schwächele, und hat mich k.o. geschlagen.«

»Und warum ist keiner dazwischengegangen? Ich meine, die haben doch mitbekommen, dass du krank warst, oder?«

»So läuft das nun mal nicht«, sagte er und strich über seine Brust. »Das Letzte, woran ich mich erinnere, war seine Faust und dann bin ich im Krankenhaus aufgewacht. Also alles halb so wild.«

June schaute verlegen nach unten und zupfte an ihrem Fingernagel. »Du hast das nicht verdient! Es war dein Traum und nun ist er für immer zerstört.«

Sie dachte mit einem Mal an Phil, der nicht nur seinen Traum verloren hatte, sondern auch sein Leben.

»Hey, es geht mir gut«, sagte er.

June nickte und wischte zugleich ihre Tränen ab. Scotch sprang in dem Augenblick auf das Bett und fiepte.

»Ich glaube, er will uns aufmuntern«, flüsterte sie und streichelte über sein Fell.

»Oh, lass dich davon nicht täuschen. Es bedeutet eher, dass er ganz dringend raus muss.«

Nolan lachte auf, weil June sofort aufhörte, den Hund zu streicheln, aus Sorge, dass er sein Bein heben könnte.

»Was hältst du davon, wenn ich mit ihm rausgehe und wir danach mit einem heißen Kakao im Bett weiterreden? Dann erzähle ich dir in Ruhe, wie die Narbe entstanden ist.«

»Das würde mir viel bedeuten.«

»Mir auch. Ich bin gleich wieder da und wehe, du bewegst dich von der Stelle«, hauchte er und küsste sie. Sein Kuss hatte so eine Tiefe, dass sie sich am liebsten darin verlieren wollte.

»Ich sollte jetzt besser gehen, bevor Scotch …«

»Einen Kuss noch«, flüsterte sie und zog ihn zu sich heran.

»Okay, das ist nicht fair«, raunte er.

»Ich mache doch gar nichts.«

Er fuhr mit seinen Händen schon über ihre Brüste, als Scotch anfing zu bellen.

»Wie ein kleines Kind, immer im unpassenden Moment«, rief Nolan ihm zu und stand auf.

Kapitel 31

Die restliche Wärme von ihm verschwand allmählich aus der Bettdecke, in die sie sich eingekuschelt hatte. June kroch aus dem Bett und wollte sich schnell im Bad frisch machen, ehe er von der Gassirunde zurückkam. Vor dem Spiegel holte sie die Realität allerdings wieder ein. Um ihren Mund hatte sie rötliche Flecken, die von seinen Bartstoppeln sein mussten. Aus ihrer Kosmetiktasche nahm sie rasch ihr Make-up und überdeckte die Stellen. Mit einer Bürste kämmte sie ihre zerzausten Haare und wischte mit ihrem Finger den verschmierten Mascara am Augenlid weg. Obwohl ihre Haut etwas gerötet war, strahlten ihre Augen wie zwei funkelnde Diamanten.

Sie öffnete den Spiegelschrank, um nach einem erfrischenden Mundwasser zu schauen. Stattdessen fand sie, wie in seiner Wohnung, ein Blutdruckmessgerät, ein Fieberthermometer und eine weiße Tablettendose. Dahinter lag ein zerfleddertes Notizbuch. June nahm es heraus und blätterte darin. Neben dem Gewicht, den Auswertungen von Puls und Blutdruck stand auch das dazugehörige Datum. Der letzte Eintrag lag einige Wochen zurück und das Notizbuch wurde nur sporadisch ausgefüllt.

Ein leichtes Frösteln überkam sie, als sie es zurücklegte und sich fragte, wofür er das gebraucht hatte. Sie sah sich nach etwas zum Überziehen um und entdeckte an der Badezimmertür seinen schwarzen Bademantel. Sie nahm ihn vom Haken, schlüpfte hinein und atmete seinen herrlichen Duft von Zedernholz und Zitrone ein. Mit dem übergroßen Bademantel huschte sie in ihr Gästezimmer.

Sie schnappte ihr Handy, auf dem sich drei verpasste Anrufe und eine SMS von Ruby befanden, und schlich zurück ins Schlafzimmer.

Sie warf das Handy auf das Bett und ging zum Fenster. Doch weder Nolan noch Scotch waren zu sehen.

June huschte zurück unter die Bettdecke, als am anderen Ende etwas zu Boden knallte. June stöhnte auf, weil es nur ihr Handy sein konnte. Sie robbte zum Fußende und fischte mit ihrer Hand danach, doch sie kam nicht ran.

»Also gut, dann stehe ich eben auf«, fluchte sie und hockte sich vor das Bett. Dabei entdeckte sie eine braune Schachtel, die sich auf seiner Seite am Kopfende befand. June schnappte ihr Handy und setzte sich aufrecht auf die Bettkante. Während sie überlegte, was in der Schachtel sein konnte, knabberte sie an der Außenseite ihrer Lippe. Die Neugier gewann allerdings wenige Sekunden später gegen die Vernunft. Sie stand auf, schaute vorher nochmal aus dem Fenster, um sicherzugehen, dass Nolan nicht zurückkam, und zog die Schnur vom Bademantel enger. Auf ihren Knien robbte sie vor, streckte den Arm aus und stellte schnell fest, dass sie nicht nah genug an den Karton herankam.

Sie sah sich in seinem Schlafzimmer nach einem brauchbaren Gegenstand um. Da entdeckte sie hinter der Tür einen Hocker, auf dem ein Bügel lag. Diesmal klappte es und sie angelte die Kiste erfolgreich hervor. Ihr Herz schlug wie wild gegen ihre Brust, als sie den Deckel mit der feinen Staubschicht vorsichtig öffnete. Dabei spreizte sie die Finger, um möglichst keine Spuren zu hinterlassen. Statt wie erhofft auf alte Kinderbilder oder romantische Liebesbriefe zu stoßen, fand sie zerknüllte Zeitungsausschnitte darin. Einen davon nahm sie heraus und strich das Papier glatt. *Autofahrer übersah Radfahrer an einer Kreuzung*, lautete die Überschrift.

Ob er auch jemanden bei einem Unfall verloren hatte und sich nicht traute, darüber zu reden? June schluckte schwer, als sie den nächsten Ausschnitt in die Hand nahm. *Junger Mann starb bei Motorradunfall wegen toten Winkel beim LKW.*

Sie kippte die gesamte Kiste aus, strich jeden Artikel glatt und breitete sie auf dem Dielenboden aus. Sie stammten aus ganz England, zudem waren die Opfer meistens männliche Personen. Bei einem Ausschnitt stach ihr plötzlich das Datum in die Augen.

Es war wie ein Schlag in die Magengrube. Erst glaubte sie, es wäre ein Zufall, doch als sie die anderen Daten abglich, wurde ihr ganz schwindelig. Die Berichte glitten durch ihre Hände und ein schriller Ton fuhr durch ihre Ohren, als würde ein Zug neben ihr mit den Bremsen quietschen. Es war dasselbe Wochenende, an dem Phil gestorben war. June rutschte auf dem Bademantel zurück. Die Tränen schossen hoch, als sie sich fragte, ob Phils Artikel auch in dieser Kiste lag, die unter Nolans Bett verstaubte wie eine alte Sammlung, die keiner mehr brauchte.

Von draußen hörte sie Scotch bellen. Kurz darauf knarrten die Stufen der Veranda. Ihr Blick schweifte leer über den Boden, der mit tödlichen Unfällen übersät war. June wischte mit dem Ärmel ihre Tränen ab, sammelte schnell die Zettel ein, und stülpte den Deckel auf den Karton. Mit Schwung schob sie ihn zurück an die Stelle, wo er herkam, hüpfte auf das Bett und verkroch sich unter die Bettdecke.

Das Schnüffeln hinter der Tür erinnerte sie an ihre eigene Schnüffelei in Nolans Sachen. Dabei entdeckte sie etwas abseits noch einen zerknüllten Zeitungsausschnitt, den sie übersehen hatte.

»Wir sind wieder da«, rief Nolan beschwingt aus der Küche, während June in Windeseile aufstand und mit zitternden Fingern nicht wusste, wohin mit dem Schnipsel.

Ihre Klamotten waren drüben im Gästezimmer und im Bademantel könnte er ihn entdecken. Sie griff nach ihrem Handy, entfernte die Hülle und faltete den Zettel so, dass sie die Handyhülle wieder anbringen konnte.

In der Sekunde öffnete Nolan die Tür. Sein Strahlen versetzte ihr einen Stich im Herzen, denn für ihn hatte sich nach ihrem Abschied nichts geändert, für June hingegen stand alles auf den Kopf. Ihr Herz klopfte verräterisch, als sie die Handyschale unauffällig einrastete und ihr Handy unter ihr Kopfkissen schob.

Ihr schossen so viele Fragen durch den Kopf, dass sie nicht klar denken konnte.

»Und wirst du schon vermisst?«

»Wie meinst du das?«

Nolan deutete auf ihr Kopfkissen. »Weil du dein Handy versteckt hast, als ich reinkam.«

Sie sah ebenfalls zu ihrem Kissen und überlegte fieberhaft, was sie sagen sollte. »Ach so, Ruby lässt nicht locker und will jedes Detail seit gestern wissen. Aber da muss sie sich noch etwas gedulden.«

»Da hast du nach unserem Wochenende wohl eine Menge zu berichten.« Er kam selbstsicher auf sie zu und gab ihr einen Kuss. Doch June konnte die Gefühle in dem Moment nicht erwidern. »Ist irgendetwas gewesen, als ich mit Scotch draußen war?«

»Mir ist mein Handy runtergefallen, als ich auf dich gewartet habe«, sagte sie mit zittriger Stimme und spürte eine Hitzewelle unter dem Bademantel aufsteigen.

»Falls es kaputt gegangen ist, kenne ich jemanden, der es reparieren kann oder wir …«

June schüttelte den Kopf und konnte ihre Tränen nicht mehr zurückhalten. »Das ist es nicht.«

Nolan sah sie abwartend an und setzte sich zu ihr.

»Als ich mein Handy vom Boden aufhob, habe ich deine Kiste unter dem Bett entdeckt.«

Sein Blick verfinsterte sich augenblicklich. Zudem verschränkte er die Arme vor seiner Brust. »Und was hast du dann gemacht?«

»Ich wollte es nicht, wirklich. Und es war absolut falsch, dass ich in deinen Sachen herumgeschnüffelt habe. Nur …«

»Nur was? Dass du es trotzdem getan hast, nachdem ich mich dir anvertraut habe?« Er stand energisch auf.

»Bitte lass es mich erklären. Ich dachte, du hast dort alte Kinderbilder aufbewahrt, oder sowas.« Kaum hatte sie es ausgesprochen, schämte sie sich nur noch mehr.

»Tja, nur ist es nicht so gewesen!«

»Ich hatte kein Recht dazu, die Kiste zu öffnen. Und bitte glaube mir, wenn ich dir sage, dass es mir damit furchtbar geht. Nur ist es scheinbar wirklich unser Schicksal, dass ich sie entdeckt habe. Denn wie es aussieht ...«

»Warte mal! Du redest von Schicksal, wenn du in meinen Sachen wühlst? Das ist deine Erklärung?«

»Ich wollte dir damit sagen, dass die Kiste nicht nur mit dir zu tun hat, sondern ...«

Nolan schnitt ihr das Wort ab. »Und jetzt suchst du eine Gemeinsamkeit, verstehe. Pass auf, wir kürzen das Ganze ab. Ich habe in diesen Zeitungsartikeln eine Antwort gesucht, die ich nie finden werde. Denn was mir in der Nacht passiert ist, darüber wird nicht berichtet. Du willst wissen, warum? Weil ich bei einem illegalen Wettkampf beinahe gestorben wäre und nur überlebt habe, weil mein Vater seine Kontakte hat spielen lassen. Ich wurde in der Nacht gerettet, während jemand anderes dafür starb! Und das ist der verdammte Grund, warum ich dieses Leben nicht verdient habe!«

»Ich verstehe nicht, was du damit meinst.«

Nolan lachte hart auf. »Und das wirst du auch nie. Bis eben habe ich echt geglaubt, dass ich dir alles anvertrauen kann. Ich dachte, du bist mir vom Himmel geschickt worden, weil du so viel in mir bewegt hast, aber ganz offensichtlich habe ich mich in dir getäuscht.«

»Das ist nicht fair!«

»Das ist es tatsächlich nicht, denn kaum habe ich dir meine Narbe gezeigt, wühlst du in meinen Sachen herum.«

»Du lässt mich ja nicht mal ausreden!«

»Ist auch nicht mehr nötig. Packe deine Tasche zusammen. Ich warte draußen auf dich, bis du fertig bist.«

In June brodelte es, weil er ihr keine Chance gab, endlich die Wahrheit zu sagen. Sie konnte nicht länger sitzen bleiben und zusehen, wie er sich wortlos zur Tür drehte und sie sich nicht erklären konnte.

»Wegen der Kiste schmeißt du alles hin, was zwischen uns ist? Hat dir das Wochenende nichts bedeutet?«, rief sie ihm verzweifelt hinterher.

»Mir hat es alles bedeutet June! Viel mehr, als du dir vorstellen kannst!«

Kapitel 32

Nolan

»Nolan, warte! Ich habe dir über den Kirschblütenanhänger nicht alles erzählt und je mehr Zeit ich mit dir verbringe, umso mehr bereue ich es, nicht ehrlich zu dir gewesen zu sein. Zwar habe ich erwähnt, dass er von meinem besten Freund Phil ist, aber das war nicht alles. Ich konnte bisher nicht über ihn sprechen, weil er eines Nachts so unerwartet aus meinem Leben verschwunden ist und ich mir bis heute die Schuld dafür gebe.«

»Dass du nicht über ihn reden wolltest, habe ich akzeptiert und dass du Zeit dafür brauchst, ist für mich auch völlig in Ordnung. Nur frage ich mich, was die Kiste damit zu tun hat.«

Ihre Pupillen wurden glasig und Nolan sah, wie schwer es ihr fiel. »Phil starb in derselben Nacht wie die Personen, von denen du die Zeitungsausschnitte gesammelt hast. Er ist bei einem Autounfall ums Leben gekommen, nachdem wir uns am Telefon gestritten hatten. Ich habe ihm meine Gefühle aus dem Affekt heraus gestanden, während er betrunken in der Bar feierte. Also im unpassendsten Moment überhaupt. Danach wollte er zu mir fahren und die Sache zwischen uns klären, aber …« Ihre Stimme brach ab.

»Du hast mich die ganze Zeit in dem Glauben gelassen, dass ihr keinen Kontakt mehr habt. Dabei ist er nicht nur aus deinem Leben verschwunden, sondern gestorben? Hilf mir auf die Sprünge, weil ich es absolut nicht verstehen kann, warum du mich in dem Punkt angelogen hast!«

»Wir kannten uns doch kaum, da erwartest du, dass ich dir alles von mir erzähle? Zumal du genauso spät mit deiner Narbe rausrückst und mir die Geschichte dazu auch nicht erzählt hast!«

Nolan spannte seine Brust an. »Es ist ein gewaltiger Unterschied, ob man aus der Not mit der Wahrheit herausrückt, oder ob man es freiwillig macht! Du für deinen Teil rückst nur damit raus, weil du in meiner Kiste herumgewühlt hast. Hättest du es mir überhaupt irgendwann erzählt oder war ich nur eine Ablenkung für dich? Ein neuer bester Freund mit Extras?«

Junes Unterlippe zitterte und er wusste, dass es ab hier kein Zurück mehr gab, was sie bis eben verbunden hatte.

»Ich erwarte nicht, dass du mir das hier verzeihst. Nur sollst du wissen, dass ich dafür meine Gründe hatte, warum ich nicht über ihn reden konnte. Ich habe permanent das Gefühl, daran zu ersticken. Bitte Nolan, ich will dich deswegen nicht auch noch verlieren!«

Er ballte seine Hand zu einer Faust. Er versuchte, dem Drang zu widerstehen, etwas zu zerstören, doch seine Wut schoss durch seine Adern wie Adrenalin. Er schlug so heftig gegen die Wand, dass June zurückschreckte. In ihrem Blick war pure Angst. Auch wenn er stinksauer auf sie war, sollte sie niemals Angst vor ihm haben. Deswegen stürmte er ungehalten ins Wohnzimmer.

Eine weiße Tischlampe schleuderte er zuerst gegen den Kamin. Die Lampe schepperte zu Boden. Er griff schon zum nächsten Gegenstand, als June dazwischenging.

»Bitte, hör auf«, flehte sie ihn an und hielt ihn am Arm zurück.

»June, verschwinde!«, knurrte er und warf eine Skulptur gegen die Wand.

»Ich weiß nicht, was ich noch sagen kann, außer dass es mir unglaublich leidtut. Ich kann diesen Fehler leider nicht mehr rückgängig machen.«

»Weißt du, was mein größter Fehler war? Dass ich die Nacht vor sechs Monaten überlebt habe. Und dein Fehler war es, dass du Phil in der Nacht keine Wahl gelassen hast und er zu dir fahren musste. Wir hätten jetzt ein ganz anderes Leben, wenn wir in jener Nacht andere Entscheidungen getroffen hätten!«

»Also war das mit uns ein Fehler? Willst du das sagen?«

»War unsere Beziehung nicht von Anfang an zum Scheitern verurteilt?«

Entsetzt sah June ihn an. »Und ich dachte, wir hätten eine Verbindung zueinander. Du siehst nur meine Fehler, aber nicht die Momente, in denen wir glücklich waren! Seit du in mein Leben getreten bist, kann ich wieder lachen. Und ja, es ließ mich den Schmerz kurzzeitig vergessen, weil es einen gewaltigen Unterschied zwischen deiner und meiner Vergangenheit gibt. Du hast vielleicht deinen Traum aufgeben müssen, aber ich habe meinen besten Freund verloren!« Sie stürmte weinend aus dem Wohnzimmer und knallte die Tür zu.

Als er realisierte, wie zerstörerisch seine Worte waren, schnappte er sich ein Glas vom Tisch und warf es gegen die Wand. Das Glas zersprang in tausend Splitter, genauso wie seine Illusion, dass June sein fehlendes Glück im Leben war. Ein Stechen zog dabei so heftig durch sein Herz, dass er sich nach vorne beugen musste. Es dauerte einen Augenblick, bis er sich wieder aufrichten konnte.

Aus der Küchenschublade holte er eine Dose heraus, um seine Tablette einzunehmen, die er gestern ausgesetzt hatte, damit die Übelkeit ihm den Abend nicht vermasselte. Zurück in seinem Schlafzimmer, in dem alles seinen Lauf genommen hatte, schnappte er sich den Holzhocker und schmiss ihn mit voller Wucht gegen den Schrank. Die Bettdecke, in der sie vor einer Stunde noch glücklich gelegen hatten, warf er vom Bett, genauso wie die Matratze. Mit seinem Fuß trat er durch den Lattenrost, griff zwischen den gebrochenen Holzlatten nach dem Karton und riss den Deckel ab. In der Luft zerfetzte er die Zeitungsausschnitte und warf die leere Schachtel gegen die Wand.

Vom Flur aus hörte er, wie ihre Reisetasche über den Fußboden schliff. Rasch befreite er sich aus dem kaputten Bettgestell und folgte

June. Allerdings war sie schneller aus der Tür, als er hinterherkam. Vom Küchenfenster aus beobachtete er, wie sie am Range Rover stand und schluchzte. Ein Teil in ihm verspürte unendliche Traurigkeit, weil er sie so zerbrechlich sah, während ein anderer Teil in ihm vor Wut schäumte. Wieso hatte sie ihm nicht vertraut und warum fiel es ihm gleichzeitig so schwer, sie gehen zu lassen?

****

Die ganze Autofahrt über wechselten sie kein Wort. Es war die längste Zeit, die sie schweigend nebeneinander verbrachten. Irgendwann drehte er das Radio auf und schaltete immer wieder um, wenn ein Liebeslied ihr Schweigen unerträglicher machte.

Langsam rollte er in ihre Straße ein. Viel früher, als sie geplant hatten und weitaus niedergeschlagener, als er es sich jemals erträumt hatte.

Ein letztes Mal blickte er in ihre verquollenen Augen und bereute zutiefst, was er zu ihr gesagt hatte. Dies war ein bitteres Lebewohl von ihrem zauberhaften Lachen, ihren kleeblattgrünen Augen, ihrer zarten Haut, ihren weichen Lippen und ihren morgendlichen Treffen im *Mirabella*. Hätte er gewusst, dass ihre Berührungen an diesem Wochenende die letzten sein würden, wäre er niemals mit ihr zur Hütte gefahren.

Kapitel 33

June lehnte mit angezogenen Beinen gegen ihre Kommode. Mit Tränen gefüllte Augen starrte sie die leere Flurwand an. Dort hatte sie einst Phils Zeichnung vom Park aufgehangen und nach jener Nacht wieder verschwinden lassen.

Erneut fing sie an zu weinen. Es kamen all die Tränen heraus, die sie während ihrer langen Rückfahrt zurückgehalten hatte. Zwar hatte sie zwischendurch geschluchzt, als sie aus dem Fenster gesehen hatte, aber das schien Nolan nicht mehr zu interessieren. Vor ihrer Haustür hatten sie nicht mal ein paar Abschiedsworte füreinander übrig. Es war so, als hätten sie all ihre Munition verbraucht, die sie hinter dem schützenden Hügel ihrer Angst abgefeuert hatten. Am Ende hatten sie beide die Schlacht verloren und fielen weitaus mehr Schritte zurück, als sie bisher gemeinsam gegangen waren.

An ihrem Pullover haftete sogar noch sein Parfum. June konnte es nicht glauben, was in der Hütte mit ihnen passiert war. Vor einigen Stunden saßen sie am Frühstückstisch, den er so liebevoll eingedeckt hatte und wo sie sich das erste Mal küssten. Einer der schönsten Momente von dem Wochenende war jedoch, als sie Nolan vom Schuppen hinterhergerannt war und er sie im Regen vor lauter Glück hochgehoben hatte. Doch all das hatte keine Bedeutung mehr. Nichts davon, auch nicht die darauffolgenden Stunden, in denen sie sich geliebt hatten und er sanfte Kreise über ihre Haut zeichnete.

Von ihrem Handgelenk zog sie ein Haargummi ab und drehte ihre Haare ein. Happy umkreiste währenddessen ihre Beine und stupste sanft mit dem Köpfchen dagegen.

»Wenigstens du verurteilst mich nicht und bist immer für mich da.« In Gedanken versunken kraulte sie Happy. Allerdings holte der Klingelton ihres Handys sie schnell wieder zurück. June stöhnte auf. Nach reden war ihr nicht zumute, aber sie konnte Ruby nicht länger ignorieren, also nahm sie ab.

»Na endlich erreiche ich dich. Was macht ihr Schönes?«

»Gar nichts, ich bin seit einer Stunde zu Hause.«

»Wie du bist zurück, was ist denn los? Und wieso hast du mich nicht angerufen?«

»Tut mir leid, ich musste mich erstmal sammeln«, sagte June und fasste an ihre glühende Stirn.

»Sag bloß, ihr habt das King-Size-Bett auseinandergenommen und musstet deshalb früher los! Wenn das so ist, behalte es bitte für dich, weil mein Date für heute Abend abgesagt hat. Und jetzt rate mal, warum? Sein Mitbewohner hat Stress mit seiner Freundin und er muss ihm die Hand halten. Ist das zu fassen? Nur wegen ihm habe ich meine Kreditkarte im Dessousladen überzogen. Ach June, wieso bist du nicht als Mann in mein Leben getreten? Ich würde dich vom Fleck weg heiraten.«

»Vielleicht sollte ich über dein Angebot mal nachdenken.« June versuchte, witzig zu klingen, aber ihr entwich mitten im Satz ein Schluchzen.

»Hey Süße, was ist denn los?«

»Ich habe es versaut!«

»Das King-Size-Bett?«

»Nein, das mit Nolan.«

»Okay, atme einmal tief durch und dann sag mir genau, was passiert ist.«

»Es war alles perfekt bis zu dem Punkt, als er mit Scotch Gassi gegangen ist und ich unter seinem Bett eine Kiste gefunden habe, die, wie soll ich es sagen, die ganze Wahrheit hervorgeholt hat.«

»Also ist er doch ein Freak! Ich wusste es, es gibt keine normalen Männer mehr.«

June fing an zu weinen, weil alles Mögliche in der Kiste hätte sein können. »Ganz im Gegenteil, ich bin der Freak Ruby, ich alleine! Weil ich aus der Erklärungsnot heraus von Phils Unfall erzählt habe und er deswegen ausgerastet ist.«

»Wie bitte? Pass auf, bevor du weiterredest, was hältst du davon, wenn ich zu dir komme und du mir bei einem Glas Wein alles in Ruhe erzählst?«

June nickte.

»Hallo?«, hakte Ruby nach, weil sie noch auf eine Antwort wartete.

»Ist gut, und bitte beeile dich.«

»Ich bin schon auf dem Weg!«

****

Zwanzig Minuten später klingelte es an der Tür. June raffte sich auf und schüttelte ihre eingeschlafenen Beine aus. Ihre Augen brannten vom verlaufenen Mascara, als sie in Rubys mitleidigen Gesichtsausdruck sah.

»Tut mir so leid, Süße«, waren ihre Worte, während sie June umarmte. An ihrer Schulter angelehnt, fand sie nach dem Streit mit Nolan das erste Mal Halt und war unendlich dankbar, dass Ruby für sie da war.

****

»Und er hat die ganzen Zeitungsausschnitte in einem Schuhkarton aufgehoben?«, fragte Ruby, nachdem June ihr alles erzählt hatte.

»Ja, und als ich das Datum gesehen habe, wusste ich nicht mehr, was ich glauben sollte. War das ein Zeichen, ihm von Phil zu erzählen oder ein Hinweis, dass er mir nicht alles gesagt hat?« June nippte an ihrem Bordeaux. »Ach, wer weiß, vielleicht war das alles nur ein dummer Zufall und hat gar nichts zu bedeuten.«

»Ich weiß nicht so recht«, murmelte Ruby und verschränkte ihre Arme.

»Worüber denkst du nach?«, fragte June.

»Ist es nicht komisch? Ich meine, er sagt dir, dass er in den Zeitungen nachgeschaut hat, ob über seinen Unfall beim Wettkampf berichtet wurde, bei dem er fast gestorben ist, richtig?«

»Genau.«

»Aber wenn er beim Durchgucken schon festgestellt hat, dass es keinen Bericht über ihn gab, wieso hat er die anderen dann aufgehoben?«

June stutzte. »Darüber habe ich noch gar nicht nachgedacht.«

»Dann solltest du mehr von deinem Wein trinken. Ich sage dir, ein guter Bordeaux setzt bei mir immer eine gewisse Raffinesse frei. Aber zurück zu Nolan. Was macht es für einen Sinn, dass er die Schnipsel aufhebt?«

»Vielleicht war das für ihn eine Art Ritual, mit seinem Unfall abzuschließen und dann hat er die Kiste unter dem Bett vergessen?«

»Du meinst, wenn er mit seiner Bastelschere die Berichte von anderen Unfällen ausschneidet, kommt er über seinen eigenen hinweg? Klingt schon etwas schräg, findest du nicht?«

»Er meinte noch, dass sein Vater irgendwelche Kontakte hat spielen lassen und er nur deshalb überlebt hat, weil ein anderer dafür starb.«

»Na ja, es sterben täglich Menschen bei Unfällen, was hat das mit seinem Vater zu tun?«

»Ich habe keine Ahnung, und so wie es aussieht, werde ich es nie erfahren.« June nahm ihr Weinglas in die Hand und leerte es, um die Erinnerungen an den Streit mit Nolan zu vergessen.

Ruby rutschte zu ihr. Mit ihren knallroten Fingernägeln fuhr sie sanft über Junes Rücken. »Wenn er sich beruhigt hat, wird er sich schon bei dir melden.«

»Und wenn nicht?«

»Lass ihn erstmal. Männer sind in solchen Sachen wie ein Strauß. Erst hüpfen sie mit ihrem Federkleid durch die Gegend und plustern sich auf, doch sobald ein bisschen Staub aufgewirbelt wird, stecken sie den Kopf in den Sand.«

»Gibt es zwischen diesem ganzen Drama nichts anderes?«, fragte June verzweifelt.

»Oh, doch. Dazwischen gibt es einen fetten Eisbecher, Chips, Schokolade und Rotwein.«

June versuchte zu lächeln, aber es gelang ihr nicht. »Als wir vorhin in seinem Bett lagen, gab es einen Moment, in dem ich wirklich glücklich gewesen bin und jetzt …«

»Jetzt sitzen wir hier und kein Mann nimmt uns jemals den Filmnachmittag am Sonntag weg.« Ruby zwinkerte ihr zu und schaltete den Fernseher ein.

»Stimmt, es ist ja Sonntag.«

»Auf uns und auf die schnulzigen Liebesfilme, die kein Mensch braucht.«

Kapitel 34

Benommen von dem gestrigen Rotwein, der sich an diesem Montagmorgen in stechende Kopfschmerzen umwandelte, stieg June in den Fahrstuhl ein und hatte keine Ahnung, wie sie den Tag bei der Challenge überstehen sollte. Und als hätte Olivia Garcia ein Gespür dafür, huschte sie im letzten Moment zu ihr in den Fahrstuhl.

»Guten Morgen«, begrüßte Olivia Garcia sie.

»Ihnen auch einen guten Morgen.«

»Wie kommen Sie mit dem Druck bei der Challenge zurecht?«

Abgesehen von den Kopfschmerzen, die gegen ihre Stirn drückten wie ein Presslufthammer, konnte sie an nichts anderes denken, als an das Wochenende auf der Hütte.

»Mal besser und mal schlechter«, antwortete sie wahrheitsgemäß.

»Wissen Sie, wir haben die Aufgaben so aufgebaut, damit wir herausfinden können, wer dem Anspruch unseres Verlags gerecht wird und mit dem Druck der vorgegebenen Fristen umgehen kann.«

»Verständlich«, antwortete June knapp, weil ihr nicht nach Smalltalk zumute war.

Sie erreichten ihr Stockwerk und stiegen nacheinander aus.

»Ach, und eine Aspirin hilft wahre Wunder bei einem Kater.«

June blieb abrupt stehen. Es lag nicht daran, dass sie es mitbekam, sondern das, was sie unterschwellig damit andeuten wollte. Dem ganzen Druck und Anspruch gerecht zu werden, den sie eigentlich nicht wollte und nur Phil zuliebe gemacht hatte. Wenn sie ehrlich zu sich selbst war, hatte sie seit sechs Monaten einen Kater, weil sie sich im Herzen immer wieder betäubte.

Olivia Garcia drehte sich zu ihr um und sah sie mit erhobenen Augenbrauen an. »Kommen Sie?«

»Nein, das werde ich nicht«, sagte June mit gefasster Stimme und schob ihre Schultern nach hinten. Seit dem ersten Tag der Challenge lief sie mit gesenktem Blick den Flur hinunter. Damit war nun Schluss.

»Was soll das heißen? Wollen Sie sich wegen eines Katers krankmelden und alles aufs Spiel setzen?«

»Ehrlich gesagt, fühlte ich mich nie besser.« June atmete tief durch. »Ich breche die Challenge hiermit ab, weil ich den Forderungen nie gerecht werden kann und es auch nicht länger will.«

Olivia reckte ihr Kinn vor. »Wie Sie meinen und ganz nebenbei stimme ich Ihrer Entscheidung vollkommen zu. Wir suchen hier Mitarbeiter, die klar bei Verstand sind und …«

»Die so sind wie Sie. Berechnend, auf die Karriere fokussiert und an zwei Projekten gleichzeitig arbeitend, um sich immer wieder zu beweisen, dass man es draufhat. Schon klar! Aber das bin ich nicht und so möchte ich auch nie werden«, unterbrach June.

»Wissen Sie, ich hatte von Anfang an ein komisches Gefühl bei Ihnen. Sie waren nie bei der Sache, und dass Sie eine Runde weitergekommen sind, verdanken Sie der Gruppenarbeit mit Frederick Powel. Er nimmt das Ganze wenigstens ernst!« Sie machte auf ihren Absätzen kehrt, während June im Gang zurückblieb.

Die Zweifel holten sie schneller ein, als ihr lieb war. Hatte sie eben die Challenge hingeworfen? Doch bevor sich das Karussell in ihrem Kopf immer weiter drehte, fiel ihr noch etwas ein. Sie eilte Olivia hinterher zum Meetingraum. Gerade, als sie den anderen Teilnehmern verkündete, dass June aufgegeben hatte, betrat sie den Raum.

»Ich würde gerne noch meine Bewerbungsmappe mitnehmen, da Sie diese nicht mehr brauchen.«

»Können wir Sie irgendwie umstimmen, doch zu bleiben?«, fragte Paul Wick und suchte ihre Mappe nebenbei heraus.

June schüttelte den Kopf. »Vielen Dank für alles, aber ich bleibe bei meiner Entscheidung und wünsche den anderen Teilnehmern weiterhin viel Glück.«

Endlich fand er ihre Bewerbungsmappe und reichte sie ihr. Ein Getuschel folgte, als June den Raum verließ. Sie blätterte hektisch in der Mappe und entdeckte Phils Zeichnung.

»Ich habe endlich verstanden, wie du es meintest, dass Entscheidungen immer Mut brauchen.«

Mit Tränen in den Augen huschte sie den Flur hinunter zum Treppenhaus. Vom Innenhof lief sie um das Gebäude herum bis zum Haupteingang. Ein letztes Mal sah sie zur Aufschrift *Bookmark for Life.*

Die Grafik Design Challenge war kein Lesezeichen für sie, um immer wieder in einem Kapitel mit Phil zu blättern, das sie innerlich aufwühlte. Es stand vielmehr für ein Ende, um ein neues Kapitel zu schreiben.

****

Das Telefonat mit ihrer Teammanagerin dauerte keine zwei Minuten. June erklärte ihr, dass die dreiwöchige Kulturreise wegen eines Beinbruchs des Lehrers vorzeitig beendet werden musste und sie anteilig ihr Geld zurückbekam. Ihre Teammanagerin freute sich über ihre frühere Rückkehr und war damit einverstanden, die übrigen Urlaubstage von June zu verschieben.

Sie rannte die Straße hinunter und nahm die nächste U-Bahn, um direkt ins Büro zu fahren. Dort angekommen, lauschte sie dem vertrauten Tippen auf den Tastaturen und den Kollegen, die gerade telefonierten. Sie ging zu ihrem Platz und stellte ihre Umhängetasche auf dem Schreibtisch ab. Nichts hatte sich während ihrer Abwesenheit verändert, und trotzdem spürte sie eine Veränderung. Nur konnte sie auf Anhieb nicht ausmachen, was es war. Sie schob ihren Drehstuhl zurück und setzte sich hin.

»Du bist wieder da? Ich habe es eben von Patricia erfahren und dachte, sie macht einen Spaß.« Ihre Kollegin Cara stand mit zwei Tassen Kaffee neben ihr und hielt ihr eine davon hin. Diese lauwarme Brühe hatte sich zu ihrem Bedauern nicht verändert.

»Ich bin früher zurück, weil ich nie auf einer Kulturreise war«, erklärte June.

»Warte mal, kannst du das nochmal wiederholen? Wo warst du dann, hast du heimlich geheiratet?«

»Nein, aber die Geschichte ist genauso verrückt. Wie viel Zeit hast du denn?«

Cara setzte sich ihr gegenüber und sah auf die Uhr. »Abzüglich der Mittagspause habe ich bis zum Feierabend noch sechs Stunden und zwanzig Minuten Zeit.«

»Okay, das sollte reichen.« June erzählte ihr die ganze Wahrheit. Nicht nur, dass sie an der Grafik Design Challenge teilgenommen hatte, sondern auch von Nolan. Danach lehnte sie sich zufrieden zurück. »Und was war bei dir so los?«

Cara brauchte einen Moment, bis sie ihre Stimme wiederfand. »Krasse Sache. Und ich dachte schon, ich hätte super Neuigkeiten. Aber du toppst ja alles. Was hast du jetzt vor?«

June zuckte mit den Schultern. »Ich werde mal sehen, ob mir der Job an sich noch gefällt, oder ob es Zeit für etwas Neues ist.«

»Hast du denn eine Idee, was du stattdessen machen willst?«

»Daran arbeite ich noch.«

Ein respektvolles Nicken folgte von Cara, als hätte sie eben verkündet, dass sie ein Jahr mit ihrem Rucksack durch die Welt reisen wollte. »Ich bewundere dich, dass du so mutig bist.«

»Ich bin mutig?«, fragte June verwundert.

»Ja, weil du es einfach machst.«

»Bisher habe ich nur die Challenge abgebrochen und jemanden verloren, den ich sehr mochte.«

»Vielleicht siehst du es jetzt noch nicht, aber die meisten Menschen, mich eingeschlossen, denken jahrelang über eine Veränderung im Leben nach und unternehmen nichts.«

»Danke Cara, das habe ich echt gebraucht. Und jetzt zu dir, was hast du für grandiose Neuigkeiten?«

Bevor Cara fortfuhr, holte sie aus einer Papiertüte ein Eclair hervor und biss genüsslich hinein. Was für June keinesfalls appetitlich aussah, da die Sahne aus beiden Seiten herausquoll.

»Ich treffe mich seit einer Woche mit Joe.«

»Unserem Joe?«, fragte June sicherheitshalber nach.

»Ja, und du wirst dich noch wundern. Wir waren vorgestern im Kino und da hat er meine Hand genommen. Ist das nicht süß?«

»Wirklich Zucker!« June stellte sich ihren Kinobesuch bildlich vor. Cara, die mit ihrer üppigen Oberweite und einem schwarzen Lippenstift neben ihrem Kollegen Joe saß, der nicht nur einen halben Kopf kleiner war als sie, sondern jeden Tag ein kariertes Hemd trug, das er bis zum obersten Loch zuknöpfte.

»Letzte Nacht haben wir drei Stunden telefoniert, kannst du dir das vorstellen? Wir haben über alles Mögliche geredet und nebenbei denselben Film im Fernsehen geguckt. Ich kann mich gar nicht mehr daran erinnern, wann ich das letzte Mal so lange mit einem Mann telefoniert habe.« Kaum beendete sie ihren Satz, winkte sie jemandem hinter June zu und grinste wie ein Honigkuchenpferd. June schaute über die Schulter und entdeckte Joe, der ihr ebenfalls zuwinkte.

»Diese Gespräche fehlen mir auch«, flüsterte sie, was ihr zugleich einen Stich im Herzen versetzte. Vor ein paar Tagen war sie es noch, die mit Nolan stundenlang reden konnte, nur nicht über das, was sie ihm die ganze Zeit hatte sagen wollen.

Von weitem sah sie, dass die Teammanagerin auf sie zukam.

»Schön, dass Sie früher zurück sind. Das passt mir ganz gut, weil zwei Kollegen krank sind und es einiges zu tun gibt.« Einen Stapel von angefertigten Probebroschüren legte Patricia auf Junes Schreibtisch. »Die müssten einmal gesichtet werden, da manche Kunden noch Änderungen wünschen.«

»Ich kümmere mich sofort darum«, bestätigte June. Dann stolzierte Patricia wie Olivia Garcia den langen Flur hinunter.

»Statt ihren grünen Smoothies am Morgen könnte sie echt ein Glas Rotwein vertragen. Dann wäre sie entspannter«, meinte Cara und rollte dabei mit ihren Augen.

»Oder sie würde uns erst recht mit Arbeit zuschütten, weil ihre Kopfschmerzen ins Unermessliche steigen würden und wir nicht mal mehr quatschen dürften«, meinte June und startete ihren Monitor.

»Ich würde sagen: Willkommen zurück in der Arbeitshölle.«

****

Nach zwei Stunden war die Aufgabe mit den Broschüren so gut wie erledigt. Einige Kunden hatte sie zwar noch nicht erreicht, aber die meisten waren mit der überarbeiteten Version von ihr zufrieden. Cara hatte einen Auswärtstermin und war erst am Nachmittag wieder im Büro. Die anderen Kollegen waren in ihre Arbeit vertieft, während Junes Augen vor dem Bildschirm immer kleiner wurden. Doch bevor sie in den Genuss kam, sich eine Pause zu gönnen, räusperte sich jemand neben ihr.

»Wie weit sind Sie?«

June schreckte auf, als Patricia neben ihr stand. »Ich wollte gleich mit den Einladungen für das Firmenevent von *Maurer* anfangen.«

»Wunderbar und denken Sie bitte daran, dass die Werbeanzeige für *Pixies&Art* bis vierzehn Uhr angepasst werden muss. Denen hatte die eine Grafik nicht zugesagt.«

»Ist so gut wie erledigt.«

Damit verabschiedete sich Junes Mittagspause, in der sie einen doppelten Espresso gebraucht hätte. Um wenigstens etwas frische Luft zu schnappen, stand sie auf und öffnete das Fenster. Eine wunderschöne Melodie erweckte ihre Neugier. Auf der gegenüberliegenden Straßenseite saß ein Mann mit einer Baskenmütze und einem abgewetzten Mantel. Seine Hände glitten über die Saiten einer Gitarre, während seine Stimme in June eine unerwartete Sehnsucht weckte:

Even if you try to run away, and tears of darkness surround your face, your heart will always find a way.

»Dein Herz wird einen Weg finden«, wiederholte June seinen Refrain. Eine Gänsehaut fuhr über ihre Arme. Sie hatte auf ein Zeichen gewartet, ob dieser innere Druck nur an der Challenge lag oder mehr dahintersteckte. Die Melodie fand den Weg direkt in ihr Herz und June spürte, dass die Arbeit nicht mehr ihr Herzensweg war. Zwar hatte sie keine Ahnung, worauf sie sich einließ, aber sie wollte ab sofort auf ihr Herz hören, welches sie so lange ignoriert hatte.

»Ich tausche hier doch bloß die Aufgaben der Challenge mit den Aufgaben bei der Werbeagentur aus«, flüsterte June zu sich selbst und sah sich im Büro um.

Die Mitarbeiter starrten wie Marionetten auf Ihre Laptops und erledigten ihre Arbeit. Für eine gewisse Zeit hatte June hier ihren Platz gefunden, doch jetzt fühlte es sich nicht mehr richtig an. Selbst ihr Schreibtisch kam ihr viel zu klein vor. Aus dem Augenwinkel bemerkte sie, dass Patricia sie von ihrem Büro aus beobachtete. June ging zurück an ihren Platz. Alles in ihr kribbelte, während sie die Zeilen tippte, die sie schon längst hätte schreiben sollen. Sie druckte das Dokument aus und benutzte den Kugelschreiber, den sie an ihrem ersten Tag geschenkt bekommen hatte. Sie schnappte ihre Umhängetasche und schob ihren Stuhl zurück. Kurz hielt sie inne, weil sie Cara vermissen würde, aber sie hatte jetzt Joe, der sich um sie kümmerte. Sie riss einen Zettel vom Block ab und kritzelte ein paar letzte Worte: *Du hast recht, ich bin verdammt mutig! Und ich gehe meinen Weg. Wir hören voneinander und viel Glück mit Joe. Alles Liebe, June.*

Mit sicheren Schritten ging sie auf das Büro ihrer Teammanagerin zu und reichte ihre Kündigung ein.

Kapitel 35

Nolan

Die Nägel an der Wand erinnerten Nolan an eine Zeit, die er einfach nicht loslassen konnte. Bilder von Siegen, in denen er seine Hände in die Luft hob, um dem Ganzen eine Bedeutung zu geben. Übrig blieb nur ein Scherbenhaufen in seinem Trainingsraum, zwischen dem die Bilder untergingen. Nolan hob einen kaputten Bilderrahmen auf und hängte ihn wieder an den Nagel. Mit einem Handfeger schob er die Scherben vom Boden in die Schaufel und warf zugleich jede Erinnerung weg, die er hiermit verband. Ebenso den Moment, als June in diesem Raum gestanden hatte. Zu dem Zeitpunkt hatte er geglaubt, sie hätte der Himmel geschickt.

Den Sandsack befestigte er am Haken und die Bank schob er an die Wand. Langsam nahm sein Trainingsraum wieder Gestalt an. Und irgendwie kribbelte es in seinen Händen. Was war schon dabei, wenn er ein wenig trainierte?

Sein Handy wollte er gerade auf die Bank legen, als er einen verpassten Anruf von June sah. Es war fast eine Woche her, seit sie sich das letzte Mal auf der Hütte gesehen hatten. Irgendwann würde er das Gespräch mit ihr suchen, denn trotz ihrer Schnüffelei in der Kiste und ihrem besten Freund, der an dem Wochenende seines Unfalls gestorben war, hatte er Dinge gesagt, die er zutiefst bereute.

Er wischte ihren Namen vom Display und schaltete das Handy auf stumm. Seine Turnschuhe schnürte er fester zusammen, um seine Handgelenke wickelte er eine Bandage für einen stabilen Halt und wärmte sich mit ein paar Kniebeugen auf. Nach fünf Minuten spürte er ein leichtes Ziehen, welches er ignorierte. Nolan hatte es satt, von diesem Schmerz in seinem Herzen abhängig zu sein, und machte mit seinen Aufwärmübungen weiter. Allerdings war er nach kurzer Zeit so aus der Puste, dass er sich für eine Pause entschied. Er setzte sich auf die Bank und tupfte mit einem Handtuch den Schweiß ab. Es war eine Ewigkeit her, dass er hier trainiert hatte, und zugleich gab es kein besseres Gefühl, als genau das zu tun.

So stand er wieder auf und tänzelte zielstrebig auf den Sandsack zu. Seinen Blick fixierte er auf die Mitte des Sandsacks, dann holte er aus und schlug mit seiner rechten Faust zu. Wie im Wahn schlug er abwechselnd dagegen, bis er den stechenden Schmerz nicht mehr ignorieren konnte. Er schrie auf. Nicht nur wegen des körperlichen Schmerzes, sondern auch, weil er sich mit jedem Tag, der verstrich, immer weiter von June entfernte. Frustriert fing er jetzt an zu lachen, denn das verrückteste und zugleich traurigste an ihrer Geschichte war, dass June in derselben Nacht ein Schicksal erlitten hatte wie er. Und wenn ihn sein Gefühl nicht täuschte, steckte noch viel mehr dahinter. Doch daran wollte Nolan erst gar nicht denken.

Er spannte seine Arme erneut an, seine Beine tänzelten mit jedem weiteren Schlag über den Boden, wo vorhin noch die Scherben seiner Vergangenheit gelegen hatten. So langsam erinnerte sich sein Körper an die Bewegungen wieder. Doch nach ein paar Runden musste er sich eingestehen, dass er nicht mehr konnte. Nolan legte sich flach auf den Boden, seine Hände streckte er seitlich von sich weg und zog damit den Schmerz unter seiner Narbe in die Breite. Um seinen Puls zu senken, atmete er mehrmals tief ein und wieder aus. Eine Übung die Loreane, eine Krankenschwester aus der Klinik, ihm gezeigt hatte, wenn er den Kontakt zu seinem Körper verloren hatte.

Ausgerechnet im entspanntesten Moment klingelte sein Handywecker. Ein Ton, der ihn alle zwölf Stunden daran erinnerte, dass er dieses alte Leben nicht mehr führte.

Langsam kam er auf einer Seite hoch und kroch herüber zu der Sitzbank. *Tabletten einnehmen,* leuchtete auf dem Display zur Erinnerung auf. Er schaltete den Wecker aus und wischte seine Schweißperlen von der Stirn. Etwas in ihm schmerzte mehr, als dieses Herz in seiner Brust. Es war die Vorstellung, dass Junes verstorbener Freund etwas mit seinem neuen Leben zu tun haben könnte.

Kapitel 36

June trug seit einer Woche ihr ausgeleiertes Schlafshirt und war froh, dass sie es nicht weggeschmissen hatte. Die anfängliche Euphorie darüber, dass sie einen neuen Berufsweg einschlug, verpuffte mit ihrer nächsten Rechnung. Ganz zu schweigen von der Miete, die bald fällig wurde. Ihr Erspartes reichte zwar für die nächsten Einkäufe, aber niemals um die laufenden Kosten abzudecken. Ihre Eltern konnte sie nicht um einen Vorschuss bitten, da sie ebenso haushalten mussten.

Sie durchstöberte mehrmals täglich die Jobangebote, doch keine davon sprachen sie wirklich an. Denn am Ende dienten die Arbeitsstellen wieder nur dem Zweck, ihre Fixkosten zu bezahlen ohne die Möglichkeit, sich selbst zu verwirklichen. Wenn das so weiterging, würde sie bald ihre Wohnung verlieren und in das winzige Dorf ihrer Eltern zurückziehen müssen, in dem ihr Jugendzimmer immer noch so aussah, wie sie es damals verlassen hatte.

Sie stand von der Couch auf und ging zur Küche hinüber. Die letzten Jahre, die sie von Montag bis Freitag in der Werbeagentur verbracht hatte, passten in einen Pappkarton, der nicht mehr wog, als ein Sack Katzenstreu für Happy. Sie öffnete die Laschen des Kartons und blickte auf die Überreste ihres bisherigen Berufslebens. Die letzten zwei Blüten ihrer trostlosen Orchidee lagen verwelkt auf dem Boden. June nahm die Pflanze heraus, gab ihr Wasser und stellte sie auf das Fensterbrett. Dann holte sie ihre kaum benutzten Pumps hervor, die ihr eh zu klein waren und warf sie in den Mülleimer. Übrig blieb ein goldenes Sparschweinchen mit Flügeln, welches leer war, und zwei Bilderrahmen. In einem befand sich ein Bild ihrer Eltern, die mit ihren Wanderstöcken vor einem Berg standen, wobei ihr Vater etwas zerknirscht dreinblickte. Bei dem anderen Bild hielt sie sofort die Luft an. Phil legte einen Arm um June, als sie ihren vierten Tequila hintergekippt hatte und er so herzhaft auflachte, dass die umliegenden Gäste an der Bar zu ihnen schauten. Ruby stand hinter dem Tresen und applaudierte. Sie konnte sich gar nicht mehr erinnern, wer dieses Foto geschossen hatte, aber es war der Abend, an dem sie im Aufenthaltsraum zwischen Kisten aufgewacht war und dachte, sie wäre entführt worden.

In die Ecken des Bilderrahmens hatte Ruby mit einem goldenen Stift kleine Herzen gemalt. June hatte dieses Bild schon vor seinem tödlichen Unfall in eine Schublade ihres Schreibtisches gelegt, weil sie wütend auf Phil gewesen war, da er sich immer mehr zurückzog, während sie mehr für ihn empfand. Und dieses Muster schien sich wie ein Fluch zu wiederholen. Kaum hatte sie Phil erwähnt, brach Nolan jeglichen Kontakt mit ihr ab und reagierte weder auf ihre Nachrichten noch auf ihre Anrufe. Er verschwand so plötzlich aus ihrem Leben, als hätte es ihn nie gegeben.

An der Tür klingelte es mehrmals hintereinander und sie wusste sofort, dass es nur eine Person sein konnte. Vom Hausflur aus hörte sie die Eingangstür zufallen, obwohl June sich nicht von der Küche bewegt hatte. Wenige Minuten später hämmerte es gegen ihre Wohnungstür.

»June, kannst du mich bitte reinlassen?« Sie legte den Bilderrahmen beiseite und wartete einen Moment. »Ich weiß, dass du da bist. Marta hat es mir gesagt.«

June stöhnte auf. Marta hatte ihr eben selbstgebackene Kekse vorbeigebracht und sich nach ihrem Wohlergehen erkundigt. Hätte sie geahnt, dass dies zur Folge haben würde, dass sie Ruby darüber informierte, dass sie zu Hause war, hätte sie für Marta nicht die Tür geöffnet. Ihre strähnigen Haare band sie rasch zu einem Zopf und schlappte zur Tür. Bevor sie die Tür öffnete, atmete sie nochmal tief durch.

»Verdammt, wieso gehst du nicht an dein Handy? Ich muss dringend mit dir reden!« Ruby drängelte sich an ihr vorbei.

»Klar, komm doch rein«, sagte June überflüssigerweise und schloss die Tür hinter sich.

Ruby stapfte in die Küche und rümpfte ihre Nase. »Was riecht denn hier so muffelig?«, fragte sie und drehte sich zu June um.

Sie schnupperte an ihrem Schlafshirt und zuckte gleichgültig mit den Schultern. »Entweder bin ich es oder der Müll, den ich seit einer Woche runterbringen will.«

»Wenn du dich weiterhin so gehen lässt, versauerst du hier tatsächlich noch. Ist das dein Plan?«

»Wäre immerhin ein Plan!«

Ruby verdrehte ihre Augen und stützte ihre Hand auf die Arbeitsplatte der Küche. »Ich weiß, dass du viel durchgemacht hast, aber vom Trübsal blasen kannst du deine Miete nicht bezahlen.«

»Ich frage mich gerade, wieso ich aufgemacht habe.« June kehrte zur Couch zurück, auf der ihre Bettdecke zerwühlt lag und ließ sich in ihr Kissen sinken.

»Möglicherweise, weil ich mir Sorgen mache und deswegen mit Franio geredet habe?« Ihre blonden Locken hüpften, als Ruby ihr fröhlich folgte.

»Du hast was?«, fragte June und presste ihr Gesicht in das Kissen.

»Hör dir doch erstmal an, was wir für einen genialen Plan haben.«

»Bitte sag mir nicht, ich soll im *Hyperdrive* aushelfen. Du weißt, wie das beim letzten Mal ausgegangen ist, als ich die Cocktails falsch gemixt hatte.«

»Darüber mach dir mal keine Sorgen. Denn das, was wir uns überlegt haben, hat definitiv einen Vorteil für dich.«

»Einen Vorteil, wobei?«, fragte June und drehte sich zu Ruby.

»Während deiner Arbeitszeit hättest du freien Zugang zu den besten Muffins in London und unbegrenzten Zugriff auf deinen Caramel Macchiato.«

»Ich soll im *Mirabella* aushelfen?« June setzte sich aufrecht hin. »War das Franios Idee oder hast du ihm wieder mit Hausverbot im *Hyperdrive* gedroht?«

Ruby schnalzte entrüstet. »Wer macht denn sowas?«

June lächelte müde. »Das ist echt lieb von euch, aber ...« Sie zupfte an einem Fingernagel, der an einer Seite eingerissen war.

»Aber was?«

»Die ganzen Erinnerungen dort. Erst Phil und jetzt Nolan, wenn ich es nicht besser wüsste, ist es eher ein emotionales Schlachtfeld, statt einer Arbeitsstelle für mich. Stell dir mal vor, Nolan taucht dort auf, schlimmstenfalls mit Blair!«

»Es ist ja nur vorübergehend, bis du einen Job gefunden hast. Und was Nolan angeht, der bekommt von Franio auf jeden Fall Hausverbot.«

»Lass mich raten, Franio ist schon ganz scharf darauf, ihn rauszuschmeißen.«

»Wenn du wüsstest.« Ruby zwinkerte ihr zu. »Außerdem braucht er dich, weil eine seiner Aushilfen kurzfristig abgesprungen ist und ihm eine Kraft in der Frühschicht fehlt.«

»Eine Win-Win-Situation sozusagen.«

»Exakt! Und du kannst mir immer einen Muffin für unseren Filmnachmittag am Sonntag mitbringen.«

June blinzelte ihre Tränen weg. »Womit habe ich das bloß verdient?«

»Weil du ein bezaubernder Mensch bist, der allerdings dringend eine Dusche benötigt.«

»Ich hasse es, dass du immer so schön direkt bist.«

»Und ich weiß, dass du mich genau deswegen liebst.«

****

Den Nachmittag verbrachten die beiden auf der Couch. Sie bestellten eine Familienpizza mit extra Käse und einen XXL-Eisbecher dazu. June fand sogar den Weg unter die Dusche und warf den durchlebten

Schlafanzug ein für alle Mal weg. Ruby räumte die Pizzaschachtel vom Tisch und schlenderte zur Küche. Aus dem Augenwinkel sah June, dass sie vor dem ausgepackten Karton stehen blieb und ihr Bild entdeckte.

»Schon verrückt, wie die Zeit vergeht, oder? Ich kann mich an diesen Abend noch so gut erinnern, als wäre es gestern gewesen. Es war meine dritte Woche in der Bar, frisch getrennt und voller Tatendrang.«

»Und du hast keine Gelegenheit ausgelassen, um zu flirten.«

»War das nicht sogar der Abend, an dem du auf dem Boden vom Pausenraum eingeschlafen bist?«

»Hör bloß auf! Danach wollten wir nach Hause und die ganze Taxifahrt über mussten wir ständig anhalten, weil mir so übel war und Phil wurde dann auch schlecht.«

Stille kehrte ein, dass June sich schon fragte, ob der Abend tatsächlich so ausgegangen war.

»Es ist das erste Mal, dass du so offen über eine Erinnerung von Phil sprichst. Das ist wirklich schön«, meinte Ruby gerührt und kehrte zur Couch zurück.

»Irgendwann muss ich ja damit anfangen.«

»Das stimmt. Und, kam nochmal was von Nolan?«

»Nein, es ist wie ein Déjà-vu. Kaum gestehe ich einem Mann meine Gefühle, endet es in einer Katastrophe.«

»Lag es nicht eher daran, dass du wie eine Verrückte in seiner Kiste herumgeschnüffelt hast?«

June drückte ihr Gesicht in das Kissen, als die Scham wieder hochkam. »Erinnere mich bloß nicht daran.«

»Ich war mal bei einem Typen zu Hause, der sprang kurz unter die Dusche und ich habe in der Zeit auch wie eine Irre seine Schubladen durchwühlt.«

»Und warum hast du das gemacht?«

Aus der Hosentasche zog Ruby ihre Zigarettenpackung und schlenderte zum Fenster. Sie ratschte mit ihrem Daumen am Zünder des Feuerzeugs entlang. Das Glühen des Zigarettenendes flimmerte ihr entgegen. »Reine Neugier und ein gewisser Spaß an der Sache.«

»Hat es sich denn gelohnt?«, fragte June.

»Oh ja, das hat es! Neben einem Stapel Pornohefte fand ich in der hintersten Ecke einer Schublade zwei Tangas, einen Pyjama und eine Kosmetiktasche. So ein Arsch, der Typ hatte eine Freundin, die ab und an bei ihm schlief und wollte mir im Nachhinein weismachen, dass es die Sachen seiner Schwester waren! Dabei ist seine Schwester doppelt so alt, hat zwei Kinder und wohnt nicht mal in der Stadt!«

»Okay, das ist mies«, gestand June und sah sie mitfühlend an. »Ich weiß nicht, wie ich reagiert hätte, wenn in Nolans Kiste Tangas gewesen wären. Allerdings war das mit den Zeitungsausschnitten genauso schräg.«

»Wenigstens konnte er seine Sammlung einigermaßen erklären. Mein Typ fing an zu stottern und ritt sich immer mehr in die Scheiße.« Ruby drückte die Zigarette am Fensterbrett aus. »Ich hatte nach der Aktion echt überlegt, ob ich es lieber mit einer Frau versuche.«

»Dann solltest du deine Geheimnisse aber gut verstecken, weil wir Frauen eine Vorliebe für das Durchwühlen von Sachen haben.«

Ruby schnappte ihre Handtasche und gab June einen Kuss auf die Stirn. »Ich muss leider los. Meldest du dich bei Franio? Er guckt mich immer an wie ein ausgesetzter Welpe, wenn er nach dir fragt.«

»Ich kann mir seinen Blick bildlich vorstellen. Ich ziehe mich gleich an und fahre zum *Mirabella*.«

****

Ein weißes Schild baumelte an der Eingangstür des Cafés, dass es geschlossen hatte. Zögerlich klopfte sie gegen die Scheibe. Franio, der gerade mit einem Schwamm über die Theke wischte, hob seinen Kopf. Tiefe Schatten lagen unter seinen Augen. Er kam auf die Tür zu und schloss auf.

»Ciao Bella, das ist ja eine Überraschung!«

»Störe ich gerade?«

»Keineswegs. Wenn dir mein Chaos nichts ausmacht?« Mit einer Handbewegung bat er sie hinein.

»Seit wann hörst du Jazz?«, fragte June und sah ihn überrascht an.

»Ich finde, diese Melodie passt aktuell hervorragend zu meinem Gemütszustand.«

»Ja, wem sagst du das.«

June sah sich im *Mirabella* um und stellte sich vor, wie sie hier morgens die Gäste bedienen würde. Doch als sie zu ihrem verwaisten Fensterplatz sah, an dem sie mittlerweile Phil und Nolan vermisste, wusste sie, sie würde sich daran nicht so schnell gewöhnen können.

»Möchtest du einen Caramel Macchiato trinken?«, fragte er und umrundete den Tresen.

»Sehr gerne.«

Franio lächelte zufrieden und war wieder in seinem Element. Er zeigte ihr, wie man den perfekten Milchschaum hinbekam und den Karamellsirup so in das Glas hineinfließen ließ, dass er am Glasrand zu sehen war. Nachdem June einen Schluck genommen hatte, folgte sie ihm in den Vorratsraum.

»Das nenne ich mal eine Ordnung«, stellte sie erstaunt fest. Jedes Regal war beschriftet und die Verpackungen standen akkurat hintereinander. »Wie bekommst du das alles bloß hin? Ich meine, die Bestellungen aufgeben, backen, die Abrechnung, Ordnung halten und nicht zu vergessen, die Kunden zu bedienen?«

Franio stützte seinen Ellbogen am Regal ab. »Im Moment gar nicht und das bereitet mir schlaflose Nächte. Eine neue Aushilfe zu finden, die zuverlässig ist, ist schwieriger als gedacht.«

Mit ihrem Löffel fuhr sie an der Innenseite ihres Glases entlang, um den Karamellsirup abzukratzen und pur auf der Zunge zergehen zu lassen.

»Ja, Ruby hat mir vorhin erzählt, dass deine Aushilfe gekündigt hat.«

»Eigentlich wollte ich in vier Wochen meine Familie in Italien besuchen, aber das wird wohl nichts.«

»Und sie hat mir auch erzählt, was ihr euch ausgedacht habt. Ich möchte dich gerne im *Mirabella* unterstützen, wenn dein Angebot noch steht.«

»Und was ist, wenn du bei den Jobangeboten etwas anderes findest und mich dann auch verlässt?«

Sie wedelte seine Sorge mit einer Handbewegung weg. »Also erstens habe ich keine Ahnung, was ich machen will, und zweitens, wieso sollte ich gehen, wenn du die besten Muffins backst und ich in meiner Arbeitszeit immer naschen kann?«

»Perfekt, dann würde ich sagen, willkommen im *Mirabella*.« Franio kam grinsend auf sie zu und hielt ihr die Hand hin, in die sie einschlug.

****

Während er das Geld vom Tagesgeschäft zählte und ihr den Vorgang der Abrechnung erklärte, fragte sich June, ob Ruby ihm etwas wegen Nolan erzählt hatte.

»Kann ich dich was fragen?«

»Sicher«, antwortete er und reichte ihr das Geld, damit sie es in den Geldbeutel legte.

»War Nolan nochmal hier?«

Kaum sprach sie seinen Namen aus, zog sich ihr Herz schmerzlich zusammen, als könne er jeden Moment durch die Tür kommen. Bevor Franio ihr allerdings eine Antwort gab, schob er mit Schwung die Kassenschublade zu.

»Nein, war er nicht und das rate ich ihm auch weiterhin. Er hat hier nichts mehr verloren!«

»Ja, richtig«, stimmte sie rasch zu.

»So, wir sind für heute fertig. Den Geldbeutel legen wir noch in den Safe und jeden Freitag bringe ich das Geld zur Bank.«

»Okay.« Sie folgte ihm und merkte sich den Pin vom Safe, welcher das Eröffnungsdatum vom *Mirabella* war. June kamen die zwei Stunden vor wie ein ganzer Arbeitstag, weil sie so viele Informationen erhalten hatte. Dennoch freute sie sich, ihm im Café helfen zu dürfen.

»Und bist du bereit für morgen früh?«, fragte er und schloss die Tür ab.

»Ja, Chef.«

»Kann ich das nochmal hören?«, fragte Franio erfreut.

»Nun übertreib aber nicht, Chef.« June lachte auf, weil er am nächsten Tag tatsächlich ihr Chef sein würde und nicht mehr der Cafébesitzer, der ihr morgens den Caramel Macchiato brachte.

Kapitel 37

Nolan

Die Schweißperlen liefen an seinen Schläfen herunter und sein Körper brannte förmlich von innen. Über die Arme zog Nolan sein klitschnasses Muskelshirt und warf es in die Ecke, bevor er sich an die bodentiefe Fensterfront seines Wohnzimmers lehnte. In einer Stunde hatte er einen Kontrolltermin beim Kardiologen. Selbst die fiebersenkenden Tabletten brachten nichts mehr und die Schmerzen wurden von Tag zu Tag unerträglicher. Wäre es nach ihm gegangen, dann hätte er sich vor sechs Monaten gegen dieses Leben entschieden. Nur konnte er es nicht, weil er nicht bei Bewusstsein gewesen war und sein Vater die Entscheidungsfäden in der Hand gehalten hatte.

An seiner Haustür klingelte es. Nolan drehte sich um und sah hinunter zur Straße. In der zweiten Spur stand das Taxi, das er vor zehn Minuten gerufen hatte. Er presste seine Lippen fest aufeinander und kam langsam hoch. Mit zittrigen Beinen stolperte er ins Schlafzimmer und holte ein frisches Shirt aus dem Kleiderschrank. Scotch wich ihm kein einziges Mal von der Seite, bis er die Wohnung verließ.

Der dichte Verkehr durch London brachte sein Blut erst recht zum Kochen, so dass er noch mehr schwitzte. Der Taxifahrer trug ein schwarzes Jackett und eine Baskenmütze, als würde die Klimaanlage im Taxi auf Hochtouren laufen. Von allen Seiten hupten die Autos, trotzdem kam keiner voran, was seine Nerven gewaltig auf die Probe stellte. Zudem bog der Taxifahrer in eine Seitenstraße ab, die alles andere als zum Kardiologen führte. Die Reifen holperten über das Kopfsteinpflaster, das ihn nach hinten in den Sitz drückte.

»Wieso fahren wir hier entlang? Das ist doch ein völliger Umweg!«

»Das mag sein, aber an der nächsten Kreuzung ist seit einer Stunde eine Vollsperrung durch einen Unfall und da würden wir ewig brauchen.« Zuversichtlich lächelte er Nolan im Rückspiegel an und sein Schnäuzer bog sich nach oben.

Ein paar Läden vor dem *Mirabella* kamen sie zum Stehen. Vor ihnen befand sich eine ganze Reihe von Taxen, die scheinbar dieselbe Idee hatten wie sie. Nolan sah zu dem Blumenladen, in dem er die Wildblumen für June gekauft hatte. Alles erinnerte ihn an June, selbst die Straßenlaternen, die sie eines Abends nach ihrem Restaurantbesuch umkreist hatte wie eine Ballerina. Im selben Moment, als er an sie dachte, öffnete sich die Tür vom Café. Und wie durch einen Zufall, kam von den mehreren Millionen Einwohnern Londons ausgerechnet June heraus. Ihre welligen Haare wehten ihr ins Gesicht. Er liebte ihre Handbewegung, wenn sie ihre Haarsträhne hinter ihr Ohr schob und ihn verlegen dabei anschaute. Nolan rutschte auf seinem Sitz nach vorne. Da stand sein kleeblattgrünes Glück, welches er vor Kurzem noch fest in seinen Armen gehalten hatte. June Summer war sein Sommer nach einem langen zehrenden Winter, an dem er fast zugrunde gegangen war.

Beinahe hilfesuchend schaute sie die Straße hinunter. Was hatte sie um die Uhrzeit hier verloren und wieso war sie nicht bei der Challenge? Ob sie rausgeflogen war? Aber selbst dann hatte sie ja noch ihren Job bei einer Werbeagentur. Nolan ärgerte sich, dass er ihre Anrufe und Nachrichten ignoriert hatte. Was, wenn es gar nicht um sie beide gegangen war und sie seine Hilfe gebraucht hätte?

Er spielte mit dem Gedanken auszusteigen und zu ihr zu gehen, doch ein Blick in den Rückspiegel genügte, um festzustellen, dass heute nicht der geeignete Zeitpunkt war. Abgesehen von seinen unkontrollierten Schweißausbrüchen hatte er tiefe Augenringe und seinen Bart hatte er seit Tagen nicht mehr rasiert. Und doch gab es einen Teil in ihm, der unbedingt zu ihr wollte. Der glauben wollte, dass das mit der Kiste und ihrem besten Freund alles ein Irrtum gewesen war. Dieses Herz, das in ihm wohnte, wollte June und er fühlte es mit jeder Faser. Sein Finger tippte schon auf ihre Nummer, um wenigstens ihre Stimme zu hören und sie von weitem zu beobachten. Doch plötzlich hielt in zweiter Spur ein Kleintransporter vor dem *Mirabella*. Die Fahrertür ging auf und Franio tänzelte fröhlich um die Motorhaube herum zu ihr. Nolan stöhnte verächtlich auf. Dieser schmierige Typ ging ihm von Anfang an auf die Nerven. Zur Krönung umarmte er June etwas zu übereifrig für seinen Geschmack. Gab er ihr etwa einen Kuss auf den Mund, oder war es die Wange? So schnell wie alles passierte, konnte er es nicht genau erkennen. Jedenfalls schien June keinen Einwand dagegen zu haben. Er mit seinen staubtrockenen Muffins nutzte gleich die Gelegenheit, um sich an sie ranzuschmeißen. War sie so blind, dass sie es nicht bemerkte?

Dann fuhr das Taxi an. Beim Vorbeifahren sah Nolan, wie Franio die Hecktüren öffnete. Er beförderte eine Getränkekiste heraus, stellte sie auf dem Gehweg ab, hob die nächste aus dem Kleintransporter und stapelte sie aufeinander. June nahm wie selbstverständlich die oberste Kiste und trug sie ins *Mirabella*.

Nolan ballte seine Hand zur Faust, bis sie vor Anspannung zitterte. »Ich will hier aussteigen!«

Über den Rückspiegel sah der Taxifahrer ihn fragend an. »Jetzt? Aber ich kann hier nicht stehen bleiben. Der Verkehr geht weiter.«

»Halten Sie sofort an!«

Der Mann bremste abrupt ab, wodurch Nolan mit dem Kopf fast gegen die Lehne schlug.

»Na bitte!« Aus dem Portemonnaie zog er einen Schein, drückte ihm das Geld in die Hand und öffnete die Tür.

»Warten Sie, Sie bekommen noch Ihr Wechselgeld.« Seine Baskenmütze ragte halb aus dem Fahrerfenster.

»Sehen Sie es als Entschädigung, weil Sie den Verkehr aufhalten.«

Der Taxifahrer lachte auf und bedankte sich.

Wenigstens einer von beiden hatte heute einen erfreulichen Tag. In geduckter Haltung huschte Nolan über die Straße und verschanzte sich hinter einem geparkten Jeep, der nah genug stand, um ihre Unterhaltung mitzubekommen. Mehrmals blinzelte er, da seine Schweißperlen in den Augen brannten und seine Sicht immer wieder verschwamm. Das Ziehen in seinem Herzen wurde stärker, als er Junes weiche Stimme hörte.

»Du bist doch völlig verrückt. Das ist alles für die Feier morgen Abend?«, fragte sie Franio.

»Ich bitte dich. Ich habe vorhin noch überlegt, ob das reicht. Immerhin planen wir eine Überraschungsparty für Ruby.«

»Solange genügend Tequila da ist, brauchen wir uns keine Sorgen machen.«

Nolan fiel die Kiste auf, die Franio soeben aus dem Kleintransporter schob.

»Das war das Erste, was ich gegriffen habe, damit wir es ordentlich krachen lassen können.«

Bei der Vorstellung, wie er June abfüllte, kam ihm die Galle hoch. Wenn er weiter in dieser zweideutigen Ebene mit ihr sprach, würde es gleich bei ihm krachen.

»Ich suche mir schnell einen Parkplatz. Kommst du soweit zurecht?«, fragte Franio und schloss die Hecktüren.

»Aber sicher, Chef.«

Nolan hoffte, dass er neben seinem Fieber an Wahrnehmungsstörung litt, als er das hörte. Sobald June mit einer Kiste im *Mirabella* verschwand, würde er sich Franio vorknöpfen. Wenn er ihn abfing, bevor er einstieg, konnte sie es von drinnen nicht bemerken. Seine Finger prickelten, als er hinter dem Jeep hervorkam und nach vorne schlich. Er spannte schon seinen Oberarm an, als sein Handy klingelte. In letzter Sekunde konnte Nolan sich umdrehen und seine Kapuze von seinem Pullover aufsetzen, ehe er hinter dem Jeep verschwand.

»Hey!«, rief Franio ihm hinterher.

Nolan verschanzte sich rasch hinter der Heckscheibe vom Jeep. Das erste Auto hinter Franios Wagen fing an zu hupen. Es würde nicht mehr lange dauern, bis June nach draußen käme und sich wunderte, warum sein Transporter immer noch dastand. Aus der Hosentasche zückte Nolan sein Handy und drückte den Anruf weg. Es war die Kardiologie. Wegen dieses Kerls schaffte er seinen Termin nicht mehr.

»Fahr doch mal!«, rief der Fahrer aus seinem hupenden Auto. Über die Heckscheibe wagte Nolan einen Blick und sah, dass Franio schon auf der Höhe der Beifahrertür war, als der Fahrer vom wartenden Auto noch mehr brüllte.

»Sag mal, bist du taub oder was? Mach, dass du mit deinem Lieferwagen wegkommst!«

Nolan hielt seine Faust bereit, als Franio im letzten Moment stehen blieb und entschuldigend seine Hände hob. »Schon gut, ich fahr ja weg!«

Damit kehrte er zurück zu seinem Kleintransporter und stieg ein. Nolan legte seinen Kopf gegen die Heckscheibe und atmete erleichtert auf. Seine Hand lockerte er wieder, während er sich fragte, ob er überhaupt in der Lage gewesen wäre, einen Kampf durchzustehen. Er wartete, bis der Kleinwagen außer Sichtweite war, und kam dann vom Jeep hervor. Vor dem *Mirabella* stand niemand. Daher nutzte er den Augenblick, um in die andere Richtung zu verschwinden. Doch wenige Schritte später, rief eine vertraute Frauenstimme über die Straße.

»Nolan? Was machst du hier in dieser Gegend?«

Blair hatte ihm noch gefehlt. Das war also die Strafe dafür, dass er nach June sehen wollte. Erst kam Franio ihm in die Quere und nun seine Ex-Freundin.

»Ich hatte etwas zu erledigen. Und was treibt dich hierher?«, fragte er und eilte weiter den Gehweg hinunter.

»Du nun wieder.« Sie warf ihre langen Haare zurück und gab ihm einen Klaps auf den Hintern. »Bisher treibe ich nichts, außer, dass ich eine alte Freundin besucht habe.« Bevor er seinen Blick von ihr abwenden konnte, hielt sie ihn sanft am Arm zurück. »Du siehst ja gar nicht gut aus! Was ist denn los?«

»Ist nur eine kleine Erkältung, sonst nichts.«

Das hielt Blair nicht davon ab, ihre Hand an seine Stirn zu legen. Genauso wie sie es vor dem Wettkampf getan hatte, als sie ihn anflehte, nicht zu kämpfen. »Mein Gott, du glühst ja! Wir fahren sofort ins Krankenhaus!«

Er schob ihre Hand beiseite und schüttelte den Kopf. »Ich brauche nur etwas Schlaf.«

»Okay, aber so kannst du nicht fahren.«

»Deswegen bin ich mit Taxi gefahren.«

»Lass mich dich wenigstens nach Hause bringen, okay?«

Erst als er in ihr besorgtes Gesicht blickte, merkte er, dass seine Beine immer wackeliger wurden. »Ist gut.«

»Mein Auto steht nicht weit entfernt.« Blair deutete nach vorn. Doch etwas schien sie im Hintergrund abzulenken, denn ihr Blick schweifte an Nolan vorbei. »Sag mal, ist das nicht die Kleine, mit der du bei unserem Thailänder warst?«

Er hoffte, dass sie sich irrte, doch als Nolan müde über seine Schulter zurückblickte, stand June mit der letzten Kiste Schnaps vor dem Café und sah sie beide entsetzt an.

»Kann ich von hier nicht erkennen«, log er und drehte sich rasch wieder um.

»Doch, das ist sie. Sie wirkt etwas überrascht, uns hier zu sehen. Ist denn alles gut bei euch?«

»Wir haben keinen Kontakt mehr. Es sollte wohl nicht sein.«

»Ich fand von Anfang an, dass sie nicht zu dir gepasst hat. Außerdem weiß sie nicht, was du alles durchgemacht hast, und das kann schnell zu Missverständnissen führen.«

»Ja, allerdings«, bestätigte er und dachte an seine Kiste unter dem Bett. So oft hatte er sich gefragt, wo sie heute stehen würden, wenn sie im Bett geblieben wären und er von der Nacht erzählt hätte, der er seine Narbe verdankte.

»Komm schon her, du Trauerkloß«, meinte Blair und hakte sich vor Junes Augen bei ihm unter.

»Hör auf damit!«

»Womit denn? Ich stütze dich nur beim Laufen. So wie du schwankst, schaffst du es keinen Meter ohne meine Hilfe.«

Jetzt, wo sie es aussprach, verschwamm die Sicht um ihn.

»Es sind nur noch drei Autos. Dann haben wir es geschafft«, ermutigte sie Nolan, wobei sie ihn kaum halten konnte und bei jedem Schritt beinahe selbst mit umknickte.

Am Auto angekommen, öffnete sie schnell die Beifahrertür, half ihm hinein und hielt ihm eine Flasche Wasser hin. »Hier, trink was. Wir müssen einen kleinen Umweg machen, weil auf der Hauptstraße eine …«

»Eine Vollsperrung ist, ich weiß. Bitte beeile dich trotzdem, ich muss dringend ins Bett.«

Blair stieg ein und fuhr am *Mirabella* vorbei. Sein Blick suchte die Straße nach June ab, doch alles, was er fand, waren unbekannte Schatten, die an ihm vorbeizogen.

****

Rasch schloss Blair Nolans Wohnungstür auf. Scotch war sofort zur Stelle und winselte, als er bemerkte, dass Nolan sich am Türrahmen abstützte.

»Danke, dass du mich gefahren hast, den Rest schaffe ich alleine.« Er konnte kaum sprechen, so stechend waren seine Schmerzen.

»Ist es nicht besser, wenn ich noch etwas bleibe, falls es schlimmer wird?«

»Ehrlich gesagt sieht es drinnen aus wie ein Saustall und ich möchte nicht, dass du es siehst.«

»Kann ich dann wenigstens die Toilette benutzen?«

Er wusste, dass es eine Ausrede war, weil sie an dem Zipfel ihres Mantels spielte. »Okay, aber wehe du meckerst darüber, wie es drinnen aussieht.«

»Wir haben hier auch so einiges an Unordnung hinterlassen. Erinnerst du dich an den einen Abend, als wir nach Hause kamen und überall Daunen von den Kissen herumflogen, weil Scotch alles zerpflückt hatte? Was soll mich da noch …« Blair schrie auf, da sie fast auf seinen Boxershorts ausrutschte, die auf dem Boden lagen. »Schockieren, wollte ich eigentlich sagen, aber das hier toppt alles!«

Ihre Absätze klackerten über den feinen Dielenboden, was ihn an die Abende erinnerte, an denen sie seinen Sieg leidenschaftlich hatten ausklingen lassen, oder an jene Tage, an denen sie auf ihren Absätzen kehrtmachte, weil sie sich wegen Belanglosigkeiten gestritten hatten.

»Ich habe dich vorgewarnt.«

Sie blieb zwischen den leeren Glasflaschen, die auf dem Boden verteilt lagen, und den Pizzaresten in den geöffneten Pappkartons stehen. Über die Schulter sah sie zu ihm.

»Was du mit deiner Wohnung machst, ist mir egal, Nolan. Vielmehr frage ich mich, warum du dein Leben einfach so wegwirfst!«

»Bist du deswegen mit hochgekommen, um mir Vorwürfe zu machen? Glaube mir, die mache ich mir schon jeden Tag, da brauche ich keine Erinnerung von dir.«

»Ich bin deinetwegen hier, weil ich weiß, wie schwer das alles für dich ist, schon vergessen?« Ihr Blick wurde mit einem Mal weicher, als sie auf ihn zukam. Ihren beigefarbenen Trenchcoat öffnete sie langsam. Der Ausschnitt ihres schwarzen Kleides offenbarte den Spitzensaum ihres BHs. Sie blieb vor ihm stehen, ihre Hände wanderten unter sein Shirt hinauf zu seiner Brust.

Doch wie damals würde es nie mehr werden, denn er trug jetzt unter dieser Narbe ein Herz, das alles verändert hatte. Auch die Beziehung zu ihr. Sofort griff er nach ihrer Hand und hielt sie fest. »Nicht.«

»Entspann dich.« Ihre Augen wurden zu Schlitzen, wie bei einer Wildkatze. »Vielleicht habe ich eine Idee, dich etwas abzulenken«, hauchte sie in sein Ohr.

»Ich brauche nur mein Bett«, murmelte er und schob sie beiseite. Ein stechender Schmerz zog wieder durch sein Herz und er hielt seine Hand auf seine Narbe.

»Wann hast du deine letzte Tablette genommen?«, fragte Blair und folgte ihm.

»Ich brauche diesen Quatsch nicht mehr.«

»Bist du verrückt! Du kannst sterben, wenn du sie nicht regelmäßig einnimmst!«

Bevor er ihr widersprechen konnte, eilte sie ins Bad. Blair kannte seine ganze Geschichte und vielleicht war das der Grund, warum er niemanden um sich haben wollte, der sich wegen seines neuen Lebensumstands sorgte. Er hörte den Spiegelschrank zuknallen und den Wasserhahn, der rauschte. Wenige Sekunden später stand sie mit blassem Gesicht vor ihm. »Hier.«

»Es ist nicht nötig, dass du dich um mich kümmerst.«

»Und ob es das ist. Ich sehe ja, wie gut du alleine klarkommst.«

Widerwillig schluckte er die Tablette mit dem Wasser hinunter. »Wenn ich jetzt endlich in mein Bett darf«, sagte er und versuchte, ein Lächeln hervorzubringen.

Sie nickte ihm zu und stützte ihn unter dem Arm. Jeder weitere Schritt bis zum Schlafzimmer saugte auch den letzten Funken an Energie aus ihm heraus. Sie schob seine Bettdecke beiseite, damit er sich hineinfallen lassen konnte.

»Ich bin gleich wieder da.« Sie verschwand durch die Schlafzimmertür. Scotch sprang währenddessen auf sein Bett und kuschelte sich an ihn. Wenige Augenblicke später kam sie mit einem feuchten Handtuch zurück und legte es auf seine glühende Stirn.

»Soll ich mit Scotch eine Runde gehen?«, fragte sie und setzte sich neben ihm auf die Bettkante.

»Er war erst draußen, aber danke.« Suchend griff er nach ihrer Hand. »Mir tut das alles so leid, Blair.«

»Du brauchst dich nicht entschuldigen. Ich wäre jetzt auch nur nach Hause gefahren.«

»Nein, ich rede von damals. Du wolltest mich überreden, den Wettkampf abzusagen, was ich nicht getan habe, und trotzdem warst du jeden Tag in der Klinik an meiner Seite. Und jetzt kümmerst du dich wieder um mich, obwohl ich so ein Idiot war.«

Blair senkte ihren Kopf und legte das Handtuch beiseite. »Weißt du, ich habe mich oft gefragt, was ich hätte anders machen können, aber ich wusste nicht, wie ich dir helfen konnte, du warst so ...«

»Kalt«, beendete er ihren Satz.

»Ja, und so verloren. Es war verrückt, aber je mehr ich versucht habe, dass wir wieder zueinanderfinden, desto weiter hast du dich von mir entfernt.« In ihren Augen fand er eine tiefe Sehnsucht und den Schmerz einer alten Liebe. »Und als ich dich mit ihr bei unserem Thailänder gesehen habe, so strahlend und glücklich, war es fast noch schlimmer für mich.«

Nolan kam hoch und stützte sich auf seine Arme. »Das verstehe ich jetzt nicht. Wir hatten doch danach telefoniert und du meintest, dir ginge es gut und du bist glücklich.«

Blair lachte und zugleich hatte sie einen feuchten Film auf ihren Augen. »Hätte es etwas geändert, wenn ich dir gesagt hätte, dass ich dich immer noch liebe?«

Eine betretende Stille kehrte ein, bis Nolan sich schließlich räusperte. »Blair, du wirst auf eine gewisse Weise immer ein Teil von mir sein, aber das mit uns ...«

Sie nickte und versuchte, ihre Tränen zurückzuhalten. »Ich weiß«, bestätigte sie und stand auf. »Ich denke, es ist besser, wenn ich jetzt gehe. Wenn etwas ist, meine Nummer hast du ja.«

Nolan hielt sie am Arm zurück. »Ich wünschte, das wäre alles nicht passiert, aber ich kann es nicht mehr ändern. Ich hoffe, du kannst mir irgendwann verzeihen, weil ich dich niemals so verletzen wollte.«

»Mir tut es auch leid, wie alles gekommen ist, vor allem um dich.«

Er breitete versöhnlich seine Arme aus und lächelte ihr müde zu. »Komm her zu mir.«

Blair zögerte nicht und lehnte sich an seine Brust. Ein Moment verstrich, in dem sie einfach so dalagen.

»Es schlägt zwar etwas langsamer, aber fast genauso kräftig wie dein Herz früher.«

»Ich vermisse das frühere.«

»Ich auch.«

Kapitel 38

Es war Junes erster Samstag im *Mirabella*. Die einzigen Verschnaufpausen fanden zwischen der Bedienung der Kaffeemaschine und dem Abräumen der Tische statt.

»Kannst du kurz übernehmen? Die beiden wünschen zwei Milchkaffee und zwei Stücken vom Käsekuchen. Ich muss eben die Spülmaschine ausräumen, sonst haben wir bald keine Tassen mehr«, rief Franio zu ihr und verschwand mit einem befüllten Tablett in der Küche.

»Klar, Chef. Ich übernehme sofort«, antwortete sie und nickte der Kundin über die Schulter zu, dass sie sich gleich um sie kümmerte. Doch kaum waren die Schwenktüren der Küche zugefallen, schepperte es gewaltig.

»Alles ok?«, rief June ihm vom Tresen aus zu.

»Nichts passiert. Zum Glück waren es fast nur Teller und kaum Tassen«, rief er zurück.

Sie schüttelte lächelnd den Kopf, weil er trotz des Drucks immer gut gelaunt war. Die nächsten Tassen standen schon unter der Kaffeemaschine und dieses brummende Geräusch wurde langsam zu einem Dauerton in ihrem Ohr. Den Milchschaum löffelte sie liebevoll auf die beiden Kaffees, bestreute sie mit einem Hauch Schokopulver und legte die Löffel mit einem kleinen Keks daneben auf die Untertasse. Mit den Tassen in den Händen drehte sie sich zu den wartenden Kunden um. Sie waren mit ihren Blicken so ineinander vertieft, dass es sie an ihre Zeit mit Nolan erinnerte, der auch nicht genug von ihr bekommen konnte.

»Hier schon mal die beiden Milchkaffees, die beiden Käsekuchenstücken kommen sofort.«

Ihre Lippen trennten sich nur widerwillig voneinander. Dann fingen sie auch noch an zu kichern, als sie bemerkten, dass sie für einen Moment alles um sich herum vergessen hatten. Wenn der Samstag so weitergehen würde, bräuchte June eine Gehaltserhöhung.

»Ach super, danke«, entgegnete der Mann und sah wieder zu seiner Angebeteten.

June fragte sich, ob einer der beiden ebenfalls ein Geheimnis zurückhielt, aus Angst den anderen zu verlieren.

Plötzlich fiel ihr wieder Blair ein. Für June war es ein absoluter Tiefpunkt, dass er am Vortag mit ihr vor dem *Mirabella* aufgetaucht war und zusammen mit ihrem Auto wegfuhren. Waren ihre gemeinsamen Stunden eine Lüge gewesen? Hatte er zu Blair dieselben Worte gesagt, die er zu ihr gesagt hatte? Oder schlimmer noch, erkannte er durch die Zeit mit June, wie sehr er Blair vermisste? Das würde zumindest erklären, warum er auf keine Anrufe von June reagiert hatte. Nolan hatte keinen einzigen Gedanken an sie verschwendet.

In ihrem Kummer versunken, holte sie zwei Gabeln hervor. Sie war froh, hier auszuhelfen, sonst würde sie den ganzen Tag auf der Couch mit einem Eiscremebecher herumlungern und schluchzend auf ihr Handy starren, während er sie längst vergessen hatte und seine Zeit mit Blair verbrachte. Sie schob entmutigt die Vitrine auf, um die zwei letzten Käsestücken herauszuheben, als sie von draußen einen Hund bellen hörte. Sofort erkannte sie dieses raue Kläffen.

June duckte sich und schaute durch die Vitrine hindurch. Allerdings war es bloß ein weißer Pudel, der am Eingang vorbeihuschte. Erleichtert atmete sie auf. Doch in der Sekunde, als sie sich wieder aufrichtete, schnüffelte Scotch am Boden des Fußgängerwegs entlang. Die Käsekuchenstücken schob sie dabei abwesend auf die Teller. Das Pärchen nahm sie schweigend entgegen und verschwand aus ihrem Blickfeld. Der nächste Kunde rückte auf. Sie hörte, dass er etwas sagte, doch ihre ganze Aufmerksamkeit galt dem Geschehen vor dem *Mirabella*.

Nolan blieb direkt vor der Schaufensterscheibe stehen. Sein Blick wanderte von dem Fensterplatz über die restlichen Tische bis hin zum Tresen. Genau zu June. Ihr Herz schlug wie wild gegen ihre Brust, als sich ihre Blicke trafen.

»Hallo?«, unterbrach der wartende Mann ihren starren Blick nach draußen. »Ich hätte gerne die Aktion mit den zwei Schoko-Nuss-Muffins und einen Kaffee gratis dazu. Den Kaffee bitte schwarz und mit einem Stück Zucker.«

»Die Aktion, gerne. Kommt sofort«, stammelte sie und drehte sich zu der Kaffeemaschine um. Ihre Hände zitterten, als sie nach einer Tasse griff. Gleich würde sie sich umdrehen müssen, um die Muffins von der Etagere zu nehmen, allerdings wusste sie nicht, ob sie es schaffte, Nolan nochmal in die Augen zu sehen.

Die Schwenktüren der Küche flatterten auf.

»Und weiter geht der Spaß«, trällerte Franio und kam mit einem Tablett voll duftender Muffins auf sie zu.

June hingegen starrte weiterhin auf den durchlaufenden Kaffee und stützte ihre Hände an der Platte ab.

»Hey, was ist los, ich habe extra etwas mehr Muffins heute gebacken, damit du welche mitnehmen kannst.«

Sie schluckte schwer und sah ihn von der Seite an. »Er ist hier«, flüsterte sie und Franio verstand sofort, wen sie meinte.

Zuerst schaute er durch den Raum, bis er Nolan vor dem Fenster entdeckte. »Das er es wagt, hier nochmal aufzukreuzen!«

»Na ja, er ist ja draußen und befindet sich auf einer öffentlichen Straße. Das können wir ihm nicht verbieten, oder?«

»Das ist mir sowas von egal, weil es mein Café ist, vor dem er steht!« Er stellte das Tablett ab, streifte seine Backhandschuhe ab und stürmte zum Eingang.

»Franio, warte!«, rief sie ihm hinterher, doch es war zu spät.

Die Tür flog auf, er marschierte zu Nolan und das Schauspiel begann. Die Gäste verstummten nacheinander, als er wild mit seiner Hand vor der Scheibe gestikulierte und seine Halsschlagader deutlich hervorstach, während Nolans Wangenknochen bebten und er seine Hand zur Faust ballte. Scotch war der Einzige, der sich freute und wollte an Franio hochspringen, als Nolan ihn zurückpfiff.

Der nächste Kunde öffnete die Tür und trat ins Café ein. Erst jetzt hörte sie, wie Franio brüllte, dass Nolan hier nichts verloren hatte. Nolan war davon weniger beeindruckt und rempelte ihn beim Vorbeigehen an. Franio drehte sich empört zu ihm um und packte ihn an der Lederjacke. Scotch fing dabei bedrohlich an zu bellen, als Nolan ausholte und Franio wegschubste.

»Sollen wir nicht lieber die Polizei rufen?«, fragte der Mann, der weiterhin auf seine Bestellung wartete.

»Nein, schon gut. Das ist eine private Angelegenheit, die ich jetzt klären werde.« June kam hinter der Theke hervor. Obwohl ihr Herz bei jedem Schritt stärker gegen ihre Brust hämmerte, musste sie eingreifen. Sie erreichte die Tür, die ein Kunde offenhielt und schaulustig das Duell beobachtete.

»Hört sofort auf damit!«, schrie June sie beide an.

Franio klebte wie eine Fliege an der Scheibe, während Nolan ihm am Kragen festhielt und ordentlich dagegen drückte. Die Gäste an den Fensterplätzen sprangen entsetzt auf.

»Ich wollte nur mit dir reden, sonst nichts. Aber diese Schmalzlocke macht einen auf wichtig und will es mir verbieten.«

Franio fing an zu lachen, was das Ganze nur verschlimmerte. »Und du denkst, wenn du hier mit deinen Fäusten aufkreuzt und deine Macht demonstrierst, wird sie dir zuhören?«

Nolans andere Hand war bereits zur Faust geballt.

»Franio ist ein Freund von mir und er ist mir wichtig. Wenn du ihn jetzt bitte loslassen würdest.«

Ein Auto fuhr hupend an ihnen vorbei, bis Nolan endlich reagierte und vom Kragen abließ. Franio keuchte auf, während er sein Hemd zurechtrückte.

»Der Kerl ist doch verrückt! Komm June, wir gehen hinein!«

Sie stand da und sah zu Nolan. Sein Gesicht war kreidebleich und an seinen Schläfen rannen die Schweißperlen herab.

»Ich bin hier, weil ich dringend mit dir reden muss. Es kann nicht länger warten.«

Franio, der mittlerweile am Eingang stand, flüsterte ihr zu. »Tu es nicht, June. Er will dich doch nur wieder rumkriegen.«

June befand sich zwischen zwei Welten, die unterschiedlicher nicht hätten sein können. Franio, der ihr eine berufliche Perspektive und Sicherheit bot, und Nolan, der alle Regeln missachtete und ihr Herz brach.

»Wieso hast du nicht einmal zurückgerufen oder auf meine Nachrichten reagiert?«, fragte sie Nolan, der sich an die Scheibe lehnte und erschöpft ausatmete.

»Ich konnte nicht. Bitte, lass es mich in Ruhe erklären.« Sein Blick wanderte zu den Gästen, die ihn immer noch entsetzt anschauten.

»Du meinst, du konntest nicht, weil Blair bei dir war?«

Er schüttelte den Kopf. »Das ist alles ein großes Missverständnis. Du bist die Einzige für mich, das musst du mir glauben, aber diese Sache mit der Kiste und die Geschichte mit deinem besten Freund hat mich völlig aus der Bahn geworfen.«

»Dich? Weißt du noch, wie du reagiert hast, als ich von Phil erzählt habe?« June verschränkte ihre Arme, weil ein Schauer über ihre Haut huschte, als sie sich daran erinnerte. »Du hast kein Verständnis für meine Situation gezeigt, aber jetzt soll ich sofort Verständnis für dich haben, nur weil du hier auftauchst? Und was war das überhaupt mit Blair, wenn bei euch nichts läuft?«

»Das war Zufall und mir ging es gestern nicht so gut. Deswegen hat sie mich nach Hause gefahren und ist danach gleich wieder gegangen. Bitte June, nur fünf Minuten.«

Franio kam dazwischen und schob sie sanft am Arm zurück. »Ich denke, du hast schon genug gesagt! Komm jetzt June, dem ist nicht mehr zu helfen.«

Nachdem er die letzten Worte ausgesprochen hatte, presste Nolan die Lippen aufeinander. Es war derselbe Gesichtsausdruck wie damals in der Lagerhalle, kurz bevor die Schmerzen ihn in die Knie zwangen.

»Arbeitest du jetzt für ihn?«

»Ja, ich arbeite hier.«

»Verstehe«, murmelte Nolan und schlug mit der flachen Hand gegen die Scheibe.

»Hey, nimm deine Pfoten weg, sonst rufe ich die Polizei!«, warnte Franio ihn, ließ aber nicht von June ab und schob sie immer weiter zum Eingang. Die Luft war zum zerreißen, weil sie so viele Fragen hatte und all die ungesagten Worte zwischen ihnen schwebten.

»June, bitte«, flehte Nolan sie an, bevor sie im Café verschwand.

Der Klang seiner schmerzerfüllten Stimme versetzte ihr einen Stich und sie fühlte sich mit einem Mal furchtbar. Ein letztes Mal drehte sie sich zu ihm um und schaute in seinen verlorenen Gesichtsausdruck.

»Nolan«, hauchte sie. Dann hörte sie nur noch das Getuschel der Gäste von drinnen und er verschwand.

Wie oft hatte sie sich genau diesen Moment gewünscht, dass er vor ihr stand und mit ihr reden wollte? Doch jetzt, nachdem er mit Blair vor ihren Augen entlang spaziert war und ihre Anrufe ignoriert hatte, als hätte es sie nie gegeben, veränderte alles.

Kapitel 39

Die Sektflasche ploppte auf und der Korken flog im hohen Bogen auf June und Franio zu, der besorgt zu seiner heiligen Kaffeemaschine blickte, während Ruby *Happy Birthday to me* lallte. Nachdem der Korken gegen die Wand geknallt war, verteilte Franio erleichtert die Becher an die umstehenden Gäste. Danach stellte er sich auf einen Stuhl und hob seinen befüllten Becher für eine Rede.

»Ruby, du Partymaus. Alles Gute zum Geburtstag. Auf ein neues und aufregendes Jahr mit dieser verrückten Frau, die ihr Herz auf der Zunge trägt. Und nebenbei erwähnt, feiern wir deinen nächsten Geburtstag hoffentlich in deiner eigenen Bar.«

»Auf dich Ruby und deine unverwechselbare, ehrliche und herzallerliebste Art«, ergänzte June und hob ebenfalls ihren Becher.

»Ihr seid so süß! Danke euch beiden und allen, die heute meinen Tag feiern!« Ruby stieg auf einen Tisch. Ihre knallroten Lippen bogen sich zu einem breiten Grinsen. Sie verbeugte sich vor all ihren Freunden, die zu ihrer Überraschungsparty gekommen waren. »Ihr ergänzt meinen Wahnsinn in so vielerlei Hinsicht, dass ich ohne euch nur halb so verrückt wäre. Ich liebe euch alle!«

****

Es herrschte eine ausgelassene Stimmung und aus dem *Mirabella* wurde mit einer bunten Glitzerkugel an der Decke eine echte Diskothek. Doch selbst mit dem Sekt und der lauten Musik drängten sich Junes Gedanken immer wieder zu dem Vormittag, als Nolan vor dem Café aufgetaucht war und mit ihr hatte reden wollen. Ein Teil in ihr wollte ihm glauben, dass zwischen ihm und Blair nichts gelaufen war, doch ein anderer Teil konnte diesen Anblick nicht vergessen. Wie Blair sich bei ihm eingehakt hatte und sie mit ihm nach Hause gefahren war. Sie wirkten so vertraut miteinander, dass es June noch immer einen Stich versetzte.

»Und jetzt stellt gefälligst eure Gläser ab und tanzt meine fünfundzwanzig Jahre auf einundzwanzig runter«, schrie Ruby in die Menge und leerte ihren doppelten braunen Tequila in einem Zug. Ihr schwarzes gepunktetes Kleid wirbelte umher, je mehr sie sich im Kreis drehte.

Irgendwann stoppte sie und deutete mit etwas wirrem Blick auf June, die hinter der Theke Schutz suchte. Sie schüttelte ihren Kopf, bevor Ruby auch nur auf die Idee kam, sie zu fragen, ob sie mit ihr tanzen würde.

»Ach komm, ein Lied, weil ich heute Geburtstag habe.«

Selbst die Musik wurde in dem Augenblick wie durch Zauberhand lauter. Über die Schulter sah sie zu Franio, der die Fernbedienung von der Musikbox in der Hand hielt. Sie warf ihm einen vorwurfsvollen Blick zu, während er mit einem Schulterzucken antwortete.

»Okay, aber nur ein Lied«, rief June und rollte mit den Augen.

Nach einigen Tritten von einer zur anderen Stelle, kam endlich die Erlösung und der Song war zu Ende. Erleichtert drehte sie sich um und wollte gerade von der Tanzfläche verschwinden, als Ruby sie am Arm festhielt.

»Ah, das ist mein absoluter Lieblingssong! Den müssen wir noch zusammen tanzen.« Ihre langen Wimpern klimperten ihr entgegen, während ihre wilden Korkenzieherlocken sich langsam aus dem roten Haarband befreiten. »Bitte! Weil heute …«

»Dein Geburtstag ist, ich weiß und deswegen habe ich einem Song zugestimmt, der übrigens vorbei ist. Außerdem brennen mir die Füße vom Tag und ich bin völlig k.o.«, nörgelte June und fragte sich, wann sie endlich ins Bett konnte. Sie wollte die Stimmung nicht verderben, aber so langsam kam sie an ihre Grenzen.

»Ich habe schon gehört, was heute bei euch auf Arbeit los war und genau deswegen musst du die Bilder von Nolan wegtanzen. Vertrau mir, dann geht es dir besser. Und nimm noch einen Schluck von dem Sekt, der wirkt wahre Wunder.«

»Ich glaube es ja nicht. Franio hat es dir erzählt?«

»Ja, zum Glück! Sonst hätte ich gedacht, dass dein Trübsal blasendes Gesicht mit mir zu tun hat. Und jetzt schwing endlich deine Hüfte.«

****

Das bunte Konfetti klebte nicht nur auf dem Boden, sondern auch in Junes Haaren, an ihren Wangen und sogar im BH, da sie eine lockere Bluse mit Ausschnitt trug. Das *Mirabella* sah aus wie bei einer Studentenparty, wenn die Eltern über das Wochenende verreist waren. Auf den Tischen lagen umgekippte Bierflaschen, deren Inhalt auf den Boden tropften, Pappteller wurden aufeinandergestapelt, dazwischen die übrig gebliebenen Reste der Erdbeer-Sahne-Torte, die Ruby so liebte. Franio ließ sich erschöpft auf einen Stuhl fallen und schenkte ihr die letzten Tropfen aus der Sektflasche ein. June setzte sich zu ihm und nahm einen Schluck.

»Wer war eigentlich dieser Kerl mit dem grünen Hemd und den weißen Turnschuhen, den Ruby jetzt mit in ihre Bar geschleppt hat? Ich kann mich nicht erinnern, dass ich ihn eingeladen habe.«

»Ach sorry, habe ich vergessen zu erwähnen. Daniel ist ein Freund von mir. Er ist momentan etwas down, weil seine Freundin mit ihm Schluss gemacht hat, und fragte mich vorhin, was ich heute Abend mache.«

»Ah, verstehe. Sozusagen dein Geburtstagsgeschenk an Ruby.«

»Oh glaube mir, Daniel ist ganz freiwillig mit ihr gegangen.«

Sie sah zum Schaufenster hinaus, weil sie einen Schatten unter einer Laterne wahrnahm. Doch als sie niemanden ausmachen konnte, wandte sie ihren Blick wieder ab. Sie schaute in das roséfarbene Prickelwasser und fing an zu lachen.

»Was ist so witzig?«, fragte er verwundert.

»Ich habe mich eben gefragt, wie es sein kann, dass ich immer etwas zu trinken habe, ohne dass ich mir was eingegossen habe.«

»Sowas nennt man einen aufmerksamen Gastgeber.« Dabei deutete er mit dem Finger auf sich selbst.

»Obwohl du mein Chef bist?«

»Außer Dienst bin ich immer noch der Freund, der dir die besten Muffins backt.«

»Das stimmt, ein lieber Freund und ein taffer Chef, der mich den ganzen Tag herumscheucht.«

Er beugte sich zu ihr nach vorne. »Verzeih mir, wenn ich arbeite, bin ich total fokussiert. Hast du heute überhaupt mal eine Pause gemacht?«

»Zählt der Toilettengang dazu?«

»Oh man, was bin ich nur für ein furchtbarer Chef.« Er fuhr mit seinen Händen über sein Gesicht.

»So ein Quatsch! Ich hätte schon was gesagt, wenn ich eine Pause gebraucht hätte. Außerdem bin ich dir mehr als dankbar für diesen Job. Ohne dich wäre ich echt aufgeschmissen.«

Franio sah sie einen Moment an und beugte sich dann zu ihr vor. Seine Finger strichen sanft eine Strähne aus ihrem Gesicht. »Habe ich dir eigentlich mal gesagt, was für eine wunderschöne Frau du bist?«

Er zog sie völlig unerwartet zu sich heran und küsste sie auf den Mund. Allerdings nur zwei Sekunden, weil ihre Lippen reglos blieben und sie die Augen weit aufriss.

Franio wich sofort zurück. »Entschuldige. Da habe ich die Signale wohl falsch gedeutet.«

Seine Wahrnehmung, dass es zwischen ihnen irgendwelche Signale gab, überraschte sie mehr als der Kuss selbst.

»Ich dachte nur, weil du eben meintest, ich wäre immer für dich da und du mich so angeschaut hast, als wenn …« Er verstummte.

Was gut war, denn jedes weitere Wort hätte nur verwirrender gewirkt.

»Schon gut. Es war ein langer Tag für uns beide und wir haben etwas zu viel getrunken«, meinte June. Sie stand auf und nahm ihre Tasche.

Zeitgleich kam Franio ebenfalls hoch. »Soll ich dich nach Hause bringen?«

»Brauchst du nicht, aber lieb, dass du fragst. Ich werde das kurze Stück mit dem Fahrrad fahren und dann ins Bett fallen.«

Sie war nicht sauer auf ihn, nur konnte sie seine Beweggründe nicht verstehen, wenn einige Stunden zuvor erst Nolan vor dem Café gestanden hatte und sie alles andere als in Flirtlaune war. Zumal Franio auch noch ihr Chef war und sie den Job dringend brauchte.

»Um zwei Uhr morgens willst du alleine mit dem Fahrrad nach Hause fahren?«

»Wieso nicht? Es sind nur zehn Minuten und wenn ich schneller fahre, sind es sogar nur acht.«

Nachdem sie gemeinsam zur Tür gegangen waren und er aufgeschlossen hatte, hielt er einen Moment inne.

»Bitte verzeih mir wegen eben. Es war absolut unangebracht und ich hoffe, dass es nicht zwischen uns steht. Lass uns diesen Kuss von einem toten Fisch am besten sofort vergessen, okay?«

»Ach, so schlecht war er?«, fragte June und stieg in seinen Witz ein.

»Sagen wir mal so, da küsst ja meine Großmutter besser.«

Wie eine Seifenblase zerplatzte der merkwürdige Kuss zwischen ihnen und sie fingen beide an zu lachen.

»Zumindest können wir jetzt sicher sein, dass es nicht nochmal passiert«, versicherte June.

»Darauf verwette ich sogar das *Mirabella.*«

»Ich nehme dich beim Wort, weil es ein echt schönes Café ist.« Sie umarmte ihn, wobei seine Hände eher zögerlich ihren Rücken berührten. »Gute Nacht, Franio, wir sehen uns morgen früh zum Aufräumen?«

»Schlaf du dich lieber aus«, antwortete er. »Ich werde das alleine machen und du kommst ganz normal zum Schichtbeginn.«

»Okay, bis morgen Chef.« June lächelte und huschte zu ihrem Fahrrad.

****

Sie atmete die kühle Nachtluft ein und trat kräftig in die Pedale. Sie war froh, dass der Kuss zwischen ihnen zumindest bewirkte, dass ihre Fronten geklärt waren. Vor ihrer Haustür bremste sie ab, schob das Fahrrad in den Ständer und sah nach oben in die sternenklare Nacht. Ein Stern stach besonders hervor, der wie ein Diamant am Himmel funkelte. Er erinnerte sie an einen Abend, an dem sie mit Nolan auf den Stufen vor ihrer Eingangstür gesessen und die Sterne beobachtet hatten.

Ein Gefühl von Reue überkam sie, weil ihre Lippen eben einen anderen Mund berührt hatten. Auch wenn das keine Rolle mehr spielte. Sie schaute auf ihr Handy und öffnete den Chatverlauf mit Nolan. Er war vor einer Stunde online.

June: *Du wolltest reden?*
Allerdings löschte sie die Frage wieder.
June: *Was wolltest du mir denn sagen?*
Wieder löschte sie die Nachricht. Sie sah nochmal zu dem leuchtenden Stern über ihr, atmete tief durch und fand schließlich die passenden Worte.
June: *Hey, ich hoffe, es geht dir gut. Ich würde gerne mit dir reden. Vorhin war nur nicht der richtige Zeitpunkt. Wie wäre es morgen Abend? Schlaf schön.*

Bevor ihr Verstand sich einschalten konnte, um sie davon abzuhalten, drückte sie auf senden.

Kapitel 40

June verließ nach Feierabend das Café und schob den Reißverschluss ihrer Jacke nach oben. Da es am Morgen geregnet hatte, war sie heute ohne Fahrrad unterwegs. Ihre Hände vergrub sie in ihren Jackentaschen. Dabei umfasste sie ihren Schlüsselbund mit dem Kirschblütenanhänger. Eine Woche war es her, dass Nolan vor dem *Mirabella* aufgetaucht war. Eine weitere Woche, in der er nicht auf ihre Nachricht reagiert hatte. Abgesehen von ihrem Herzklopfen, wenn ein Hund vor dem Café vorbeilief, hatte sie in den letzten Tagen so heftige Kopfschmerzen bekommen, dass sie dringend etwas dagegen brauchte.

Eine kleine goldene Glocke bimmelte beim Betreten einer Apotheke, die nicht weit entfernt vom *Mirabella* lag. Hinter der Verkaufstheke stand eine Apothekerin mit zurückgesteckten grauweißen Haaren und einer weinroten Lesebrille, die mit einer Schnur um ihren Hals hing.

Sie sah auf und lächelte June entgegen. »Guten Tag. Was kann ich für Sie tun?«

»Haben Sie etwas gegen starke Kopfschmerzen?«

»Sicher.« Die Apothekerin, auf deren Namensschild *Frau Fisher* stand, setzte ihre Brille auf und drehte sich zu dem Medikamentenregal um. Aus dem mittleren Fach nahm sie zwei verschiedene Packungen heraus und legte sie vor June auf die Theke ab. »Wir haben hier einmal etwas auf pflanzlicher Basis in Tropfenform oder die herkömmlichen Tabletten. Falls Sie einen empfindlichen Magen haben, würde ich Ihnen die Tropfen empfehlen. Wann fing es bei

Ihnen denn an? Oft entstehen Kopfschmerzen, wenn Sie zu wenig getrunken haben, kaum schlafen oder unter enormem Stress stehen.«

June schweifte mit ihren Gedanken ab und schaute zu dem Seitenständer neben ihr. Die Weingummis in Herzform sprangen ihr regelrecht ins Auge. Sie klebten aneinander wie Nolan und June an dem Wochenende auf der Hütte, bevor sie einen Fehler begangen hatte und der Zauber verflog.

»Ehrlich gesagt trifft alles von dem zu.«

Frau Fisher gab einen leisen Seufzer von sich. »Vielleicht wäre es besser, wenn Sie zum Arzt gehen und sich eine Auszeit nehmen?«

June schüttelte den Kopf. »Das geht leider nicht.«

Sie konnte Franio nicht im Stich lassen und der Gedanke, den ganzen Tag alleine in ihrer Wohnung zu hocken, führte erst recht zu Kopfschmerzen.

»Wissen Sie, manchmal hilft es auch, wenn Sie Ihre Gedanken niederschreiben oder Sie mit jemandem teilen.« Ihre Stimme hatte etwas Heilsames und einfach so sprach June all das aus, was sie so lange für sich behalten hatte.

»Es war eine Art Selbstschutz, denke ich. Zumindest wenn ich es rückblickend betrachte. Ich wollte ihm die ganze Zeit von Phil erzählen, doch ich konnte es nicht. Jedes Mal, wenn ich mit Nolan zusammen war, hatte ich Angst, er würde mich nie wieder so liebevoll ansehen.« June wischte ihre Tränen ab, die an ihren Wangen hinunterliefen. »Und anstatt ich den Mut aufbringe und ihm vertraue, wühle ich in seinen Sachen herum und platze zum ungünstigsten Zeitpunkt mit der Wahrheit über Phil heraus. Ich meine, wenn Sie das hören, was halten Sie davon?«

»Wissen Sie, ich kann Ihnen da leider keinen Rat geben, aber ich denke, Sie werden Ihre Gründe dafür gehabt haben. Was ich Ihnen aber gewiss sagen kann, ist, dass die Kopfschmerztabletten Ihre Probleme nicht lösen werden.«

June hatte auf irgendeinen weisen Ratschlag gehofft. Eine Art Lichtblick, dass die Situation nicht ganz ausweglos schien. Doch dem war nicht so. Stattdessen wartete Frau Fisher auf eine Entscheidung, welche Sorte sie nun wählen würde.

»Ich nehme die Tropfen und die Weingummis.« Sie rupfte die Packung mit den kleinen roten Herzen ab und legte sie auf den Tresen. Frau Fisher scannte alles ab und packte die beiden Artikel in eine Tüte.

»Es gibt hier in der Nähe ein paar Beratungsstellen, an die Sie sich wenden können. Leider habe ich keine Visitenkarten mehr, aber im Internet finden Sie die Adressen ganz sicher.«

Es reichte ihr schon, dass Ruby jeden Tag schrieb und sich nach ihr erkundigte, als wäre sie ihre Betreuerin. Sie bezahlte rasch und stopfte die Tüte in ihre Tasche, als die Glocke bimmelte.

»June?«, rief eine zarte Frauenstimme hinter ihr.

Sie drehte sich um und blieb wie erstarrt stehen. Diese Frau war wie ein Geist aus ihrer Vergangenheit. Doch sie hatte sich äußerlich sehr verändert. Ihr eingefallenes Gesicht hatte nichts mehr mit der freudvollen und starken Frau zu tun, die sie einst kennengelernt hatte.

»Helen?«

»Hallo Liebes.« Sie kam langsam auf June zu.

Heute wehte kein Patschuli Duft mit, wenn sie einen Raum betrat und auch keine überschwängliche Umarmung zur Begrüßung. Stattdessen hielt sie ihre knochige Hand mit etwas Abstand hin. Das erste Mal, als sie Phils Mutter gesehen hatte, war an seinem Geburtstag vor drei Jahren gewesen. Helen hatte die letzte Maschine aus Nigeria genommen, um ihren Sohn zu überraschen. Seinen verdutzten Gesichtsausdruck würde June nie vergessen. Von dreihundertfünfundsechzig Tagen im Jahr war sie nur eine Handvoll zu Hause. Dafür gab sie vielen hilfsbedürftigen Menschen ein neues Zuhause und die medizinische Versorgung, die sie brauchten.

Vorletztes Weihnachten war sie das erste Mal fern geblieben, was Phil extrem getroffen hatte. So sehr er seine Mutter für ihren Einsatz in Nigeria auch bewundert hatte, erfuhr er erst später den Grund für ihre Abwesenheit. Sein Vater fand heraus, dass sie eine Affäre mit einem Arzt in Nigeria gehabt hatte. Seine Enttäuschung über seine Mutter war so groß gewesen, wie das Mittelmeer, das die beiden Kontinente voneinander trennte.

»Ich wusste gar nicht, dass du in der Stadt bist«, sagte June überrascht.

»Kaum zu glauben, oder? Ich habe mir eine längere Auszeit vom Reisen genommen«, antwortete sie mit einer künstlich heiteren Stimme. June sah sie mitfühlend an, schwieg jedoch, weil sie merkte, dass Helen noch was sagen wollte. »Weißt du, ich war gerne in Nigeria, weil sich London nie wie eine Heimat für mich angefühlt hat. Doch jetzt hat sich alles geändert. Wenn ich diesen Ort verlassen würde, dann als Mutter, die ihren Sohn verloren hat. Meinen Sohn, den ich die letzten Monate vor seinem Tod kaum gesehen habe. Ich weiß auch nicht, es frisst mich innerlich vollkommen auf.«

»Mir geht es so wie dir. Ich kann bis heute nicht über Phil sprechen. Wie geht es seinem Vater? Hast du noch Kontakt zu Georg?«

»Seit der Beerdigung unseres Sohnes nicht mehr.« Helen sah zu Frau Fisher, die am Verkaufstresen wartete. »Lass uns am besten draußen weiterreden. Ich hole danach meine Medikamente ab.«

»Ist gut.« June strich über den dünnen Mantel von Helen, der ihre spindeldürren Arme verdeckte und folgte ihr hinaus. Sie gingen ein paar Schritte den Gehweg hinunter und blieben dann stehen.

»Weißt du, Georg kam nur schwer damit zurecht, wie Phil sich entschieden hatte. Aber was soll ich dazu sagen, nicht jeder teilt diese Ansicht und sein Vater hatte seine Prinzipien.« Helen schüttelte den Kopf. »Typisch Rechtsanwalt. Er kann so unglaublich stur sein, wenn er einen festen Standpunkt zu etwas hat.«

»Du meinst seinen Traum von einer eigenen Galerie, wo er einen Teil seiner Einnahmen spenden wollte?«

Helen sah um sich, als wollte sie sichergehen, dass niemand ihr Gespräch mithörte. Sie zog June in eine Einfahrt hinein, die zu einem Hinterhof führte. Neben zwei überfüllten Mülltonnen blieben sie stehen. Helens Gesicht wurde noch blasser, was ein mulmiges Gefühl in Junes Magen hervorrief.

»Für seinen Vater war sein Wunsch nicht ehrenvoll. Kannst du dich an seinen Ausraster bei der Beisetzung erinnern, als er geschrien hat, dass nur noch eine leere Hülle im Sarg liegt?«

June schluckte. »Ich erinnere mich. Er kam betrunken zur Abschiedsrede. Ich kann mir gar nicht vorstellen, wie schwer es sein muss, dass ihr euren Sohn verloren habt. Möglicherweise braucht er noch Zeit für sich.«

»Oh, glaube mir, in dem Punkt war Georg sehr deutlich. Er würde so lange nicht mit mir sprechen, wie die anderen Menschen durch Phil weiterleben. Erst dann würde er seinen Frieden schließen können. Das ist doch traurig, oder?«

»Welche anderen Menschen?«, fragte June verwirrt, da bei seinem Unfall nur er verunglückt war. Es dauerte einen Moment, bis Helen mit der Sprache herausrückte.

»Sein Vater beharrte auf einem Widerspruch, aber ich war anderer Meinung. In Nigeria habe ich so viele Kinder gesehen, die nicht mal ihren dritten Geburtstag erlebten. Kannst du dir vorstellen, wie traumatisch sowas für eine Mutter ist, wenn ihr eigenes Kind verhungert? Wir haben hier in der westlichen Welt so viele Möglichkeiten, ein Leben zu retten, sogar wenn ein anderer stirbt. Wer weiß, vielleicht haben wir einen Schüler gerettet, der genauso große Träume hatte wie Phil oder eine liebende Mutter mit drei Kindern. Ich meine, das kannst du doch verstehen, nicht wahr? Phil wollte es so, warum sollten wir seinem letzten Wunsch widersprechen?«

June glaubte, Helen würde gleich zusammenbrechen, wenn sie weiter so aufgebracht redete. »Vielleicht wäre es besser, wenn du nach Hause gehst und dich ausruhst. Ich kann dir gerne ein Taxi rufen, okay?«

»Ich brauche kein Taxi, ich brauche jemanden, der Phils Wunsch versteht, denn jedes Mal, wenn ich meine Augen schließe, sehe ich Georgs verurteilenden Gesichtsausdruck. Es war so ein zehrender

Kampf mit ihm, dass ich manchmal an der Entscheidung zweifle. Ich musste ihm sogar Statistiken vorlegen, die belegten, dass es in England immer noch zu wenig Spender gibt. Davon abgesehen, war unsere Ehe eh schon zum Scheitern verurteilt.«

»Warte mal, von welchen Spenden redest du?« Sofort wich June zurück, weil ihr Körper unbewusst auf das reagierte, was ihr Verstand noch nicht greifen konnte.

»Meine Liebe, bitte glaube mir, ich wollte dir das alles schon früher sagen, nur Georg hat es mir untersagt. Aber jetzt ist es auch egal.« Helen nahm einen tiefen Atemzug, bevor sie weitersprach. »Phils Wunsch war es, andere Leben mit seinen Organen zu retten, wenn er stirbt.«

Die Worte schlugen auf June ein wie ein Presslufthammer, der ihr Herz in tausend Teile zerschlug. Helens knochige Hände wollten nach ihr greifen, doch June trat zurück. Sie stolperte von der schattigen Gasse hinaus zum Gehweg.

»Eine Organspende?«, fragte sie, während dieses Wort so schwer wiegte, dass sie Mühe hatte, es auszusprechen.

»Ich finde es großartig, dass wir dadurch Menschenleben retten können. Und durch Phil konnten drei Leben gerettet werden. Ist das nicht wundervoll?«

»Das muss ein Irrtum sein. Wenn es sein Wunsch gewesen wäre, dann hätte ich es doch gewusst!«

»Möglicherweise wollte er die Entscheidung für sich behalten, weil die meisten Menschen weniger offen dafür sind.«

»Und wie kommt es, dass du es mir jetzt doch erzählst, wenn Georg es dir untersagt hat?«

»Als ich dich in der Apotheke gesehen habe, hatte ich das Gefühl, dass du es wissen solltest. Es tut mir leid, wenn ich dich überrumpelt habe, das war nicht meine Absicht.«

»Weißt du, du tauchst hier einfach auf und sagst mir zwischen Tür und Angel, dass seine Organe gespendet wurden und wunderst dich, warum ich so reagiere?«

»Ich dachte, du würdest es verstehen, weil du seine beste Freundin warst und ihr euch nahestandet.«

June legte ihre Hände auf ihre Ohren, da in ihrem Kopf die Worte wie ein Bienenschwarm von jener Nacht herumschwirrten, als sie Phil angerufen hatte. »Ich kann das alles nicht mehr. Die letzten Monate waren ein einziger Kampf und jetzt sagst du mir sowas! Hört das denn nie auf?«

»Du hast recht, das war taktlos von mir. Es ist besser, wir vergessen, was ich eben zu dir gesagt habe, und ich fahre nach Hause.« Damit drehte sich Helen um und marschierte davon.

Einen Moment überlegte June, es wirklich zu vergessen. Wieder eine Verbindung von Phil zu verdrängen, als wäre nichts geschehen. Doch so wollte June nicht mehr sein. Sie straffte ihre Schultern und wusste, wenn sie die Frage nicht stellte, würde sie es für immer bereuen. Eine verzweifelte Wut stieg in ihr auf, weil Helen mit einem Mal das Weite suchte. June holte sie ein und hielt sie am Arm zurück. »Welche Organe wurden an diese drei Menschen gespendet?«

In Helens Augen traten rötliche Äderchen hervor, weil sie genauso unter all dem litt wie June. »Bist du sicher, dass du es wissen willst?«

»Mir bleibt nichts anderes übrig, sonst werde ich nie darüber hinwegkommen.«

»Okay. Es wurden seine Niere und seine Leber gespendet.«

»Und was ist mit dem dritten Organ?«

Helen wich ihrem Blick aus und schaute zu den vorbeifahrenden Autos. Sie schien wie weggetreten, daher wiederholte June ihre Frage. »Was wurde noch gespendet?«

»Sein Herz. Sein wundervolles, gütiges Herz.«

Die Worte rauschten durch ihre Ohren, gefolgt von einem langen und schrillen Piepton, der immer heftiger wurde. Rückwärts stolperte sie den Bordstein hinunter auf die Straße. Ein Auto bremste in letzter Sekunde ab. Ihre zittrigen Hände stützte sie auf die heiße

Motorhaube und schaute einem Mann entgegen, der hinter der Frontscheibe saß.

Selbst dieser Autofahrer könnte Phils Herz tragen oder ein Gast, den sie im *Mirabella* bedient hatte.

Es könnte jeder sein.

»June, warte doch! Du solltest verstehen, dass Phil nicht nur mit seiner Kunst den Menschen etwas zurückgeben wollte, sondern auch auf anderen Wegen.«

»Du kannst die Kunst nicht mit einer Organspende vergleichen und schon gar nicht behaupten, dass du deinen Sohn kanntest. Du warst doch nie da!«

Helen blieb abrupt stehen. Ihr Gesicht wurde aschfahl, als würde Junes Satz den letzten Lebensmut in ihr erlöschen.

»Verdammt, Phil! Wieso ausgerechnet dein Herz?«, schrie June auf und schlug mit der flachen Hand auf die Motorhaube. Der Fahrer fluchte hinter dem Lenkrad. Bevor er sich abschnallen konnte, rannte sie los. Sie rannte so lange, bis sie Helens Stimme nicht mehr hörte und die Bilder in ihrem Kopf verschwammen. Ihre Lunge brannte und die heftigen Seitenstiche führten dazu, dass sie in einer Nebenstraße erschöpft auf die Knie fiel. Ihr Gesicht legte sie in die Hände und schluchzte so laut, dass sie kaum noch Luft bekam.

Ein kleines Tor zu einem Innenhof öffnete sich neben ihr.

»Geht es Ihnen nicht gut?«

Durch die Lücken ihrer Finger sah sie eine Frau mit eisblauen Augen und strahlend weißen Haaren, die ihr aufmerksam entgegenblickten. June schüttelte bloß ihren Kopf, weil sie keine Worte fand, um ihren Zustand zu erklären. Ein Duft von Weihrauch wehte ihr entgegen, als sich die Frau zu ihr vorbeugte.

»Ich kenne solche Momente, die können einen ganz schön umwerfen.«

»Das ist noch untertrieben«, flüsterte June.

Ein vertrauenserweckendes Lächeln war auf ihren Lippen zu erkennen, wie eine Tante, die all ihre Sorgen verstand. »Ich bin Erin

Stone. Falls Sie jemanden zum Reden brauchen, bin ich gerne für Sie da. Manchmal hilft es, mit einem Außenstehenden darüber zu sprechen.«

Sie wies auf das Schild hin, welches neben dem Eingangstor zum Innenhof hing. In dezenter Schrift stand dort *Erin Stone-Psychotherapie*.

»Ich habe im zweiten Stock eine Praxis, falls Sie mal reden möchten.« Damit verabschiedete sie sich und schlenderte über die Straße, als würde sie jeden Tag ihre Klienten auf dem Gehweg aufsammeln.

June suchte lieber die nächste Bushaltestelle und wollte schnellstmöglich nach Hause. Sie schlang ihre Arme fest um sich, als sie wieder an Helens Worte dachte.

Irgendjemand spazierte mit seinem Herzen durch die Gegend und sie musste herausfinden, wer diese Person war.

Kapitel 41

Zweimal fiel ihr Schlüssel herunter, bis sie in Ihre Wohnung kam. June stürmte ins Wohnzimmer zu ihrem Laptop, setzte sich auf die Couch und konnte es immer noch nicht fassen, was Helen ihr eben offenbart hatte. Im Internet hoffte sie auf Antworten und gab im Suchfeld das Wort *Organspende* ein. Über zwei Millionen Ergebnisse wurden ihr angezeigt. Mit der Maus überflog sie die ersten fünf Seiten. Neben den Schlagzeilen, dass Transplantationschirurgen gegen die Zeit kämpften, und einem neuen Gesetz, um mehr Spender zu erreichen, gab es unzählige Erfahrungsberichte von Transplantationen. June klickte auf einen Bericht, in dem ein Chirurg über den drastischen Rückgang an Spendern sprach und welche Folgen das hatte. Es waren viel mehr Menschen, die auf ein Spenderorgan hofften, als June je vermutet hatte. Sie grenzte ihre Suche ein und beschränkte den Radius auf London. Selbst bei diesem Ergebnis wurden unzählige Treffer angezeigt. June schnaubte auf und überflog die Überschriften. Ihre anfängliche Hoffnung, auf einen Hinweis zu stoßen, verflog mit einem Bericht, dass die Organe mit einem Helikopter eingeflogen wurden, um rechtzeitig beim Spender anzukommen. Demnach könnte die Person, die Phils Herz in sich trug, überall leben.

Sie ließ sich nach hinten fallen und starrte die kahle Decke an. Die ganzen Monate hatte sie die Unfallnacht verdrängt und jetzt wurde sie damit völlig überrollt. Helen trat einen regelrechten Tsunami in Gang, bei dem sie entweder unterging oder sich dem Ganzen endlich stellte.

Nach ein paar Minuten senkte sie wieder ihren Kopf, atmete tief durch und klickte auf die weiteren Suchergebnisse. Ihr fiel eine öffentliche PDF-Datei auf, mit einer Liste von Transplantationszentren aus England. Sie lud die Datei herunter und öffnete sie. Rund dreißig Zentren gab es, zudem wurden die gespendeten Organe in einem Zeitraum angegeben, in dem auch Phil gestorben war. Die Statistik war schockierend. Es wurden knapp viertausend Organe gespendet, davon nur an die zweihundert Herzen.

Das grelle Licht des Bildschirms konnte die Wahrheit nicht mehr verstecken. Ein gespendetes Herz auf dieser Liste war von Phil und in einem dieser Zentren war sein Herz transplantiert worden, während sie zu Hause auf ihn gewartet hatte. Sie notierte die Telefonnummern der infrage kommenden Transplantationszentren und klappte den Laptop zu.

»Ich werde dein Herz finden und darauf aufpassen. Das verspreche ich dir.« Sie hielt den Zettel mit den Nummern an ihre Brust, ganz nah an ihrem Herzen.

Allerdings gestaltete sich die Auskunft schwieriger als gedacht. Es half auch kein lautes Wimmern am Telefon, sobald das Wort Datenschutz fiel, war das Telefonat schnell beendet. Von den Zentren, die eine Herztransplantation in dem Zeitraum durchgeführt hatten, blieb nur noch eins übrig. Es war das *Blainfold Hospital*, das im Vergleich zu den anderen die meisten Herztransplantationen in dieser Zeit vorgenommen hatten. Die Chancen waren zwar gering, dass sie vor Ort eine Auskunft bekommen würde, aber jede Zelle ihres Körpers kribbelte, wenn sie weiter zu dem *Blainfold Hospital* recherchierte. Von *Camden Town* aus lag es eine Stunde mit der Bahn entfernt.

June wollte keine Zeit verlieren und sprang auf. Rasch zog sie ihre Jacke an und schlüpfte schon in ihre Schuhe, als ihr Handy aus der Jackentasche fiel. An der oberen Ecke vom Display entdeckte sie einen Sprung. Genervt hob sie das Handy auf, entfernte die Hülle, um nachzusehen, ob unter der Folie auch das Display beschädigt war, als ein Zettel aus der Hülle fiel. Es war ein Zeitungsausschnitt aus der Kiste, den sie auf dem Boden seines Schlafzimmers vergessen hatte und panisch in ihrer Handyhülle versteckt hatte, bevor Nolan ins Zimmer gekommen war. Die Überschrift war ähnlich zu den anderen Artikeln von damals: *Junger Mann starb beim Rasen über eine rote Ampel.*

June erstarrte, als sie den grauen Audi von Phil erkannte, den er von seinem Vater geschenkt bekommen hatte. Schluchzend hielt sie ihre Hand vor dem Mund, während ihr klar wurde, dass sie den Zeitungsausschnitt von Phils Unfall die ganze Zeit bei sich trug.

In letzter Sekunde schaffte sie es zur Toilette. Nachdem sie sich übergeben hatte, lehnte sie sich gegen die kühlen Fliesen im Badezimmer. Ihre Beine zog sie zu sich heran und schlang ihre Arme darum. Den Kopf legte sie auf ihre Knie. Eine ungewöhnliche Ruhe breitete sich in ihr aus, als wäre der tobende Sturm vorbeigezogen und zurückblieb eine zerstörte Erde. Mitten in diesem tranceähnlichen Zustand kam ihr etwas in den Sinn. Wie ein Geistesblitz schossen die Bilder vor ihrem inneren Auge vorbei und ergaben auf höchst verwirrende Art eine mögliche Antwort, auf die Frage, was mit Phils Herz geschehen war. Es war völlig verrückt und doch so naheliegend!

Es waren die Zeitungsausschnitte, die alle von dem Wochenende stammten, als auch Phil gestorben war. Dann Nolans lange Narbe. Die Tabletten, ohne die er nicht leben konnte. Dazu der ziehende Schmerz in seinem Herzen. Er hatte zu ihr gesagt, dass er eine Lungenentzündung verschleppt hatte, die natürlich zu Herzproblemen führen konnte. Es war zu verrückt, um wahr zu sein, doch statt länger im Badezimmer zu verweilen, brauchte sie dringend Antworten. Sie hoffte, im *Blainfold Hospital* eine Erklärung zu finden. Langsam kam sie hoch, schnappte sich ihren Schlüsselbund, an dem der Kirschblütenanhänger baumelte, und war bereit, die ganze Wahrheit über Phils Unfallnacht zu erfahren.

****

Es war früher Abend, als sie das alte Backsteingebäude erreichte. June huschte an der Grünfläche vorbei und blieb vor den offenen Türen des *Blainfold Hospital* stehen, die so wirkten, als hätte man sie schon erwartet.

Mit gesenktem Kopf schlich sie am Empfang vorbei, wo man sie aus Datenschutzgründen eh abwimmeln würde. Sie musste direkt zur Station gelangen, um jemanden zu finden, der Verständnis für ihre Lage hatte. June ignorierte die Rufe der Schwestern, als sie die Anzeigetafel schnell überflog und im Treppenhaus verschwand. Erst als sie die dritte Etage erreicht hatte, kehrte wieder Ruhe ein.

Weit und breit war keine Krankenschwester zu sehen. June schlich den Flur entlang und entdeckte an einer langen Wand eine Collage mit Bildern von Patienten. Unter den Bildern standen deren Vornamen und das Datum, an dem ihr neues Leben begonnen hatte. Einige davon lagen schon Jahre zurück. Ihr Herz raste, als sie den Zeitstrahl entlanglief und im aktuellen Jahr ankam. Ihr fiel auf, dass immer weniger Bilder an der Wand hingen, je näher die Gegenwart heranrückte. June schluckte schwer, wie sie in die glücklichen Gesichter schaute, die eine neue Chance bekommen hatten. Der März rückte immer näher und sie kam am letzten Bild des Zeitstrahls an. Ihre Beine zitterten mit jedem weiteren Schritt, weil die Antwort zum Greifen nah schien.

Vor ein paar Stunden hatte sie noch eine völlig andere Realität von der Unfallnacht gehabt, bis Helen auftauchte und alles auf den Kopf gestellt hatte. Von der Seite konnte sie bisher nur die Umrisse der Person erkennen. Ihr fiel auf, dass es das einzige Foto war, unter dem kein Vorname klebte. Bevor sie das Bild erreichte, schloss sie ihre Augen. Blind folgte sie ihren Füßen, die sie bis hierher trugen. June blieb stehen, spürte vor ihr die Person auf dem Foto, die jetzt auf Augenhöhe sein musste. Vom Scheitel bis zum Zeh kribbelte alles in ihr. Ihr Herz schlug schneller, als sie langsam ihre Augen öffnete. Das Erste, was sie sah, war nicht die Nasenbinde und das angeschwollene blaue Auge, sondern seine wunderschönen Lippen, die sie so sehr vermisste. June stolperte zurück, als sie realisierte, was das zu bedeuten hatte. Alles, was sie bisher über Nolan zu wissen glaubte, war nichts im Vergleich zu dem, was sie hier als Antwort fand.

»Kann ich Ihnen weiterhelfen?«, fragte jemand von der Seite.

Erschrocken fuhr sie herum. Ein Mann, mit graumelierten Haaren und einem langen Kittel kam auf sie zu. Auf seinem Schild stand *Herzchirurg und Chefarzt Dr. Coldsmore*.

June räusperte sich. »Ich bin im Auftrag eines Freundes hier. Er war mal ein Patient bei Ihnen und seit einiger Zeit geht es ihm gesundheitlich nicht so gut.«

»Verstehe, und wer ist dieser Patient?«

Sie deutete zur Wand mit den Bildern. »Nolan Corbyn ist sein Name und seit einigen Wochen hat er ziemliche Schmerzen in seinem Herzen und ich mache mir Sorgen um ihn.«

Der Chefarzt schaute sie überrascht an. »Sie kennen Nolan?«

»Ja, und ich habe gehofft, Sie können mir einen Rat geben.«

»Ist er denn hier?«, fragte er und sah den Flur in beide Richtungen hinunter.

»Nein. Es fällt ihm unglaublich schwer, darüber zu reden. Alleine, dass er seinen Kampfsport aufgeben musste, nagt bis heute an ihm.« Sie hoffte inständig, dass sie mit ihren Infos über Nolan etwas mehr Vertrauen erwecken konnte.

»Das überrascht mich nicht! So einen Sturkopf habe ich noch nie erlebt und dass er seinem Vater für alles die Schuld gibt, ist bedauernswert. Wir entscheiden immer das Beste für einen Patienten und handeln sofort.« Kopfschüttelnd sah er June an, als täte sie ihm ebenfalls leid.

»Bis vor kurzem wusste ich selbst nicht mal, dass er eine Transplantation hatte. Zwar hat er mir seine Narbe gezeigt, aber nicht erklärt, wie sie entstanden ist. Er meinte nur, dass er eine Lungenentzündung verschleppt hatte und trotzdem an dem Wettkampf teilgenommen hat.«

»Auch wenn Sie ihn kennen, wissen Sie, dass ich Ihnen keine Auskunft geben kann, aber eines kann ich Ihnen sagen. Eine nicht auskurierte Lungenentzündung kann zur Folge haben, dass sich die Herzmuskulatur ebenfalls entzündet. Und bei allem Respekt, er wusste, worauf er sich einlässt, wenn er weiterhin in dem Tempo trainiert. Daher können Sie sicherlich nachvollziehen, dass ich nicht das gleiche Verständnis für seine aktuelle Lage habe, wie Sie.«

June überlegte fieberhaft, wie sie den Chefarzt dazu bringen konnte, dass er doch mehr preisgab. »Ich kann Ihre Enttäuschung verstehen. Nur ist es so, dass Nolan dringend Hilfe braucht. Ich habe etwas recherchiert und es kann durchaus zu einer Heilung beitragen, wenn ein Patient mehr über seinen Spender erfährt. Ich denke, es würde den Angehörigen des Spenders sicherlich auch beruhigen, oder?«

»Wissen Sie, Sie sind nicht die Erste, die hier auftaucht und nach Antworten sucht. Nur kann ich Ihnen nichts dazu sagen. Die Eltern von ihm haben ausdrücklich darauf bestanden, dass der Spender anonym bleibt, daher bitte ich Sie, diesen Wunsch zu respektieren. Nicht jeder freut sich auf so eine Nachricht und manche möchten es aus gutem Grund nicht wissen. Und jetzt entschuldigen Sie mich bitte.« Dr. Coldsmore marschierte schon an ihr vorbei, als sie einen letzten Blick auf Nolans Foto warf.

»Warten Sie!«, rief June und holte ihn ein.

Der Chefarzt legte seinen Kopf in den Nacken, als hätte er damit schon gerechnet.

»Sie haben eben gesagt, dass seine Eltern die Spende anonym halten wollten?«

»So ist es. Wenn das dann alles wäre … «

June kam es merkwürdig vor, dass er es auf einmal so eilig hatte. »Und Sie haben erwähnt, dass Sie Nolan schon länger kennen.«

Er verschränkte seine Arme vor ihr und blieb stehen. »Worauf wollen Sie hinaus?«

June durfte jetzt keinen Rückzieher machen. »Sie kennen ihn nicht erst als Patient auf dieser Station, habe ich recht? Und wissen Sie, was noch komisch ist? Nolan hat mir gesagt, dass er nach dem Aufwachen mit dem Chefarzt kein Wort gewechselt hat, bis auf das nötigste. Also woher wissen Sie dann, dass er das Jahr vor der Transplantation schon gesundheitliche Probleme hatte?«

»Was genau wollen Sie damit andeuten? Die Infos habe ich von seinem Vater, der, wie Sie wissen, alles getan hat, um das Leben seines Sohnes zu retten.«

Sie blieb standhaft und neigte ihren Kopf zur Seite, als würde sie seine Lüge allmählich durchschauen. »Das Interessante an der Sache ist nur, dass Nolan von einem Arzt sprach, der bei einer Herzoperation versagt hat, weil Alkohol im Spiel war. Das Ganze wurde zwar verschleiert und der Arzt soll angeblich nicht mehr trinken, doch irgendein Druckmittel muss Nolans Vater ja haben, dass eine Herztransplantation so schnell möglich war. Jetzt wird mir auch klar, warum Nolan so sauer auf seinen Vater ist und er sich die Schuld gibt, dass er ein anderes Leben weggenommen hat. Ein Patient, der oben auf der Liste stand für eine Transplantation. Und wissen Sie, was noch interessant ist? Die Beschreibung dieses Arztes trifft genau auf Sie zu.«

Auch wenn sie das mit der Beschreibung erfunden hatte, schien diese kleine Randbemerkung ihren Zweck zu erfüllen. Zumindest brauchte er einen Moment, bis er sich aus seiner versteinerten Miene befreite und reagierte.

»Für so eine lächerliche Geschichte habe ich keine Zeit! Sie sollten sich schämen, mir so etwas zu unterstellen, und jetzt machen Sie, dass Sie aus meiner Klinik verschwinden!«

»Die Beweise, die sein Vater gegen Sie hat, könnten Ihre Karriere zerstören und nicht nur das. Sie landen dafür im Gefängnis!«

Ihr blieb nichts anderes übrig, als zu pokern. Sie hatte keine Ahnung, was sein Vater gegen ihn in der Hand hatte, dass er Nolan als vorrangigen Patienten ausgewählt hatte.

Seine Zornesfalte vertiefte sich. »Sie bewegen sich auf ganz dünnem Eis, junges Fräulein!«, mahnte er und beugte sich bedrohlich zu ihr vor.

June durfte jetzt nicht einknicken. Nicht, bevor sie alles Erdenkliche versucht hatte. »Hören Sie, ich möchte nur wissen, ob Nolans Spender ein junger Mann war, der bei einem Autounfall gestorben ist. Sein Name war Phil Morten.«

»Sie glauben, wenn Sie mir drohen, gebe ich Ihnen eine Auskunft zu einem Spender? Das ist doch lächerlich!«

»Wie Sie wollen, dann gehe ich eben zur Polizei und erzähle Ihnen, dass durch Ihr fahrlässiges Verhalten ein Mensch verstorben ist!«

Er packte sie blitzschnell am Arm und zog sie zu sich heran. Seine Finger bohrten sich in ihre Haut. Sein Blick hatte nichts mehr von einem fürsorglichen Arzt, sondern einem Mann, der nur an sich selbst dachte.

»Reden Sie gefälligst nicht so laut! Von mir aus gehen Sie doch zur Polizei und dann werden wir ja sehen, wie weit Sie kommen! Denn ich glaube nicht, dass Sie irgendwelche Beweise haben. Und falls doch, würde ich Sie vor Gericht fertig machen und Ihre Zukunft können Sie vergessen. Denken Sie allen Ernstes, Sie können hier reinspazieren und mich erpressen?« Er kam bedrohlich nah, so dass er fast ihre Nase berührte. »Sie können froh sein, dass ich keinen Kontakt mehr zu Nolans Vater habe. Was meinen Sie, wie er reagieren würde? Und jetzt hauen Sie gefälligst ab!« Er ließ ihren Arm los und stieß sie weg.

June strich über die Stelle, die er eben grob angefasst hatte. Für einen Moment hatte sie sich zu sicher gefühlt, was ihr jetzt den Boden unter den Füßen wegriss. Sein Kittel wehte bei seinem selbstgefälligen Gang, während er den Flur hinunterlief und vor einer Tür stehen blieb. Er klopfte kurz dagegen, dann verschwand er im Zimmer. June atmete tief durch. Ihre Finger zitterten, als sie über ihr Gesicht strich und den Kopf in den Nacken legte. Sie war so kurz davor und doch war sie gescheitert. Nolans Foto hing an der Wand, das Jahr passte, genauso wie der Zeitungsartikel von Phils Unfall und seine lange Narbe. Nur hatte sie keine Beweise, dass ihre Theorie stimmte. Und die Tatsache, dass sie nie eine Antwort darauf bekommen könnte, machte sie wahnsinnig. Sie holte ihren Schlüsselbund hervor und strich über den Kirschblütenanhänger. Wie Phil wohl gehandelt hätte, wenn er an ihrer Stelle hier stehen würde? Niemals hätte er sich von so einem aufgeblasenen Chefarzt einschüchtern lassen.

Da kam ihr eine Idee. Entschlossen steckte June den Kirschblütenanhänger in die Jackentasche und stapfte den Flur hinunter zu dem Zimmer, worin er eben verschwunden war. Ohne zu zögern griff sie zur Türklinke und platzte hinein.

»Phil Morten war sein Name und er war mein bester Freund. Er starb im März, seine Mutter heißt Helen Morten und sein Vater Georg Morten. Ich habe heute erst erfahren, dass Phils Organe gespendet wurden und wissen Sie, was das Verrückte ist? Ich habe vor ein paar Wochen Nolan kennengelernt und eben sein Bild im Flur entdeckt, was bedeutet, dass seine Narbe von einer Herztransplantation stammt. Vor nicht mal zwei Stunden habe ich das erste Mal über Transplantationszentren recherchiert und nun stehe ich hier. Vielleicht drehe ich jetzt völlig durch, aber es muss einen Zusammenhang zwischen den beiden geben!«

Alle Augenpaare waren auf sie gerichtet. Im Krankenbett lag ein junges Mädchen, daneben stand die Mutter, die ihre Hand hielt. Sie sahen June mitfühlend an, während Dr. Coldsmore finster dreinblickte. Neben ihm befand sich eine Krankenschwester, die eine Patientenakte vor sich hielt.

»Sagen Sie mir, glauben Sie an Wunder? Denn wenn Phils Herz in Nolans Brust schlägt, bin ich die Einzige, die ihn retten kann. Es geht ihm immer schlechter und ich möchte ihm gerne sagen, was für ein gütiges Herz in ihm lebt, auf das er verdammt nochmal aufpassen soll. Verstehen Sie? Ich darf dieses Herz nicht noch einmal verlieren! Ich liebe Nolan genauso wie Phil, der ihm sein Herz geschenkt hat, damit er weiterleben kann.« Junes Stimme versagte bei den letzten Worten.

Niemand konnte ihr vorwerfen, sie hätte nicht alles gegeben. Die Mutter strich sanft über den Kopf ihrer Tochter, die June mit Tränen in den Augen anschaute. Obwohl sie ihr keine Antwort geben konnte, nickte die Tochter ihr verständnisvoll zu.

»Ich habe Ihnen eben schon mitgeteilt, dass es gegen unsere Schweigepflicht verstößt, und jetzt verlassen Sie sofort das Zimmer!« Dann drehte Dr. Coldsmore ihr den Rücken zu, riss der Krankenschwester die Patientenakte aus der Hand und fuhr mit seinem Gespräch fort, als hätte sie nie diesen Raum betreten.

****

Ihre Sohlen quietschten über den Flur, als June zum Fahrstuhl eilte. Sie drückte mehrmals hintereinander auf den Knopf, während die heißen Tränen an ihren Wangen hinunterliefen. Sie fragte sich, ob sie sich nicht doch in etwas hineingesteigert hatte, weil sie den tödlichen Unfall bisher nicht verarbeiten konnte? Aber was war mit Nolans Transplantation? Die Fahrstuhltüren sprangen auf und sie stieg ein.

»Warte!«, rief jemand in einiger Entfernung.

June betätigte den Knopf, damit die Türen wieder aufgingen. Die Krankenschwester aus dem Zimmer blieb außer Atem vor ihr stehen. Sie sahen sich beide an und June wusste in dem Moment, dass sie ihretwegen hier war. Auf ihrem Namensschild stand *Loreane*.

»Stimmt es, was du eben gesagt hast? Also das mit deinem Freund Phil? Ich habe Nolan damals betreut und ich weiß, wie schwer es ihm gefallen ist, sein neues Leben zu akzeptieren.«

»Jedes Wort, das ich eben gesagt habe, ist wahr.«

Loreane sah den Flur hinunter und nickte jemandem zu. »Mist, ich dürfte gar nicht hier sein. Tut mir leid, ich muss zurück.«

June hielt sie im letzten Moment am Kittel fest. »Kannst du mir nicht irgendwas dazu sagen?«

Zögerlich sah sie zu June. »Nolans Spenderherz schlug anfangs unregelmäßig und nicht so kraftvoll, wie es hätte sein sollen. Das kann durchaus vorkommen, genauso wie das Risiko im ersten Jahr, dass sein Körper das transplantierte Herz abstößt. Nolan muss sich dringend behandeln lassen!«

»Hat er sich denn nie gefragt, wer sein Spender ist?«

»Doch, hat er. Aber niemand durfte es ihm sagen. Abgesehen von unserem launischen Chefarzt, muss ich ihm in einem Punkt recht geben, dass wir wegen …«

»Schweigepflicht und so weiter. Ich weiß, das habe ich heute schon hundertmal gehört.«

»Es ist eine heikle Angelegenheit. Manchen Patienten hilft es, zu wissen, wer der Spender ist, es gibt aber auch Patienten, die durch den Tod ihres Spenders solche Schuldgefühle entwickeln, dass sie in eine tiefe Depression fallen.«

June dachte an die unzähligen Zeitungsausschnitte in seiner Kiste, als die Krankenschwester einen Schritt zurücksetzte und sich umdrehen wollte. »Bitte, Loreane. Ich verspreche dir, dass nichts auf dich zurückfällt. Du bist meine und Nolans letzte Rettung!«

»Ich brauche diesen Job hier, tut mir leid.«

»Und wieso bist du mir dann hinterhergerannt? Ich flehe dich an. Nolan wird sonst aufgeben, wenn ich ihm nicht die Wahrheit sage, das spüre ich.« Sie schluchzte, als sich die Türen vom Fahrstuhl aufeinander zubewegten und ihre Chance immer geringer wurde.

»Ich kann dir nur so viel verraten: Du bist nicht verrückt, was den Zufall mit den beiden betrifft«, flüsterte Loreane, bevor sich die Fahrstuhltüren schlossen.

Auf der Fahrt nach unten hielt June ihre Hände vor das Gesicht. Phils Herz schlug in Nolans Brust. Und Nolan war drauf und dran, dieses Herz zu verlieren.

Kapitel 42

Es wurde mittlerweile dunkel, während June hinten im Bus saß und nervös mit ihren Füßen tippelte. Sie hatte ihre Antwort bekommen, nur wusste sie nicht, wie sie es Nolan mitteilen sollte. Er würde sie für verrückt erklären. Das Schicksal hatte sie zusammengeführt und daran gab es keinen Zweifel mehr. Phils Herz hatte sie gefunden, um Nolan zu retten.

June holte ihr Handy hervor und wählte seine Nummer. Nach mehrmaligem Klingeln legte sie schließlich auf und schrieb ihm eine Nachricht, dass sie dringend mit ihm reden müsste. Sie nutzte die Zeit im Bus und recherchierte über die Narben und Nebenwirkungen nach einer Herztransplantation. Unter einem Foto fand sie eine Angabe über die Lebenserwartung nach einem solchen Eingriff. Gerade einmal zehn Jahre betrug die maximale Zeit und jeder Zehnte starb im ersten Jahr, weil der Körper das gespendete Organ nicht als sein eigenes anerkannte. Die längste Transplantation überdauerte etwas über zwanzig Jahre, was für Nolan bedeutete ... Sie wollte nicht weiter darüber nachdenken und klickte auf ein Video von einer jungen Frau. Sie war mager und legte bei fast jedem Satz eine kurze Atempause ein. Sie hoffte, mit ihrer Botschaft die Menschen wachzurütteln und einer Organspende zuzustimmen, auch wenn sie unter Tränen zugab, dass es für sie selbst womöglich zu spät wäre. Seit einem Jahr wartete sie nun auf ein Spenderherz. Das Video war mittlerweile über vier Jahre alt. Sie kopierte den Namen der jungen Frau und suchte im Internet nach weiteren Beiträgen. June hielt schockiert ihre Hand vor dem Mund. Sechs Monate nach dem Video war sie gestorben, weil kein geeigneter Spender gefunden wurde.

Jetzt, wo June wusste, dass Nolan sich noch im kritischen ersten Jahr befand, wurde ihr ganz flau im Magen. Sie versuchte erneut, ihn anzurufen, diesmal schaltete sich die Mailbox ein.

Nach einer Ewigkeit erreichte der Bus die *Northwood Station*. Sie stieg aus und wartete an den Gleisen, um weiter mit der U-Bahn zur *Baker Street* zu fahren. Ein Windzug kündigte die U-Bahn an und wirbelte mit einem Mal all ihre Erinnerungen mit Nolan auf. Wie er im *Mirabella* gesessen und mit seinem Teelöffel gegen die Tasse geklimpert hatte oder als sie ihren Schlüssel mit dem Kirschblütenanhänger verloren hatte und er ihn zurückbrachte, ohne zu wissen, was für eine gemeinsame Geschichte sie verband. Und dann war etwas geschehen, das June niemals für möglich gehalten hatte. Sie hatte sich in Nolan verliebt. Sie hatte sogar seinem Herzklopfen gelauscht, welches sie schon viel länger kannte. Sie lächelte sanft, als sie nach dem Kirschblütenanhänger in ihrer Jackentasche griff und ihn in ihre Hand legte.

Ein neongelber Flyer wehte in dem Augenblick vor ihre Füße, als die U-Bahn rauschend einfuhr. Er warb für ein Comedy-Event. Der darauf abgebildete Mann trug einen roten Jogginganzug und ein Stirnband mit der Aufschrift *supercool*. Es sah so lächerlich aus, dass es schon wieder witzig war. June hob den Flyer auf und schlenderte zu einem Mülleimer. Bevor sie ihn hineinwarf, fiel ihr das Datum mit der Uhrzeit auf.

»Natürlich! Es ist heute!«, quiekte sie auf.

»Mein Sohn ist auch da. Er ist ein großer Fan von ihm«, sagte ein Mann zu ihr, der sein Taschentuch in den Mülleimer warf.

»Wie konnte ich den Wettkampf von Nolans Freund bloß vergessen? Es ist dasselbe Datum, das sein Vater auf einem Zettel im Briefkasten hinterlassen hat. Ich muss sofort zu ihm.« Sie drückte dem Mann den Flyer in die Hand, der sie fragend anschaute. »Wünschen Sie mir Glück!«, rief sie ihm noch zu und rannte los.

Mit der U-Bahn würde sie von hier aus zu oft umsteigen, daher eilte sie die Treppen hinauf, um sich ein Taxi zu suchen. Sie hoffte, dass Nolan zu Hause war und nicht auf die dumme Idee kam, in seinem Zustand zur Lagerhalle zu fahren, wo sein Leben schon mal geendet hatte. Während der Fahrt versuchte sie, Nolan immer wieder anzurufen, doch sein Handy blieb aus. Kurz bevor sie seine Haustür erreichte, sah sie seinen Range Rover, der aus einer Parklücke ausscherte.

»Nolan!«, rief sie von der Rücksitzbank und klopfte wie wild gegen die Scheibe. Rasch öffnete sie die Tür, stieg aus und winkte ihm hinterher, in der Hoffnung, er würde sie im Rückspiegel entdecken. Doch das Auto bog an der Kreuzung ab und Nolan verschwand.

»Wir müssen sofort hinterherfahren!«, wies sie den Taxifahrer an und rutschte zurück auf den Sitz.

»Der ist schon über alle Berge, den kriegen wir nicht mehr. Außerdem hätte er mir um ein Haar meinen Seitenspiegel abgefahren!«

»Er ist vor einer Minute erst abgebogen und ich weiß, wo er hinwill. Bitte, es geht hier um Leben und Tod.«

»Sicher und ich bin James Bond und rette die Welt mit einer Taxifahrt.«

Entsetzt stieg sie aus und knallte die Tür zu.

»So ein Idiot!«, fluchte June und eilte die Straße hinunter. Nolan fuhr also zu dem Wettkampf, um seinen Freund Miles zu unterstützen. War ihm überhaupt klar, was für einen Stress er sich dort aussetzte? Er riskierte nicht nur sein Leben, sondern auch Phils Herz.

Das Taxi holte sie ein und rollte langsam neben ihr. »Junge Dame, Sie müssen noch bezahlen!« Auf dem Tacho leuchtete der Preis. »Und wenn ich Ihnen einen Tipp geben darf, fahren Sie nach Hause.«

Zwischen den Münzen in ihrem Portemonnaie fand sie einen kleinen Stein. Sie hatte ihn damals im Bach entdeckt und mitgenommen. Doch nach all der Zeit hatte er seinen Glanz verloren.

Der Taxifahrer steckte das Geld ein und fuhr weiter, während June mitten auf der Straße stand. Sie sah über die Schulter hoch zu seiner Wohnung, in der kein Licht brannte. Wenn sie zwei Minuten früher dagewesen wäre, hätte sie ihm alles erklären können. Sie brauchte schnell eine andere Lösung, um zur Lagerhalle zu kommen. Ihr fiel genau eine Person ein. Beim Wählen ihrer Nummer eilte sie zur nächstgelegenen Bahnstation.

»Ruby?«

»Hey, Zuckerschnecke. Was gibt es?«

»Es ist so laut bei dir. Hallo?« Der dröhnende Bass vom *Hyperdrive* vibrierte durch ihren Hörer.

»Warte. Ich geh eben nach hinten. Bleib dran!« Ein paar Sekunden und mehrere fluchende Worte später, war Ruby wieder da. »Kannst du mich jetzt hören?«

»Viel besser! Sag mal, kann ich dich um einen Gefallen bitten?«

»Klar, schieß los.«

»Ich brauche das Auto von deiner Mutter. Geht das?«

Sie hörte im Hintergrund, wie eine Tür aufging und die laute Musik hinein dröhnte.

»Was ist mit deiner Mutter?«, rief Ruby, als würde sie direkt neben der Box stehen.

»Nicht meine Mutter. Ich habe dich gefragt, ob ich mir das Auto von deiner Mutter ausleihen kann.«

»Ich denke, das lässt sich einrichten. Zu wann brauchst du es denn?«

»Jetzt.«

»Wie, heute?«

»Bitte Ruby, ich würde dich nicht fragen, wenn es nicht wichtig wäre. Morgen früh steht das Auto wieder vor ihrer Tür, versprochen.«

»Ist was mit deinen Eltern passiert?«

»Nein, denen geht es gut. Ich erkläre dir alles später, okay? Mir rennt gerade die Zeit davon, also hilfst du mir?«

»Gut, von mir aus. Ich habe den Ersatzschlüssel bei mir. Du kannst ihn dir gerne abholen.«

»Du bist die Beste! Ich bin in zehn Minuten im *Hyperdrive.*«

»Du bist in der Nähe?«

»Ja. Ich wollte eben zu Nolan, aber er ist vor meiner Nase weggefahren und ich muss dringend mit ihm reden.«

»Nur so am Rande, du weißt schon, dass Stalking zur Anzeige führen kann, wenn du es übertreibst?«

June stöhnte auf. Es sollte nicht so wirken, dass sie durchdrehte, doch wenn sie an den bisherigen Tag dachte, hatte es durchaus das Potenzial dazu.

»Ich muss ihn davon abhalten, dass er zu dem Wettkampf von seinem Kumpel fährt, sonst …« Eine Hand legte sie verzweifelt auf die Stirn, weil sie nicht weiter darüber nachdenken wollte, was passieren könnte.

»Und woher weißt du, dass er dorthin will?«

»Ich weiß es einfach. Pass auf, ich bin gleich in der U-Bahn. Wir sehen uns im *Hyperdrive.*«

»Alles klar, Curt ist heute an der Tür, also kommst du schnell rein.«

****

Der Bass dröhnte durch die Boxen, dass ihr Herzschlag völlig aus dem Takt geriet. Sie entdeckte Ruby hinter der Theke, die mit zwei Flaschen gleichzeitig hantierte. Sie goss die beiden Flüssigkeiten in die Gläser, während ihr Kopf zur Musik wippte. Auf dem Weg zur Bar drängelte sich June durch die Menge und stellte sich an den Durchgang vom Tresen.

»Na, das ging ja schnell!«, rief Ruby ihr zu und ließ eine Kaugummiblase vor ihrem Gesicht platzen. Sie holte aus ihrer Hosentasche den Ersatzschlüssel und warf ihn ihr zu. »Hier. Und pass bitte auf, sonst bekommt meine Mama einen Anfall.«

»Natürlich.«

»Und du bist dir sicher, dass du alleine zur Lagerhalle fahren willst? Wir könnten nach meiner Schicht zusammen hinfahren.«

»So lange kann ich nicht warten. Außerdem wird das keine große Sache werden. Ich suche ihn, rede mit ihm und dann fahren wir zurück.« Zumindest war das ihre Wunschvorstellung.

»Wenn ich dir bei der Suche helfe, geht es schneller. Außerdem wollte ich schon immer einen Wettkampf live erleben. Sieht bestimmt sexy aus, wenn sie verschwitzt im Ring stehen.«

»Frauen sind dort nicht erlaubt und wenn sie uns beide erwischen, will ich mir gar nicht ausmalen, wie der Abend dann endet.« June legte eine bedeutende Pause ein.

Rubys Korkenzieherlocken wirbelten umher, als sie ihren Kopf schüttelte. »Willst du mich veräppeln? Was soll das heißen, nicht erlaubt? Nur weil zwischen meinen Beinen keine Fleischwurst baumelt, werde ich ausgeladen?« Ruby griff energisch unter dem Tresen zu ihrer Jacke und schnappte ihr Handy. »Die können was erleben. Ich war mal bei einem Selbstverteidigungskurs und diese beschissene Lagerhalle fackle ich anschließend gleich mit ab!«

Bevor sie durch die flache Falttür gelangte, versperrte June ihr den Weg. »Ich bin auf deiner Seite, was das betrifft und von mir aus können wir am nächsten Tag hinfahren und die Lagerhalle abfackeln, aber jetzt hast du erstens noch keinen Feierabend und zweitens …« June sah auf ihr Handy. »Bleiben mir nicht mal zwei Stunden, um das Auto bei deiner Mutter abzuholen, dort hinzufahren und ihn zu finden. Also bitte sei mir nicht böse, wenn ich ohne dich fahre. Hier geht es nicht um Gleichberechtigung, sondern um Nolans Leben.«

»Meinetwegen, dann bleibe ich eben hier«, gab Ruby nach und ließ eine Kaugummiblase zwischen ihnen platzen. »Aber sobald du ihn gefunden hast und auf dem Rückweg bist, rufst du mich an. Dann will ich endlich erfahren, was das geheimnisvolle Getue hier soll!«

»Abgemacht.« June lehnte sich über die hüfthohe Falttür, um Ruby zu umarmen.

»Hey, Turteltäubchen. Ich störe ja nur ungern, aber ich hätte gerne zwei Bier!«, rief ein Mann über die Theke.

Ruby löste sich aus der Umarmung und sah zu dem Mann hinüber. »Sekunde, ich bin gleich bei dir.« Dann wandte sie sich wieder zu June. »Und wie kommst du zu meiner Mutter?«

»Ich werde mit dem Bus fahren.«

»Um die Uhrzeit? Kein Wunder, dass du es eilig hast. Da wäre der Ritt auf einer Schnecke ja schneller. Ich habe eine bessere Idee. Ein Freund von mir ist zufälligerweise hier und würde dich bestimmt hinfahren.« Nebenbei holte sie die zwei Bier aus dem Kühlschrank, öffnete sie und stellte sie dem Mann direkt vor die Nase. Während er sein Geld herausholte, winkte Ruby jemanden von den Stehtischen weiter hinten zu sich.

June folgte ihrem Blick und fing an zu lachen. »Ist das nicht der Freund von Franio, mit dem du nach deiner Geburtstagsfeier abgehauen bist?«

»Nun guck nicht gleich wie ein Pferd im Porzellanhaus. Wir sind nur Freunde«, meinte Ruby und grinste breit.

»Hey, June. Wie läuft es so bei dir?«, fragte Daniel.

»Könnte besser sein.«

»Pass auf, mein Süßer, du fährst sie jetzt zu dem Auto von meiner Mutter. Die Adresse schicke ich dir gleich und wenn du zurückkommst, habe ich Feierabend und Zeit für einen Schlummertrunk.« Dabei zwinkerte Ruby ihm vielversprechend zu. Augenrollend stand June zwischen den beiden und konnte es kaum fassen, dass Ruby einen kleinen Flirt einbaute.

»Dein Wunsch ist mir Befehl«, flüsterte Daniel ihr zu. Ruby küsste ihn auf seine Nasenspitze, so dass ein knallroter Abdruck von ihrem Lippenstift zurückblieb. Er sah damit aus wie ein Clown, aber das schien ihn nicht zu stören. Er war regelrecht hypnotisiert von Rubys Anwesenheit.

»Ich glaube, mir wird schlecht«, murmelte June, weil die beiden kein Ende fanden. Ihr blieb nichts anderes übrig, als Daniel am Shirt zu ziehen, damit sie endlich loskamen.

****

Die Autofahrt nutzte Daniel, um mehr über Ruby zu erfahren. Es half auch nichts, dass June aus dem Beifahrerfenster starrte und nur einsilbig antwortete. Die Regentropfen prasselten gegen die Scheibe, während die Scheibenwischer deren Spuren verwischten. June zweifelte allmählich, ob sie überhaupt noch den Weg zur Lagerhalle finden würde.

»Und wie lange lief das mit euch beiden? Ruby hat mir erzählt, dass ihr fast jeden Tag ausgegangen seid. Was ist passiert?«

Die Fragen wurden ja immer besser, nur weil sie nichts über Ruby preisgab, hieß das nicht, dass er mehr von ihrem Leben erfuhr.

»Nennt man das noch so, ausgehen?«, stellte sie als Gegenfrage.

»Keine Ahnung. Ich finde, das Wort Date klingt wie ein Ablaufdatum auf einer Käsepackung. Ist es da nicht schon vorhersehbar, dass die Zeit abläuft?«

»Tja, dann lag es wohl daran, dass ich mit Nolan das Mindesthaltbarkeitsdatum überschritten habe.«

»Und trotzdem willst du zu ihm fahren? Zu irgendeiner Lagerhalle, wo ein Wettkampf stattfinden soll? Also wärst du meine Freundin, würde ich dich nicht alleine hinfahren lassen.«

»Wie gut, dass wir keine Freunde sind. Da vorne ist es. Das grüne Auto da.« June zeigte auf das mit Abstand älteste Gefährt in der Straße.

»Das hier?«, fragte er ungläubig und hielt auf der Höhe des Autos an.

June überlegte, ob der Seitenspiegel beim letzten Mal auch schon einen kleinen Sprung hatte. »Sieht ganz so aus. Danke fürs Bringen, Daniel.« Sie öffnete die Beifahrertür, die von einem kräftigen Windstoß wieder zugedrückt wurde. Mit etwas Gegendruck schaffte sie es dann hinaus.

»Und du bist sicher, dass du alleine fahren willst?«

»Nein, aber ich weiß, dass ich es alleine machen muss«, erklärte sie ihm, bevor er losfuhr.

Ohne viel Zeit zu verlieren, drehte sie den Schlüssel im Zündschloss um. Ein kurzes Gluckern ertönte, dann soff der Motor ab.

»Ach komm schon, das tust du mir jetzt nicht an.« Sie versuchte es erneut und drehte den Schlüssel um. Ein lautes Surren erklang, gefolgt von einem Klackern. Dann startete endlich der Motor.

Die Lichter der Stadt entfernten sich langsam, während immer mehr die Zweifel in ihr aufkamen. Wie würde Nolan reagieren, wenn sie in der Lagerhalle vor ihm stand? Würde er ihr überhaupt glauben?

Mit beiden Händen hielt sie das Lenkrad fest und schaltete sicherheitshalber das Fernlicht ein, als die Laternen nur noch spärlich am Straßenrand leuchteten. Nach einer Weile erreichte sie den Feldweg, in den Nolan damals abbog. Bei jedem Schlagloch presste sie die Lippen aufeinander und fuhr im Schritttempo weiter. Vor einer Gabelung bremste sie schließlich ab. Beide Wege sahen identisch aus. Zumindest so weit, wie sie gucken konnte. June überlegte fieberhaft, in welche Richtung er abgebogen war, als ein Piepen ertönte. Die Tanknadel hing auf dem letzten Tropfen.

»Oh nein, bitte lass mich jetzt nicht hängen«, flehte sie das Auto an. Wie sollte sie es bis zur Lagerhalle schaffen, geschweige denn zurückfahren? Was, wenn er nicht da war und sie unter einer wildgewordenen Horde von wetteifrigen Männern landete? Bevor die Gedanken sich überschlugen, wählte sie den linken Feldweg und gab Gas. Vereinzelte karge Büsche säumten den verlassenen Wegesrand, bis sie aus der Ferne das Licht der Lagerhalle entdeckte. Ihr Herz schlug wie wahnsinnig gegen ihre Brust, je näher sie dem Gelände kam. Die Scheinwerfer schaltete sie vorsichtshalber aus, während sie auf den Parkplatz einfuhr und im Schatten der parkenden Autos verschwand. Sie bog in die hinterste Reihe ein und fuhr bis zum Ende durch.

Von weitem sah sie zwei Männer aus der riesigen Metalltür kommen. Unter dem grellen Licht der Tür sah sie noch jemanden, der seine Hände vor der Brust verschränkte und wachsam über das Gelände blickte. Langsam bog sie in die hinterste Parklücke ein, als der Motor röchelte. Sofort zog sie den Schlüssel aus der Zündung. Sie wartete einen Moment ab, bevor sie ausstieg. Auf der Rücksitzbank fand sie ein zusammengedrücktes, schwarzes Basecap und eine schwarze Strickjacke. Rasch zog sie ihren weißen Pullover aus, nahm dafür die Strickjacke und drehte ihre Haare zu einem Knoten, den sie unter dem Basecap versteckte.

Der Vordereingang war schon mal tabu. Dann fiel ihr ein, dass Nolan eine Hintertür erwähnt hatte, die er nutzte, wenn er vor dem Wettkampf seine Ruhe brauchte. Es war die einzige Möglichkeit für June, um unentdeckt hineinzugelangen. Langsam öffnete sie die Autotür, die knarrend nachgab. In geduckter Haltung schlich sie von einem Auto zum nächsten vor, bis sie in der vorderen Reihe ankam. Dabei entdeckte sie Nolans Range Rover. Er war hier.

In einem unbeobachteten Moment huschte sie zur Hauswand hinüber. Ihren Rücken lehnte sie gegen die Wand. Es waren nur noch ein paar Schritte bis zum Hintereingang. Drinnen hörte sie die Männer grölen. Der Wettkampf war also schon voll im Gange. Sie legte ihren Hinterkopf an die kühle Wand, um im Schatten zu bleiben. Gleich hatte sie es geschafft. Sie wartete den Moment ab, bis der Türsteher von der Ecke verschwand. Ein letzter prüfender Blick zu dem Vordereingang. Er war nicht mehr zu sehen und sie rannte los. June sah schon das Ende der Hauswand, wo sich der Hintereingang befand, als ein Bewegungsmelder ansprang.

»Hey! Bleib sofort stehen«, rief der Türsteher von vorne und eilte mit aufgepumpten Armen auf sie zu.

June stolperte über eine Unebenheit und fiel zu Boden. Wie eine Flüchtige, schaute sie nach hinten, um einzuschätzen, wie viel Zeit ihr noch blieb, bis er sie schnappte. Rasch kam sie wieder auf die Beine und rannte weiter. Mit voller Wucht riss sie die Klinke der Hintertür herunter, doch sie klemmte. Das linke Bein stemmte sie gegen die Wand, um mehr Kraft zu bekommen. Ihre Hände schmerzten, so sehr zog sie am Griff. »Komm schon!«

Den Kopf warf sie in den Nacken und schrie auf, während der Türsteher immer näher kam. Sie sah seinen Schatten bereits von der Ecke auf sie zurennen, als die eingerostete Tür nachgab und sie hineinstürmte. Sofort schloss sie die Tür hinter sich und schob die breite Metallstange von innen vor. Von draußen hörte sie den Türsteher, der jemandem zurief, dass er drinnen nach ihr suchen sollte. Ihr blieb nicht viel Zeit. June rannte sofort zur Mitte der Lagerhalle, wo eine Männertraube umringt war von dichtem Zigarettenqualm. Sie grölten und pfiffen, Flaschen klirrten zu Boden und dumpfe Schläge erfüllten den Raum. Manche hielten ihre Bierflaschen triumphierend hoch, während die Glimmstängel der Zigaretten die Luft färbten. Ihr Basecap zog sie tiefer ins Gesicht, als sie auf die Menge zusteuerte. An klebrigen Händen und schwitzenden Körpern huschte sie mit gesenktem Kopf immer weiter vor zum Ring. Doch mit einem Mal kippte die Stimmung. Neben ihr fingen die Männer an, sich zu schupsen, statt dem Wettkampf zu folgen. Ein Kerl vor ihr holte aus und schlug mit voller Wucht auf das Gesicht eines anderen ein. Das Blut spritzte. Rasch bückte sie sich und kroch aus der Traube heraus. Selbst die Männer, die erst ankamen, rannten auf die Meute zu und schlugen aufeinander ein. Wie sollte sie in diesem Chaos bloß Nolan finden?

Etwas abseits vom Ring entdeckte sie an einer Wand mehrere aufeinandergestapelte Kisten. Von dort aus hätte sie einen besseren Überblick. In geduckter Haltung wollte sie gerade losrennen, als sie jemand von hinten packte.

»Hab ich dich, du kleine Schlampe!«

Sie drehte sich um und sah in das Gesicht des Türstehers. Blut lief aus seiner Nase. »Lass mich los!«

»Wie du willst«, antwortete er und warf sie nach vorne, so dass sie zu Boden fiel.

Ihre Knie schürften über den dreckigen Boden und sie spürte das Brennen auf ihrer Haut. Ihre Hände zitterten, als sie sich abstützen wollte. Vor ihr tauchten zwei große Schuhe auf, die so dicht vor ihrer Nase stehen blieben, dass sie zurückkriechen musste. Mit dem Handrücken wischte er das Blut von seiner Nase ab, dabei knurrte er wie ein Wolf, der seine Beute erlegen wollte. Er bückte sich zu ihr herunter, packte sie an den Haaren und zog sie über den verdreckten Boden in eine dunkle Ecke.

»Hilfe!«, schrie sie und versuchte, sich aus seinen Klauen zu lösen. »Nolan!«

Sein Lachen klang dreckig. Wenn er es schaffte, sie unbemerkt hinauszuschleppen, hatte sie keine Chance mehr, Nolan zu retten. Zudem hatte sie keine Ahnung, wozu der Mann fähig war und was er mit ihr vorhatte.

»Du denkst doch nicht, dass du an mir vorbeischleichen kannst, ohne dafür bestraft zu werden.«

Von der Seite sah sie einen betrunkenen Kerl auf den Türsteher zusteuern. Er schlug auf dessen Brust ein, was ihn nicht mal ins Wanken brachte. Er gab ihm als Antwort eine heftige Kopfnuss zurück, dass der andere neben ihr auf dem Boden landete und June mit weit aufgerissenen Augen anstarrte.

»Nolan!«, schrie sie panisch auf und sah um sich.

Der Türsteher blieb stehen, drehte sich zu ihr um und zog sie an der Strickjacke hoch, dass ihre Füße in der Luft schwebten. »Du hältst jetzt deine verdammte Klappe, kapiert!«

Mit dem Knie holte sie aus und trat ihm kräftig in die Eier. Der Türsteher fluchte in einer anderen Sprache und ließ sie fallen. Binnen Sekunden kam June hoch und nutzte ihre Chance zu fliehen, als er ihre Beine von hinten wegzog. Ihre Schläfe landete auf dem Boden, dass sie nur noch ein schrilles Pfeifen wahrnahm und alles um sie herum verschwamm.

Und dann, wie durch ein Wunder, sah sie Nolan.

Er stand etwas abseits vom Geschehen. Sie versuchte, seinen Namen zu rufen, doch ihr Kopf schmerzte zu sehr. Sie hob leicht ihre Hand, als wollte sie nach ihm greifen, da entdeckte Nolan sie.

»June!« Er boxte sich durch ein paar betrunkene Männer, die sich ihm in den Weg stellten, und rannte zu ihr.

Wie schön ihr Name aus seinem Mund klang, dachte sie noch, bevor ihre Augen immer schwerer wurden.

Sie hatte ihn gefunden.

Kapitel 43

Nolan

Nolan fieberte bei jedem Schlag mit, den Miles abwehren konnte. Sein Gegner war gerissen und flink. Vor dem Wettkampf hatte Nolan nochmal versucht, mit ihm zu reden, was einem Gespräch mit einer Wand gleichkam. Sicherlich brachte Miles das nötige Selbstbewusstsein und den Biss mit, den Kampf zu bestreiten. Dennoch reichte es niemals für einen Sieg aus und das merkten auch langsam die Männer, die auf Miles gesetzt hatten. Ein besoffener Kerl zerrte an den Seilen und brüllte, dass er Kingsley gefälligst eine reinhauen solle. Nolan kannte den Gegner von früher und wenn Kingsley eines nicht mochte, dann waren es sinnlose Kommentare, die seinen Kampf störten. Kurzerhand marschierte er zu dem Typen hinüber und schlug ihm eine rein. Wie ein Maikäfer flog der Mann nach hinten und landete auf dem Rücken. Nolan schüttelte den Kopf, weil er schon ahnte, was gleich passieren würde. Es war doch immer dasselbe mit den betrunkenen Männern hier. Der Kerl kam desorientiert hoch, als ein Tritt in die Seite folgte, da er beim Sturz das Bier eines anderen verschüttet hatte. Wie ein Dominoeffekt schlugen plötzlich alle um sich. Die erste Bierflasche flog in den Ring und zerbrach direkt vor seinem Freund.

»Miles, verschwinde von da!«, befahl Nolan ihm, weil er die Lage nicht einschätzen konnte. Nolans Vater suchte schon das Weite, ehe die Männer ihr Geld zurückverlangen konnten. Ihm war es nur recht, so musste er seinen Vater nicht länger ertragen. Miles wischte den Schweiß von seiner Stirn und kam auf Nolan zu.

»Hey, du Feigling, wir sind noch nicht fertig!«, rief Kingsley ihm hinterher.

Miles blieb abrupt stehen. In seinen Augen sah Nolan einen Kampfgeist, den er nur zu gut kannte.

»Tu es nicht!«, flüsterte Nolan ihm zu.

»Was für ein Kämpfer wäre ich, wenn ich jetzt kneifen würde?«

Nolan stöhnte auf, weil Miles genau mit dem Ehrenkodex um die Ecke kam, den Nolan ihm beigebracht hatte.

»Okay, aber achte mehr auf deine Deckung! Und denk dran, die linke Flanke ist seine Schwachstelle, hörst du?«

»Linke Flanke, verstanden.« Kaum hatte er es ausgesprochen, drehte er sich zu Kingsley um, holte aus und schlug mit voller Wucht gegen seine linke Hüfte, gefolgt von einem Tritt gegen dessen Schienbein. Kingsley stolperte zurück. Allerdings sammelte er sich rasch und erwischte Miles an der rechten Schulter.

»Seit wann spielst du denn hier den Babysitter?«, lallte jemand hinter Nolan.

Er nahm die Hände vom Seil und drehte sich um. »Das geht dich einen feuchten Dreck an«, antwortete er in derselben bedrohlichen Stimmlage.

Der Kerl zog seinen Schnodder hoch und spuckte ihm vor die Füße. »Du hast hier nichts mehr verloren! Wegen dir haben einige meiner Männer einen Haufen Asche verbrannt.«

»Nicht mein Problem.«

»Und ob es deins ist, weil du damals wie ein Weib am Boden gelegen hast, statt zu kämpfen!«

»Na komm, steig du doch in den Ring, mal sehen, wie es dir dann geht.«

»Von mir aus können wir das auch gleich hier ausprobieren.«

»Kommt mir wie gerufen.« Nolan deutete mit einer Handbewegung an, dass er bereit wäre. Zwar hatte er seit Tagen immer wieder

Schübe von Schmerzen und Fieber, aber in diesem Moment blendete er alles aus. Durch seine Adern floss wieder die Energie von damals und seine Hände kribbelten. Und das war nötig, um diesem Kerl einen Schlag ins Gesicht zu verpassen. Die Nase gab mit einem dumpfen Knacken nach und der Typ flog im hohen Bogen gegen seinen Kumpel.

»Hast du sie noch alle?«, jammerte er und tastete seine Nase ab.

»Wer von uns ist jetzt das Weib?« Es dauerte nur ein paar Sekunden, bis seine Kumpels ihn umkreisten. Nolan atmete tief durch und warf einen Blick zu Miles, der sich tapfer schlug. »Na dann lasst die Spiele beginnen.«

Der Erste stürzte sich als blutiger Anfänger auf ihn, der nach einem Schlag wie eine Fliege zu Boden fiel. Der Zweite war schon deutlich trainierter und erwischte ihn in der rechten Flanke, während ein anderer ausholte und seine Wange streifte. Seine Deckung vor der Brust hielt er eisern bei, selbst wenn er dadurch etwas unflexibler in seiner Bewegung wurde. Sollte einer der Typen seine Schwachstelle zwischen seiner Brust entdecken, war alles vorbei. Keinesfalls wollte er durch einen Haufen Loser zu Grunde gehen.

Nachdem er die drei stärksten Kerle ausgeknockt hatte, verschwanden die restlichen in der Menge. Plötzlich rief jemand seinen Namen. Sofort erkannte er ihre Stimme, die direkt unter seine Haut fuhr. Es war völlig absurd, dass sie hier war und doch rief sie wieder nach ihm. Er schlug sich den Weg frei, um besser zu sehen. Wie erstarrt blieb er stehen, als er Craig sah, der June über den Boden zog, als wäre sie ein erlegtes Reh. Eine unglaubliche Wut schoss in ihm hoch, so dass sein Herz kräftig gegen seine Narbe schlug.

»Verdammt, June!«, schrie er, als er auf sie zurannte.

Ihre zittrige Hand hielt sie noch hoch, bevor ihr Kopf zur Seite kippte und sie bewusstlos dalag. Nolan schwor sich: Dieser Bastard würde jeden Schmerz, den er ihr zufügte, mit zehnfacher Härte zurückbekommen!

Craig grinste breit und krempelte angriffslustig seine Ärmel hoch. Er ging etwas in die Knie und spannte seine Arme an, als Nolan auf ihn zusprang. Nolan schlug mit solchem Hass auf ihn ein, bis er röchelte. Craig spuckte einen Zahn aus, dann boxte er Nolan so brutal in den Magen, dass der Schmerz sich bis zum Herzen hochzog. Er taumelte zurück, während er um Luft rang. Craig packte ihn von der Seite und warf ihn im hohen Bogen auf den Rücken. Nolan sah, wie seine Faust direkt auf sein Herz zusteuerte. Im letzten Moment wich er zur Seite. Doch Craig war schnell und beugte sich wieder über ihn. Das Blut aus seiner gebrochenen Nase tropfte auf Nolans Wange. Es war nicht unbedingt das Gesicht, was Nolan als Letztes sehen wollte. Er nahm all seine Kraft zusammen und trat Craig kräftig in seine Eier.

»Nicht schon wieder!«, fluchte er und krümmte sich neben ihm.

Zwar war Craig nicht der beste Kämpfer, aber seine Masse könnte Nolan jetzt zum Verhängnis werden, wenn er nicht aufstand. Er kam schnell hoch, als er aus dem Augenwinkel sah, wie June ihre Augen langsam öffnete. Sofort hockte er sich zu ihr und fuhr über ihr Gesicht.

»Ich habe dich gefunden«, hauchte sie.

»Du bist doch verrückt, June«, sagte er erleichtert, als sie aufschrie.

»Pass auf, hinter dir!«

Ein dumpfer Schlag traf seinen oberen Rücken, während er in Junes entsetztes Gesicht blickte. Der Schmerz, der seinen Körper durchzog, lag fern jeder Vorstellungskraft. Er war so intensiv, dass er nichts anderes mehr wahrnahm. Er sah nur noch, wie June ihre Arme nach ihm ausstreckte, bevor er in sich zusammensackte. Wenn er jetzt sterben würde, wüsste er, dass sein letzter Blick all dieses Leid wert gewesen wäre. Diese kleeblattgrünen Augen, die ihm so viele hoffnungsvolle Momente geschenkt hatten, sahen ihn jetzt an. Nolan hatte ihr Lächeln vermisst und ihre Haut, die so zart war wie die einer Kirschblüte. Es war zu schön, um wahr zu sein.

Mit aller Kraft versuchte er, seine Augen offen zu halten, um June weiterhin anzusehen, doch der Schmerz in seinem Herzen war so einnehmend, dass er nicht mehr dagegen ankämpfen konnte. Nolan spürte, dass dieses Herz um sein Überleben kämpfte, bis eine ungewohnte Stille in ihm einkehrte.

Kapitel 44

Sein Körper wurde schwer und sein Kopf fiel zur Seite, als June ihn im letzten Moment auffing. Sie schrie auf, weil Nolan nicht mehr reagierte. Selbst der Türsteher schreckte zurück, als er seinen reglosen Körper in ihrer Umarmung sah und haute ab.

»Ich brauche sofort einen Notarzt!«, rief sie um sich, aber niemand nahm sie wahr. Ihre heißen Tränen liefen an ihren Wangen hinunter. Vorsichtig versuchte sie ihn auf den Rücken zu legen, doch er war so schwer, dass sie gleich mit auf den Boden fiel.

»Das ist alles meine Schuld. Bitte bleibe bei mir! Du darfst mich nicht verlassen!«

Nicht mal seine Augenlider zuckten, als sie zu ihm sprach. June bemerkte aus dem Augenwinkel, dass jemand auf sie zurannte. Sie beugte sich schützend über Nolan und war bereit, zu kämpfen.

»Schon gut. Ich bin Miles, ein Freund von ihm. Was ist passiert?«, fragte er sichtlich schockiert und hockte sich zu ihr.

»Der Türsteher hat ihn mit voller Wucht in den Rücken getreten. Wir brauchen sofort einen Notarzt. Er muss in die Transplantationsklinik zu Dr. Coldsmore!«

Auch wenn er der letzte Mensch war, den sie nochmal begegnen wollte, war er derjenige, der seine Herztransplantation durchgeführt hatte und Nolans Verlauf kannte.

»Was für eine Transplantationsklinik?«, fragte er irritiert und wählte den Notruf.

»Dafür haben wir jetzt keine Zeit. Wo ist sein Vater? Er muss sofort Dr. Coldsmore anrufen! Nun los!«, befahl June ihm, während er die Adresse am Telefon durchgab.

»Alles klar, ich bin gleich wieder da, haltet durch!« Miles rannte an den pöbelnden Männern vorbei zum Hinterausgang und verschwand. Sie holte ihr Handy hervor, um die Transplantationsklinik parallel anzurufen, allerdings war ihr Display komplett zersprungen und ihr Handy aus. Wäre sie bloß ein paar Minuten früher vor seiner Haustür gewesen, dann hätte sie ihn noch abfangen können. Und hätte sie von Anfang an von Phil erzählt, wäre das alles nicht passiert. Sie sah wieder in die Richtung, in die Miles verschwunden war.

Sie durfte Nolan nicht verlieren. Nicht so!

Die Strickjacke zog sie aus und wischte sein blutverschmiertes Gesicht frei. Dann hustete er auf.

»June, ist alles ok mit dir? Was machst du überhaupt hier?« Nolan wollte sich aufsetzen, als ein stechender Schmerz ihn wieder zu Boden sinken ließ.

»Mir geht es gut. Ich habe dich nicht erreicht und hatte Angst, dass dir etwas zustößt. Außerdem wollte ich mit dir reden, aber das kann erstmal warten.«

»Und deswegen bist du hergefahren?«

»Sieht ganz so aus. Aber was ist mit dir?«

Nolan fasste an sein Herz. »Irgendetwas stimmt nicht. Es brennt wie Feuer und ich kriege kaum Luft.«

Sie sah in sein schmerzverzerrtes Gesicht, bei dessen Anblick es sie fast selbst zerriss. »Miles hat den Notarzt gerufen. Er müsste jeden Moment hier sein.«

»Warum warst du heute in der Klinik?«

»Woher weißt du davon?«

»Loreane. Sie hat mich angerufen und mir alles erzählt. Ich dachte, du hast dich in mich verliebt und nicht, weil du dich nach einem anderen Herzen sehnst.«

Die Tränen liefen an ihren Wangen hinunter und sie schluchzte auf. »Ich wusste genauso wenig wie du, dass Phil dein Spender ist. Und ich bin hier, weil ich nicht zulassen werde, dass du aufgibst, denn du hast ein großartiges Herz bekommen.«

»Mein eigenes Herz ist vor langer Zeit gestorben und ich will nicht aus Mitleid geliebt werden. Dann lass mich hier lieber zurück.« Er drehte sich zur Seite.

»Sag sowas nicht!«

»Schau dich doch mal um, was für ein Leben ich geführt habe. Es drehte sich immer um Gewalt und Schmerz. Ich habe dieses Herz nicht verdient und schon gar nicht das Herz von deinem besten Freund Phil.«

»Aber so ist es nicht«, widersprach sie ihm und setzte sich so hin, dass er sie wieder angucken musste. »Ich bin froh, dass du es bist. Weil du mir alles bedeutest!«

»Ich bin es nicht wert, nochmal gerettet zu werden. Ich wusste, dass ich eine Herzmuskelentzündung bekommen hatte, und trotzdem habe ich weitergemacht.« Nolan krümmte sich zur Seite und stöhnte auf.

Sie fuhr über seine Arme, als sie merkte, wie er anfing zu zittern. »Halte bitte durch!«

»Kümmere dich um Scotch, falls es schiefgeht. Ich weiß, er hat ein gutes Leben bei dir.«

»Nein, du gibst jetzt nicht auf! Das lasse ich nicht zu!«

»Es ist zu spät, June. Ich kann nicht mehr, mein Körper stößt sein Herz ab, ich fühle es.« Er legte seinen Kopf auf den Boden und presste die Lippen aufeinander.

Ein Moment verstrich, als sie endlich den Rettungshubschrauber hörte. »Sie sind da!« June blickte in sein Gesicht, das mit einem Mal ganz friedlich wirkte. »Nolan?«

Rasch beugte sie sich über ihn und drehte ihn wieder auf den Rücken. Er reagierte nicht.

Ihre heißen Tränen tropften auf seiner Brust, unter der Phils Herz lag. »Du darfst mich nicht verlassen! Bitte Nolan, ich liebe dich.«

Ihren Kopf legte sie auf sein Herz, doch wo eben noch ein rhythmisches Pochen gewesen war, herrschte jetzt Totenstille.

Kapitel 45

Die Stunden zogen an June vorbei. Nervös lief sie den Flur der Transplantationsklinik auf und ab. Immer wieder versuchte sie, einen Blick in den abgesperrten Bereich zu erhaschen, wenn ein Arzt oder eine Krankenschwester hindurcheilte. Doch niemand konnte ihr eine Auskunft geben, wie es um Nolan stand. Vom Team des Rettungshubschraubers hatte sie gehört, dass es hoch oben in der Luft einen Moment gab, in dem sie ihn fast verloren hatten. In der Zeit war Miles mit ihr im Auto hinterhergerast. Sie hatte die ganze Fahrt über geschluchzt und zu Phil gebetet, er möge Nolan eine weitere Chance geben. Von Miles Handy aus konnte sie eine Nachricht an Ruby schicken, damit sie wusste, was passiert war.

June ging zurück zum Wartebereich und setzte sich neben Miles, der inzwischen eingeschlafen war. Ihren Kopf lehnte sie an die kühle Wand und lauschte seinen Atemzügen, während ihre Augenlider immer schwerer wurden.

****

»June, bist du es?«

Sie schreckte auf. Einen Moment sah sie orientierungslos um sich, bis sie erkannte, dass sie sich noch immer im Wartebereich befand. Sie musste eingeschlafen sein, denn vor ihr stand Loreane.

»Wie spät ist es?«, fragte June und dehnte ihren verspannten Nacken.

»Es ist kurz nach acht Uhr«, antwortete sie und setzte sich zu ihr. »Ich habe das mit Nolan gehört. Tut mir so leid um ihn.«

»Was ist mit ihm? Ist er …« Junes Stimme brach ab.

»Ihm geht es den Umständen entsprechend gut, er schläft jetzt. Zwar ist er noch nicht über den Berg, aber das Gröbste hat er überstanden.«

Erleichtert atmete sie aus. »Gott sei Dank. Ich dachte eben schon …« Doch June wollte den Satz erst gar nicht beenden. Sie sahen sich einen Moment lang schweigend an.

Selbst Loreane hatte feuchte Augen und griff mitfühlend nach ihrer Hand. »Ich muss mich bei dir entschuldigen. Ich hatte Nolan angerufen, nachdem du hier warst. Nicht, weil ich dir nicht geglaubt habe, sondern weil du meintest, dass es ihm nicht gut ging.«

»Schon gut, ich kann dich verstehen. Ich meine, ich kreuze hier auf und sage, dass ich mir Sorgen um Nolan mache und zugleich seinen Spender kenne, der ganz nebenbei mein bester Freund war.«

»Das ist schon eine verrückte Geschichte«, meinte Loreane und lächelte ihr erleichtert zu.

»Ja, das ist sie allerdings.«

»Ich werde mich mal an die Arbeit machen. Kann ich dir was bringen, einen Tee oder Kaffee?«

»Ein Kaffee mit Milch wäre gut.«

Sie nickte und sah kurz zu Miles, der leicht schnarchte. Dann stand sie auf und war schon fast aus dem Wartebereich, bis June sie einholte.

»Loreane?«

»Ja?«

»Darf ich kurz nach ihm sehen?« June sah, wie die Krankenschwester mit sich haderte. »Bitte. Wenn ich hier länger warten muss, drehe ich durch.«

»Okay. Aber nur kurz und du musst absolut leise sein!«

Vor lauter Freude umarmte June sie so schwungvoll, dass sie gemeinsam einen Schritt nach hinten stolperten.

»Du bist ein Engel!«

»Unter einer Bedingung, sobald du Dr. Coldsmore im Flur hörst, musst du dich verstecken, egal wo. Von mir aus auch im Schrank!«

Sie löste sich wieder aus der Umarmung. »Ich verspreche es dir.«

»Gut. Sonst bin ich einen Kopf kürzer. Er ist in Zimmer vierundzwanzig. In der Mitte des Flures auf der linken Seite.«

June huschte den Flur hinunter. Sobald sie irgendein Geräusch hörte, suchte sie in einem Türrahmen Deckung. Mit steigender Zimmernummer wurden ihre Beine immer zittriger. Gleich war sie bei ihm. June konnte es kaum erwarten, ihn endlich zu sehen. Doch als sie sein Zimmer erreichte und ihre Hand auf den Türgriff legte, blieb sie stehen. Wenn sie jetzt über die Schwelle ging, betrat sie eine Welt, die er bisher vor ihr verborgen gehalten hatte. Zudem war der Grund dafür auch noch ein Teil ihrer Vergangenheit.

Langsam öffnete sie die Tür. Das Zimmer war so geschnitten, dass sie nicht gleich sein Bett sehen konnte. Sie befand sich in einem kurzen Flur, der an eine Toilette grenzte. Auf Zehenspitzen schlich sie in den Raum hinein. Nolan lag mit geschlossenen Augen im Bett, genauso reglos wie vor ein paar Stunden in der Lagerhalle. Schläuche hingen an seinem Körper herunter und sein Gesicht war kreidebleich.

Vorsichtig näherte sie sich dem Bettende. Auf dem kleinen Monitor entdeckte sie seine Herzfrequenz und hätte vor Freude am liebsten aufgeschrien, weil es das schönste Bild war, das sie je in ihrem Leben gesehen hatte. Phils Herz schlug wieder für ihn.

»Dich werde ich so schnell nicht mehr los, oder?« Seine Stimme war kaum ein Flüstern. Zudem bekam er nur schwer seine Augen auf.

»Auf keinen Fall«, antwortete sie und lächelte weich. »Habe ich dich geweckt?«

»Ich kann in Krankenhäusern nie schlafen.«

»Ich habe Loreane getroffen. Sie meinte, du hast das Schlimmste überstanden. Ich kann immer noch nicht fassen, was in der Lagerhalle passiert ist. Ich hatte solch eine Angst um dich!«

»Die Schmerzen waren die Hölle, aber wie du siehst, haben wir es geschafft. Auch wenn es echt knapp war.« Er drehte seinen Kopf zu dem Monitor mit der Herzfrequenz. »Vorhin gab es allerdings einen Moment, in dem ich mir nicht mehr sicher war, ob ich es schaffen werde. Doch dann habe ich dich vor meinen Augen gesehen und mir wurde klar, was für ein Geschenk dieses Herz ist. Ohne ihn hätte ich nie erfahren, wie es sich anfühlt, von ganzem Herzen zu lieben.« Ihre Augen füllten sich mit Tränen, als sie sich auf die Bettkante zu ihm setzte und ihm weiter zuhörte. »Ich war ein Idiot, dass ich deine Anrufe und Nachrichten ignoriert habe und dafür möchte ich mich entschuldigen. Es kommt nie wieder vor. Versprochen.«

»Gut, sonst hätte ich hier ein Zeltlager aufschlagen müssen. Spätestens dann hätte mich Dr. Coldsmore höchstpersönlich in Handschellen abgeführt.«

»Was genau ist da eigentlich zwischen euch gelaufen?«, fragte er neugierig.

»Bevor ich dir von meiner filmreifen Szene erzähle, will ich erstmal wissen, wie es um deine Gesundheit steht.«

»Ich sage mal so: Es ist noch heikel. Im ersten Jahr kann es zu mehreren Abstoßungsversuchen des Körpers kommen, die aber meist mild verlaufen. Bei mir war es ein wenig komplizierter, weil meine Medikation nicht richtig eingestellt war. Beziehungsweise habe ich die Einnahmen etwas schleifen lassen und bevor du jetzt meckerst: Ich verspreche dir, dass ich sie ab sofort immer pünktlich einnehmen werde. Bist du jetzt beruhigter?«

»Zumindest vorerst.«

»Gut, und nun zu dir und Dr. Coldsmore.«

Sie verdrehte die Augen und fing an zu erzählen. Nachdem sie den Vorfall mit ihm geschildert hatte, grinste Nolan schief.

»Ich kann nur sagen, June Summer, du überraschst mich immer wieder aufs Neue. Das war ein kluger Schachzug mit meinem Vater.«

»Ja, nur hat er irgendwann gemerkt, dass ich bluffe.«

»Egal. Du hast ihn zumindest verunsichert und das schafft nicht jeder.«

June schmunzelte. »Aber mal Spaß beiseite, ich hätte dir von Phil erzählen sollen, nur konnte ich es nicht. Ihn zu verlieren, hat mich förmlich erdrückt.«

»Es sollte eben alles so kommen, wie es gekommen ist. Wir waren halt beide noch nicht bereit, über unsere Vergangenheit zu reden. Auch wenn ich mich immer noch ärgere, dass ich die Kiste unter dem Bett vergessen habe.«

»Oh, die mysteriöse Kiste. Das war echt ein Schock«, meinte sie und kräuselte ihre Stirn.

Er lachte verschmitzt. »Ja, das war ein verrückter Moment für uns beide.«

»Und wie geht es dir jetzt damit, wo du weißt, wer dein Spender ist?«

»Einerseits ist es komisch, weil das Herz zu einer anderen Person gehörte, die es nicht mehr gibt und doch ist es auf eine gewisse Weise beruhigend. Er ist jetzt ein Teil von mir und ich möchte ihn unbedingt besser kennenlernen.«

»Phil war ein ganz wundervoller und zugleich chaotischer Mensch.«

»Klingt schon mal sympathisch. Erzähle mir mehr von ihm.«

»Was möchtest du denn über ihn wissen?«

»Alles, bis auf eine Sache ...«

Verwundert sah sie Nolan an. »Und die wäre?«

»Wie er zu dir stand.«

Sie schluckte schwer, da sie nicht zuordnen konnte, wie er es meinte.

Er schob sanft eine Strähne hinter ihr Ohr. »Weil ich die Antwort schon kenne.«

»Und was bedeutet das?«

Nolan nahm ihre Hand und führte sie zu seiner Brust. »Spürst du das?«

Sein Herz pochte jetzt kräftiger gegen seine Narbe. Sie nickte erleichtert. »Ja.«

»Es schlägt für dich, denn eines kann ich dir mit Sicherheit sagen. Er hat dich aufrichtig geliebt, June Summer. Ich meine, diese Liebe zu dir ist so stark, dass sie mich zu dir geführt hat.«

Tränen flossen über ihr Gesicht. Eine Welle unendlicher Dankbarkeit durchströmte ihr eigenes Herz. Es waren solche Worte, die sie in jener Nacht zu hören gehofft hatte. Dass sie es auf diese Weise von Nolan gesagt bekam, berührte sie nochmal mehr.

»Phil hat mich in das Café geführt und er hat deinen Schlüssel gefunden.«

»Stimmt, er hat uns zusammengeführt.«

»Das, und weil du der Schlüssel zu meinem Herzen bist. Ohne dich wäre ich jetzt nicht mehr hier und hätte nie wertschätzen können, dass mir ein Herz gespendet wurde. Phils Herz.«

Zwischen seinen Worten spürte sie so viel Liebe, dass ihr eigenes Herz allmählich heilte.

»Es bedeutet mir viel, dass du das sagst. Auch wenn ich das Gefühl habe, dass ich träume.«

»Dann lass uns nie aufhören zu träumen. Ich liebe dich, June. Mit jeder Faser unseres Herzens. Und zwar vom ersten Moment an, seit ich dich im *Mirabella* gesehen habe oder besser gesagt, liebt dich dieses Herz schon viel länger.«

»Und ich liebe dich!«

****

Vom Flur aus hörten sie laute Stimmen und schnelle Schritte auf sie zukommen. Darunter einen aufgebrachten Dr. Coldsmore.

»Sie dürfen hier nicht rein! Loreane, rufen Sie sofort die Security!«

Eine vertraute Stimme wehrte sich dagegen. »Sie können mich mal kreuzweise! Das ist ein Notfall!«

June fing an zu grinsen und sah zu Nolan. »Ich glaube, wir bekommen Besuch.«

Eine Minute später eilte Ruby durch das Zimmer, gefolgt von Franio, der eine riesige Tüte mit sich trug.

»Gott sei Dank, euch geht es gut!« Erleichtert breitete Ruby die Arme aus und umarmte erst June, dann Nolan.

»Ah, bitte nicht so doll.«

»Entschuldige, das ist die ganze Aufregung!«

Franio stellte derweil die Tüte auf einen Tisch. »Als Stärkung haben wir euch Frühstück mitgebracht und keine Sorge, diesmal ist der Muffin nicht versalzen.« Er zwinkerte Nolan zu.

»Werfen Sie diese Leute auf der Stelle hinaus!«, schimpfte Dr. Coldsmore und wies den Sicherheitsmann an, das Zimmer zu stürmen.

»Wenn ich Sie bitten dürfte, den Raum zu verlassen«, sagte der Mann mit seinen Handschellen um die Gürtelschnalle.

»Gibt es hier ein Problem?«, fragte Miles, der als letzter den Raum betrat.

Ruby schaute ihn breit grinsend an. »Und ob! Der Arzt will uns einfach rausschmeißen!«

Miles krempelte seine Ärmel hoch und spannte seine Oberarme an. Bereit, dem Chefarzt eine zu verpassen.

»So eine Unverschämtheit ist mir ja noch nie untergekommen«, erwiderte dieser entsetzt.

»Dr. Coldsmore, ich möchte, dass meine Gäste bleiben. Immerhin gehören sie jetzt zur Familie.«

»Ach, was diskutiere ich hier überhaupt noch.« Dann verschwand er mit dem Sicherheitsmann aus dem Raum.

»Hi, ich bin Miles. Und du bist bestimmt Junes Freundin Ruby?«

»Die bin ich«, antwortete sie und reichte ihm die Hand.

Mit einem Handkuss begrüßte er sie. »Ist mir ein Vergnügen, dich kennenzulernen.«

»Okay Leute, genug geflirtet. Wer hat alles Hunger?«, fragte Franio und packte seine Leckereien aus.

****

Während sie zusammen frühstückten, teilten sie ihre gemeinsamen Erinnerungen von Phil. June war gerührt, dass ihre Freunde gekommen waren und sie endlich über ihn sprechen konnte.

Nolan beugte sich zu June vor und küsste sie auf die Stirn. »Wie heißt es so schön: Wer mutig ist, überwindet Berge, wer liebt, umrundet die ganze Welt.«

»Wer hat das gesagt?«

Schulterzuckend sah er sie an. »Ist mir eben eingefallen und ich glaube, Phil hat mit zitiert.«

June lächelte weich und rückte näher zu ihm heran. Ihre Lippen berührten sich sanft. Die Liebe durchströmte sie wie ein goldener Schleier und heilte all ihre Wunden.

Von außen betrachtet, waren sie bloß zwei Menschen, die sich küssten, doch im Inneren passierte so viel mehr. June gelang es, sich selbst zu vergeben und ein für alle Mal ihre Schuld loszulassen. Sie war bereit, sich dem Schicksal zu stellen und sich für die Liebe zu öffnen. Und was Nolan betraf, er hatte ein neues Kämpferherz, für das es sich zu leben lohnte.

Ende

Danksagung und Nachwort

Bitte zuerst den Roman lesen und dann das Nachwort, da es Spoiler zur Geschichte beinhaltet.

Danksagung

»*Find my heart again*« ist mein Debütroman. Ich hätte es nie für möglich gehalten, dass ich mal ein Buch schreiben werde, doch diese Geschichte wollte erzählt werden. Vier Jahre hat sie mich begleitet, mich zum Lachen und zum Verzweifeln gebracht, während die Charaktere mir immer mehr ans Herz gewachsen sind. Jetzt lasse ich sie in Liebe und Dankbarkeit los und hoffe darauf, dass sie die Leser berühren.

Ich möchte an erster Stelle meinen Freund Norman danken: Du hast mich immer unterstützt und an mich geglaubt, wenn ich es nicht tat. Ich weiß, dass es nicht immer leicht mit mir war, weil es oft Momente gab, in denen ich den Text vor lauter Wörtern nicht mehr sehen konnte und mich im Dschungel der Überarbeitung verlief. Danke Norman, dass du mein Buch gelesen hast, obwohl dies absolut nicht dein Genre ist! Ich liebe dich!

Von Herzen geht mein Dank an Shanna Velden: Meine Freundin und Schreibseelenverwandte, die zeitgleich ihren Debütroman geschrieben und veröffentlicht hat. Ohne unsere gemeinsamen Treffen und Lachanfälle würde ich diese Zeilen wohl nicht schreiben. Du warst vom ersten Moment an von meiner Idee begeistert. Wir haben einander gefunden und uns für verrückt erklärt, Autorinnen zu werden.

In tiefster Dankbarkeit wende ich mich an die Autorin Susanne Döhrel: Du hast tapfer meinen Roman lektoriert und mir so viele Tipps an die Hand gegeben! Ohne dich wäre der Text nie so rund geworden und meine Protagonisten würden immer noch durch die Szene »laufen« statt »gehen«. Zudem liebe ich deine Covergestaltung: Die Details sprechen für sich.

An meine Familie und engsten Freunde: Danke, dass ihr in den Jahren nie aufgehört habt, mir die Frage zu stellen: »Wann können wir endlich dein Buch lesen?«

Ich bin froh, dass ich meiner Intuition gefolgt bin und aus einem kleinen Text eine ganze Welt entstanden ist.

Wenn dir *»find my heart again«* gefallen hat, würde ich mich über eine Rezension bei Amazon freuen. Ich lese mir jede einzelne durch und bin unendlich dankbar, dass du mein Buch gelesen hast. Zudem unterstützt du mich dabei, meinen Traum weiterzuverfolgen, und dass noch mehr Menschen diese Geschichte lesen können.

Lass uns gerne in Verbindung bleiben und tauche in meine Welt ein. Neben dem Schreiben begleite ich zudem Frauen in ihre kraftvolle Version.

Du findest mich auf Instagram unter »jessicawiedom« und auf Facebook unter »Jessica Wiedom«.

Ich würde mich von Herzen freuen!

Nachwort

Ich möchte mit dieser Geschichte darauf aufmerksam machen, was für ein Geschenk das Leben ist. Und wie wertvoll es ist, Leben zu schenken. Oft empfindet unsere Gesellschaft einen bitteren Beigeschmack, wenn es um das Thema Organtransplantation geht. Bevor ich mich mit dem Thema beschäftigt habe, ging es mir genauso. Doch je mehr Erfahrungsberichte ich gelesen habe, umso bewusster wurde mir, wie wundervoll es ist, auf diese Weise Leben zu retten. Ich möchte dich durch diese Geschichte nicht davon überzeugen, sondern vielmehr eine Perspektive aufzeigen. Wir können in Angst darauf blicken oder in Liebe. Wenn wir uns für die Liebe entscheiden, können wir ein neues Leben schenken.

Eine interessante, wenn auch nicht wissenschaftlich belegte Sichtweise auf diese Thematik bildet das sogenannte Zellgedächtnis. Danach ist es durchaus möglich, dass ein Empfänger ähnliche Eigenschaften wie der Spender annehmen kann. Dazu gibt es einige herzerwärmende Geschichten und genau solche sind es, die uns den Zugang zu einer Organtransplantation verschaffen sollten.

Genauso ist es wichtig, die Vergangenheit als einen Teil von uns zu sehen und die Gefühle wahrzunehmen, die in uns sind, damit wir heilen können. Nichts stellt sich im Leben als einen größeren Kampf dar, als die eigenen Gefühle zu unterdrücken. Die meisten von uns tragen solche Schuldgefühle mit sich, dass sie glauben, Glück im Leben nicht verdient zu haben. Wir können die Vergangenheit zwar nicht ändern, aber wir können in jedem Moment wählen, wie wir mit ihr leben.

In tiefster Dankbarkeit für jedes gelesene Wort.

Die Autorin:

Autorenfoto: ©Lisa Wiedom

Jessica Wiedom lebt zusammen mit Freund und Hund in der Nähe von Berlin. Neben ihren Spaziergängen in der Natur begeistert sie alles, was mit Kreativität und Spiritualität zu tun hat.

Mit ihrem Debütroman »*find my heart again*« möchte sie die Menschen im Herzen berühren und die bunten Facetten des Lebens aufzeigen. Denn in jeder Geschichte steckt eine Erfahrung, die weitergegeben werden will.

Printed in Poland
by Amazon Fulfillment
Poland Sp. z o.o., Wrocław

37615561R00215